新编21世纪社会学系列教材

婚姻家庭社会学

杨菊华　著

Sociology of Marriage and Family

中国人民大学出版社
·北京·

内容简介

本教材对婚姻家庭社会学的理论和方法进行了系统介绍，对婚姻、家庭过程与运行特征进行了全面分析，对家庭与性别、工作、技术之间的关系进行了深入阐释。

本教材具有以下主要特色。一是系统性与关联性：教材以学科概况、家庭形成、运行状况、家国关系为四大支柱，全面、系统地呈现了婚姻家庭社会学的重点话题。二是经典性与前沿性：教材注重介绍学科经典理论与知识体系，有效吸收了相关学科领域的最新研究成果，力图增强学生对专业经典知识的了解和理解、对热点问题的认识与把握。三是理论性与现实性：将马克思主义的立场、观点和方法贯穿始终，同时注重其他学术流派的理论建树；此外，将婚姻家庭之"变"置于历史长河中予以考量，在"常"中理解"变"，在"变"中发现"常"，培育学生对现实问题的关切意识。四是科学性与可读性：注重研究成果的科学性、数据资料的精准性、逻辑结构的自洽性、呈现形式的规范性。此外，教材利用多个图表实现知识要点的可视化，通过提供丰富的拓展阅读资料提升阅读的趣味性，让知识内容得到生动活泼的呈现。

本教材适用于社会学类专业及相关专业的课程教学，也可供对婚姻家庭社会学感兴趣的研究者及普通读者阅读和参考。

作者简介

杨菊华 中央民族大学民族学与社会学学院教授，博士生导师。主要研究方向为人口社会学。先后主持多个国家社会科学基金重大项目及教育部哲学社会科学研究重大课题攻关项目。在《中国社会科学》等刊物上发表论文200余篇，出版多部学术著作和教材，研究成果《中国流动人口的社会融入研究》获第八届高等学校科学研究优秀成果奖(人文社会科学)一等奖，《人口转变与老年贫困问题的理论思考》入选《国家哲学社会科学成果文库》。

序言

家庭自产生至今，一直是个体出生、成长与发展的首要场域，是整体社会大厦的基础触角和神经末梢，也是人类社会赖以存续的基础底盘；而认识和了解婚姻家庭及其变化，是揭示人类社会及其变迁奥秘的一把钥匙。自小农时代开始，中国就形成了“家国同构”的政体格局和社会治理体系，家是最小国，国是最大家，家庭是个体修身养性、治国理政以及实现天下大同理想的轴心。习近平总书记强调：“无论时代如何变化，无论经济社会如何发展，对一个社会来说，家庭的生活依托都不可替代，家庭的社会功能都不可替代，家庭的文明作用都不可替代。”[①] 家庭在养老抚幼、情感慰藉、经济支持、风险抵御等方面仍然具有国家和社会无法替代的独特作用；家庭在激发社会活力、促进社会生产、强化社会保护、完善社会治理、传承社会文明方面依旧起到基石作用；家庭在人口发展、社会和谐、文明建设中继续发挥重要的战略功用。我们无论走到哪里、经历了多少磨难，总与家庭有着千丝万缕的联系，家庭在我们身上烙下了难以磨灭的印记。然而，作为最基本的社会组织细胞，家庭从未完全独立于社会变迁之外。随着小农经济向工业经济和数字经济转型，基于小农生产和生活方式而形成的稳定大家庭持续遭遇剧烈、系统、深刻的冲击，呈现出很多新特征，面临许多新问题，经历着前所未有的新挑战。

一、婚姻家庭变迁

毫无疑问，家庭自起源之日开始，就在不断演化，但直到最近 200 多年，传统

① 习近平出席第一届全国文明家庭表彰大会并发表重要讲话．(2016－12－12)［2024－07－07］. https：//www.gov.cn/xinwen/2016－12/12/content_5147050.htm.

的家庭制度一直十分稳定。这种稳定性不仅仅得到了家庭伦理文化体系的支持，更是小农经济结构的产物。在长达几千年的小农时代，人们过着“面朝黄土背朝天”的劳作生活；人对土地的依附性很强，个体和家庭、家族的生死存亡在很大程度上“听天由命”。在死亡率很高的情境下，只有稳定的婚姻才能保证高出生率和足以实现世代更替的成活人口数量。为了保证婚姻的稳定和家庭的存续，早期文明社会形成了一整套宗法伦理制度，家庭制度就是这套制度的基石，家庭父权制成为集体父权制的重要支撑。男娶女嫁、男系继承的婚姻制度，养儿防老、传宗接代、多子多福的生育制度，以及男强女弱、男高女低的性别文化制度等，都是家庭父权制的重要构成。

在工业革命后，生产方式的变革一方面极大地提高了社会生产力，另一方面逐渐把人口从对土地的依附中解放出来。在过去短短 200 多年的时间里，全球范围内伴随着工业化、城镇化和现代化的浪潮，人类实现了社会生产方式和生活方式巨大且深刻的变革。先发国家和地区渐进式地完成了工业化过程，包括中国在内的后发国家和地区亦多实现了跨越式的工业革命。新的产业结构所带来的经济的发展、科技的进步、医疗卫生条件的改善、社会保障制度的日渐完善、公共服务的不断普及等，都在形塑新的生活方式，构成婚姻家庭转变的前提与动因；反过来，婚姻家庭观念的变迁也推动了经济社会的进一步变革。具体来说，人口死亡率的降低和生产技术的进步，减少了家庭对劳动力的需求，这是生育转变的前提条件；产业革命、科技革命所带来的经济结构转型升级以及避孕技术的高效普及，使得女性的社会劳动参与和经济独立成为可能；政治制度和意识形态领域的变革，致力于营造以平等为导向的新型婚姻家庭文化，持续推动着女性的发展与人格的独立。这些要素形成强大合力，动摇了小农时代家庭父权制的基石，代际平等、夫妻平权成为家庭关系和家庭伦理的要旨；婚姻被重新定义，婚姻形态更为多样化，同居、不婚、离婚、同性恋等在西方盛行，婚姻的收益减弱、替代性增强；生育越来越成为个人的决策与权利，“家本位”的伦理取向逐渐让渡于“人本位”的价值取向。家庭的生产性功能逐渐萎缩，养育性功能逐渐外化，由此弱化了组建家庭的目的；夫妻关系与代际关系并重，家庭关系在松散中体现出亲密，家庭成员在有差异的价值准则中寻求认同。

20 世纪的中国婚姻家庭经历了三次剧烈的冲击。从 19 世纪后期开始，随着西学东渐，西方的婚姻家庭观念开始传入中国，超稳定的家庭组织首次受到撼动；新中国成立后，性别平等的理念与实践，以及“文化大革命”运动对家庭关系造成较大冲击；1978 年后，生育控制政策与改革开放同步推行所带来的快速的人口转变、社会转型、经济转轨、观念转换等，给婚姻家庭带来进入文明社会以来前所未有的严峻考验。与西方渐进式的经济转轨在前、家庭转变在后的模式不同，独特的生育控制政策和改革开放政策使得微观家庭转变与宏观经济社会变迁同步进行，它们相辅相成、互为因果。

婚姻的裂解、家庭的裂变，是工业革命以及城镇化与现代化的必然结果，是婚姻家庭面对新的生产方式与生活模式所进行的新调适。这个过程可能是痛苦的，个体的体验可能是不适的；与传统稳定的婚姻家庭相比，当前婚姻家庭具有更大的不确定性，隐含着更多意想不到的风险。但是，以历史和发展眼光来看，这也许显示出，在几千年的稳定之后，婚姻家庭正在迈向一个全新的历史发展阶段。

婚姻家庭的新变化及其边界的模糊性都在挑战我们对传统的婚姻式家庭的认知。面对这些挑战，我们难免束手无策、不知所措。如何看待、认识和理解我们长期生活于其间且曾经最熟悉而如今更为多样和复杂的婚姻家庭，成为学界的重要研究议题，急需研究理论和方法手段的创新与突破。

二、婚姻家庭研究

面对婚姻家庭的深刻转变，婚姻家庭社会学重新受到学界的关注，教学和科研工作蒸蒸日上。之所以用“重新”一词，是因为人类社会对家庭这个社会组织单元一直兴趣甚浓，对婚姻家庭现象与问题的研究从未间断，或为学术，或为猎奇，或为兴趣，或为理想。

早在古希腊罗马时期，柏拉图、亚里士多德等先哲就对家庭进行过讨论。文明社会以降，家庭在中国的社会结构中一直居于重要位置。春秋战国时期的先贤也围绕个人、家庭与国家的关系展开讨论，通过论证“家（族）本位”社会等级制度的合理性来阐发家庭思想。孔子提出“君君，臣臣，父父，子子”的家庭伦理观（君臣如父子、家国为一体，社会伦理就是家庭伦理、社会关系就是家庭关系、社会制度就是家庭制度的延展）构成家国同构的思想基础。受其影响的孟子提出“父子有亲，君臣有义，夫妇有别，长幼有序，朋友有信”的“五伦”之说，强调分贵贱、区远近、别亲疏，由此逐渐形成了社会等级结构，成为儒家文化规范与家国同构治国理政模式的重要一环。“家本位”伦理思想亦被普通百姓内化为自己的行为规范，成为中国文化中最为稳定的一种共识，至今依然左右着人们的思想与行为。

当人类社会步入20世纪后，新文化运动给延续了两千多年的婚姻家庭制度带来了一次范围小、时间短的小冲击。但是，这次运动并不是孤立的，它发生在全球性大变革的宏大背景中。第一次世界大战、优生优育运动、西方新思想的传入，以及人类学、民族学、社会学等学科留洋学生的归国等，推动了中国婚姻家庭研究的发展。实际上，在中国社会学的发展历程中，婚姻家庭社会学的研究起步甚早。20世纪上半叶，社会学、人类学、民族学、人口学研究多与婚姻家庭有关，产生了一大批影响深远的研究成果，如潘光旦的《中国之家庭问题》，李景汉的《五百一十五农村家庭之研究》，孙本义的《现代中国社会问题：第一册：家庭问题》，费孝通的《生育制度》《乡土中国》，以及很多社会人口学者或人口社会学者对人口问题的研究成果（如陈达的《人口问题》）。

改革开放后，婚姻家庭社会学是社会学学科最早得以恢复和重建的分支学科。雷洁琼、费孝通等学者都对婚姻家庭社会学给予了高度关注；他们跳出早期人类学、民族学的视野，从社会学的角度来考察婚姻与家庭。同时，20 世纪 60—80 年代，西方婚姻、家庭、生育正经历着重大变化，催生了如火如荼的婚姻家庭研究；威廉·古德（William Goode）于 20 世纪 60 年代出版的《家庭》等相关著作于 20 世纪 80 年代在中国翻译出版后，激活、培育、增强了当时中国的婚姻家庭社会学教学与研究兴趣，推动了这个聚焦“私人领域”问题的学科快速发展，使之成为当时最中心化、最热门、盛极一时的社会学分支学科，代表性成果甚多且其影响持续至今。比如，雷洁琼指导进行的“五城市家庭研究（1982—1983）”“14 个省市内的农村家庭问卷调查（1987）”“全国范围内的家计调查”等，都是这一时期的重要成果。

然而，随着 20 世纪 90 年代开始的市场经济体制改革的持续推进，社会发展让位于经济发展；再加上老一辈婚姻家庭社会学者的相继退出，婚姻家庭社会学的教学与研究工作逐渐弱化和边缘化，社会学研究的中坚力量开始转向关注其他更为重大和急迫的社会问题，婚姻家庭社会学领域的社会调查、课题支持、著作和调查报告等都明显减少，学科发展处于停滞状态。该状况一直持续到 21 世纪的前十年。不过，在婚姻家庭社会学发展的低潮期，由于生育控制政策和经济社会发展对婚姻家庭的影响开始显现，家庭规模缩小、家庭结构简化、家庭功能退化、家庭关系转化等问题日益凸显，婚姻家庭社会学研究主题由 20 世纪八九十年代的重视家庭结构转向更为多元化。

2012 年后，婚姻家庭研究迈上了一个新的台阶。最近 10 多年婚姻家庭的深刻变化，给婚姻家庭社会学的教学和研究提出了新课题，而这些新课题也给婚姻家庭社会学的发展与复兴提供了新的契机。一方面，婚姻家庭社会学的学理研究从宽泛走向深入、从质性走向量化、从结构走向多元、从现象描画走向本质检视；另一方面，婚姻家庭社会学研究更加关注现实意义，研究成果更多地受到政府的关注并被相关部门吸收、采纳，融入政策决策过程之中。婚姻家庭研究的应用取向和实证取向日渐明显，而这正是中国文人传统和社会学经世致用传统的表现——家庭是个人步入社会的桥梁，家庭生活是社会生活的重要领域，对家庭规律性的认识可引领家庭健康发展、增进社会系统的协调稳定。然而，在社会转型的今天，要更好地达成经世致用的目的，还需要理论先行；但是，面对婚姻家庭全方位的深刻转变，婚姻家庭理论的探索却停滞不前、建树不多。

与理论建设滞后相一致的是婚姻家庭社会学教材建设的滞后。以家庭社会学、婚姻家庭社会学、家庭学等为关键词检索，可以看到以下相关教材或著作：

（1）邓伟志和徐新的《家庭社会学导论（第二版）》（2020 年）；

（2）潘允康的《婚姻家庭社会学》（2018 年）；

（3）张瑞强的《家庭社会学新论》（2014 年）；

（4）朱强的《家庭社会学》（2012 年）；

（5）李克玉和张静的《婚姻家庭社会学》（2010 年）；

（6）潘允康的《社会变迁中的家庭：家庭社会学》（2002 年）；

（7）赵孟营的《新家庭社会学》（2000 年）；

(8) 丁文的《家庭学》(1997年);

(9) 冯觉新、邵伏先等编著的《家庭社会学》(1993年);

(10) 张李玺主编的《家庭社会学》(1990年);

(11) 文献良主编,余春云、赵凌雪、李春瑞等编著的《婚姻家庭社会学》(1990年);

(12) 巫昌祯的《家庭社会学纲要》(1986年)。

这些教材或著作都是作者在数年婚姻家庭教学和研究的基础上总结、提炼而成的,既有很强的共性,也有各自的视角和侧重点。它们对于学生和其他读者认识和了解婚姻家庭社会学的一般知识以及婚姻家庭的变迁起到了重要作用。从2012年开始,笔者长期讲授"Marriage and Family in China"和"家庭社会学"课程,上述教材是主要参考文献,笔者从中获益良多。同时,在授课、科研以及与学界同好的交流过程中,笔者也积累了大量的文献资料和定量数据,对婚姻家庭问题形成了一些粗浅的认识与思考。

在这样的情况下,中国人民大学出版社向笔者发出邀约,建议笔者撰写《婚姻家庭社会学》教材。考虑到现有教材或成书时间较早,或内容偏向于家政应用,未能全面、系统地反映当前婚姻家庭的新变化、新特征、新需求,故在当前编写一本具有基础性、时效性、理论性和现实性的教材十分必要。于是,笔者不揣冒昧,欣然应允。笔者的宗旨是,基于现有其他学者的相关教材,广泛吸收国内外具有重要影响的理论、方法、观点,系统展示学科基础知识、基本理论、学科前沿与发展动向,以对现有教材形成一个有益的补充。本教材的最终目的是,通过丰富的理论、翔实的知识、有趣的案例介绍,帮助读者系统了解婚姻家庭社会学的知识体系,推动婚姻家庭社会学的学科建设与发展。

三、教材特征

《婚姻家庭社会学》是社会学和社会工作等相关专业本科教学的基础性教材,除相关专业学生外,也适合对婚姻家庭话题感兴趣的其他读者阅读。教材涵盖领域较广、内容较为丰富。其所关注的关键议题是:面对社会环境的急剧变化,婚姻家庭如何变化?婚姻家庭和社会采取何种策略回应彼此的变迁?家国之间如何互动?教材系统梳理了婚姻家庭社会学的学科特点、理论思潮、研究方法,婚姻家庭的"变"与"常",微观的婚姻家庭与宏观的社会场景之间的关系;教材以丰富的理论知识、具象的图形表格和生动有趣的实际案例,试图为读者提供从理论、方法到日常现实生活经验的一套完整的知识体系,构建一个全方位的婚姻家庭社会学图景,成为读者了解该领域的一个重要工具和文献库,读者可从中对婚姻家庭的过去、现状和未来发展趋势有一个框架式的了解;而若教材激发出读者对婚姻家庭的兴趣,读者亦可以此为基础继续在某个领域进一步探索、深耕。

概而言之,.本教材具有以下主要特点:

第一，系统性与关联性。教材以研究内容为主线，以学科概况、家庭形成、运行状况、家国关系四大支柱为逻辑框架，呈现了婚姻家庭社会学的重点话题，内容前后关联、环环相扣，具有较强的系统性和全面性。具体来说，教材分为四大部分，每个部分各包括三章，共十二章。其中，第一部分聚焦婚姻家庭社会学的基本概念与发展历史、理论与方法，以及人类社会婚姻家庭的演化轨迹。第二部分聚焦家庭的形成（即婚姻）——始于恋爱与择偶，经过婚姻缔结与经营，终于婚姻解体与再造，重点描画了婚姻各要素的流变与现状。第三部分聚焦家庭的运行，三个章节分别利用最新的可得数据，展示了家庭结构、关系与功能的延续与变迁。第四部分跳出家庭这个私人领域，注重微观家庭与宏观社会之间的连接，突出性别、工作、技术等因素与家庭之间的溢出、渗透、互动和交叠，分析了传统中国社会家国同构的治国理政理念在新时代的意义与价值。

第二，经典性与前沿性。婚姻家庭问题一直是社会学和人口学重点讨论的话题，且在新的社会环境和政策环境下，讨论更加丰富、深入和多元，呈现出百花齐放、百家争鸣之态。因此，本教材编写的一个基本思路是，注重本学科的经典及前沿理论和知识体系，科学、准确地展示学科特征。为此，笔者在写作过程中，突出本科生教材的一般原则与范式，系统传授婚姻家庭领域重要的知识点；同时参考笔者的教学经验与案例资料，致力于吸收当前社会学、人口学等相关学科领域有关婚姻家庭的前沿研究成果，将之有机地整合到教材之中，力图增强学生对专业经典知识的了解和理解、对热点问题的认识与把握，增强教材与教学的基础性、时效性和前瞻性。

第三，理论性与现实性。社会是一个异常复杂的系统，家庭作为社会的基本细胞，也是一个十分复杂的组织单元。面对婚姻家庭转变，本教材注重理论解释。一方面，本教材将马克思主义立场、观点和方法贯穿始终，同时关注其他相关学术流派的理论贡献，力求全面展示人类文化知识积累和创新成果在婚姻家庭领域的呈现。另一方面，本教材全面梳理了各主题丰富的研究内容，突出当前婚姻家庭的最新变化，将婚姻家庭之“变”置于历史长河中予以考量，在“常”中理解“变”，在“变”中发现“常”，深入解读和讨论婚姻家庭转变背后的原因。为此，本教材注重吸收最新文献，融入全国人口普查的一般数据，既突出社会学的理论性，也展示婚姻家庭的经验事实，从理论到经验事实，再从经验事实到理论，注重理论的拓展、实践的探讨、事实的认知、政策的讨论。为了适应理论和实践的发展，本教材最后三章分别讨论了性别与家庭、工作与家庭、技术与家庭。人类社会已进入信息时代。数字技术不仅极大地影响了人类的工作方式和生活方式，也在深刻地重构着人与家庭、人与社会、家庭与社会、家庭与工作等之间的交互关系。将婚姻家庭及其发展态势置于技术日新月异的背景下进行讨论，有助于培育学生对现实的关切意识。

第四，科学性与可读性。站在潜在读者的视角考虑，一方面，本教材十分注重研究成果的科学性、数据资料的精准性、逻辑结构的自洽性、呈现形式的规范性。本教材内容客观公允、求真务实，读者从中可获得真知识；数据资料源于权威机构、注重真实，读者从中可了解真情况；谋篇布局别具匠心、循序渐进，符合学生读者的心理。另一方面，本教材还大量参阅了国内外数据资料和学术研究成果，这些都已一一标明、逐一核对。为了增强教材的生动性、趣味性与可读性，笔者主要采取了三种方法。一是突出读者的主体定位。笔者站在读者的立场进行换位思考，根据主要读者（本科生）的阅读习惯、阅读兴奋点和求知心理，以有趣的形式将重要的知识点融会贯通。二是提供了丰富的拓展阅读资料，其中既有理论知识，也有当前的现实案例与热点问题，既增强了理论方法的生动性和趣味性，也有助于加深读者对抽象知识的理解。三是利用大量具有自明性的图形和表格，来增强学术知识的可视化。大段的抽象文字易使读者感觉疲劳，失去阅读兴趣，而精心设计的图表既能巧妙地对教材进行分段，增添教材的层次感和阅读的跳跃感，也有助于突出重点，帮助读者更快地聚焦关键信息和理解主要知识点，增强内容的吸引力，改善阅读体验，增强阅读兴趣。

四、致谢

本教材的完成，得益于多方面的支持和帮助。中国人民大学出版社的策划编辑盛杰于 2021 年便将出版合同交予笔者，此后不时询问教材进展情况。若没有盛杰编辑的反复敦促，教材的形成还会拖延很久。可以说，这种敦促是笔者完成教材写作的外在动力。在讲授“家庭社会学”课程的过程中，面对一众学生对婚姻家庭话题的兴趣与热情，以及他们在课堂分享中对一些热点话题有趣且超乎寻常的思考，笔者深切地感受到婚姻家庭课程的魅力以及婚姻家庭话题的活力，这成为笔者完成教材写作的内生动力。同时，要感谢中国人民大学出版社的文字编辑黄超、赵海迪不辞辛劳、一丝不苟的编校工作，她们纠正了教材中的诸多差错，提出了很多宝贵的意见，由此让本教材更为完善。

在本教材编写过程中，中山大学的钟晓慧教授对教材初稿提出了很多富有建设性、启发性的宝贵意见和建议。这些意见和建议或直接或间接地反映在教材之中，对教材完善帮助甚大。

山东大学的王苏苏博士、中国人民大学的卢瑞鹏同学帮助查询了教材的部分数据，通读了部分相关章节；中国社会科学院社会学研究所助理研究员何钧力博士、中央民族大学的博士生史冬梅协助完成了教材的统稿工作，并查漏补缺、核实文献、补充数据、提出建议；林通、卢逢佳等其他几位同学也以不同形式对教材文献的核查提供了帮助。他们的支持极大地推动了教材的完善。

从最初起意算起，对婚姻家庭社会学教材的思考前后持续了十余年时间；写作过程停停行行，零敲碎打。婚姻家庭主题庞杂、线条众多，对于内容如何取舍、篇局如何谋布等等问题，笔者虽然反复思忖，但因视界和学识所限，迄今尚无理想方案。将一个远欠完美的作品付梓示众，旨在抛砖引玉，也期待读者与大方之家的批评雅正。

在此一并深表谢忱。

2024 年 1 月于北京听枫斋

目录

第一章

家庭与婚姻家庭社会学

There is no place like home.

——《绿野仙踪》

蓼蓼者莪，匪莪伊蒿。哀哀父母，生我劬劳。
蓼蓼者莪，匪莪伊蔚。哀哀父母，生我劳瘁。
瓶之罄矣，维罍之耻。鲜民之生，不如死之久矣。
无父何怙？无母何恃？出则衔恤，入则靡至。
父兮生我，母兮鞠我。拊我畜我，长我育我。
顾我复我，出入腹我。欲报之德。昊天罔极！
南山烈烈，飘风发发。民莫不谷，我独何害！
南山律律，飘风弗弗。民莫不谷，我独不卒！

——《诗经·小雅·蓼莪》

卢梭（Jean-Jacques Rousseau）曾说，一切社会中最古老而唯一最自然的社会是家庭。婚姻是家庭的起点，家庭是个体出生、成长、接受教育与终身发展的最初平台，是社会的基本细胞和初元的社会组织单位，是连接个体与社会的媒介，对于个体的福祉、经济的发展、社会的和谐、国家的安全与稳定都具有格外重要的意义。在传统农业（或小农）社会，家国一体、家国互构成了中国文化的社会共识。《孟子·离娄上》有言："天下之本在国，国之本在家。"《礼记·大学》云：

> 古之欲明明德于天下者，先治其国；欲治其国者，先齐其家；欲齐其家者，先修其身；欲修其身者，先正其心；欲正其心者，先诚其意；欲诚其意者，先致其知，致知在格物。物格而后知至，知至而后意诚，意诚而后心正，心正而后身修，身修而后家齐，家齐而后国治，国治而后天下平。

在现代社会，家庭不仅是最基本的生产单位、生活单位、生育单位和消费单位，也是公共服务和社会政策得以落实的重要依托。"家是最小国，国是最大家"，家庭安则国家安，家庭好则国家好，家庭强则国家强。本章聚焦婚姻家庭概念，介绍婚姻家庭的性质与本质，以及婚姻家庭社会学的主要研究范畴，旨在让读者对婚姻家庭社会学的基本元素和关注领域有初步的认识与了解。

第一节　婚姻与家庭：基本概念

自人类文明社会形成以来，家庭多以婚姻为前提。婚姻缔结标示着家庭的诞生，一次新的婚姻就意味着形成一个新的家庭，故家庭研究自然始于婚姻。婚姻，古时称“昏姻”或“昏因”。在中国古代的婚礼中，男方通常在黄昏时到女方家迎亲，而女方随着男方出门，这种“男以昏时迎女，女因男而来”的习俗，就是“昏因”一词的起源。而“婚姻”一词的起源依汉朝郑玄之说，是指嫁娶之礼，即男娶女嫁的过程。

一、什么是婚姻?

婚姻与家庭紧密联系在一起。在传统社会，婚姻依附于家庭而存在，家庭通过婚姻来形成与存续。在现代社会，婚姻关系逐渐成为家庭关系的主轴和家庭生活的主要内容。

如今，婚姻是一个概念，但在古代却不然。据《尔雅·释亲》，婚与姻是两个相关联却不完全相同的概念：“婿之父为姻，妇之父为婚。”婚在古代具有十分重要的意义。《礼记》说：“婚礼者，将合二姓之好，上以事宗庙，而下以继后世也。”

“婚”由两个汉字构成：女、昏。这里的“昏”是指昏时，即傍晚 6～7 点，此时日落而月升，阳气往而阴气来，与女为“阴”相契合。在汉语中，“婚”字的演变轨迹如图 1-1 所示。

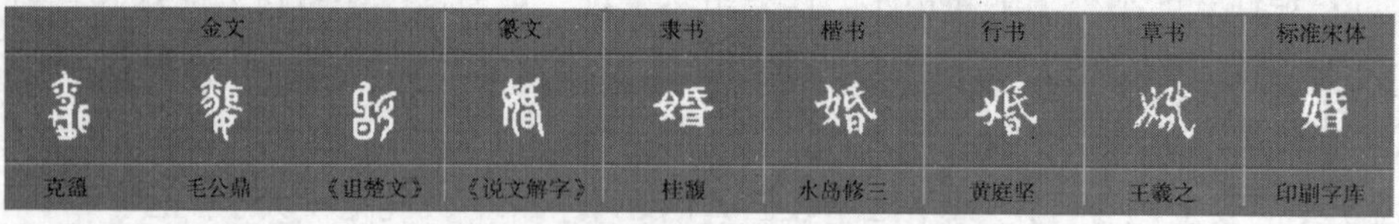

图 1-1　汉语“婚”字的演变轨迹

婚姻关涉嫁和娶。嫁由“女”字和“家”字构成，即一个女性找到一个家；娶由“取”字和“女”字构成，即“取人之女为妻”。发展至今，“婚”一般是指男女结为夫妻的过程，涵盖男子娶亲和女子出嫁的行为；“姻”则指结亲的对方，如姻亲、姻缘等。

婚姻研究者对婚姻的界定并不完全一致，但总体而言，文明社会形成以来的婚姻，通常被认为是一对男女结成夫妻关系的一种制度性安排和社会行为。

1963 年，人类学家威廉·斯蒂芬斯（William Stephens）在《跨文化视野中的家庭》一书中提出，婚姻涵盖四层要义：

（1）社会的合法的性结合；

（2）开始于一种公众宣告；

（3）具有某些共同的思想职能；

（4）假设有一个多多少少明确的婚姻契约，详细说明配偶之间、配偶与子女之间的责任和义务。[①]

1974年，《家庭导论》一书的作者、美国社会学家J. 罗斯·埃什尔曼（J. Ross Eshleman）提出，婚姻包含六项标准：

（1）一个异性爱的结合，总要包括一个男人与一个女人；

（2）在任何一个团体或社会中都有必需的、正统的和被认可的两性关系和对孩子的培养；

（3）与其说是私人的事，不如说是一件公共事务；

（4）是一种高度制度化和典型的择偶安排；

（5）是一种对配偶共同和相互的权利和义务的假定；

（6）是某些永久性关系的结合。

苏联学者谢苗诺夫（Ю И. СЕМЁНОВ）在《婚姻和家庭的起源》一书中，对婚姻的界定如下："婚姻是两性关系的一定社会组织，它必须以结婚双方负有一定的为社会所承认的权利和义务为前提。"[②] 这一概念强调婚姻的社会性，认为婚姻的本质在于其社会性，在于得到社会的承认，承担家庭和社会义务。

从上述学者对婚姻的差异化理解中，可以看到其中的共性：第一，婚姻被视为异性间长久、稳定的一种契约关系，在此关系中，男女双方均具有相应的权利与应尽的义务；第二，婚姻须具有公开性、合法性，被社会群体见证、被法律认可的婚姻更受社会的承认与保护，同样也更受相应的约束。

不同学者对于婚姻的社会性达成了共识，但对于婚姻与性的讨论存在较大分歧。心理学者通常从生理角度理解婚姻。比如，霭里士（Henry Havelock Ellis）在《性心理学》中讨论婚姻时，开宗明义的第一句话就是，"婚姻是性的关系的一种"；叔本华（Arthur Schopenhauer）、弗洛伊德（Sigmund Freud）及他们当时的追随者们也都认为，婚姻是"肉体的机能"。[③] 不可否认，婚姻确实具有生理需求和生理行为的基础，但婚姻不等同于生理行为；性关系只是婚姻的自然基础和自然属性，而非其社会基础和社会属性。

综合来看，本书对婚姻进行如下定义：婚姻是适龄一男一女在平等自愿基础上建立的、以终生共同生活为目标的、合法的长期契约关系，这一关系形成人与人之间亲属关系的社会结合或法律约束。对于一夫一妻制家庭来说，传统社会的

---

① STEPHENS W N. The family in cross-cultural perspective. New York：Holt，Rinehart and Winston，1963：7.

② 谢苗诺夫．婚姻和家庭的起源．北京：中国社会科学出版社，1983：181.

③ 潘允康．家庭社会学．北京：中国审计出版社，2002：50.

婚姻既是组成家庭的基础和根据，也是家庭的核心，现代社会的婚姻则具有更为多元化的特征。

婚姻的起源与家庭的发展密不可分。芬兰人类学家爱德华·韦斯特马克（Edward Westermarck）认为，原始婚姻正是为了适应核心家庭的需要而产生的，即婚姻起源于家庭，因为父母一道关心后代，更有利于后代在生存竞争中的存活和成长："男性和女性之持续地生活在一起，最初就是为了下一代的利益。因此，我们可以说，是婚姻起源于家庭，而不是家庭起源于婚姻。的确，在许多民族中，男女之间的真正婚姻生活，并不是从正式宣布结婚或订婚的时候开始的，只有到孩子出生或者已明显怀孕时，婚姻关系才算最终确定。"①

这一观点与瑞士历史学家、法学家和人类学家巴霍芬（Johann Jakob Bachofen）及美国人类学家摩尔根（Lewis Henry Morgan）等人的社会进化论观点直接对立，是彼时反对进化论浪潮的重要思想武器。巴霍芬的《母权论》作为家庭史研究的开端之作，揭示了史前家庭并非一夫一妻制的，而是一种"杂乱的群交"，且以女性为世系。摩尔根进一步论证了母系社会与父系社会的存在与发展，提出群婚—对偶婚—专偶婚的婚姻发展阶段。二人均认为婚姻的起源早于家庭。

总体而言，人类历史上的婚姻形式多种多样，从男女之间不论血缘关系和辈分、随意发生性关系的杂婚制到今天的一夫一妻制，经历了漫长的历程。

二、什么是家庭?

东汉许慎在《说文解字》中对"家"做出如下解释："家，居也，从宀，豭省声。""宀"为交覆深屋，豭为牧豕（公猪）。清段玉裁注："本义乃豕之居也，引申假借以为人之居。"也就是说，"家"就是有猪圈养之地。猪，象征着财富。

"家"字的演变，形象地展现了这个汉字的意义（见图 1-2）。

图 1-2 "家"字的演变

（一）家与家庭

与起源甚早的"家"不同，"家庭"一词是后起的概念，是指一家之内。

① 韦斯特马克．人类婚姻史：第1卷．北京：商务印书馆，2002：76.

吴自甦认为："以字义言，我国家之起源于农业定居，从游牧到耕稼，筑屋以养家畜，从事生产繁殖。"拉丁文"focarium"意为共同取暖、煮食之处，"家"指"有火的地方"。[①] 拉丁文"familia"意为"家宅"，即包括家仆、家奴在内的居于同一房舍的全体成员[②]。也有人认为，家庭不过是人与人之间的生理结合，是"肉体生活同社会机体生活之间的联系环节"[③]。不过，社会学家通常不认同这一观点。社会学家认为，无论是在中国还是在西方，家庭通常都是一个承担双重生产功能——人口再生产与社会再生产——的基本社会单元。具体来说，家庭是组织经济生产、消费与分配以及生儿育女、繁衍人口的单位，家庭维系着人类的生存、繁衍和发展。

1935年，社会学家孙本文在《社会学原理》一书中将家庭定义为："夫妇子女等亲属结合之团体，是亲属的结合，包括两代或两代以上之亲属，且有比较永久的共同生活。"[④] 1953年，美国社会学家伯吉斯（Ernest Watson Burgess）和洛克（Harvey J. Locke）在《家庭》一书中，对家庭做出如下界定："家庭是被婚姻、血缘或收养的纽带联合起来的人的群体，各人以其作为父母、夫妻或兄弟姐妹的社会身份相互作用和交往，创造一个共同的文化。"[⑤] 二者均强调家庭基于婚姻、血缘或法律层面的亲属关系，并重视亲属间长期的社会交往与共同生活。

20世纪80年代，中国出版了大量的家庭社会学研究著作。《社会学简明辞典》将家庭界定为："以一定的婚姻关系、血缘关系或收养关系组合起来的社会生活基本单位，在通常情况下，又体现为一种经济的团体。婚姻构成最初的家庭关系，这就是夫妻之间、父母和子女之间的关系。"[⑥] 潘允康将家庭解释为"以婚姻和血缘关系为纽带的社会生活组织形式"[⑦]。《中国大百科全书·社会学》将家庭定义为："由婚姻、血缘或收养关系组成的社会生活的基本单位。"[⑧] 上述观点几乎一致，均将家庭视为社会生活的基本单位，且相比早年人类学家对亲属关系的强调，社会学家更注重作为组织的家庭的经济、情感等功能。

综上所述，本书认为，家庭是在婚姻关系、血缘关系或收养关系基础上形成的，以比较持久的共同生活以及一定程度上的经济共有、共享为主要特征的初级社会生活群体，是以情感为纽带、由亲属关系构成的最基本社会生活单位。

家庭亦有狭义、广义之分。狭义的家庭是指基于夫妻制构成的社会单元；广义

---

① 吴自甦．中国家庭制度．台北：台湾商务印书馆，1968：3.

② 米特罗尔，西德尔．欧洲家庭史．北京：华夏出版社，1987：7.

③ 潘允康．家庭社会学．北京：中国审计出版社，2002：50.

④ 孙本文．孙本文文集：第1卷．北京：社会科学文献出版社，2012：305.

⑤ 中国大百科全书总编辑委员会．中国大百科全书·社会学．北京：中国大百科全书出版社，2004：102.

⑥ 李剑华，范定九．社会学简明辞典．兰州：甘肃人民出版社，1984：392.

⑦ 同③51.

⑧ 同⑤.

的家庭则泛指人类不同进化阶段上的各种家庭利益集团，即家族。家族通常是指由数个父系血缘关系家庭组成的扩大的家庭，多是多个家庭的结合，涉及较大的继嗣群、系谱关系，讲究辈分和同宗。

（二）家庭与家庭户

“户”是一个物理居住空间概念，指居住在同一屋檐下之人。家与户既有联系，也有差别。户是以共同居住为标志的群体，具有住所、地域的含义；同住之人户可以无血缘关系或亲属关系。

“户”是一个象形字，是一扇门的形状，本义指单扇的门，由本义引申为房屋的出入口。一家人住在一个门内，因此“户”被引申为家庭单位，指居住在同一单元房屋之人。“户”字的演变轨迹如图 1-3 所示。

图 1-3 “户”字的演变轨迹

三、婚姻与家庭的联系与区别

（一）婚姻与家庭的联系

婚姻与家庭具有同一性：组成家庭离不开婚姻，由合法婚姻产生的家庭才受到法律保护，家庭成员间的权利和义务以婚姻为前提。一方面，婚姻是形成家庭的基础，是保障家庭成员权利的前提；婚姻状况与家庭的稳定性密切相关，夫妻关系的存续与解体影响家庭结构的最终形态以及家庭功能的实现。另一方面，家庭系统制约婚姻行为，家庭制度对婚姻行为起规范制约作用；在封建时代，家长对子女的婚姻拥有决定权。

（二）婚姻与家庭的区别

婚姻是家庭组建的前提，家庭效用是婚姻成立的动力来源。

婚姻与家庭又是两个不同的范畴。家庭是一种社会实体，其中的血缘关系为具有不可置换性的天然关系。婚姻则是一种社会关系——经社会认可的、男女双方协议的契约关系，具有可置换性。在家庭实体中，包含着种种关系，除婚姻关系外，还包括血缘关系、收养关系，非基本成员中，还包括主奴关系、雇佣关系等，远不限于婚姻关系。愈是古代愈是如此……如果从动态角度考察家庭与婚姻，就个体家庭而言，婚姻关系的终结，并不意味着家庭生活的终结，只有无子，才会成为“绝家”。就传统社会婚姻与家庭的总体而言，家庭形态、制度的变化，与婚姻形态、制度的变化，也往往并非同步。①

概而言之，婚姻与家庭的主要区别如下：

第一，起源不同。婚姻的起源早于家庭（但如前所述，韦斯特马克认为，婚姻起源于家庭而不是相反）。在进入对偶婚的历史阶段后，婚姻与家庭才关联起来。

第二，结构不同。婚姻是一种线状关系或平行关系；家庭是一种网格结构。

第三，内容与过程不同。婚姻的过程包括择偶（有的基于情爱）、婚礼、维系、解体、重组、丧偶与消亡等多种形态；家庭则有结构、关系、功能、生命周期等基本元素。

第二节　家庭的基本元素

家庭的基本元素包括：家庭结构、家庭关系、家庭功能和家庭生命周期。

一、家庭结构

家庭结构是最基本的社会设置，是人类最基本、最重要的制度和群体形式。家庭结构是指家庭中成员的构成及其相互作用、相互影响的状态，以及由这种状态形成的相对稳定的联系模式。家庭结构包括外在结构和内在结构。外在结构是指家庭规模、家庭代数、居住安排等，具有具象性和可视性；内在结构是指家人之间的互动和关系的整体模式。

（一）家庭规模

家庭规模是指家庭成员的数量，其主要取决于两个因素：一是子女数量。家庭中子女越多，家庭规模越大，反之亦然。二是家庭的结构。一个复杂的家庭，往往比一个简单的家庭人口更多。一般说来，复合式家庭规模最大，单人家庭规模最小。复合式家庭所占比例越大，家庭人口平均数越大；单人家庭所占比例越大，家庭人口平均数则越小。

（二）家庭代数

家庭代数是指一个家庭中有几代人共同居住，其受制于家庭的子女数量和居住安排。一般情况下，子女数量越多、居住安排越复杂，家庭代数会越多，反之亦

① 王玉波．中国家庭史研究刍议．历史研究，2000（3）．

然，它们之间互为因果。

（三）居住安排

居住安排是指家庭成员的居住模式，也称家庭模式。家庭成员之间相互联系的方式不同，会形成不同的家庭类型。按家庭的代数和亲属关系特征，常见家庭类型主要有以下几种（见图 1－4）。

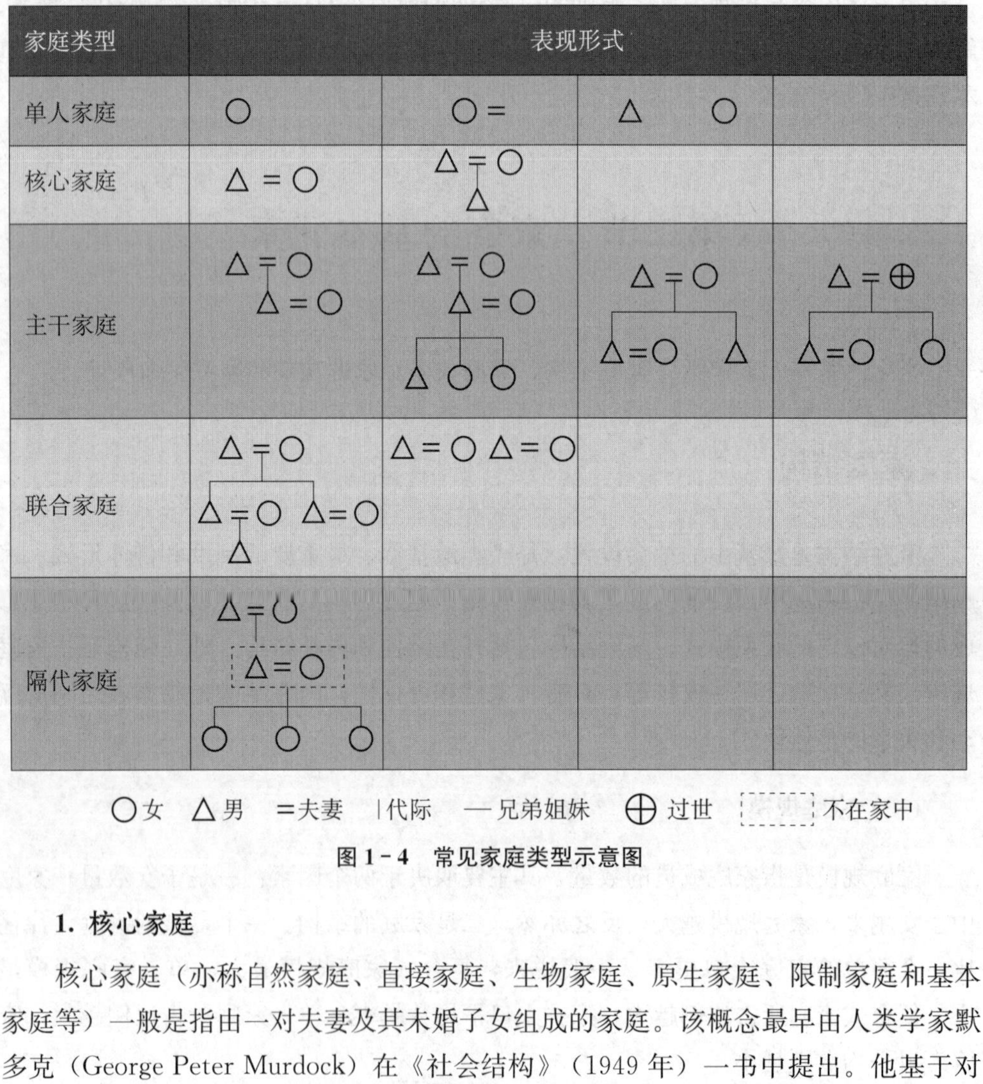

图 1－4　常见家庭类型示意图

1. 核心家庭

核心家庭（亦称自然家庭、直接家庭、生物家庭、原生家庭、限制家庭和基本家庭等）一般是指由一对夫妻及其未婚子女组成的家庭。该概念最早由人类学家默多克（George Peter Murdock）在《社会结构》（1949 年）一书中提出。他基于对 250 个家庭的研究，依照对亲属关系的分类界说，提出了这类家庭形态，以区别于多偶家庭和大家庭。他认为，核心家庭主要具有以下特征：

（1）是主干家庭和联合家庭形成所依赖的基本单位；

（2）一般含有夫妻和血缘两种关系；

（3）对亲属的依赖性较小；

（4）择偶比较自由；

（5）离婚率较高；

（6）缺少亲属的照顾。

在现代社会中，核心家庭的形式呈现出多样化特征。由父母和未婚子女组成的标准核心家庭占比持续降低，由夫妻二人组成的非标准核心家庭占比提升。

2. 主干家庭

主干家庭（亦称直系家庭）是指一个家庭中有两对或多对夫妻，但同一代人中最多只有一对夫妻。这类家庭可以有二代、三代甚至更多代数。"主干"是指以父母为主干的一种家庭形式，其具体形式有：

（1）由父母（或父母一方）和一对已婚子女组成的家庭；

（2）由父母（或父母一方）、一对已婚子女及子女的子女共同组成的家庭；

（3）由父母（或父母一方）、一对已婚子女及其他家属（主要是子女的未婚兄弟姐妹）组成的家庭。①

主干家庭主要从代数结构角度来划分，是联合家庭与核心家庭的折中形式。相较于核心家庭，主干家庭的规模一般较大。但是，在现代化进程中，主干家庭呈现出两种情况：一是在世界上的全部家庭中，所占的比例逐渐降低；二是在中国，其占比持续稳定。现代社会的主干家庭与传统社会的主干家庭相比，出现了一些新的变化。

3. 联合家庭

联合家庭（亦称复合家庭、扩大家庭）是指家庭中任何一代含有两对或多对夫妻的家庭，如父母和两对及以上已婚子女组成的家庭或兄弟姐妹结婚后不分家的家庭，通常被称为"大家庭"。联合家庭主要有两种形式：

（1）异代联合家庭，即两对或多对同代夫妻、未婚子女、父母组成的家庭。

（2）同代联合家庭，即两对或多对同代夫妻组成的家庭。

联合家庭一般因兄弟结婚后不分家而形成，兄弟不分家多是出于共同继承财产的需要。父母房屋多或经济宽裕，可以提供住房，婚后子女才可能共同生活；或者，已婚子女缺少分开居住的条件，即他们除了继续与父母共同生活外别无选择。也就是说，中国的联合家庭大多是由于经济原因而形成的，仅仅以感情为基础而形成的联合家庭很少。

4. 其他形式的家庭

在现代社会，家庭形式复杂多样，单人家庭、单亲家庭、隔代家庭、同居家庭以及同性恋家庭日益普遍。单人家庭是指仅由一人组成的家庭。单亲家庭是指由于离婚、配偶死亡或未婚先育等原因形成的家庭。隔代家庭是指由人口的地域流动或其他原因导致代际分居、中间代夫妻双方去世等原因而形成的祖辈与孙辈家庭。当前，地域流动所致的隔代家庭较为普遍。同居家庭是指异性共同居住，但未履行结

---

① 邓伟志．社会学辞典．上海：上海辞书出版社，2009：282.

婚手续的家庭。同性恋家庭是指由同性伴侣组成的家庭。在中国，后两种家庭形式尚未得到法律认可。

（四）家庭结构的特点

第一，家庭规模和人口构成直接影响家庭结构特征。一般而言，家庭规模越大，家庭人口越多，家庭结构越复杂，出现家庭矛盾的可能性越大，家庭管理越难。

第二，家庭结构具有具象性。家庭结构在家庭日常运转中形成，通过家庭成员的交往和互动体现出来。

第三，家庭结构具有抽象性。家庭结构定位家庭成员的角色，固化家庭关系，影响家庭成员的生理、心理和行为。健康、有弹性的家庭结构对家庭成员的身心健康与社会适应具有正向影响。

第四，家庭有自身的运行规则。家庭成员在家庭中的位置和角色规定，以及与之相联系的责任、权利和义务形成家庭规则。

第五，微观的家庭结构与宏观的社会情境相互影响。家庭结构既随经济社会的变迁而变化，也反作用于宏观的经济、社会与文化发展。

二、家庭关系

家庭是具有婚姻、血缘或收养关系的人长期居住在一起而形成的共同体，共同体中人的联系和互动形成了家庭关系，即家庭人际关系。

家庭关系是指家庭成员之间固有的特定关系，包括姻亲关系、血亲关系、收养关系、继父母与原配孩子之间的关系等，表现为不同家庭成员之间的不同联系方式和互助方式，是联结家庭成员的纽带。家庭关系在形式上是一种自然关系，但在本质上也是一种权力和地位关系，传统社会中的“夫为妻纲”“父为子纲”等，都是不平等权力关系的体现。

家庭关系包括横向和纵向两种关系（见图 1-5）。家庭关系的多样性与复杂性，取决于家庭规模、家庭代数和居住安排。家庭规模越大、代数越多、夫妻对数越多，家庭关系就越复杂。家庭关系以代际关系为层次，以家庭同代人的多少为尺度，促成家庭中几代人或同代人之间的交往。

图 1-5 家庭关系示意图

（一）夫妻关系

夫妻关系是指依据一定的规制形成的夫妻之间享有的权利和承担的义务。传统社会的夫妻关系具有明显的不平等性，“夫为妻纲”是对传统社会中夫妻关系的概述。在现代化进程中，夫妻关系变得更为平等，夫妻双方都有独立的人格和平等的法律权利。但是，受残留的传统性别观念影响，夫妻关系仍未能实现真正意义上的平等。

（二）亲子关系

亲子关系是父母与其亲生子女、养子女和继子女之间的关系。亲子关系是一种十分重要的个体和社会关系：它几乎是个体幼儿期全部情感的寄托，直接影响个体儿童期的身心健康发展以及成年期的社会人际交往。父母有抚养和教育子女的责任，子女有赡养父母的义务。

（三）祖孙关系

祖孙关系是指祖辈与孙辈之间的关系，包括祖父母与孙子女、外祖父母与外孙子女之间的关系。这种关系之中包含养育、赡养、继承等方面的权利、义务和责任。

（四）兄弟姐妹关系

兄弟姐妹关系是一种同辈关系，包括血缘关系和非血缘关系（如收养的兄弟姐妹、继兄弟姐妹）两种。这种关系之中也包含一定的权利、义务和责任。

普通的核心家庭只有父母与未成年子女之间的纵向亲子关系，以及夫妻关系、兄弟姐妹关系等横向关系；主干家庭的家庭关系则可能增加婆媳（翁婿）、祖孙关系；联合家庭的家庭关系更为复杂，还要加上妯娌、姑（叔）嫂、连襟等关系。

家庭关系多基于血缘和姻亲，故它比任何其他社会小群体成员之间的关系都更为密切和深厚，是最紧密的一类社会关系。家庭成员的价值观较为一致，相互之间的认同度较高，可满足彼此的生理需求及心理需求。但是，家庭成员之间也存在矛盾和冲突。家庭中任何一种关系的失调——尤其是夫妻关系和亲子关系的失调，都易损害全体家庭成员的利益，危及整个家庭的稳定。

三、家庭功能

家庭功能（family function，亦称家庭职能）是指家庭在人类生活和社会发展方面的作用。家庭功能是多方面的，不同功能可满足人和社会的不同需求。虽然不同时代、不同社会文化情境下的家庭功能重点有所不同，但涉及的领域大同小异。一般情况下，家庭功能主要包含如下七个方面。

（一）经济功能

家庭经济功能包括家庭中的生产、分配、交换、消费。家庭提供和分配资源，满足家庭成员衣食住行等物质需求和其他方面的消费需求，从而满足家庭成员的生存之需；同时，它也是实现其他家庭功能的物质基础[①]。

（二）性与生殖功能

家庭承担着满足夫妻性生活需要、实现人类社会繁衍生息的功能，故性与生殖功能主要是满足个体的性需求以及人口再生产的需求，具有生理和社会双重属性。从人类进入个体婚制以来，家庭一直是一个生育单位，家庭通过建立双系抚育、确立婚姻、夫妻配合等一系列制度来保证生殖功能的实现[②]，是人口繁衍、家庭存续、种族绵续、社会延续的前提和保障。

（三）抚育与赡养功能

抚育是上一代对下一代的抚养培育，赡养是下一代对上一代的供养支持，表现为家庭代际关系中的双向义务和责任，是实现社会继替的保障。这是代际关系中的“反馈模式”：甲代抚育乙代，乙代赡养甲代，乙代抚育丙代，丙代又赡养乙代。抚育幼儿、赡养长者是一切社会必须面对的问题，中国传统社会就是通过采取反馈模式来解决这个问题的。[③]

（四）社会教化功能

父母教育子女和家庭成员之间相互教育都属于社会教化。家庭是儿童社会化的第一场所，父母对子女的教育是子女社会化最重要的途径之一[④]。教化包括教育家庭成员和传播社会文化、习俗等。

（五）情感交流功能

情感交流是家庭精神生活的主要组成部分，是家庭生活幸福的基础。情感交流的密切程度是家庭生活幸福与否的标志。家庭成员之间的情感交流对个体的身心健康具有重要影响，发挥着促进家庭成员的身心健康与社会适应的作用。

（六）休闲与娱乐功能

休闲与娱乐是家庭闲暇生活的表现。随着生活条件的改善，人们的休闲与娱乐

---

① 邓伟志，徐榕．家庭社会学．北京：中国社会科学出版社，2001：67.

② 同①68.

③ 费孝通．家庭结构变动中的老年赡养问题：再论中国家庭结构的变动．北京大学学报（哲学社会科学版），1983（3）.

④ 同①69.

逐渐从单一型向多向型发展，其方式也日渐丰富，家庭在这方面的功能日益增强。共同的闲暇生活是家庭成员满足情感需求的途径之一：休闲与娱乐可以带来温馨和有爱的环境，调节家庭成员的情绪，恢复家庭成员的体力和精力，让家庭成员体会到亲密关系中的理解、关怀与支持。

（七）社会控制功能

家庭是最基本的社会单元，中国古代的家国同构通过血亲-宗法制度，将血缘关系和政治关系融为一体，以严格的父权家长制来实现家庭的社会控制功能。

在各种家庭功能中，有的功能贯穿于家庭发展的始终，有的功能只体现在家庭发展的特定阶段。在不同的经济社会形态中，有些功能是所有社会共有的，有些功能属于特定的社会形态。家庭功能既包括积极或正向的一面，也有消极或负向的一面（如溺爱子女、剥夺隐私等）。

四、家庭生命周期

家庭生命周期是指一个家庭从形成到发展直至消亡的动态过程，它随着家庭组织者的年龄增长和需求变化呈现出明显的阶段性，并且受家庭组织者寿命长短的制约，展现出阶段性特征。

家庭生命周期理论是 1947 年由美国人类学家格利克（Paul C. Glick）发展出来的。他认为，一个家庭犹如一个生命体，会经历形成、成长、发展、分解等不同阶段，呈现循环运动变化的规律。格利克从核心家庭角度定义了家庭生命周期，即依照家庭发生的生命事件（如结婚、生育、子女离家、死亡等），一个典型、完整的家庭生命周期会依次经历形成、扩展、稳定、收缩、空巢和解体六个阶段。①

当然，这是一种比较理想的情形，主要适用于完整的核心家庭。后来，格利克基于女性的初婚年龄、生育水平等方面的变化，对上述生命周期进行了修正、补充与完善②。

除格利克外，其他学者也对家庭生命周期进行了划分，如比奇洛（Howard F. Bigelow）的 7 阶段模型、杜瓦尔（Evelyn M. Duvall）的 8 阶段“扇形”模型、韦尔斯（William C. Wells）和古巴里（George Gubar）的 9 阶段模型，罗杰斯（Roy H. Rodgers）甚至把核心家庭的生命周期细分为 24 个阶段③。

在家庭社会学中，作为认识、辨别、区分和归类的一种方法，家庭生命周期得到了非常广泛的应用。家庭生命周期与家庭结构、家庭关系、家庭功能之间有着密切的关系。家庭生命事件的序次发生、不发生或晚发生，不仅直接制约家庭后一阶

---

① GLICK P C. The family cycle. American sociological review，1947，12（2）.

② GLICK P C. Updating the life cycle of the family. Journal of marriage and family，1977，39（1）.

③ 杨菊华．生命周期视角下的中国家庭转变研究．社会科学，2022（6）.

段的发展轨迹，而且影响家庭的其他三个基本元素——家庭结构、家庭关系和家庭功能，使得在家庭不同生命阶段，家庭结构、关系与功能呈现出不同特征。比如，初婚年龄的推迟不仅带来初育年龄的推迟，而且可能降低生育意愿，甚至导致终生不育，进而带来家庭结构、关系与功能的全面转变。反过来，家庭结构、关系与功能也直接影响家庭生命周期特征。其中，家庭人口再生产功能的削弱，触发了家庭的扩展期从持续很长但稳定期较短向扩展期大大收缩而稳定期较长，以及后续生命周期的系统性变化，成为家庭转变的最主要功能性因素。

第三节　家庭的性质与本质

家庭是最小的社会单元，是最初级的社会群体。家庭作为一个初级社会群体，具备初级群体的三个基本要素：面对面接触、成员较少、互动频繁。家庭成员面对面的互动反映着人们最简单、最初步的社会关系，是社会组合的雏形。家庭也是一种最基本的社会制度，即家庭制度。家庭制度包括婚姻制度及与之相应的习俗礼仪、生育制度、亲子制度、财产继承制度等，是一定历史条件下社会文化制度的有机构成。有些家庭制度具有明确的法律规定，有些则是不成文的习惯法与约定俗成的传统礼仪。

一、家庭的性质

（一）家庭性质的内容

性质是一种事物在与其他事物的相互联系中所表现出来的特性。纵观人类家庭发展历程可知，家庭具有如下性质。

第一，家庭是一个历史的范畴。家庭并非与人类社会俱来的一种社会制度，而是人类社会发展到一定历史阶段的产物，有其产生和发展的历史。家庭的结构、关系、功能等基本元素，都随生产方式的变化而变化，反过来也对一定生产方式的发展起积极或消极的作用。不过，人类社会是否真如摩尔根所言，起初并无家庭，还是一个尚有争议的问题，西方人类学田野调查及其他研究否定了摩尔根的这一论断[①]。笔者认为，任何一个社会组织都不是与生俱来的，而是一定经济社会发展阶段的产物，家庭也不例外。

第二，家庭是自然关系与社会关系的统一。家庭建立在婚姻、血缘和收养关系基础之上，具有自然属性和社会属性。家庭的自然属性主要表现在，家庭是靠血缘

---

① 张祥龙，张恒．家的本质与中国家庭生活的重建：张祥龙教授访谈录．河北学刊，2018，38（3）．

关系联系在一起的系统。血缘关系是一种自然血统关系，具有生物和遗传的基础与意义。亲子关系、兄弟姐妹关系是人类的自然亲情关系。家庭的社会属性主要表现在，家庭主要是依靠婚姻缔结而形成的。夫妻关系并非一种自然关系，而是一种社会关系。家庭的自然属性与社会属性密切勾连，即亲子关系、兄弟姐妹关系虽然具有自然性，但也有社会意蕴，共同构成家庭的主要关系，形成最初级的社会关系。

第三，家庭制度是一种社会制度。家庭的构成和存在并不是任意的，而是具有一定的规范和准则。家庭制度是社会制度的一种，包括婚姻制度在内的家庭制度被认为是一切制度中最普遍、最基本的制度之一。

第四，家庭是基本的社会群体。家庭是人类群体划分的一种特有形式，是特殊的社会群体，具有群体规范性、持续性、稳定性和较强的内聚力。一方面，人具有社会性，个人为了满足最基本的物质和精神文化生活的需求，求得生存和发展，必须生活在一定的集体之中；另一方面，家庭作为基本的社会群体，为人们的社会生活提供了基本环境和社会化的必需条件。[①]

第五，家庭概念的内涵和外延不断变化。家庭并非一成不变的社会群体，而是处于不断变化之中。这些变化也对家庭概念的界定形成了挑战，带来如下值得思考的问题：

（1）未婚母亲（父亲）与其孩子的组合算不算家庭?

（2）如何看待丁克家庭?

（3）通过人造子宫诞下的婴儿是否可以纳入家庭范畴?

（4）人工授精的精子提供者的身份该如何界定?

（二）家庭制度的“五 W”要素

第一，家庭是什么（**What** is the family?），主要讨论家庭的定义与组成。

第二，和谁关联（To **whom** are we related?），主要讨论家庭的绵延和亲属关系。

第三，谁统治家庭（**Who** rules?），主要讨论家庭的权威问题。

第四，跟谁住（**Where** do we live?），主要讨论从父居、从母居或其他形式的居住安排。

第五，家庭的功能是什么（**What** is the function of the family?），主要分析在时代变迁中家庭制度的功能。

二、家庭的本质

20 世纪 80 年代早期，中国的家庭社会学重新起步。当时，学界对“家庭的本

---

① 潘允康．社会变迁中的家庭：家庭社会学．天津：天津社会科学院出版社，2002：52－53.

质”问题展开了热烈的讨论。本质是一种事物区别于其他事物的一种内部规定性。性质与本质既有联系也有区别：性质表现在外，是表现出来的特点，是事物具有的属性；本质隐藏在内，要通过现象反映，不能直观认识，是最基本的东西。认识事物的性质，是认识事物的第一个层次；认识事物的本质，是认识事物的第二个层次。从“关系”视角出发，对于家庭的本质主要有以下说法。

一种主流说法是：家庭关系是一种经济关系，家庭在本质上是按血缘和婚姻关系建立起来的经济组织。简单地讲，血缘＋经济＝家庭。[①]

黄友林却认为，家庭关系是人口再生产关系，家庭是以一定形式的经济为基础的人口再生产组织。人口再生产关系是一切家庭所共有的最基本、最普遍、最本质的东西：按血缘和婚姻关系而建立的经济组织中体现的经济行为并非家庭的真正目的,而是手段；其真正目的是人口的生产和再生产。[②]

何道宏[③]、南占江和南洋[④]则认为，家庭关系是一种情感关系，家庭是建立在一定经济基础之上的作为人类情感的物质体现的最小的社会组织。随着社会物质生产和精神文明的发展，经济关系在家庭中的作用越来越小。人口的生产和再生产也只是家庭的一项功能。情感上的互爱已成为家庭建立或分裂的决定因素，它是纽带、是基础，因而也就是家庭的本质。

丁文提出，家庭关系是一种社会关系。婚姻关系是构成家庭的基础，血缘亲属关系是结成家庭的纽带，家庭是社会生活的基本组织。家庭是在生命生产过程中形成的自然关系和社会关系的矛盾统一体。家庭的自然关系的产生是由于家庭早在“家庭”概念出现之前的远古时代就已经实际存在了；而且家庭从一开始，就作为一种特殊的社会关系而存在和发展，这种关系包括经济关系、法律关系、道德关系、思想关系和情感关系。社会关系支配和制约自然关系，这就是家庭的本质。[⑤]

何胜全主张，家庭的本质在于其多元化的关系。他提出，对家庭本质的认识有三个层次：家庭关系是社会关系而非自然关系，家庭关系是物质的社会关系而非思想的社会关系，家庭关系是人本身生产的生产关系而非物质资料生产的生产关系。无论从哪个层次认识家庭的本质，都不能割裂该层次与其他层次的联系，否则就难以得到对家庭的全面认识。[⑥]

上述各种说法都具有合理性，但都不够系统和全面。家庭的本质具有多样性：既具有经济关系，也具有人口再生产关系，既具有情感关系，也具有社会关系。这

---

① 邓伟志．家庭问题种种．天津：天津人民出版社，1983：8．喻传望．家庭本质之我见．社会，1984 (5)．

② 黄友林．家庭的本质是什么：与邓伟志同志商榷．社会，1983 (5)．

③ 何道宏．社会主义家庭的本质是感情关系．社会，1984 (1)．

④ 南占江，南洋．家庭是人类感情的物质体现．社会，1984 (2)．

⑤ 丁文．家庭本质初探．社会学研究，1987 (2)．

⑥ 何胜全．家庭的本质是多层次的．社会，1984 (5)．

样的多样化本质给家庭烙上了公共性和个人性特征。其公共意义在于，家庭是人类社会最基本的社会组织单元，具有人口生产和再生产、儿童社会化、保障家庭成员的基本生活、提供安全感（稳定社会）以及降低社会组织与管控成本的功能。从个人意义来看，家庭为个人提供物质和精神方面的支持。

三、传统家庭和现代家庭的特征

作为最稳定但动态发展的初级社会群体，家庭是一个历史范畴，随着经济结构的变化而嬗变。传统家庭主要是指小农时代的家庭，现代家庭则主要是指进入工业社会后的家庭。在从农业、农村、传统社会向工业、城镇、现代社会转型的过程中，家庭系统发生了深刻且广远的变化，逐渐脱嵌于传统，并入现代化进程，家庭结构转型、家庭功能转向、家庭伦理关系转轨，家庭生命周期向后倾斜。

美国学者古德认为，传统家庭主要具有以下特征：

（1）至少有两个不同性别的成年人居住在一起；

（2）他们之间存在着某种劳动分工；

（3）他们进行许多种经济交换和社会交换；

（4）他们共享许多活动，既包括物质活动，也包括社会活动；

（5）父母对子女拥有某种权威，但也承担保护与抚养子女的义务；

（6）子女之间存在兄弟姐妹关系，分担义务，相互保护、帮助。

现代家庭主要具有以下特征：

（1）家庭是初级社会群体——群体成员扮演多种角色，进行经济、情感投入，直接性、面对面的互动频繁；

（2）家庭是一个靠婚姻、血缘、收养等纽带联系在一起的系统——以爱情或性为基础；

（3）家庭成员长期居住生活在一起，经济上在一定程度上共有、共享——是独立核算的经济单位；

（4）家庭有足够的韧性和稳定性——遭遇矛盾、纷争、困难、挑战时，倾向于尽量维系家庭的存在；

（5）家庭是一个历史性的范畴，在不同时代、不同文化背景下，家庭的具体形态会发生变化——产生、变迁和消亡。[①]

对当代家庭而言，古德的总结显得有些过时。比如，近年来，家庭变迁的一个显著特点在于同性伴侣家庭的增加；目前出现的新的“家庭”形态，都对古德的家庭论形成了挑战。

---

① 古德．家庭．北京：社会科学文献出版社，1986：13.

20世纪80年代，中国台湾地区的《台湾时报》杂志描述了台湾地区家庭的变迁[①]：

（1）由夫妻及未婚子女组成之家庭增多，传统式大家庭相对减少。

（2）由父权制、夫权制家庭向平权家庭转变，长辈权威趋于没落。

（3）职业妇女增多，妻子之经济依赖减轻，家计趋于夫妻共同负担。

（4）传统家庭伦理发生变化，祖先崇拜不如过去受重视。

（5）家庭功能趋于特殊化，以满足家人情感需要为主，其余尤其是对子女的教育则由社会负担。

（6）传统孝道日趋淡薄，家庭不像以往以父母为中心，而以子女为中心。

（7）夫妻不再受传统伦理的束缚，趋于以感情为基础，家庭稳定性减弱，纠纷增多，离婚率升高。

（8）传宗接代观念影响减弱，家庭人数减少。

（9）教养子女方式由严格控制转向尊重子女人格的独立发展。子女均受教育。养儿不再是为了防老。

（10）家人相聚时间减少，关系趋于疏离，冲突增多。

（11）婚前自由恋爱逐渐取代“父母之命、媒妁之言”，传统择偶标准大部分消失。

（12）贞操观念趋淡，两性关系渐趋开放。

（13）单人家庭及空巢家庭增多，年老者乏人奉养，孤单寂寞。

（14）男女趋于平等。

（15）老年人问题趋于严重。

（16）青少年犯罪增加。

（17）婚后与女方父母共居之家庭增多。

（18）各代人之间受教育程度的差异造成“世代差距”。

（19）安土重迁观念逐渐消失，公寓家庭日增。

（20）家庭成员由互负无限责任转为互负有限责任。

20世纪80年代后，中国大陆的家庭也发生了全面、系统、深刻的变化，这些变化将在后面的相关章节中具体呈现。

第四节　婚姻家庭社会学

婚姻与家庭自产生之日起，一直是普遍存在于人类社会中的社会现象，与人们

① 邓伟志，徐新．家庭社会学导论（第二版）．上海：上海大学出版社，2020：1.

的日常生活息息相关；人类对婚姻与家庭现象、婚姻与家庭问题的起源和发展的研究亦从未中断。自1855年德国人里尔（Wilhelm Heinrich Riehl）出版《家庭》和法国人勒普莱（Pierre Guillaume Frédéric Le Play）出版《欧洲工人》以来，婚姻家庭社会学经历了五个发展阶段。本节介绍婚姻家庭社会学的基本意涵、产生与发展，以及中国婚姻家庭社会学的发展。

一、婚姻家庭社会学的概念

婚姻与家庭是社会学的重要研究领域。社会学是婚姻家庭社会学的知识母系统，婚姻家庭社会学是该母系统内的知识子系统。作为社会学的一个重要分支学科，婚姻家庭社会学以社会学的理论与方法研究婚姻家庭问题，“获得对家庭规律性的认识，从而为家庭的健康、幸福与和谐指明方向，进而增进社会系统的和谐、稳定与发展”①。

（一）婚姻家庭社会学的界定

19世纪中叶社会学学科的形成，促进了对婚姻家庭研究的学科化，婚姻家庭社会学很快成为社会学的一门重要分支学科。与社会学更关注宏大的社会议题不同，婚姻家庭社会学聚焦于婚姻家庭本身；但是，由于婚姻家庭与社会制度、结构、文化之间存在作用与反作用的关系，对婚姻家庭的研究，必然无法与宏观要素割裂。

所谓婚姻家庭社会学，也可称家庭社会学，是社会学的一门分支学科。它运用社会学的理论和方法来研究婚姻和家庭及其演化的客观规律，研究家庭与社会的诸种关系，研究家庭在社会中的地位和作用②。但是，对于婚姻家庭社会学的定义与研究范畴，学者们见仁见智。

潘允康认为，家庭社会学是运用社会学理论和方法，研究家庭和家庭演化的客观规律、家庭与社会的诸种关系、家庭在社会中的地位和作用的学科③。

巫昌祯提出：“家庭社会学是社会学的一个重要分支，它以古今中外的千千万万的家庭作为自己研究的对象，它通过对家庭与社会的联系的研究，通过对家庭内部关系的剖析，来阐述家庭的结构、职能及其演化的客观规律。”④

冯觉新等人提出：“家庭社会学，概括地说，就是从家庭与社会相互联系的角度研究家庭的本质和规律，从而探讨家庭生活的本质和规律的学问。因此，家庭社会学研究的出发点是家庭与社会的相互联系，家庭社会学的具体内容主要是家庭与

---

① 邓伟志，徐新．家庭社会学导论（第二版）．上海：上海大学出版社，2020：2.

② 潘允康．婚姻家庭社会学．北京：北京大学出版社，2018：4.

③ 潘允康．研究家庭社会学．天津社会科学，1984（4）.

④ 巫昌祯．家庭社会学纲要．北京：中国政法大学出版社，1986：3-4.

社会的相互作用及家庭生活，其主要任务在于揭示家庭与社会相互作用和家庭生活的本质与规律。”①

丁文使用“家庭学”概念，认为家庭学是采用当代最新的系统科学的研究方法，针对当前家庭变革的实际需要，对人类家庭进行整体性综合研究，并揭示人类家庭的内在本质及其演变规律的一门独立科学②。以她对家庭学概念的论述和知识体系的构建观之，她所说的家庭学在研究对象、研究内容上与婚姻家庭社会学是相通的，“家庭学”即“家庭社会学”。

邓伟志、徐榕认为：“家庭社会学是社会学的重要分支。它运用社会学的理论方法，借鉴文化人类学、社会心理学等多种学科的研究成果，研究家庭内部的基本关系，阐述家庭的结构、功能及其演化的客观规律，揭示家庭和社会的相互关系以及家庭在社会中的地位和作用。”③ 继而，邓伟志、徐新提出：“家庭社会学旨在运用社会学的理论和方法，获得对家庭规律性的认识，从而为家庭的健康、幸福与和谐指明方向，进而增进社会系统的和谐、稳定与发展。”④ 显然，这一概念更加强调了家庭的社会意义与溢出效应。

杨善华强调：“家庭社会学是社会学的一门分支学科，它研究的是作为社会生活基本单位的家庭及其在社会影响下自身演变的规律，其与社会相互作用的机制，及其对社会发展的影响。”⑤

张瑞强提出，家庭社会学是社会学的一门分支学科，它的研究领域是人类家庭与婚姻现象、家庭与婚姻问题，主要研究家庭与婚姻的本质和特征、家庭与社会的相互作用关系、婚姻与家庭的关系、家庭内部关系，从而揭示家庭与婚姻的发展变化规律，及其对社会发展的作用⑥。

上述学者对婚姻家庭社会学的界定虽不尽相同，但表述很接近，他们对婚姻家庭社会学的理解大同小异。这种同质性主要表现在三个方面：一是学科定位相同，即婚姻家庭社会学是社会学的一门分支学科；二是主要研究内容类似，即婚姻家庭社会学既关注婚姻家庭要素本身，也关注婚姻家庭与社会的关系；三是对其研究目的的认识趋同，即揭示婚姻、家庭的发展与变化规律，阐释婚姻、家庭对社会的作用。

从个体角度来看，在某种程度上，婚姻、家庭（或家庭形态）都是个人选择的结果，表现为一种社会事实层面的生活实体。从社会运行角度来看，个体行为是社会管理的产物，表现为一种强制式的社会设置。因此，婚姻、家庭总是既作为生活实体，又作为社会设置而存在和运行。

---

① 冯觉新，邵伏先，周运清．家庭社会学．北京：中国环境科学出版社，1993：14－15.

② 丁文．家庭学．济南：山东人民出版社，1997：33.

③ 邓伟志，徐榕．家庭社会学．北京：中国社会科学出版社，2001：1.

④ 邓伟志，徐新．家庭社会学导论（第二版）．上海：上海大学出版社，2020：2.

⑤ 杨善华．家庭社会学．北京：高等教育出版社，2006：2.

⑥ 张瑞强．家庭社会学新论．石家庄：河北人民出版社，2014：4.

（二）婚姻家庭社会学的研究对象与研究内容

概而言之，婚姻家庭社会学的研究对象是婚姻与家庭；研究内容关涉婚姻家庭现象、问题与变化发展规律。婚姻家庭社会学研究可从微观和宏观两个层面展开，前者注重婚姻家庭主体的观念与行为、家庭结构、家庭功能、家庭关系、家庭伦常等议题；后者强调婚姻家庭的发展变化规律及其与宏观制度、结构、文化、政治的互动。婚姻家庭社会学的研究内容，大体可概括为以下几点。

第一，家庭的形成。自文明社会以来，在一般情况下，婚姻是产生家庭的前提，家庭是婚姻缔结的结果，有什么样的婚姻类型就有什么样的家庭类型，二者关系十分密切、不可分割。因此，对婚姻的研究是婚姻家庭社会学研究的重要内容。婚姻家庭社会学主要研究婚姻制度和婚姻过程，包括择偶标准、婚姻条件、婚姻动机、婚姻缔结、婚姻嫁娶、婚姻礼仪和婚姻解除等，还要研究婚姻史、婚姻的发生和演变，研究不同历史时期、不同社会、不同地区和不同民族的婚姻，以及决定和影响婚姻的各种经济、政治、法律、伦理、风俗和社会因素。①

第二，家庭制度。家庭是社会的基本细胞，家庭制度也是一种社会制度。家庭制度既是人类文化的积淀，又能传递人类文化。家庭制度研究，可以为人们提供家庭行为模式和社会行为模式，进而实现社会控制。家庭制度研究内容主要包括家庭的起源与发展、家庭的性质与本质、家庭的意义、家庭的制度规范等。

第三，家庭结构和类型。构成家庭的要素有很多，不同要素的不同组合，形成家庭的不同结构和不同类型。婚姻家庭社会学研究各种家庭结构和类型的产生、变化和特点，认知各种家庭结构和类型的优劣和兴衰，为家庭的存续和发展提供建议。

第四，家庭功能。家庭功能是多样的、变化的。家庭功能决定家庭结构，家庭结构反过来影响家庭功能。婚姻家庭社会学研究家庭各种功能的消长及其原因，推动家庭的健康发展。

第五，家庭关系。家庭是最富有感情色彩的社会初级群体，家庭成员间的交往构成家庭关系。婚姻家庭社会学注重研究面对面沟通、交往的家庭关系，研究影响家庭关系的各种因素，寻找协调家庭关系的最佳模式。在社会大流动时代，家庭关系研究也扩展到虚拟空间中的家庭关系。

第六，家庭角色。家庭角色主要是指家庭成员在承担家庭义务和享受家庭权利方面表现出来的一定的行为模式。婚姻家庭社会学研究家庭角色的变化以及影响这种变化的环境因素和心理因素。

第七，家庭观念。家庭的存在产生家庭观念，家庭观念变化是家庭变化的先导。家庭观念包括婚姻观念、生育观念、道德观念以及法律观念等。20 世纪中叶后，家庭观念的转变，成为婚姻家庭社会学的重要研究内容。

---

① 张桂英．家庭社会学及家庭的发展趋势．学术交流，1987（3）．

第八，婚姻家庭的演化。家庭是历史的产物，婚姻家庭社会学研究的第一个发展阶段就侧重于研究家庭的起源和发展。当代婚姻家庭社会学注重对当下和未来家庭的研究，探索未来家庭的可能模式。

（三）多学科视域下的婚姻与家庭

婚姻与家庭是多学科关注的焦点，其他学科对婚姻与家庭的关注简述如下（见表1-1）。

表1-1　不同学科对婚姻与家庭的关注与解释思路

学科	解释思路
人类学	社会变迁中的家庭：跨文化研究，进化论，亲族关系
生物学	人类的成长：遗传学，怀孕和生育
人口统计学	婚姻，生育，离婚率，变化模型
经济学	家庭财务，消费者行为，生活标准
教育学	家庭生活，婚姻准备，孩子发展，性教育
英语语言学	文学作品和大众媒介中的家庭
老年学	老年家庭生活，世代继替谱系，亲属赡养制度
历史学	家庭起源、发展趋势和历史上的各种家庭典型
家庭经济学	住房，营养，生态环境，孩子发展
法律学	结婚，离婚，虐待，收养，福利，儿童保护
心理学	人际关系，学习，人类的心理发展
宗教学	道德，婚姻誓约，爱，性，宗教训练
社会工作	家庭、儿童、妇女和老年人社会工作

二、婚姻家庭社会学的产生与发展

古代文献中有不少关于婚姻家庭的论述。雅典人的演说和《荷马史诗》中都有对家庭的描绘。哲学家柏拉图在《理想国》中提出，应实行妻子公有、子女公育。其学生亚里士多德在《政治学》中主张，家庭是人类为满足日常生活需要建立起来的社会基本形式，家庭组成是自然的，超越阶级的“善德”是维系家庭关系的纽带。古罗马历史学家塔西佗也讨论过“野蛮人”的家庭。但是，19世纪中叶之前，西方有关家庭的研究往往出现在小说、诗歌和戏剧中，对于家庭的认识仍为哲学思辨和宗教神秘主义所左右。[①]

关于婚姻家庭社会学的起源，学者们见仁见智，但一个基本共识是，在19世纪后，学者开始把家庭作为一个独立的单位进行研究，故婚姻家庭社会学的起源与社会学的起源大体同步。“一般认为，一门独立学科的形成需要具备如下几个要素：

① 邓伟志，徐新．家庭社会学导论（第二版）．上海：上海大学出版社，2020：2.

一是研究的对象或研究的领域，即这门学科具有独特的、不可替代的研究对象，具有特殊的规律；二是理论体系，即形成特有的概念、原理、命题、规律，构成严密的逻辑系统；三是研究方法。”[①] 以此判断，婚姻家庭社会学从诞生到最终形成，大约经历了一个世纪的时间。

（一）婚姻家庭社会学的奠基

婚姻家庭社会学的创始人或奠基人是德国社会学家里尔和法国社会学家勒普莱。19 世纪初，随着工业化、城市化的发展，家庭结构、功能和观念发生了重大变化，引起了家庭危机，家庭成员之间冲突加剧、关系破裂甚至出现家庭解体等现象，引起了学界对家庭问题的日渐关注。

1855 年，德国社会学家里尔出版的《家庭》一书，被视为婚姻家庭社会学诞生的标志。他基于观察和访问，提出家庭面临的多重危机，主张改革家庭、重建家庭。[②]

与里尔同时关注家庭的还有法国学者勒普莱。在奥古斯特·孔德（Auguste Comte）的影响下，他从 1835 年开始，深入英、法、匈、俄等国，以工人家庭为单位，对城市劳工和矿工家庭的收支进行实地调查。基于调查资料，他对家庭预算和家庭经济生活进行了数量分析，出版了《欧洲工人》和《家庭组织》等著作。他在剖析家庭经济生活时，采用了访谈法、问卷法、参与观察法、个案-历史法以及家庭经济分析技术等多种方法，是较早将定量方法应用于家庭研究和社会学研究的学者。[③]

但是，当时无论是社会学还是其他学科的婚姻家庭研究，都尚未建立起支撑一个学科所需的基本理论和逻辑体系。当时的婚姻家庭社会学仍然处于早期孕育阶段[④]。

（二）婚姻家庭社会学的发展

在里尔和勒普莱之后至今，婚姻家庭社会学经历了五个发展阶段。

美国社会学家亚当斯（Bert N. Adams）认为，真正对家庭进行的系统研究始于英国进化论者达尔文。亚当斯通过梳理过去一百多年间婚姻家庭研究的发展历程，将婚姻家庭社会学的发展分为四大阶段[⑤]。借鉴亚当斯的理论，本书将婚姻家庭社会学的发展划分为以下五个阶段。

1. 第一阶段：社会达尔文期（social Darwinism），约在 1860—1890 年

这是婚姻家庭社会学的初创阶段。其间，因深受达尔文进化论的影响，婚姻家

① 谭荣波．“源”与“流”：学科、专业及其关系的辨析．教育发展研究，2002（11）．

② 邓伟志，徐榕．家庭社会学．北京：中国社会科学出版社，2001：234．

③ 同②．

④ 张瑞强．家庭社会学新论．石家庄：河北人民出版社，2014：12．

⑤ 蔡文辉．婚姻与家庭：家庭社会学．台北：五南图书出版有限公司，2007：21－25．

庭社会学研究偏重于家庭演化理论，着重探讨家庭的起源和发展，具有明显的社会达尔文主义倾向。

1859 年，达尔文的《物种起源》一书问世，启发婚姻家庭社会学者探讨家庭的起源和演化。在此后的三十年间，不少学者试图借用生物进化论来描述人类发展的历史进程。这些研究都是超文化研究，倾向于从宏观的视角来探讨人类的婚姻与家庭的起源和发展。如：

1861 年，巴霍芬出版了《母权论》。

1865 年，英国律师和人种学家麦克伦南（John Ferguson McLennan）出版了《原始婚姻》。

1877 年，摩尔根出版了《古代社会》。

这些著作都论述了母系社会与父系社会的存在与交替、婚姻与家庭形态的历史演变，指出家庭作为一个能动的组织，经历了群婚、对偶婚、专偶婚等阶段。其中，摩尔根的《古代社会》尤受重视，他关于婚姻、家庭历史演变规律的论述，得到了马克思和恩格斯的高度评价。

在 1880—1881 年间，马克思对《古代社会》一书做了详细摘要，并撰写了批语。1884 年，恩格斯根据摩尔根书中的某些结论和实际材料，以及马克思的批语，撰写了《家庭、私有制和国家的起源》。恩格斯把家庭制度与社会制度一体考虑，阐明了不同社会经济形态中家庭关系发展的特点，并对家庭的未来进行了预测。

关于家庭形式的演变，学界还存在诸多其他看法，如：人类社会并无群婚现象，一夫一妻制家庭是人类最古老的家庭形式；在父系社会之前并无母系社会，父权制家庭是原初的婚姻与家庭形式。总体来看，此时人类学、人口学、历史学、心理学等相关学科，有关婚姻与家庭的研究还比较零散，尚未形成系统的学科理论与知识体系。

2. 第二阶段：社会改革期（social reform），约在 1890—1920 年

19 世纪末 20 世纪初，随着资本主义的发展和工业化、城市化进程加快，社会流动加速，人际交往频繁，女性就业率上升，离婚率增高，出生率下降；同时，社会贫困问题更为凸显，贫富差距持续拉大，童工、私生子等现象得到人们的普遍关注，社会学界开始着重探讨家庭结构、家庭规模、家庭危机等问题。此时，美国、法国等国家的社会改革呼声愈发高涨，学术关切也从注重家庭历史转向注重家庭现状、家庭问题，试图回答家庭面临的新情况与新问题。比如：

> 1920 年易家钺译爱尔华特的《家庭问题》，作为商务印书馆的《时代丛书》之一出版。该书包括：家庭的机能、家庭的起源、家庭的形成、家庭之历史上的发展、近代的家庭问题、夫妇间的经济关系、家长、家庭和婚姻之过去现在和未来、家庭与妇人等。该书对欧美家庭与婚姻状况，以及离婚与妇女生活情形，有扼要的叙述与说明。[①]

---

① 杨雅彬．中国社会学史．济南：山东人民出版社，1987：82.

此时，社会学研究重地开始从欧洲移向美国，芝加哥大学社会学派在婚姻家庭研究方面起到引领作用。与前一阶段相比，本阶段社会学以及人类学、心理学、教育学等相关学科有关婚姻与家庭现象、婚姻与家庭研究的内容和视域得到较大程度的深化与拓展，相关的社会学理论被普遍应用于婚姻家庭研究中，研究成果自成体系，知识体系日渐完善，初步勾勒出了婚姻家庭社会学的研究范畴。不过，当时婚姻家庭社会学的理论和方法依旧薄弱，知识体系还很不稳固，作为一门独立学科的婚姻家庭社会学，依然尚未成熟。

3. 第三阶段：科学研究期（scientific study），约在 1920—1950 年

该时期婚姻家庭社会学研究的主要特点是，从对微观家庭的关注转向对宏大社会议题与家庭关系的探讨。

当时，美国社会学界仍以芝加哥大学社会学派为引领。婚姻家庭社会学的主要代表人物有西方现代婚姻家庭社会学的开创者伯吉斯、帕森斯（Talcott Parsons）、默多克等人。1926 年，伯吉斯率先提出，"家庭是相互作用的人格统一体"；帕森斯认为，家庭结构和功能对社会结构有重要影响，而工业化对家庭结构产生了深远影响；默多克通过对家庭的抽样调查，首次提出了核心家庭的概念。

托马斯（William Isaac Thomas）、库利（Charles H. Cooley）、伯吉斯等人在呼吁社会改革之时，发展出一套科学的研究方法。伯吉斯及其学生采用科学态度和研究方法，关注婚姻关系、家庭成员之间的互动关系、离婚等多方面议题。他们把家庭作为微小的社会现象加以研究，认为传统家庭的经济、教育、娱乐、健康保护和宗教等功能已为社会机构所承担或向外在机构转移。由于上述功能的外移，家庭经历了从机构型到友伴型的转变过程。机构型家庭具有权威性和专制性特征，家庭成员各自忠于职责、恪守传统规范，且家庭依靠社区压力来维持自身。友伴型家庭是新兴的现代家庭类型，不因风俗、习惯、法律、经济需求等外在因素形成，而以情感为纽带；家庭成员之间形成彼此爱护的亲密关系，平等并依据兴趣分工合作地处理家务。这些研究极大地推动了婚姻家庭社会学的发展，并对后续研究产生了深刻的影响，婚姻家庭研究成为社会学研究的主要议题之一。

从研究方法看，当时的婚姻家庭社会学研究具有两个突出特点：一是注重微观的经验研究；二是引进了心理学的研究方法。日渐成熟的社会学研究理论和方法，也都被相关学者应用于婚姻家庭研究之中，使婚姻家庭社会学的研究走向系统化和科学化，同时，确立了与其他社会学科相区别的研究领域。至此，婚姻家庭社会学作为一个独立学科的所有要素已基本具备。

4. 第四阶段：家庭理论（family theory）的兴起，约在 1950—1980 年

第二次世界大战以后，全球多国的社会结构都发生了重大变化。这一变化同样发生在家庭领域：家庭结构趋于多样化，家庭功能或强化、或弱化。家庭转变不仅引起了社会学的关切，也引起了哲学、历史学、经济学等多学科的关注，推动了婚姻家庭社会学向应用科学的方向发展。美国第 39 任总统卡特（Jimmy Carter）为解决家庭中出现的诸如家庭暴力、自杀、非婚生子等问题，曾组织力量进行讨论。苏联在恢复社会学学科后，婚姻家庭社会学也日趋活跃，各学者就离婚、闲暇时间、家庭暴力等问题分别发表见解。此时，婚姻家庭社会学研究的显著特点是，研究方法上多学科、多层次，研究内容上关注当下、面向未来。

在这一阶段，学者们不仅充满热情地关注经验研究，而且注重理论构建。社会学者将以往的研究结果加以整理，进行系统解释，从中总结、提炼抽象的概念，搭建较为完备的理论框架和知识体系。其中，古德的《家庭》、埃什尔曼的《家庭导论》等具有显著的代表性和影响力。不过，直到 20 世纪 60 年代，作为学科专有名称的“家庭学”“家庭社会学”等才开始出现①。

同时，在这一阶段，婚姻家庭社会学的研究方法也得到了进一步的丰富和发展。访谈法、问卷法、统计分析、因果关系分析等方法皆已成为婚姻家庭研究不可或缺的工具。

因此，在这一阶段，婚姻家庭研究成为社会学的主题之一已是不容争辩的事实：“无论是在实证研究还是理论研究方面都取得了长足的发展。特别是以相互作用、结构功能分析等方法对家庭群体内部的研究代表了家庭社会学研究的方向和主流。”②

在今天看来，亚当斯对婚姻家庭社会学演变轨迹的以上划分逻辑自洽，有其自身的合理性。国内学者也多借鉴亚当斯的智慧，认为作为一门学科的婚姻家庭社会学大约成熟于 20 世纪上半叶。潘允康提出：“19 世纪末到 20 世纪上半叶，家庭社会学作为一个独立的学科出现了，成熟了，其主要标志是社会学理论和方法在家庭研究领域的运用，从而产生了家庭社会学理论和方法。”③ 李强主张，家庭社会学创立于 20 世纪 30 年代的美国④。也有学者认为，作为一门独立学科的家庭社会学，出现于 20 世纪二三十年代⑤。

不过，婚姻家庭的变迁速度远快于学术研究的演化速度。因此，我们需要在亚当斯的四阶段说基础上，添加第五个阶段。

5. 第五阶段：从宏大叙事到精微深细研究期，约在 20 世纪 80 年代后

20 世纪 80 年代后，全球经济、政治、人口等要素都发生了重大转型，这些转型与自由主义文化和个体主观性之间互为因果。反映在婚姻家庭研究领域，即学者更加注重家庭行为以及行为背后的宏观因素，在强调个体家庭能动性的同时也注重这种能动性背后的制约性。这些都将在后面的章节中得到呈现。

---

① 张桂英．家庭社会学及家庭的发展趋势．学术交流，1987（3）.

② 李强．应用社会学．北京：中国人民大学出版社，1995：295.

③ 潘允康．社会变迁中的家庭：家庭社会学．天津：天津社会科学院出版社，2002：20.

④ 同②.

⑤ 张瑞强．家庭社会学新论．石家庄：河北人民出版社，2014：13.

三、婚姻家庭社会学在中国

在古代典籍《诗经》中，就有不少关于家庭的描述。孔子的“君君，臣臣，父父，子子”，形成了“家国同构”的思想雏形。孟子认为，中国社会结构的基本特征是人伦关系，由父子、夫妻、长幼关系推及君臣关系以及一般意义上的贵贱、远近、亲疏关系，从而形成分层的等级社会结构。[①]

儒家强调的“家”就是世俗生活中的家。所谓“修身、齐家、治国、平天下”，就是指人通过孝、悌，通过六艺，能够把这个家调整到合适和美好的状态，而达到近似于海德格尔（Martin Heidegger）所说的“真态的家”。[②] 虽然儒家强调的“家”具有伸缩性，可以推及“天下”，但世俗生活中的“家”依旧是它的源头。

辛亥革命时期，资产阶级革命派在反封建的斗争中，始终把批判君权和批判父权结合起来。他们在提出民主革命纲领的同时，也提出了以改革家庭关系为目标的“家庭革命”“婚姻革命”等新主张，在一定程度上冲击了旧的家庭伦理观念和父权制，平等、独立的意识在家庭关系中逐渐确立，新型的婚姻关系也开始出现。不过，这些思潮和实践基本上都属于政治领域[③]。同时，这些新型的婚姻关系大多囿于社会上层。

1919 年五四运动前后，婚姻家庭社会学开始进入中国高等学校的课堂。李大钊、陈独秀、毛泽东、瞿秋白、鲁迅、向警予等都曾就家庭问题发表文章，抨击封建家庭观念。

20 世纪 20 年代后，接受过西方社会学、人类学等学科体系系统培养的学生回归中国，西方社会学、人类学的理论与方法也随之传入中国。归国学者运用现代社会科学研究的理论与方法，研究中国的婚姻家庭议题，推动了中国社会学、婚姻家庭社会学研究的繁荣与发展，取得了卓越的、影响至今的成就。其中，社会学者开展了不少针对当时青年人婚姻家庭选择的社会调查。这种与社会思潮关系紧密的婚姻家庭调查，发端于 1921 年教育学者陈鹤琴所作的《学生婚姻问题之研究》，至 20 世纪 30 年代初，形成了一定的规模，带来了较大的社会影响，成为当时社会的一道独特风景线。

在 20 世纪 30 年代，社会学家孙本文、李景汉、言心哲、潘光旦等对婚姻家庭社会学研究都有贡献。其中，潘光旦于 1928 年出版的《中国之家庭问题》便基于 1927 年

【拓展阅读 1-1】潘光旦的社会调查

① 邓伟志，徐新．家庭社会学导论（第二版）．上海：上海大学出版社，2020：2.

② 张祥龙．当你选择丁克、独身，他却告诉你，“家和孝是人类的根本命运所在”．（2017-04-28）[2022-09-20]．https：//www.yicai.com/news/5275480.html.

③ 同①13.

的家庭调查，得出“子女之幼，由父母教养之；父母之衰，由子女侍奉之，以尽其天年；故即合二代而言，彼此之待遇即为相互的”之结论，而这与后来费孝通淬炼出的中国代际关系的“反哺模式”不谋而合。李景汉于1931年出版的《五百一十五农村家庭之研究》蜚声中外，陈达于1934年出版的《人口问题》影响深远，陈顾远于1937年出版的《中国婚姻史》可谓现代中国婚姻史研究的开山之作。

20世纪40年代后，婚姻家庭的实证研究得到进一步发展。孙本文的《现代中国社会问题：第一册：家族问题》《现代中国社会问题：第二册：人口问题》，费孝通的《生育制度》《乡土中国》影响甚深、甚远，代表了当时中国婚姻家庭社会学研究的最高水平。

有关婚姻家庭的学术交流活动与学术研究互为因果、彼此促进。1930—1948年，中国社会学界共举行了九届社会学大会，每届议题都涉及婚姻家庭问题，且1932年举行的第二届大会以婚姻家庭理论为讨论中心。在某种程度上，对婚姻家庭的社会学研究是20世纪三四十年代中国社会学研究的主流，极大地推动了中国社会学的本土化。此时，婚姻家庭社会学研究十分活跃，学术领域和社会各界都十分关注婚姻家庭问题，为中国婚姻家庭社会学的萌芽和起步提供了优越的社会背景。①

1950年《中华人民共和国婚姻法》（以下简称《婚姻法》）颁布以后，探讨婚姻家庭理论的文章激增。随着社会学的重建，婚姻家庭社会学的研究与教学也在中国逐步恢复。但是，在新中国成立后的前30年，婚姻家庭社会学与其他人文社会学科一样，发展道路并不平坦。从20世纪50年代开始，“社会学、人类学由于只讲人的自然本性和人类共性，不讲阶级性，被视为‘伪科学’，遭到了批判和取缔，相应地用社会学、人类学方法研究历史上家庭问题的论著也越来越少，到六七十年代甚至处于停滞状态”②。“中国大陆的社会学自20世纪50年代初起，中断了将近30年。因此，家庭社会学和社会学的其他分支学科一样，在其刚起步的时候，几乎是一片空白，人才、研究和资料积累差不多都无从谈起。”③

改革开放后，作为现代社会科学的社会学在中国得以恢复重建，婚姻与家庭成为社会学的重要研究对象与领域，婚姻家庭社会学由此得以蓬勃发展。婚姻家庭社会学运用社会学理论和方法研究婚姻与家庭，同时借助人口学、人类学、心理学、历史学、教育学等学科的研究成果，拓展与深化对婚姻家庭现象和问题的认识与了解，由此促进了对婚姻与家庭的研究走向学科化，婚姻家庭社会学在中国也成为社会学的一门独立分支学科。1981年10月，中国婚姻家庭研究会成立。此后，许多省市开展了城乡家庭调查：1982年对北京、天津、上海、南京、成都等5大城市

---

① 邓伟志，徐榕．家庭社会学．北京：中国社会科学出版社，2001：268.

② 邢铁．二十世纪国内中国家庭史研究述评．中国史研究动态，2003（4）.

③ 雷洁琼．家庭社会学二十年．社会学研究，2000（6）.

4 000余户家庭的调查与研究，被列为“六五”期间国家哲学社会科学规划的重点项目。①

1983年，中国社会学恢复重建之后的第一本家庭社会学书籍出版。从此，有关婚姻家庭问题研究的文章、书籍猛增。刘达临的《家庭社会学漫谈》介绍了家庭社会学的主要内容，勾勒出家庭社会学的基本知识构架；潘允康的《家庭社会学》对家庭社会学进行了系统和科学的界定。此后，学者们纷纷以“家庭社会学”“婚姻家庭社会学”为主题，出版婚姻家庭社会学教材和专著，标志着中国化的婚姻家庭社会学理论架构、知识体系和方法论已经建立。

从20世纪80年代初到21世纪前20年，虽然婚姻家庭社会学研究有过低潮，但随着社会学以及人口学、人类学、经济学、公共管理学、心理学等相关学科的发展，婚姻家庭社会学得以迅速成长，成为社会学的一个重要且比较成熟的分支。新时代的婚姻家庭社会学研究，从早期主要借鉴西方的研究理论与技术方法，转变为基于中国婚姻家庭国情、针对中国的婚姻状况转变和家庭状况转变，形成了具有中国特色的婚姻家庭研究。总体而言，中国婚姻家庭社会学的研究视域越发系统且全面，研究方法越发多样且科学，研究成果与日俱增且更为优质；相关研究成果也起到了重要的咨政与助政作用。

本章要点

1. 婚姻是一种基本的社会制度。迄今为止，婚姻依旧是家庭形成的基础和前提；基于合法婚姻形成的家庭及其成员能更好地得到法律的保护。

2. 家庭是在婚姻关系、血缘关系或收养关系基础上形成的最初级的社会单元，是一种最基本的社会制度，它形塑个体的思想，制约个体的行为。

3. 家庭是一个历史范畴，是历史发展到一定阶段的产物，其基本形态随时间而变化。但是，家庭具有很强的韧性，面对困难与挑战，总是倾向于维系家庭的延续。

4. 婚姻家庭是包括人类学、社会学、人口学、经济学在内的多学科领域共同关注的对象，不同领域的切入点和侧重点各不相同，但它们之间相互补足，形成对婚姻家庭更完整的认识。

5. 婚姻家庭社会学即家庭社会学，是社会学的一门分支学科。它运用社会学的理论和方法来研究婚姻和家庭及其演化的客观规律，研究家庭与社会的诸种关系，研究家庭在社会中的地位和作用。

6. 西方学者曾经把婚姻家庭社会学划分为四个发展阶段；20世纪80年代后，随着信息技术的发展，婚姻家庭又呈现出许多新变化，婚姻家庭社会学步入了第五个发展阶段。

---

①　家庭社会学．[2022-07-07]. https://wiki.mbalib.com/wiki/%E5%AE%B6%E5%BA%AD%E7%A4%BE%E4%BC%9A%E5%AD%A6.

基本概念

婚姻　家庭　户　家庭结构　家庭关系　家庭功能　家庭的性质　家庭的本质　婚姻家庭社会学

复习思考题

1. 什么是婚姻？什么是家庭？婚姻与家庭分别具有哪些基本要素？二者有何联系、有何区别？

2. 家庭具有哪些性质和本质？

3. 什么是婚姻家庭社会学？婚姻家庭社会学的主要研究对象和范畴是什么？

4. 请简述婚姻家庭社会学发展的五大阶段，并简要分析每个阶段背后的经济、社会与文化原因。

5. 中国的婚姻家庭社会学经历了怎样的发展历程？驱动中国婚姻家庭社会学发展的主要因素有哪些？

6. 既然家庭是历史发展的产物，那么，个体必须生活在当前意义和当前形式的家庭中吗？小家庭解体后人类可能会有什么样的生活方式？

阅读文献

1. 埃什尔曼．家庭导论．北京：中国社会科学出版社，1991.

2. 古德．家庭．北京：社会科学文献出版社，1986.

3. 邓伟志，徐新．家庭社会学导论（第二版）．上海：上海大学出版社，2020.

4. 杨善华．家庭社会学．北京：高等教育出版社，2006.

第二章

婚姻家庭社会学理论与方法

我希望你们在研究国家问题的时候看看恩格斯的著作《家庭、私有制和国家的起源》。这是现代社会主义的基本著作之一，其中每一句话都是可以相信的，每一句话都不是凭空说的，而是根据大量的史料和政治材料写成的。

——列宁①

横看成岭侧成峰，远近高低各不同。
不识庐山真面目，只缘身在此山中。

——《题西林壁》，苏轼（北宋）

《题西林壁》这首诗中有画、画中有诗之诗，富含哲理，从远近、高低、上下、左右不同方位看庐山，看到的山势、景致各不相同，有如盲人摸象。同理，人们观察事物的起点和立场不同，对同一事物亦可能得出截然相反的研判。只有摆脱主客观局限，采取科学方法，既从事物中来，又能置身事物之外，高瞻远瞩，才能看清事物的真正本质与全貌。而合适的理论与方法，就是我们了解婚姻家庭特征、认识婚姻家庭转变、理解婚姻家庭发展的有效手段。

面对工业社会以来婚姻家庭的不断变化，社会学、心理学、人口学等学科的学者提出了一系列理论，来阐释婚姻家庭的变化。理论是客观事物的本质和规律的反映，来源于社会实践，并指导人们的实践活动。方法是为达成某种目的而采取的路径、步骤、手段与行为方式。理论与方法之间存在密切的联系，理论指导方法，方法验证理论，二者如同鸟之双翼。由某一理论指导的研究一般可用各种方法来完成；但最终采用什么方法，取决于要解决的问题。本章介绍婚姻家庭社会学的主要研究理论与常用研究方法，提供有关研究婚姻家庭问题的理论、方法和途径，旨在涵育读者对理论的兴趣，以及对文本资料的敏锐度，抓住数字和文字的言外之意、弦外之音。

① 列宁．列宁全集：第37卷．2版增订版．北京：人民出版社，2017：63-64.

第一节 婚姻家庭社会学的研究理论

作为社会学的主要分支学科，婚姻家庭社会学成熟的一个重要标志是学科理论日渐完善。婚姻家庭的普遍存在性及其在社会系统中的核心地位，吸引了诸多学科领域的学者的普遍关注，生物学、人类学、心理学、社会学和经济学等学科都有相关的理论建构，几乎关涉婚姻家庭领域的所有范畴。但是，学科目标、重心、方法等方面的差别，使得不同学科的婚姻家庭理论的研究视角极为不同。从社会学的角度来看，婚姻家庭社会学理论多与社会学的基本理论相通；实际上，很多社会学理论源于对婚姻家庭的研究，另外一些社会学理论虽并非直接针对婚姻家庭，但在婚姻家庭社会学研究中得到了广泛应用，对婚姻家庭研究具有很强的指导意义。下面对婚姻家庭社会学使用的主要理论框架进行描述；对通用的社会学理论，仅关注它们与婚姻家庭的关系。必须说明的是，这里介绍的理论形成时间较早，而当下婚姻家庭的多样性与复杂性远非既有理论形成时所可比拟，故一方面，有关婚姻家庭的理论尚需随时代发展而创新；另一方面，要创建一个有关婚姻家庭的普适性理论体系还很困难。

一、结构功能主义理论

家庭对社会结构的其他部分和社会整体的影响是结构功能主义理论最基础的研究之一。作为结构功能主义理论主要的代表人物，帕森斯重点从家庭与社会的相互影响方面研究家庭，利用组织的功能来解释家庭等社会组织，并将家庭看成一个执行多种功能的整体系统①。他认为，家庭是社会系统中不可或缺的有机组成部分。在内部，它在生理、心理及经济方面满足家庭成员的需求，承担家庭的分工合作、生产、消费、养育与教化子女、赡养老人等各项重要功能，维护家庭内部的秩序。在外部，家庭作为整体社会结构的一部分，承担维系现存的社会结构与社会秩序的功能。如同人体由不同的部位构成，它们协同工作使身体保持良好状态一样，家庭作为一种最基本的社会制度，对社会具有重要价值，通过功能的正常发挥，规范家庭成员的行为，形成初级的社会定位与社会控制，最终达成更宏大的社会稳固目的。

结构功能主义理论关注家庭及其与社会的关系，认为家庭系统内部相互联系，且对家庭系统只能从整体上加以理解。家庭成员是家庭系统的组成部分，家庭成员

---

① PARSONS T. The social structure of the family//ANSHEN R N. The family：its function and destiny. New York：Harper and Brothers，1959：173－201.

之间相互作用、角色互补，从而形成家庭内部性别角色的分化。结构功能主义理论指出，男性占统治地位的社会比女性扮演决定性角色的社会更为常见，性别角色分化对社会整体稳定有积极影响。在性别角色方面，丈夫-父亲和妻子-母亲这两种角色是由男性和女性的天性决定的，各自执行一些既对立又互补的功能：男性大多扮演工具性角色，女性则因其更具情感表达性而成为男性角色的补充。工具性指的是强调任务，关注更长远的目标，更在意家庭与社会机构的外部联系；表达性指的是对维持家庭和睦和家庭内部情感事件的关注。结构功能主义理论把表达性角色分配给女性主要是由于母亲与孩子之间深厚的联系，并且它把存在一个挣钱的丈夫和一个全职的妻子看作核心家庭唯一的合理形式，认为这有助于家庭效用的最大化。① 该视角强调家庭的稳定与均衡，认为家庭结构具有不言而喻的稳定性，其主要功能就是恢复被外部世界破坏的和谐均衡状态。但是，无论是在家庭内部，还是在宏观社会结构中，两性的不平等都是永恒不变的事实。② 即使在结构分化的现代社会，涂尔干（Émile Durkheim）仍然认为，明显的性别分工是维系家庭与社会稳定的关键。

在性别分工方面，经济学家贝克尔（Gary S. Becker）将市场和家庭中的性别分工部分归因于专业化投资中的获益，部分归因于男女两性的内在差异。在男女人力资本投资相同的情况下，若女性在家庭中较男性有优势，那么，一个有效率的家庭就会把女性分配到家庭内部，而将男性分配到市场部门。由此，女性在提高家庭效率与生儿育女方面花费大把时间；男性主要投资于提高市场效率的人力资本，因为他们把大部分劳动时间花在市场活动上。

该理论为婚姻家庭社会学研究提供了一个新的突破口，即从家庭功能入手。在宏观层面，它强调家庭制度与社会的适应性，以及家庭制度为何随社会变迁而变化。在微观层面，家庭结构与功能交互适应，即家庭结构旨在执行各自的功能。该理论的局限性在于，在宏观层面，它否定社会系统内部各组成要素间存在利益冲突的可能性和系统代偿能力，否定事物从量变到质变的可能，否认社会变迁的多面向性。在微观层面，它忽视家庭结构与功能间的不适应性以及家庭成员间的冲突，即忽视家庭内外存在的冲突和压力，把家庭系统的冲突和紧张视为系统反常的标志。

二、冲突论

冲突论也是婚姻家庭领域最主要的理论之一，是马克思主义学说的核心要旨。它认为，社会结构及社会关系本质上是生产资料所有者与无产者之间长期斗争的结果；社会冲突和不平等是人类社会和成员之间互动的一种基本形式。资本家与工人

---

① PARSONS T，SHILS E A . The social system//PARSONS T，SHILS E A. Toward a general theory of action. Massachusetts：Harvard University Press，1962：190－233.

② 邓伟志，徐新 . 家庭社会学导论（第二版）. 上海：上海大学出版社，2020：18.

之间的剥削与被剥削关系形塑着婚姻家庭等组织单元，而婚姻家庭伦理与实践维系着不平等的社会制度。家庭是产生阶级的首要和最重要的组织单元。财产关系和家庭结构的关联是家庭的核心要素，而家庭内部的冲突，往往也围绕着财产关系等资源展开。在《家庭、私有制和国家的起源》一书中，恩格斯明确论述了家庭是私有财产增长的结果，也是资本主义社会的基本单位，它生产和再生产着家庭内部关系的不平等。

20世纪中叶后，该理论试图反对结构功能主义理论有关家庭的片面性论述，认为家庭并非总是一个和谐的实体，婚姻家庭关系中的矛盾普遍存在，冲突自然在所难免；婚姻家庭关系中的秩序、平衡、一致或功能主义的系统平衡，只是冲突后妥协或压制的结果。家庭冲突的形式多表现为辩论、争吵、暴力行为等，不同的形式体现了不同的冲突剧烈度，关涉家庭结构、资源、让步、共识等。家庭冲突源于资源分配和竞争的不公，维系家庭平衡的根源在于发现冲突的规律并进行谈判、调节和妥协，最终达成共识，家庭中的权力关系在冲突发生与解决过程中建立起来。

适量的家庭冲突可对家庭起到“安全阀”的作用。较低程度的家庭冲突可释放紧张能量，避免发生激烈程度高且破坏力强的冲突，有助于维持家庭关系。而且，家庭冲突暴露出家庭关系中的不合理要素，可使冲突各方以最直接、最快捷的方式了解彼此的立场、观点、情感和行为模式，促使家庭成员尽快调适、调整和改进家庭关系，改善家庭生活质量，避免不合理成分长期积淀并最终引起“质变”（即家庭的破裂）。①

冲突论与结构功能主义理论的主要区别在于：一是在对总体家庭的认识方面，冲突论突出的是婚姻家庭关系中的潜在冲突，而结构功能主义理论强调的是和谐、均衡。二是在家庭功能方面，冲突论认为，婚姻、家庭观念等并非因家庭的社会化功能而产生，而是由两性差异和“自然”的等级所致，但结构功能主义理论认为，儿童社会化是家庭的最基本功能，家庭是个体初级社会化的首要场域。三是就家庭与社会不平等的关系而言，冲突论认为家庭身份、财富、地位的代代相传，维护和促成了家庭乃至整个社会的不平等，而结构功能主义理论把家庭看成永恒的“生活场所”。

三、社会交换论

社会交换论来源于实用主义经济学，建立在付出代价和获取报酬两个基本观点之上，主要代表人物包括霍曼斯（George Casper Homans）、布劳（Peter Michael Blau）、埃默森（Richard Marc Emerson）等。其基本的概念包括酬赏、代价、利润、分配、公平、平等、权力、期待、依赖等。

社会交换论已被普遍应用于婚姻家庭社会学领域。它认为，基本的社会过程是价值资源交换的过程，要以资源交换的平衡与否来解释社会结构和社会行为。婚姻

---

① 张文霞，朱冬亮．家庭社会工作．北京：社会科学文献出版社，2005：108．

家庭关系是一种彼此交换的关系。当一方表现出一种行为时，另一方则以相应行为作为交换。若夫妻双方拥有的资源不对等，交换的互惠结果就会完全不同。掌握这种交换的度是协调家庭关系的关键。

婚姻家庭社会学领域中使用的社会交换论，既与经济学的人类行为交换论相关，也与心理学的社会交换论相关，它关注交换的动因，以此来解释社会群体和家庭内部成员的个人利益诉求，以及择偶、结婚、离异、性行为等现象中存在的性别差异。比如，在包办婚姻中，劳动力、彩礼和嫁妆是最常见的交换；郎才女貌也是一种交换。

贝克尔从微观家庭经济学视角，对家庭中的交换行为进行了系统研究，认为若男性在劳动力市场上产出更多、工资更丰厚，而女性在家庭中产出效率更高，这样的分工方式就会给双方带来更多的收益。20 世纪中后期，社会交换论被普遍应用于“男主外、女主内”的家庭分工模式研究中：丈夫在外工作获取工资收益，妻子在家相夫教子，从而使得夫妻双方利益最大化。

家庭关系的动态变化，包括家庭成员之间及家庭成员与非家庭成员之间的关系的动态变化，是社会交换论的关注重点。但是，社会交换论强调了人际互动中理性的一面，忽视了或削弱了作为本能的无私和牺牲精神，以及不求任何回报的理想模式的价值。①

四、符号互动论

符号互动论是一种受社会心理学影响较深的微观分析理论。它认为，家庭与社会之间、家庭成员之间的相互作用，是通过象征性行为进行的，强调个人对家庭的顺应和家庭内部的协调，认为夫妻行为决定整个家庭的命运。

由美国社会学家米德（George Herbert Mead）初创、其学生布鲁默（Herbert George Blumer）于 1937 年正式提出的符号互动论，经过几十年的发展后，成为社会学领域的重要理论，并在 20 世纪上半叶盛极一时。米德在《心灵、自我与社会》一书中，对心灵、自我与社会进行了系统性解释，认为生理性冲动与反应性理智的互动是心灵的本质，主我与客我的互动是自我的本质，自我与他人的互动是社会的本质；本质通过作为符号的行动外化于世。布鲁默深受米德思想的影响。在《符号互动论：观点与方法》一书中，布鲁默提出，人类互动主要有两种形式：非符号互动与符号互动。他认为，符号是具有象征意义的事物，对符号的理解程度取决于个人使用、识别和解释符号的能力，强调行为主体的意义，认为人在社会互动过程中，根据自身对事物的理解赋予事物意义。②

---

① 邓伟志，徐新．家庭社会学导论（第二版）．上海：上海大学出版社，2020：21.

② BLUMER H. Symbolic interactionism：perspective and method. Berkeley：University of California Press，1969：20－21.

符号互动论在微观层面上考察婚姻与家庭，不把婚姻与家庭视为既有社会结构中的先赋元素，而是强调在日常生活中家庭的创造与再创造，关注与家庭角色相联系的意义和生活经验如何通过互动作用被建构起来。在 20 世纪早期，伯吉斯率先将符号互动论应用于婚姻家庭研究，认为家庭理解是互相关联的人之间的一种调适关系，是“人格互动的单元”。他注重婚姻家庭互动的不同模式，如求婚、蜜月、抚育、离婚与分居、老年人角色与赡养等，探讨家庭中的角色构成。此后，符号互动论被普遍应用在微观家庭领域，如夫妻间家务分工的协商方式，母乳喂养的经历，托幼、上学和其他生命历程，家庭聚餐和节日等仪式的符号机制，消费和金钱对不同家庭成员的不同意义，等等。个体将自我意识和角色定位都投入其间，经历着社会化过程，而这些家庭行为与家庭过程都富有符号互动意义。

五、女权主义论

女权主义论也称女性主义论、性别平等论，是指为结束性别不平等、女性歧视和压迫而创立和发展起来的社会理论，重点在于揭示和批判性别不平等的社会机制，推进性别平权运动。该理论将性别不平等视为社会不平等的一种形式，且形成了西方马克思主义女权主义论这一分支。

西方马克思主义女权主义论将资本主义社会的社会关系和意识形态视为女性处于从属地位的根源，其婚姻家庭理论关注再生产方面的权力和关系，认为家庭父权制及公域父权制是压迫女性的双重场域；阶级压迫是其第一个特点，性别压迫是其第二个特点①。它认为，女性是受剥削的无薪生产者，正是她们的劳动确保了工人的能力被充分发掘和利用；同时，女性还生产了未来的工人，保障了他们的身体健康，对他们进行了社会化以使其融入资本主义文化；女性的家庭劳动，以低成本甚至无成本的方式实现了社会再生产和人口再生产。女权主义论给婚姻家庭社会学带来了以下贡献。

第一，它挑战了“家庭整体性”视角。女权主义论不同于结构功能主义理论和家庭系统论（详下），它不以家庭为分析单位，而是聚焦于潜在地包含性别、代际、种族和阶级的结构，认为它们的差异往往被掩盖于对母性和“作为避难所的家庭”的描述之中。

第二，它挑战了传统的公私二分法。它提出了家庭的边界问题，强调公私领域之间的密切联系，认为传统的公私二分法与女权主义论之间存在巨大的张力。

第三，它挑战了结构功能主义理论对家庭冲突的忽视。女权主义论认为，结构功能主义理论很少考虑其他家庭形式及冲突性的家庭行为，仅把家庭成员间的冲突

① BARRETT M. Women's oppression today：problems in Marxist feminist analysis. New York：Verso，1986：187 - 226. KARTMANN H I. The family as the locus of gender，class，and political struggle：the example of housework. Signs，1981，6.

视为内在的“功能失调”，并为劳动的性别分工进行辩护，忽略了“互补作用”结构中固有的性别不平等。[①]

六、家庭系统论与家庭生命周期理论

家庭系统论发端于一般的系统理论。继帕森斯后，结构功能主义理论出现了两种取向：结构取向和过程取向。结构取向主张通过家庭成员之间的关系结构和情感联系、家庭规则、家庭沟通、家庭应对外部事件的有效性等具体特征来描述家庭的功能。[②] 据此形成了家庭凝聚力、家庭灵活性和家庭交流三个领域，分别指家庭成员之间的情感联系，家庭系统应对外在环境的压力或因婚姻、家庭的发展需要而改变其权力结构、角色分配或家庭规则的能力，以及家庭成员之间的信息沟通与交流。过程取向强调过程性，认为家庭的基本功能是为家庭成员的身心健康发展与社会化等提供相应的环境条件。为此，家庭系统必须完成一系列的任务，适应并促进家庭与其成员的发展，应对和处理各种家庭突发事件，等等。其中，爱泼斯坦[③]（Nathan B. Epstein）等人提出的麦克马斯特家庭功能模式和斯金纳[④]（Harvey Skinner）等人提出的家庭过程模式影响较大。前者主要基于系统理论，认为家庭是由各部分组成的相互关系系统，家庭的结构和组织形式是影响或决定家庭成员行为方式的重要因素。只有各项基本功能——问题解决、沟通、家庭角色分工、情感反应、情感介入和行为控制——得到有效实现，才能维持家庭成员的心理健康。后者认为，家庭的首要目标是完成各种任务，包含危机性任务；其间，家庭及其成员都得到成长，家庭亲密度得到增强。评价家庭功能的七个维度分别是：任务完成、角色作用、沟通、情感表达、参与、控制和价值观。任务完成是核心，它将各项功能有机地联系在一起。

家庭生命周期理论是家庭过程理论的重要内容，也被称为家庭发展理论。如第一章所述，该理论主张，家庭也按照一定的轨道形成、发展与消亡，具有自身的生命周期。家庭生命周期是指一个家庭从形成到发展直至消亡的动态过程。家庭随着家庭组织者的年龄增长表现出明显的阶段性，并随着家庭组织者的生命终止而消亡。1931 年，家庭生命周期概念被首次提出[⑤]，经过众多学者发展后，美国人类学

---

① THORNE B，YALOM M. Rethinking the family：some feminist questions. Boston：Northeastern University Press，1992：3－30.

② OLSON D H. Circumplex model of marital and family systems. Journal of family therapy，2000，22（2）.

③ EPSTEIN N B，BALDWIN L，BISHOP D S. The McMaster family assessment device. Journal of marital and family therapy，1983，9（2）.

④ SKINNER H，STEINHAUER P，SITARENIO G. Family assessment measure（FAM）and process model of family functioning. Journal of family therapy，2000，22（2）.

⑤ SOROKIN P A，ZIMMERMAN C C，GALPIN C J. A systematic sourcebook in rural sociology. Minneapolis：University of Minnesota Press，1931.

学者格利克于 1947 年形成了比较完善的家庭生命周期理论。

家庭生命周期理论是一个真正直接关注家庭的理论。任何一个家庭都会经历形成、扩展、发展、成熟、衰老和消亡的过程。家庭生命周期与结婚、生育、养育、教育、衰老、赡养和死亡息息相关，这些生命事件都是家庭生命周期这个完整链条上的不同环节，反映了一个家庭从形成到解体的变化规律。因此，诸多研究以该理论框架来分析婚姻家庭现象，强调婚姻与家庭随时间的各种变化，并解释家庭在不同时期的变迁，以说明家庭在不同发展阶段的各种任务和需求。

格利克认为，一个典型、完整的家庭生命周期会依次经历形成、扩展、稳定、收缩、空巢和解体六个阶段。但是，20 世纪 70 年代后，家庭生命周期的各个阶段变化甚大，包括家庭生命事件发生的时间序列变化，故六阶段的家庭生命周期划分主要适用于生育率较高的传统社会家庭：人们成家较早，家庭形成时家庭成员年纪较轻，故家庭的扩展期和稳定期都较长，生育行为存续于女性的整个育龄期；加上人们寿命较短，故家庭的空巢期和解体期也较短。当前，单人家庭、同居家庭、单亲家庭数量快速上升，越来越多的年轻人晚婚甚至不婚、晚育甚至不育，使得有些传统家庭生命周期阶段大大缩短，而有些阶段大大延长。这些特点使得家庭生命周期呈现出由正态分布向右偏态分布的流变。若是独生子女家庭，则其扩展期等于稳定期，且直接跳进空巢期；而丁克家庭甚至只有形成和解体两个阶段。

七、家庭现代化理论

美国社会学家古德提出的家庭现代化理论①，具有浓厚的进化论和结构功能主义色彩，是家庭领域影响最大的理论，在婚姻家庭社会学中占据着无可比拟的权威地位。

（一）理论要旨

家庭现代化理论脱胎于现代化理论体系，运用现代化理论的基本框架、核心范畴和理论预设来研究婚姻家庭问题。在婚姻家庭研究早期，进化论占据统治地位，婚姻与家庭被认为是按照固定的阶序向前发展进化的。在 20 世纪下半叶，家庭现代化的历程也被视为是按同样范式和固定线索发展、演进与变化的，美国等西方国家的家庭发展过程被其他国家当作家庭现代化的标本。古德认为，在工业化和城市化的世界革命中，扩大家庭制度趋于向夫妇式家庭制度转变，“在世界各地，所有的社会制度都在或快或慢地走向某种形式的夫妇式家庭制度和工业化，这在人类历史上还是破天荒第一次”②。这种家庭将走向均质化和同一化的规律，构成家庭现代化理论的基点。

---

① 古德．家庭．北京：社会科学文献出版社，1986：249－271.

② 同①245.

古德在《世界革命与家庭模式》和《家庭》等经典著作中，总结出了世界范围内家庭现代化变化的共性特征：

（1）母系制衰落，转向父系制或双系制。

（2）共同的亲属群体影响下降，世系制在权力和重要性方面都在下降。中国的宗族已经瓦解。

（3）嫁妆或聘金的流行度下降，这与青年人的婚姻自主有关，在现代条件下，嫁妆或聘金都会愈来愈接近西方的模式，即双方交换礼品。

（4）愈来愈多的配偶年龄相当，婚龄差别缩小。

（5）近亲结婚现象减少，包办婚姻也减少。

（6）离婚率升高或趋向中值，这与人们重视婚姻的爱情基础和离婚自由有关。

（7）妇女独立就业的人数不断增加。

（8）妇女赢得愈来愈多的平等权利。

（9）父母对子女恋爱和择偶的控制减弱，逐渐丧失了这方面的决定权。

（10）两性关系更自由，工业化的意识形态强调个人选择的权利，其就业体系支持人们摒弃传统的生活方式。

（11）西方国家的未婚同居现象在未来很可能会变成西方国家整个婚姻周期中普遍存在的一个阶段，如同“约会”一样。而这与妇女对婚姻中的家务劳动和其他不平等形式的反感有关，妇女只好采取一些消极对抗方式，遵循对她们约束力较小的非正式准则。

（12）妇女的婚龄提高，这与妇女受教育程度的提高有关。

（13）出生率降低，这主要是由婴儿成活率提高和更多妇女参加社会工作造成的。

（14）家庭法的通过远远走在一般公众舆论之前，有关家庭和婚姻的新锐思想往往超越其他意识形态而领先。

古德认为，传统社会中扩大家庭对个体的支配具有合法性，而能充分体现平等主义和个人主义的夫妇式家庭也具有合理性，其制度形式与价值观念都与工业社会的观念相契合。在世界范围内，扩大家庭制度随着工业化进程的推进而逐渐瓦解，夫妇式家庭逐渐取代传统家庭，这正是古德的家庭现代化理论的核心观点。

古德认为，家庭变迁是多种因素共同作用的结果。工业化与家庭变化是两个平行和相互适应的过程，都受社会、个人观念变化的影响；文化、意识形态、价值观和其他因素对家庭变迁也会起到独特的作用。[①] 现代化所蕴含的价值观变化部分地独立于工业化，并会对工业化本身产生巨大影响。家庭制度既受制于工业化进程，也会促进或阻碍工业化进程。“家庭进程并不完全取决于政治和经济结构，实际上它们互相依存，且各有其独立性。它们相互作用的结果是，既有可能促进政治和经济机构的运转，也有可能阻止这种运转。”[②]

---

① 古德．家庭．北京：社会科学文献出版社，1986：245－248.

② 同①再版前言 6.

（二）理论局限及其修正

古德的这些有关家庭的论述，受到很多学者的猛烈批评。比如，就“美国家庭模式”而言，很多学者认为，用“标准社会学理论”和“样板家庭”很难反映家庭形式的多样性；虽然夫妇式家庭在数量上占优势，但把它当作理想家庭类型却欠妥当①。

又如，就传统与现代的关系而言，在许多社会中，二者之间并无绝对的分野，难以完全割裂，现代文化和传统文化相互作用，渗透于整体社会结构中，并在特定的社会中制约经济的发展。穆尔（Wilbert E. Moore）认为，世界上多数国家因长期受西方影响，故不同文化和社会组织间发生广泛渗透和融合，进而作用于社会的现代化进程②。萨弗洛斯-罗斯柴尔德（C. Saflios-Rothschild）指出，“现代人”和“现代态度”明显地被染上了现代美国中产阶级观念的色彩，且用这种观念假定所有人的行为具有趋同的倾向；但是，传统也可成为意识形态和行为的准则并赋予现代性以合理性③。传统与现代并不必然相互冲突④，现代并不必然比传统更先进、更进步，家庭现代化理论必须“使这些复杂性和多样性成为自身理论的一部分”⑤。

面对各种质疑与批评，以及20世纪60年代后发展中国家家庭变迁呈现多样化的事实，古德对其家庭现代化理论进行了反省和修改，思考了由种族、阶级、宗教等因素导致的家庭变迁的不同路径和复杂多样的模式，重新思考了传统与现代之间除对立之外是否可能兼容与合作。20世纪80年代，在修订版《家庭》中，古德对家庭结构、妇女问题、进化论色彩、“孤立的核心家庭”等都进行了新的关注。“我们很可能永远也无法确切地知道有关家庭模式的进化程序”，但这个课题将永远是一个发人深省的课题，可以激发人们的想象力。⑥ 他对现代家庭多样模式的肯定，将家庭现代化理论向一个开放的、接纳多样性的理论体系推进了一大步。今天，家庭现代化的概念、家庭变迁模式与标准，对于分析世界家庭转变仍具有不可替代的权威性，持续影响多数国家和地区对家庭现代化道路和范式的评价。

八、第二次人口转变理论

第二次人口转变理论是人口学对婚姻家庭领域的重大贡献，主要用于解释人们

① SCANZONI J. Families in the 1980s：time to refocus thinking. Journal of family issues，1987，8（4）.

② 赫特尔．变动中的家庭：跨文化的透视．杭州：浙江人民出版社，1988：44－45.

③ 同②45－46.

④ GUSFIELD J R. Tradition and modernity：misplaced polarities in the study of social change. The American journal of sociology，1967，72（4）.

⑤ HAREVEN T K. Modernization and family history perspectives on social change. Signs，1976，2（1）.

⑥ 古德．家庭．北京：社会科学文献出版社，1986：再版前言3.

为什么晚婚、不婚、离婚以及家庭观念与家庭行为的变化。

（一）理论背景

人口转变就是人口再生产类型的转变，即人口再生产由一种类型转向另一种类型。1929 年，美国人口学家汤普森（Warren S. Thompson）提出了经典人口转变理论，即人口再生产类型由高出生率、高死亡率、低自然增长率，经过高出生率、低死亡率、高自然增长率，向低出生率、低死亡率、低自然增长率转变①。经典人口转变的特点表现在四个方面：（1）婚姻的黄金时代，幸福家庭取向；（2）父母以孩子为中心，“孩子为王”的时代；（3）单一家庭-小家庭模式；（4）相对稳定的生活方式②。伴随社会变迁以及学者对人口转变研究的深入，人口转变的概念和内涵也在不断丰富和发展。

欧洲是最早开始和完成人口转变之地。20 世纪 60 年代中期后，欧洲社会的婚姻家庭行为模式出现了一系列革命性的变化：初婚率、出生率和生育率都持续下降，初婚年龄增大，婚育间隔延长，离婚率上升，婚外生育比例增长，个体的生命历程更为多元化，家庭形成方式更为多样化。婚姻家庭领域的新变化与新趋势超越了经典人口转变理论的解释范畴。比利时人口学家列思泰赫（Ron J. Lesthaeghe）和荷兰人口学家冯德卡（Dick Van De Kaa）率先对这些新变化进行了思考与回应。他们于 1986 年用荷兰语在《人与社会》杂志上合作发表了题为《两次人口转变?》的文章，提出 20 世纪 60 年代中期后欧洲出现的人口变化并非经典人口转变的延续，而是新的人口现象。他们把这种可能对欧洲未来人口发展产生重大影响的新特征称为“第二次人口转变”。与第一次人口转变相比，第二次人口转变在深度、广度以及变化机理方面都有很大不同。③

（二）核心观点

第一，婚姻不再神圣。人类开始进入晚婚、不婚、离婚与同居时代。过去半个世纪以来，欧洲人口的结婚率越来越低、初婚时间越来越晚，而同居和离婚现象则越发普遍。21 世纪后，初婚年龄超过 30 岁是欧盟国家人口的普遍现象，组建家庭不再是必须或唯一的生活选择与安排。欧美国家的同居现象十分普遍，且非婚同居得到法律认可与保护；非婚生育现象的普遍化，显示出同居已成为一种流行的生活模式。

第二，生育跌入“陷阱”。伴随着避孕革命、性革命和社会性别革命，生育不再被视为社会责任，而多被视为个人选择行为。预防性的出生控制转向自主选择的家庭计划，在人口学指标上表现为生育意愿和生育水平降低且维持低位，终身不育

---

① THOMPSON W S. Population. The American journal of sociology，1929，34（6）.

② 蒋耒文．“欧洲第二次人口转变”理论及其思考．人口研究，2002（3）.

③ 同②.

或婚外生育占比提高，等等。从20世纪60年代中期开始，欧洲的生育率持续下降，20世纪末整体进入超低生育率时代，其中，南欧、东欧国家的生育率更低。《世界人口展望2022》显示，全球生育率平均水平为2.314，生育率最高的国家是尼日尔，达到6.749，中国的生育率排名为世界倒数第五，为1.175，生育率低于中国的国家有韩国、新加坡、安道尔、圣马力诺，其中韩国的生育率最低，仅为0.814，是唯一一个生育率低于1的国家。[①]

第三，家庭观念与家庭模式发生重大转变。现代化带来家庭生活嬗变以及孩子价值的变化，家庭的多元化趋势越发明显，“孩子至上”转向“夫妻至上”“伴侣至上”，两性关系更趋平等。同时，年青一代对权威、传统的社会规则提出挑战，极大地削弱了婚姻这一传统家庭制度的地位与功能。

第四，婚姻—性—生育的链条发生分离与错位。在传统的社会规范中，婚姻是性行为的前提，性行为又是生育的前提，婚姻—性—生育是一种天然的先后相继的关系。一般情况下，婚姻必然带来生育，故长期以来，生育主要是指婚内生育，生育转变“变”的只是生育数量减少。但是，第二次世界大战以后，性解放运动使得性行为不再局限在婚姻以内；在欧盟和很多其他国家，婚姻并不必然是性行为的前提，性行为也不必然导致生育，婚姻—性—生育的链条发生断裂。

婚姻转变与家庭转变的现实完全超出经典人口转变理论的预期。生育并未像经典人口转变理论预测的那样，停留在2.1这一更替水平的理想状态，而是持续走低，远远跌破更替水平这一均衡点，走向极低水平，人口发展进入全新阶段。

（三）独特贡献

第二次人口转变理论引起了学界的广泛关切与热烈反响，但对该理论的认识仍存在很大分歧。有学者认为，第二次人口转变只反映了西欧（加上加拿大、澳大利亚）的特点，不具有普遍性，故它只是经典人口转变的延续，是一个次生转变，而非真正意义上的一次新的人口转变；也有学者认为，第二次人口转变理论高度关注婚姻与家庭制度变革，研究的重点并非生育率，故“涉及的主要是生活安排的变化，而非人口变化”[②]。

两次人口转变具有连续性，但与经典人口转变理论相比，第二次人口转变理论关注的内容更为丰富。实际上，经典人口转变理论关注的是人口总量效应，而第二次人口转变理论关注的是现象背后的机理和人口结构的变迁，注重揭示人口变化的动力机制，认为婚姻家庭观念与行为的变迁动因主要在于社会结构变迁、文化嬗变和技术革新，而且文化观念的变化最为关键。

---

① World population prospects 2022: summary of results. (2023-06-02) [2024-07-07]. https://www.un.org/development/desa/pd/sites/www.un.org.development.desa.pd/files/wpp2022_summary_of_results.pdf.

② COLEMAN D. Why we don't have to believe without doubting in the "second demographic transition": some agnostic comments. Vienna yearbook of population research, 2004, 2.

第一，婚姻模式转变。在经典人口转变中，人们结婚率高、离婚率低。而在第二次人口转变理论中，性与婚姻、性与生育、婚姻与生育的关系都发生了断裂，婚姻、性、生育三者同变[1]，个体不再循规蹈矩地顺从婚姻—性—生育这一线性轨迹，而是可能选择“同居—性—生育”“同居—性—生育—婚姻”或“同居—性—生育—单身”等多样化的生活。

第二，家庭观念转变。两次人口转变基于不同的家庭模式[2]，在经典人口转变中，主导性的家庭模式是传统“中产阶级家庭模式”；在第二次人口转变中，主导性的家庭模式是“个人主义家庭模式”，且其主要推动力是婚姻模式转变、婚姻与生育的错位以及由此带来的家庭形态嬗变。新的婚姻模式、家庭形态既是欧洲国家走向后现代社会的重要标志，也是其重要内容，具有独立的社会意义。或许，第二次人口转变理论的意义恰恰在此，因为它把经典人口转变理论忽略的婚姻家庭行为纳入研究视野，并使之成为第二次人口转变研究的重要命题。[3]

第三，个体价值观转变。20 世纪 60 年代后，新一轮女权主义思潮兴起，个体主义和自由主义逐渐取代集体主义和家庭主义，人们更强调自我表达与个人自由；观念变化导致家庭组成形式的多样化。特别是在后现代社会，人的需求从基本生存需求转向尊重与自我实现需求，价值观也成为研究人类社会行为的逻辑起点。基于此，第二次人口转变理论将婚姻家庭观念视为驱动人类婚姻家庭行为演化的内生机理。

【拓展阅读 2-1】 中国的第二次人口转变

第二节 婚姻家庭社会学的研究方法

在实际研究中，婚姻家庭社会学并无独特的研究方法，婚姻家庭研究的方法与社会学研究的方法具有很强的一致性。也就是说，婚姻家庭社会学研究采用的方法也就是社会学研究长期使用的方法。因此，要了解婚姻家庭社会学的研究方法，首先必须加强对社会学研究方法的了解。总体而言，面对日趋复杂的社会现象，在给定研究主题和研究资料的前提下，必须选择最合适的研究方法，方能增强研究成果的科学性、解释力和说服力。不过，对于什么是最合适的研究方法，学界的相关讨论一直在持续。概而言之，社会学领域常用的研究方法主要包括定量研究和质性研究，二者各有优长与局限。过去二三十年，融合定量研究与质性研究之长的混合研

---

① 杨菊华，何炤华．社会转型过程中家庭的变迁与延续．人口研究，2014，38 (2).

② KAA D J V D. The idea of a second demographic transition in industrialized countries. Journal of population problem，2002，3.

③ 吴帆，林川．欧洲第二次人口转变理论及其对中国的启示．南开学报（哲学社会科学版），2013 (6).

究兴起。最近，大数据和ChatGPT技术兴起，这些新技术可能会成为社会学研究的新方法，推动婚姻家庭社会学研究方法的创新。

一、研究范式

研究方法是社会学的核心课程，各种社会研究方法教材、书籍甚多，这些成果也适用于婚姻家庭社会学研究，故本教材不再做详细介绍。概而言之，社会学有多种研究范式与研究方法，它们分别从各自的立场出发，关心社会，研究社会现象与人类行为的本质，探索社会变迁的规律性。

所谓范式，是指某一特定学科的科学家所共有的基本世界观，它是由特有的观察角度、基本假设、概念体系和研究方式构成的，是科学家看待和解释世界的基本方式。对于社会学领域的研究范式，学界的划分并不相同：或将其划分为功能主义范式、冲突理论范式、解释主义范式；或将其划分为社会事实范式、社会定义范式、社会行为范式。笔者就后一种划分略做解释——需要指出的是，即便在同一学派内，不同学者也存在分歧。

第一，社会事实范式：其思想根本在于结构功能主义理论、冲突论。社会事实范式是社会学领域出现最早也是最重要的研究范式之一，强调社会现象的客观性，认为社会现象是客观的事实，不能还原为个人的事实，强调社会系统的稳定与协调，认为社会结构和社会机构都是为了满足社会的需要和实现社会功能而存在的；它关注社会整体的稳定和秩序，强调社会结构和社会机构的相互关系，主要代表人物为孔德、涂尔干、帕森斯。

第二，社会定义范式：其思想根本在于符号互动论、现象学、民俗方法学。社会定义范式以韦伯（Max Weber）的思想为代表，强调社会现象的主观性质，认为一些宏观的社会现象（如国家、制度、阶级等）不是有形的实体，而是由人们的主观定义建立的，故社会现象不可能与个人的动机、态度和行为相分离。这也是个体主义方法论的主要论点。社会定义范式强调在微观层面研究人们是如何建立社会、如何在社会中行动的，关注个体对社会的理解和解释，强调个体与社会之间的互动和意义构建，以及人们通过符号和交流来构建社会现实和个人意义。

第三，社会行为范式：其思想根本在于行为理论、社会交换论。社会行为范式以行为科学的方法论为代表，强调对个人的社会行为进行客观精确的分析，主张用经验的或实证的方法来研究社会现象。只有通过对人的外部行为进行经验观察，才能认识社会现象的因果关系，才能像自然科学那样客观地解释社会现象。

尽管以上几种研究范式都只强调社会现实的某一侧面，但它们对于全面认识社会都是必不可少的。尽管这几种研究范式使用的基本假设、概念和研究方法各不相同，但在实际研究中，它们又是相互联系的。各种范式都有其合理性和局限性，它们之间具有互补性。

二、定量研究和质性研究方法

在正确的方法论指导下，选择不同的研究方法、资料收集方法以及数据分析方法对婚姻家庭与社会结构、社会制度、社会发展之间的关系进行系统研究，有助于促进相关研究的规范化、科学化以及婚姻家庭理论与方法的不断丰富与拓展。

与社会学一样，婚姻家庭社会学研究方法数量繁多，但可粗略分为两类——定量研究与质性研究，二者的出发点、角色与功能都有所不同。

（一）定量研究

在很大程度上，定量研究遵循自然科学的逻辑。它通过数据展现变量之间的关系，旨在提供现象概述、关联捕捉和趋势预测等。定量研究的关键在于测量，量化现象的属性、行为、态度、信念等。其具体方法包括实验研究、调查研究、观察研究、统计分析、案例研究等。定量研究具有迅捷（能在短时间内进行管理和评估，并以图表等形式呈现结果）和统一（在明确标准的情况下，能将研究对象的意见量化为直观的数字，有利于进行比较）等优长；但是，它通常需要较多且最好是随机的、具有代表性的样本。抽样调查、人口普查等，都是定量研究的呈现，回应“是什么”的问题。在婚姻家庭研究中，已经发展出详细量化个体行为、态度与观念的指标。

目前，婚姻家庭议题的定量研究使用的数据通常有三个来源。

第一，人口普查/小普查。这是在国家统一规定的时间内，按照统一的方法、统一的项目、统一的调查表和统一的标准时点，对境内所属人口及相关的经济状况进行逐户的调查登记，是当今世界各国广泛采用的搜集人口资料的科学方法，调查所得数据具有普遍性、准确性。普查数据包括一国人口出生、死亡和迁移等基本资料，人口的年龄、性别、民族、婚姻、城乡、劳动就业、生育、家庭住房等基本资料，是全国人口数据的主要来源。新中国成立以来，中国分别在1953年、1964年、1982年、1990年、2000年、2010年和2020年进行了七次全国人口普查，在1987年、1995年、2005年、2015年进行了四次全国1%人口抽样调查。不过，人口普查/小普查每十年进行一次，调查访问受时间限制，且普查或调查项目较少，信息并不丰富；此外，调查涉及面大，牵涉人、单位太多，不易控制，成本昂贵。

第二，生命事件登记/民事登记。户口登记是指政府为了行政工作的需要，用登记的方法收集个人和家庭户的相关资料[①]，通常包括姓名、性别、年龄、职业、教育水平、出生、死亡、结婚、分居、离婚、领养、过继等民事条目，可获得一定时间内的人口规模、结构及其变化等信息。生命事件登记涉及面大，包括每一个居民点中的每户或每人，且可提供连续性的人口数据，登记资料具有法律效力。不

① 游允中．收集人口数据的方法．北京：中国统计出版社，1997：3-4.

过，其登记项目同样有限，登记项目与方法依法制定、不易更改，登记站遍布全国、管理不易，登记人员素质不齐，容易带来迟报、漏报等问题。

第三，抽样调查。这是收集人口和其他相关社会现象数据的重要方法，是指按照随机（或非随机）原则，从被研究的总体中抽选一部分单位作为样本进行调查，并根据调查所得资料推断总体相应指标值的一种非全面的调查。抽样调查具有代表性、实用性，节省人力、物力、财力，故被广泛采用。具体可采用自填问卷法（个别发送、邮寄填答、集中填答）、结构式访问法（当面访问、电话访问）。相较于普查、小普查和民事登记，其规模较小、便于管理与控制，调查的目的性强、内容丰富，可进行深入探索性询问，且相较于人口普查而言成本较低。不过，对于独立的研究者而言，这类调查依旧成本较高，且可能不具有代表性。

目前，普通的抽样调查因多涉及个体的婚姻、生育、家庭特征，故多可用于婚姻家庭的一般性研究。比如，中国综合社会调查（CGSS）的部分年份有专门关于婚育家庭的模块，可以公开使用；1990—2020 年四次中国妇女社会地位调查，也有与性别、婚姻、家庭有关的详细信息，且 1990 年、2000 年和 2010 年的数据可公开使用；中国家庭追踪调查（CFPS）是专门针对婚姻家庭所做的调查，可以用来研究婚姻家庭观念、行为、变迁的方方面面。始于 1989 年，并从 1991 年开始搜集曾婚妇女信息的中国健康与营养调查（CHNS）是纵向追踪调查，其中有专门的家庭模块、育龄妇女模块，据此可研究过去几十年婚姻家庭的变迁。

（二）质性研究

质性研究是社会科学的重要研究方法，注重对现象的理解，借助深入的观察与讨论，理解人类行为的直观原因和深层意图，从而探索一个社会现象“为什么”会在特定的情境下发生，帮助人们理解他们生活的世界。研究者通过在自然情境下而非人工控制环境中对研究对象进行研究，以（半）开放式个案访谈、小组座谈、（非）参与式观察、（历史）文本分析、民族志等方法对社会现象进行深入细致的研究，获得丰富的资料。继而，从研究对象的视角理解他们自身行为的意义及其对事物的看法，并对所获资料进行归纳，使资料从具体向抽象转化，形成理论概括与总结，产生有根据的理论。使用质性研究方法形成理论的过程，是一个自下而上的过程。研究者“把自己作为主要的研究工具”，与研究对象之间形成一种“主体间性”的关系；研究是双方彼此互动、共同理解的过程，研究者对研究问题的认识，通过与研究对象的互动而得到深化，研究过程是研究结果必不可少的部分——实际上，在研究过程中，资料收集的方向、资料分析的重点、结论的建构方式等都可能发生变化。质性研究因致力于探索人类行为背后的原因，故过程耗时。因此，虽然其所获得的资料信息很深入，但研究对象的数量有限，并且还可能受到个人经验、知识背景等的影响。

【拓展阅读 2-2】 参与式观察的典型案例

定量研究和质性研究都有各自完整的逻辑链条，不过，这两类方法并非非此即彼，而是相互补充。质性研究依赖定量研究收集的信息，质性研究能进一步解读定量研究的结果，加深对定量研究中所描述的现象特征的理解，可更好地挖掘出现象背后的原因与机制。

【拓展阅读 2-3】 扩展个案方法及批判取向的社会科学

三、混合研究方法

定量研究与质性研究各有优长和局限，而混合研究是将这两大主要研究范式有机结合的研究范式，可帮助研究者解决一些单用定量或质性研究方法无法完整、合理、全面解释的问题。

2007 年，国际学界第一本专门针对混合研究的杂志在创刊号上对“混合研究”进行了如下界定：研究者在某个研究方案中同时使用定量和质性研究两种方法收集、分析数据资料，整合研究发现以及做出推断。图 2-1 描述了混合研究方法的几种类型。

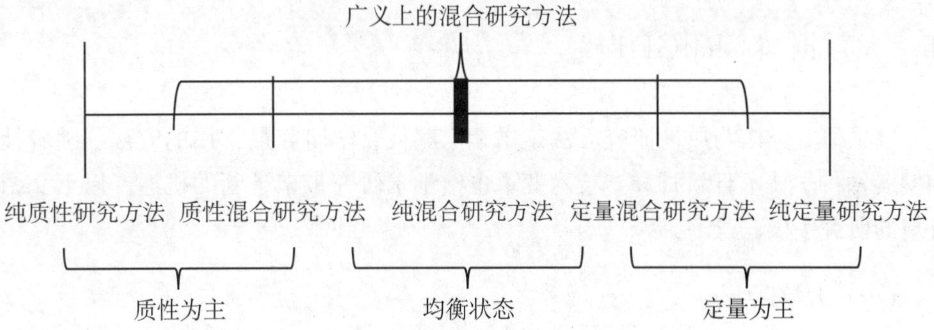

图 2-1　混合研究方法类型

资料来源：JOHNSON B R，ONWUEGBUZIY A J，TURNER L A. Toward a definition of mixed methods research. Journal of mixed methods research，2018，1 (2).

混合研究具有明显的优点。它能在一定程度上避免传统定量研究中遗漏变量、双向因果关系、选择性等内生性问题，应对传统单一方法分析中理论生成、概念提炼等存在的问题，降低研究方法偏差带来的负面影响。它也可为研究者提供更加清晰的研究设计，促进研究者在研究起点阶段对研究过程进行更清晰的思考。[①] 它还能助力研究者更好地解释一些现象背后的原因，考察这些原因的普遍性与代表性。比如，在婚姻研究中，研究者假设婚恋对部分年轻人缺乏吸引力。那么，“部分”年轻人究竟是多少？其在全部年轻人中的占比如何？其内部又具有怎样的年龄结构、性别结构、城乡结构、教育结构、职业结构等特征？使用定量研究方法可统计

① 臧雷振．政治社会学中的混合研究方法．国外社会科学，2016 (4).

数量，提供丰富的数据信息。不过，要探索他们关于婚恋的态度、看法、观念、行为及其原因，以及他们的婚恋经历等“故事”，就需要应用质性研究方法，用个案访谈、焦点小组座谈、参与式观察等方式进行深入挖掘。这一过程就实现了定量和质性研究方法的结合。

在混合研究中，既可以定量研究在前，通过定量研究，发现研究对象的现状、变动趋势与规律性的特征，进而通过质性研究，解释这些现状、趋势、特征背后的原因与机制；也可以质性研究在前，通过与受访者建立信任以寻求真实反馈，为定量研究开展质性的预测，确定更合理、更准确的变量，从而预测理论模型，为定量研究提供有力支撑。同时，如图 2-1 所示，在一个混合研究中，研究方法既可能以质性为主，也可能以定量为主，还可能是定量研究和质性研究分布比较均衡的状态。

混合研究方法也有明显的局限。在具体应用中，它要求研究者同时熟练掌握并有效驾驭定量研究和质性研究两种研究方法，并将两种方法系统地整合且有效地呈现出来；它要求有更为庞大的研究团队，单一研究者难以有效执行研究设计；它也要求研究者及其团队拥有更为充足的经济资源和时间资源等。正因如此，无论是在社会学领域还是在婚姻家庭社会学领域，混合研究方法都使用得相对较少。

四、大数据与 ChatGPT

定量研究方法与质性研究方法是婚姻家庭社会学研究最常用的方法。随着社会的发展，科学技术日新月异，技术变革也给学术研究带来了新的机遇。以下介绍两种新的研究手段。

（一）大数据

近年来，随着信息技术的迅速发展，大数据已经渗透到社会生活的各个领域。大数据正在改变一切，“数据革命”跨越了研究方法界限，创造了一种前所未有的分析方法，并为学术研究带来了更多可能。新的研究趋势正在生成，融合社会科学、数据科学和统计学等学科的新学术分支——计算社会科学兴起，它应用大数据展开研究，凸显出大数据的应用价值，有助于提高研究的预测能力。

将大数据应用于学术研究，较早见于春运研究。春节是中国传统的重大节日之一，是家人团聚、亲情传递和祈福祭祀的重要时刻，随着人口流动规模的增大，每年春节前后的春运成为社会治理的重大难题；而大数据在应对春运中发挥了重要作用，有助于提高春运的安全性、便捷性和舒适性。

春运期间产生的大数据为科学研究提供了客观的研究资料。诸多学者根据春运大数据探讨人口流动时空特征、家庭流动变化等，从中发现家庭演变的新趋势。陈双等基于腾讯人口迁徙数据，运用 GIS 空间统计分析等方法，对 2018 年春运期间的人口流动进行研究后发现，长三角城市群春运期间大规模的“返乡流”和“返城流”呈现明显的对称性，空间上东部—西部横向人口流动最频繁，大体呈现“Z”字形走向[①]。陆杰华、刘烁曈依托高德地图交通大数据，系统总结了2019年春运期间人口流动的网络结构，以及“节前分流、节后汇流”的鲜明格局，提出“反向春运”——老年人和孩子提前到老年人子女的工作地与子女团聚过年，是“年前从乡到城、从小城镇到大城市方向的新型春运”——的新态势，“反向春运”旅客比例逐年提高，意味着“反向团圆”，体现了家庭的情感凝聚功能[②]。

在婚姻家庭领域，从个体婚恋选择到家庭生活模式，大数据均有细致入微的挖掘和应用潜能，为理解个体和家庭提供了新的研究视角，可以帮助个人和专业人士更好地发现和预测与婚姻家庭相关的行为和趋势，并且预示着管理和干预婚姻家庭问题的新途径。

与此同时，大数据的迅猛发展也带来了潜在的研究挑战，即分析技术往往掌握在不以社会学想象力见长的计算机科学专家的手中，故利用大数据可能带来研究偏见与局限。在“数据革命”的背景下进行社会科学研究时，更应注重将研究对象置于工作的核心位置。

（二）ChatGPT

2022年12月，计算生物学家凯西·格林（Casey Greene）和米尔顿·皮维多里（Milton Pividori）开启了一项不寻常的实验：他们请一位非科学家的助手帮他们修改三篇研究论文。这位助手建议对论文的多个部分进行修改，每篇论文的审阅时间约为5分钟。在一篇生物学论文中，这位助手甚至发现了对方程的引用错误。虽然评阅过程并非一帆风顺，但最终论文确实更容易阅读了，而且费用也不高，每篇论文花费不到0.5美元。这位助手不是人，而是于2020年首次发布的GPT-3人工智能（AI）算法模型。

ChatGPT被视为科研中的效率工具，过去必须耗费大量时间完成的一些学术或非学术工作，均可全部或部分地由它来替代完成。尤其是研究者对于自己比较熟悉、了解的领域，通过合适的提问，就能得到更加准确的答案。比如，通过向ChatGPT 3.5提出以下问题[③]——大数据在婚姻家庭方面的应用，请以大数据在婚姻家庭方面的应用为题写一篇论文，大数据在家庭管理方面的应用——得到以下结果（仅展现部分结果）。

> （1）配对与婚姻相容性分析：大数据分析在婚配推荐系统中的运用已经取得显著的成果。在线婚恋平台和婚介服务机构利用大数据算法来分析个人信

---

① 陈双，周锐，高峻．基于腾讯迁徙大数据的长三角城市群春运人口流动时空特征．人文地理，2020，35（4）．

② 陆杰华，刘烁曈．基于电子地图大数据的春运期间人口流动时空新格局探析：兼议反向春运．人口与社会，2020，36（5）．

③ 在实际操作中，笔者向ChatGPT 3.5提了多个与之相关联的问题，得到的结果都比较接近。

息、兴趣爱好、社交行为等，通过智能匹配算法提供更准确的婚恋推荐，利用机器学习和人工智能技术，提高匹配的准确性。这种数据驱动的配对策略，不仅根据外在兴趣和爱好进行匹配，更能深入分析潜在的价值观和生活理念的一致性。通过比较和匹配各种因素，系统能够为个体提供更精准的婚配建议，预测潜在配对的兼容性，优化配对的可能性，帮助人们找到更匹配的伴侣，促进更为合适的伴侣关系的形成。

(2) 婚礼规划和预算管理：大数据分析有助于提供个性化的婚礼建议，同时帮助规划并有效管理婚礼预算。通过分析婚礼行业的趋势，系统能够提供切实可行的建议，确保婚礼筹备过程更加顺利。

(3) 婚姻稳定性预测：研究人员使用大数据技术分析社交媒体行为、交流模式等，识别可能影响婚姻稳定性的因素，从而提前预测婚姻状况，为夫妻提供及时的家庭建议，有助于预防潜在问题的发生。其中，对夫妻之间的交流模式和情感表达的分析，可以帮助心理学家和社会学家深入理解情感沟通与婚姻稳定性之间的关系。此外，使用大数据还可以分析家庭成员的心理健康状况、婚姻状况和相互关系，为夫妻提供个性化的心理健康建议和咨询服务，提供在线婚姻辅导和建议，帮助维护婚姻关系。

(4) 离婚率和趋势分析：通过分析不同地区和群体的离婚率数据，学者和专家可以发现离婚趋势，并分析离婚率背后的社会经济因素，如就业状况、教育水平以及区域特性等，找寻促进婚姻长久的关键因素，从而更好地设计预防措施和辅导程序。

(5) 家庭日常管理：大数据技术可用于智能家居系统，收集家庭成员的生活习惯、行为数据，提供定制化的家庭管理服务……

(6) 家庭消费行为分析：……

(7) 育儿和教育：使用大数据可以分析家庭成员的生活节奏、职业状况等，为夫妻提供生育规划建议，帮助夫妻更好地迎接新生命。使用大数据还可以分析儿童的学习习惯、健康信息和社交行为，帮助父母和老师更好地关注儿童的成长。同时，可以根据儿童的学习行为和兴趣，提供个性化的教育建议和教育方案，提供在线教育资源推荐，帮助父母更好地支持子女的学习发展。

(8) 家庭健康监测：……

(9) 家庭关系动态研究：社会学家可利用大数据来研究家庭内部的交流模式、权力结构和情感交换，以更好地理解家庭内部的动态变化。

大数据的这些应用促进了婚姻的稳定和家庭生活的优质发展，为个体提供了更为智能和个性化的服务，提升了家庭生活体验。但同时，大数据也引起了关于隐私和数据安全的担忧。应对这些挑战需要设计严格的数据管理规范和合理的隐私保护措施，并进一步完善技术和法律规范。同时，大数据的分析结果需要以人本理念为核心，避免机械地将个人看作数据集合，而忽略人的复杂性和多样性。

在综合考量了大数据在婚姻家庭领域的多重应用后，可以看出大数据不仅为传统的社会和心理研究提供了新的工具，也为个性化服务和社会政策设计提供了依据。面对大数据时代的到来，婚姻家庭研究需要跟上时代潮流，发展适应性的研究方法，同时保障数据的合理使用和个人隐私的安全。未来的研究应更注重大数据技术的使用伦理、准确性提升以及对于多元文化背景下家庭领域的可迁移性研究。

毫无疑问，ChatGPT 将会被用于婚姻家庭领域的教学与研究中，研究者应该敞开胸怀，接纳新事物、新方法，但前提是，研究者需要对自己所感兴趣的婚姻家庭议题较为熟悉，是研究者引导技术，而不是研究者被技术牵着鼻子走。此外，无论使用什么研究方法，研究者都应该秉持更加谦逊、严谨、科学的治学态度。

五、家庭研究方法论转向的三个面向[①]

吴小英认为，从方法论和研究旨趣来看，当前家庭研究的方法论转向可以被概括为彼此关联、层层交叠的三个面向，即历史转向、理论转向和工具性转向。

第一，返回历史视野的历史转向。将历史视野纳入家庭社会学研究的出发点是，家庭问题的现实研究离不开历史的视野，需要回到中国本土的历史脉络和文化传统中，通过挖掘古今之间的内在关联，去寻找理解当今家庭的线索。这种历史转向既有回到经典、重拾传统的一面，也带有明显的回到本土、深入文化的意味，“要不断回到构成自身经验的传统和现实中来”[②]，让历史成为一种开放的自我认识，“回到中国文明的传统中汲取营养”[③]。在家庭研究中，重新考察中国传统社会的家庭制度和伦理，是为理解当今中国的家庭与社会运行逻辑寻找新的解释通道，如关于差序格局、五服制度、“慈孝一体”、“中和位育”等的讨论和阐析均莫不如是。这一特点也体现在性别与家庭的关系研究中。吴小英列举了王颖和贺萧的研究案例。王颖将妇女解放的“延安模式”概括为毛泽东所说的“走出家庭”和“巩固家庭”两条路径[④]。家庭和生产是妇女解放的“一体两面”，故中国共产党在成立初期动员妇女走出家庭参加抗战，继而认识到家庭在解决妇女问题中的重要性，转而深入家庭内部，强调统战原则下的家庭和睦，动员妇女参加生产，切实改善妇女的家庭地位。这一特点也一直延续到对集体化时期中国家庭的研究。贺萧在《记忆的性别：农村妇女和中国集体化历史》一书中，考察了 20 世纪中叶陕西农村妇女的生活史故事，揭示了 20 世纪中叶土地改革、合作化等各种运动对妇女的家庭生活和

---

① 本部分内容主要参考：吴小英．重返传统：家庭研究的方法论转向．理论月刊，2022（8）．

② 渠敬东．返回历史视野，重塑社会学的想象力：中国近世变迁及经史研究的新传统．社会，2015，35（1）．

③ 周飞舟．行动伦理与“关系社会”：社会学中国化的路径．社会学研究，2018，33（1）．

④ 王颖．走出家庭与巩固家庭：抗日战争时期陕甘宁边区的妇女解放（1937—1945）．开放时代，2018（4）．

劳作的影响，进而从普通农村妇女的日常生活逻辑中构建出不同于官方宏大叙事的集体化记忆。贺萧发现，"'国家'不再是一个外部的、无关紧要的存在，而是常常化身为一个熟悉的邻人，如妇女领导、积极分子或劳动模范"，但国家话语与传统美德之间的张力在她们身上呈现胶着状态。①

可见，家庭研究的历史转向因把不同阶段的历史维度带回来而在研究议题和价值取向等方面都呈现出巨大的差异性，基于对所要重返的"传统"的理解和态度的差异，家庭研究的历史转向也代表着不同的意涵。

第二，"把家带回来"的理论转向。在吴小英看来，家庭研究的理论转向首先要打破那种单一移植西方主流家庭理论的做法，从中国文化和研究传统出发，探索更符合本土经验的替代性的概念和理论框架。一方面，家庭研究从重返经典、重返文化传统的历史转向中寻找理论资源和生长点，尝试寻求一种超越西方个体主义理论范式的家庭研究另类路径；另一方面，家庭研究也从经典理论中重新发掘被遗忘的家庭意义，"把家带回到理论中"，让隐藏于社会理论脉络中的家庭隐喻和言说浮现出来，以此作为理解人类制度、情感和伦理结构以及建构社会理论的出发点。比如，翟学伟从对孝之观念与实践的社会学解析入手，探讨了儒家是如何将自己的思想转化为行动，从而构建中国社会基础性的运行方式的。他认为，中国文化中"报父母的养育之恩"这种"报本反始"的文化理念和亲子关系的互报模式以及情感角色化的社会建构，是基于关系设置上的不对等结构而发挥作用的。孝的基本核心在于确立道德内涵及教化方式，由孝而兴"教"，以孝作为社会运行的基础来带动整个社会的意识形态、制度制约与日常生活的发展。当下，"孝"的体系虽然受到现代化的冲击，但依旧影响与规范着社会和政治生活以及个体行为，成为中国现代性意识之底色②。

可见，"把家带回来"的研究取向主要着眼于理论建构的需求而非对家庭自身为何的探问，家在其中只是作为分析中国社会以及进行理论探索的一个切入点和工具，并非研究者的终极关怀。传统家庭的伦理、孝道、家国关系以及家国一体等理论与实践，构成理解中国社会结构及其运行机制以及建构中国本土社会理论的出发点。以此观之，家庭研究的理论转向，与其说是家庭研究传统议题的拓展，不如说是社会理论研究在主流之外的另辟蹊径。

第三，以"家"作为方法的工具性转向。家庭社会学一向被界定为以家庭及其变迁为研究对象，尽管这种研究也会延展到比如对家庭与个人的关系、家庭与社会的关系及其变迁机制的讨论等，但总体来说，家庭是作为一种具有边界的实体结构以及功能和关系类型被研究的。近年来，社会学重返历史、理论建构的本土化趋势，也带来了以家庭为研究视角和方法、以传统伦理为切入点的经验研究，其中不仅包括对所谓乡土社会中的家庭经营、乡村产业等相关问题的研究，也包括对精准

---

① 贺萧．记忆的性别：农村妇女和中国集体化历史．北京：人民出版社，2017：12.

② 翟学伟．"孝"之道的社会学探索．社会，2019，39（5）.

扶贫、征地拆迁、基层治理、资本下乡等看起来与家庭并无直接关联的公共问题的探讨。将家庭社会学从关于家庭的研究拓展为家庭视角的研究的典型案例包括：周飞舟关于脱贫攻坚过程中国家与农民关系形态的研究①，付伟有关城乡融合发展进程中的乡村产业及其社会基础的研究②，徐宗阳关于资本下乡的社会基础——基于华北地区一个公司型农场的经验研究③，刘亚秋对“家”何以成为基层社区治理的社会性基础的研究④，等等。

可见，以“家”作为方法的经验研究，目前主要集中在有关乡村社会及其基层治理的议题上。这就带来一个疑问：家庭视角的社会研究是否也存在着城乡二元的适用性局限。或者说，当这些研究者讨论家庭和家庭伦理时，他们指的是什么时空意义上的家庭。这就有必要回到家庭研究转向的叙述本身，厘清相关概念的含义。

从家庭社会学的学科内部来看，这种转向本身体现了其背后诸多重要概念和问题的模糊和歧义。比如，作为家庭社会学的研究对象及基本概念，家庭的含义一直是多重且变动的，至少可以区分为三个层面：制度、观念与实践。那么，我们究竟应该如何看待家庭的多重含义？又如，在家庭研究重返传统的呼声中，“传统”作为一个核心概念，其含义也常常是模糊而多重的，那么，究竟需要回归“谁之传统”？而这个问题，实际上是家庭韧性之争。

重返传统虽然看起来是一种方法论倡导，但在家庭社会学的本土化研究中正在演变成一种价值立场。一方面，其背后依托的是传统家庭伦理的现代性适应，可归纳为代际合力的“新家庭主义”；另一方面，家庭之于个体依旧具有价值和意义，中国社会之所以富有弹性和活力，就是因为有家庭为个体提供伦理和价值支撑⑤。在吴小英看来，这种强调传统家庭伦理、家本位文化的隐秘力量及家庭重建社会秩序的工具化，反过来也可能引出另一个问题：在家庭或者社会研究中导致“只见家庭、不见个体”。或者说他们眼中的家庭可能只是主流社会预设的理想类型，而非现实中被困于制度、情感、伦理和生存而一地鸡毛的家庭。家庭研究的本土化最终还须在挖掘传统文化资源的同时，直面复杂多样的家庭实践赋予传统的流变性，才能让研究保持多元和持续开放的活力。

不过，无论如何，家庭社会学在研究旨趣和方法论上的转向，都体现了国内社会学本土化探索的一种走向，即社会学研究中的“寻根”热——重返中国文化传统和生活世界，寻找本土生长的问题、概念和理论框架。从学科角度来看，这拓展了家庭社会学的传统视野和学科范围，体现了家庭以及社会学相关领域的研究者对于

---

① 周飞舟．从脱贫攻坚到乡村振兴：迈向“家国一体”的国家与农民关系．社会学研究，2021，36（6）．

② 付伟．城乡融合发展进程中的乡村产业及其社会基础：以浙江省L市偏远乡村来料加工为例．中国社会科学，2018（6）．

③ 徐宗阳．资本下乡的社会基础：基于华北地区一个公司型农场的经验研究．社会学研究，2016，31（5）．

④ 刘亚秋．“家”何以成为基层社区治理的社会性基础．江苏社会科学，2022（1）．

⑤ 李永萍．找回家庭：理解中国社会活力的微观基础．文化纵横，2019（4）．

既有的西方主流理论框架和研究范式预设可能带来的问题或局限的反思，以及试图寻找更加贴合转型期中国家庭与社会的真问题和本土解释框架的努力。因此，这种转向既展现了家庭研究的跨领域交叉视野，提醒我们更多地关注家的道德文化意涵及其精神面向对于中国人的意义，同时也开辟了作为社会学研究本土化思考的切入点的独特路径。

第三节 婚姻家庭社会学研究案例

无论是定量、质性、混合研究方法、还是借助大数据和 ChatGPT 进行研究，搜集资料都是研究的第一步。研究方法的使用有赖于数据资料的收集，其具体收集方法主要有文献法、实地观察法、访谈法、问卷调查法、实验法等。每种方法都有适用范围，各有优势与局限，这些也都在一般性的社会研究方法教材中有详细介绍，有需要的读者可以参考。下面分别介绍定量、质性、混合研究方法以及大数据、ChatGPT 在家庭社会学领域的应用案例。

一、定量研究案例

比如，李婷等利用中国健康与营养调查 1991—2015 跨度 25 年的追踪调查数据，考察了中国家庭代际同住的变迁。研究显示，在这个时期内，老人与子女同住的比例从 20 世纪 90 年代初的高位迅速下降，但在 2000 年后停止下降并保持在相对稳定的水平。个体和时期的固定效应模型显示，老人的健康和婚姻状况是对代际同住影响最大的两个因素，同时它们的效应也会随着时期发生变化并在城乡老人中显示出不同的模式：早期处于虚弱状态的城市老人更可能与子女同住，但到 2015 年，更健康的城市老人与子女同住的可能性更高；早期有配偶的农村老人更有可能与子女同住，但到 2015 年，无配偶的农村老人与子女同住的可能性更高。这些结果在一定程度上说明，在 1991—2015 年，城市家庭的代际同住主要是需求主导的，并且由更多的向上需求驱动转向了更多的向下需求驱动；而农村家庭的代际同住机制也发生了变化，其表现为价值规范的约束在减弱，而向上需求的驱动力在增强。①

又如，杨菊华利用全国人口普查数据，以家庭生命周期为理论基础，系统分析了新中国成立后尤其是改革开放以来中国家庭转变的趋势特征，提出了家庭转变是一个动态、系统、复杂过程的观点。她发现，中国家庭转变具有“一推迟、二压

① 李婷，胡文波．中国家庭的代际同住及其驱动机制变迁：基于 CHNS 1991—2015 的九期调查数据．人口与经济，2021（6）．

缩、二提前、一延长”的特征，生命周期形态由传统家庭的“正态分布”转变为现代的“后倾分布”模式；家庭形成期推迟，扩展期与稳定期压缩，收缩期与空巢期提前，解体期极大延长。家庭扩展期的压缩、空巢期的提前等，不仅大大简化了家庭结构，而且重塑了家庭关系，弱化了家庭功能。家庭生命周期的转变与家庭的部分功能转向互为因果，传统家庭功能的存在方式及实践逻辑，部分功能的执行主体、执行方式、执行重心等都发生了转移，执行空间和执行时间都发生了变化。这些都表征着现代家庭功能的新元素，或外化，或强化，或调适，或弱化。家庭转变对公共政策提出新诉求与新挑战；新时代的社会治理须在小家庭上大做文章、做大文章。①

二、质性研究案例

质性研究方法在婚姻家庭研究尤其是婚姻家庭观念、婚姻家庭关系研究中占据独特的地位。婚姻中的个体、家庭中的成员都不是冰冷的机器，而是有血有肉的人，他们有着非常复杂的心理活动与具体行为，这些活动、行为又与复杂的经济社会须臾不可分割。实际上，婚姻本身就是一种制度，家庭本身就是一个社会。因此，对婚姻家庭只进行数量上的研究而忽视质性分析是不够的。在定量研究与质性研究之间必须进行互补性的对话，从而达到对研究现象进行“深描”的目的。

郑丹丹有关家庭的一项最新研究，是质性研究方法应用的一个很好的案例②。最近 20 年，关于中国家庭的社会学、人口学研究颇多，形成了两种不同观点。一是家庭变迁论。它认为个体与家庭之间的关系已发生了根本性的变迁或突变：个体日渐从家庭和血缘关系的外在社会约束中脱嵌，但依旧会将家庭作为可资利用的资源为自己服务，以便获取更好的生活。二是家庭延续论。它认为目前中国的家庭研究对“恒常”社会底蕴的重要性认识不足。虽然 20 世纪以降，“家庭革命”甚嚣尘上，家庭结构以及家国关系深受挑战，但作为“文化-心理结构”的“家”并未被根本撼动，而是成为重建舶来的个人主义、自由主义和其他思想的依据，即家作为国和天下之“本”，至今并没有发生根本的变化，与西方社会以“个体”为本位、以“团体”为形式的社会结构有很大差别③。

郑丹丹认为，要决定选择哪一种框架来认识纷繁复杂的中国家庭变迁，必须回到经验层面，将家庭延续论者的家庭观下降到经验层面与家庭变迁论者的家庭观进行对比研究，回答中国家庭的变迁是否关乎根本的问题。在她看来，家庭延续论者

---

① 杨菊华．生命周期视角下的中国家庭转变研究．社会科学文摘，2022（10）．

② 郑丹丹．累积之突变：当代家庭问题的制度-话语分析//周飞舟．北大社会学刊：第 2 辑．北京：商务印书馆，2023：105－139．

③ 周飞舟．一本与一体：中国社会理论的基础．社会，2021，41（4）．

对家庭突变的研判标准在于，个体是否仍以家为生命的源头和归宿、是否将生命的意义寄托于父母和子女的命运上、是否有基于一本和一体的感通和感动。基于这样的考虑，她将研究重点置于一本与一体的相关内容在中国家庭中的具体呈现及其变迁，据此判断中国家庭变迁的性质与机制。她从研究的多个家庭中选取四个有联系的家庭作为整体案例，以其中的节点人物为叙述起点和连接点，先用家庭叙事方式呈现相关事实，继而进行制度-话语分析，以更好地与家庭延续论者进行对话——制度可被视为外在于个体的结构因素，话语则反映了观念等主观认知，这样的分析能恰当且全面地反映中国家庭变迁的“外”与“内”。

通过对四个家庭（节点人物的原生家庭、节点人物自己的家庭、节点人物弟弟的家庭、节点人物妹妹的家庭）和三代人（20 世纪 20 年代出生的一代人、60 年代出生的一代人、90 年代出生的一代人）的历史叙事研究、质性访谈等，郑丹丹发现，四个家庭各有自己的故事，而斑驳的故事正好拼凑出一幅完整的家庭突变的过程画面。节点人物的原生家庭的变迁长期而微小（两代女性都受宠），节点人物自己的家庭延续了传统观念（传统生育观念与男孩偏好），节点人物弟弟的家庭突变开始出现（亲子关系淡薄，女儿在婚育与赡养方面有新主张），节点人物妹妹的家庭变迁加速（民主型家庭，夫妻、亲子、亲属关系都很融洽），带来伏脉千里、终致突变的结果。经由长期累积的变化，中国家庭观念大约在“90 后”一代出现了断裂性的突变，中国的家庭图景从此被划分为家庭（一体）本位和个体本位两大阵营，但突变的发生是由多代家庭微小而持久的变化累积而成的，家庭本位制度的松动与家庭话语的变迁和建构是突变的重要机制。

将定量研究和质性研究加以比较可以发现，前者描述了社会变迁中家庭变与不变的宏大趋势，而在这宏大趋势的背后主要是结构性因素的驱动；后者则主要是从关系和观念视角出发，通过与“一本和一体”的对话，发现可能触发中国社会进一步大变迁的端倪。

三、混合研究案例

养老抚幼是家庭的最基本功能。在老龄化进程加速和长期少子化背景下，中国家庭出现面临一老一小照顾需求叠加的新图景。一方面，老年人预期寿命延长，家庭需要增加对老年人的照顾投入；另一方面，家庭规模缩减，能够为老年人提供照顾的家庭成员人数在减少。同时，婚育延迟意味着家庭照顾儿童与照顾老年人的时间很可能出现重叠。2019 年“中国社会状况综合调查”（CSS）数据显示，约有 27％的中国城市家庭同时有 14 岁及以下儿童和 60 岁及以上老年人，比 2008 年增加了 2.95％，这一上涨趋势意味着有相当数量的中国家庭未来可能会面临一老一小照顾需求叠加的压力。随着全面两孩政策的实施，儿童数量有所增加，老年人和未成年子女照顾需求叠加的可能性将进一步增加，家庭照顾资源日益匮乏。照顾资源匮乏又称照顾赤字，意指一个社会或者家庭满足儿童、老年人和其他个体照顾需求的能力下降。[①]

钟晓慧和彭铭刚基于当前中国照顾研究明显的“割裂”倾向，采用三代框架，更全面地考察了当老年人和儿童照顾需求叠加时中国家庭组织和分配照顾资源的过程。他们在狄金华和郑丹丹的“三代框架”[②] 的启发下，将照顾实践置于“老龄祖辈—成年子代—未成年孙辈”三代链条中，考察了中国城镇家庭养老和养小需求叠加时中间一代的照顾资源分配。

钟晓慧和彭铭刚采用混合研究方法考察中国家庭如何处理老年人与儿童两种照顾需求叠加的问题，以避免单一方法在研究深度和代表性等方面的不足。在定量分析部分，他们基于大规模的调查数据，研究了城镇家庭的照顾资源是否存在代际竞争以及家庭照顾资源代际分配的基本特征，检验了“儿童优先”分配策略等研究假设；在质性分析部分，他们对家庭的分配过程和结果进行了深入分析。例如，家庭照顾者（主要是成年子代）应对养老与养小需求时有何差异，他们如何理解家庭照顾对老年人、儿童及自身的意义，他们如何看待社会照顾与家庭照顾的差异，等等。正如陈向明所言，对这些“过程性问题”和“意义类问题”更适合进行质性研究，有助于探究事情发生的动态过程以及受访者对照顾意义的建构[③]。

钟晓慧和彭铭刚发现，在家庭照顾资源存在代际竞争时，家庭普遍采取儿童优先原则，对老年人仅做危机响应，老年人一方出现照顾赤字；社会照顾资源无法有效填补家庭老年人照顾赤字，家庭存在难以兼顾照顾老与小的焦虑。钟晓慧和彭铭刚认为，照顾政策的支持不足加剧了儿童一方对老年人一方家庭照顾资源的挤占，应完善政策支持系统，帮助家庭实现养老、养小和工作三者平衡。相较于单一研究方法，混合研究方法使用起来更为困难，但钟晓慧和彭铭刚的这一研究进行了很好的尝试，为婚姻家庭社会学的混合研究提供了一个较好的范例。

四、大数据与 ChatGPT 应用案例

如今，互联网技术已经成为当代青年生活方式的必要部分，相关的网络舆论、信息等对形塑青年人口的婚恋观具有重要影响。随着科学技术发展的不断成熟，大数据在婚恋领域的作用已不仅限于信息传播与渗透，它也在婚恋匹配、婚恋评估等方面扮演着重要角色。

一是捕捉婚恋动态，反映婚恋特点。大数据可以通过多种渠道或平台收集海量的婚恋信息或数据，如在线婚恋平台、社交媒体、用户调查等，通过精细化的数据

---

① 钟晓慧，彭铭刚．养老还是养小：中国家庭照顾赤字下的代际分配．社会学研究，2022，37 (4).

② 狄金华，郑丹丹．伦理沦丧抑或是伦理转向：现代化视域下中国农村家庭资源的代际分配研究．社会，2016，36 (1).

③ 陈向明．质的研究方法与社会科学研究．北京：教育科学出版社，2000.

分析，可展现出某一群体、某一时点以及某一地区的婚恋动态和具体特点，如：可以分析不同年龄段的人在婚恋平台上的活跃程度、男女比例、用户喜好等；或者某一队列的人群在社交媒体上发表的婚恋观言论、观点或情绪表达等。2023年，复旦发展研究院传播与国家治理研究中心、复旦大学全球传播全媒体研究院、哔哩哔哩公共政策研究院、上海信息安全与社会管理创新实验室联合发布了《中国青年网民社会心态调查报告（2022）》，该报告便是依据青年网民聚集的新浪微博平台和哔哩哔哩平台展开，基于机器学习的大数据混合式分析青年网民包括婚恋观、生育观在内的社会态度。

二是预测婚恋趋势，做好应对举措。大数据的婚恋预测功能也十分强大。一方面，大数据可以在收集和分析用户评论、观点和讨论等社交媒体相关舆情信息的基础上，进一步进行信息情感分析和主题分类，既可以了解用户在婚恋领域的关注点、态度和观念，也可以根据舆论走向、观点态度等预测适龄人口的婚恋意愿、婚恋趋势等。另一方面，通过分析社交媒体上的热门讨论，发现引起公众关注的婚恋问题、趋势和影响力，对于相关部门的舆情监测和危机管理具有重要参考价值，当出现负面舆情或危机事件时，可以及时采取应对措施。

三是拓展交友途径，搭建交友平台。大数据分析转化的婚恋App等成果成为适龄人群婚恋交友的重要渠道。一方面，大数据可根据个体喜好进行个性化的推荐服务，根据浏览记录、点赞、评论等信息，智能推荐符合个体婚恋价值观的活动、平台等，还可根据搜索记录等提供婚恋讲座、婚恋课程，提高个体的婚恋技能。此外，婚恋平台可以通过个人资料、兴趣爱好、行为习惯、择偶要求等信息，利用匹配算法给个体推荐最符合需求的潜在伴侣，有助于提高匹配成功率。另一方面，大数据的风险评估功能可避免潜在的安全风险，婚恋平台可以根据用户的各方面信息提供婚恋评估，通过分析交往历史、不良行为等，识别潜在的风险因素，增强线上婚恋的安全性。中国青年报社社会调查中心联合问卷网（2018）对1 962名适婚单身青年的一项调查显示，70.9%的受访者看好大数据在青年相亲交友领域的应用，77.9%的受访者有兴趣使用大数据婚恋交友平台。

总之，作为连接个体与社会的组织平台，婚姻与家庭一直是多个学科领域的重点关注对象。虽然不同学科领域的理论在婚姻家庭研究方面有不同的视域，在婚姻家庭问题的认知上有所差异，观念、术语、范畴、视角、方法等也各有特色，但因都与家庭这个社会基本单元有关，故它们实则相互补足，分异之中亦有融通。

值得注意的是，上述多数理论的形成和发展发生在20世纪中后期，但自20世纪80年代以来，世界各国的婚姻家庭都经历了社会变革的全面洗礼，发生了婚姻转变和家庭转变，而婚姻家庭理论并未对这些新变化做出明确的回应，在理论创新方面缺乏创新性建树和实质性突破。契合当前婚姻家庭发展新特征的理论是婚姻家庭研究的核心指导思想；理论基础的缺失可能直接导致相关研究方向的迷失和实践的零散。同时，中国的婚姻家庭理论多从国外引进，具有碎片化特征，缺乏主动的理论反思意识和行为；而且，婚姻家庭的理论研究尚未摆脱宏大思辨的取向，对当下婚姻家庭变革实践中的具体问题、婚姻家庭理论的原创性和民族性的关注亦很不足。新时代婚姻家庭的理论研究尤其是本土化理论的创新性发展，是未来婚姻家庭社会学领域应该重点关注的问题。

本章要点

1. 婚姻家庭社会学理论，多与社会学的基本理论高度相通；诸多经典社会学理论都对婚姻家庭社会学研究具有指导意义。

2. 婚姻家庭理论框架具有多样性，几乎关涉婚姻家庭领域的所有范畴，由此形成婚姻家庭社会学众多的理论传统。

3. 婚姻家庭社会学理论旨在探讨家庭与文化、经济、社会、技术发展之间的关系。一是经典社会学、心理学理论对婚姻家庭的研究，主要解释人们为什么要结婚；二是人口学对婚姻家庭领域的贡献，即人口转变理论，主要解释人们的婚姻状态、家庭行为及家庭观念为什么会发生变化。

4. 婚姻家庭社会学的研究方法，也与社会学的研究方法高度一致。在正确的方法论指导下，选择不同的研究方法、资料收集方法以及数据分析方法对婚姻家庭与社会结构、社会制度、社会发展之间的关系进行系统研究。科学的研究方法有助于促进婚姻家庭研究的规范化、科学化以及婚姻家庭理论与方法的不断丰富与拓展。

基本概念

结构功能主义理论　冲突论　社会交换论　符号互动论　女权主义论　家庭系统论　家庭生命周期理论　第二次人口转变理论　研究范式　研究方法　定量研究　质性研究

复习思考题

1. 结构功能主义理论是婚姻家庭社会学的一个主要理论流派，对认识和理解传统的婚姻与家庭制度具有重要意义。请掌握该理论有关家庭性别角色分工的主要论述，思考在工业化社会中，应该如何评估该理论框架的适用性。

2. 简述冲突论有关婚姻家庭的主要观点。它与结构功能主义理论存在哪些主要区别？

3. 简述社会交换论、符号互动论、女权主义论、家庭生命周期理论等理论视角有关婚姻家庭的主要观点，思考这些理论对于理解转变中的婚姻与家庭的意义与价值。

4. 比较古德的家庭现代化理论与第二次人口转变理论。它们对于理解今天的婚姻与家庭有何意义与价值？

5. 简述婚姻家庭社会学的主要研究范式。

6. 什么是混合研究方法？它有何优势与局限？

《阅读文献》

1. 埃什尔曼．家庭导论．北京：中国社会科学出版社，1991.

2. 邓伟志，徐新．家庭社会学导论（第二版）．上海：上海大学出版社，2020.

3. 克雷斯维尔，查克．混合方法研究：设计与实施（原书第2版）．重庆：重庆大学出版社，2017.

4. 格尔茨，马奥尼．两种传承：社会科学中的定性与定量研究．上海：格致出版社，2016.

5. 风笑天．社会研究方法．北京：中国人民大学出版社，2018.

6. 王宁．代表性还是典型性？：个案的属性与个案研究方法的逻辑基础．社会学研究，2002（5）.

7. 郑震．社会学方法的综合：以问卷法和访谈法为例．社会科学，2016（11）.

8. 吴小英．重返传统：家庭研究的方法论转向．理论月刊，2022（8）.

9. SALE J E M，LOHFELD L H，BRAZIL K. Revisiting the quantitative-qualitative debate：implications for mixed-methods research. Quality & quantity，2002，36（1）.

第三章

婚姻家庭的历史流变

> 昏微遵迹，有狄不宁；何繁鸟萃棘，负子肆情。
>
> ——《天问》，屈原（战国）
>
> 长幼侪居，不君不臣；男女杂游，不媒不聘。
>
> ——《列子·汤问》，列子（战国）
>
> 古者未有君臣上下之别，未有夫妇妃匹之合，兽处群居，以力相征。于是智者诈愚，强者凌弱，老幼孤独不得其所。故智者假众力以禁强虐，而暴人止。为民兴利除害，正民之德，而民师之。
>
> ——《管子·君臣》，管子（战国）

婚姻与家庭都是历史发展到一定阶段的产物，其基本形态随时间而变化。性是人的本能，也是迄今为止人类繁衍的唯一或主要进路，故从人类起源开始，性行为及其规范不断进化，由此逐渐形成了不同形态的婚姻制度。家庭与婚姻相关联。婚姻不仅规定了男女之间的性交关系，还从各方面影响家庭关系的伦理制度、姓氏继承的文化制度、财产继承的经济制度。父母的婚姻往往决定了子女在其所属的经济、社会、文化结构中的原生地位。

按照马克思、恩格斯的观点，从父系氏族社会末期和文明社会早期形成一夫一妻制开始，家庭已经存在了上万年，故婚姻与家庭的历史远比有文字记载的文明社会的历史要长得多。这就给我们了解婚姻家庭的演化历史带来了极大的困难。早期的人类学和其他领域的学者，或通过对一些原始部落婚姻、亲属和家庭制度的调查，或借助古代神话、民谣、传说资料，或运用考古材料，或观察类人猿和猕猴群等人类近亲的两性关系等，采用诸多手段考察、推导早期人类社会的婚姻家庭形态与特征。对婚姻家庭的早期研究深受盛行于 19 世纪的进化论-社会达尔文主义思潮的影响，斯宾塞（Herbert Spencer）、巴霍芬、梅因（Henry James Sumner Maine）、摩尔根和恩格斯等人都试图将进化发展的思想运用于社会形态和制度研究中，提出了单线进化的假设，认为所有人类文明的发展都会遵循同样的规律和阶段，形成了关于婚姻家庭的进化图式。本章通过对婚姻家庭发展历史的简要回顾，培养读者以动态的视角和发展的观点来认识婚姻家庭事实的能力。

第一节 初民的婚姻制度

婚姻家庭与人类社会一样，是一个历史范畴，有自身的发展历史。韦斯特马克认为，婚姻制度很可能是从一种原始习俗发展而来的。他说：

> 我相信，甚至在原始时代，一个男人与一个女人（或几个女人）生活在一起是一种习性，他们彼此发生性交关系，共同养育子女，男子是家庭的保护者和抚养者，女子则是他的助手和子女的养育人。这种习性首先由习俗所认可，继而得到法律的承认，并终于成为一种社会制度。①

婚姻制度，包括“婚姻形式”“婚姻形态”和“婚姻关系”，属于一种具体的社会制度，是一定社会中两性结合、互动的规范方式。一定社会制度下的婚姻关系取决于当时的经济制度，借助传统习惯、正规法律制度体系运行；婚姻制度通过积极的倡导和有力的制裁，维护它所包含的种种成文和不成文的规范。基于以下三类标准，可对婚姻制度进行划分。

一、按配偶人数多寡划分

按照配偶人数的多寡，可将婚姻制度划分为“多夫多妻制”“一妻多夫制”“一夫多妻制”和“一夫一妻制”四类。它们之间存在先后进化顺序，但也同时存在。换言之，人类婚姻制度的发展轨迹是由多偶婚向单偶婚演变的过程，且新旧制度在过渡阶段往往会并行存续较长一段时间。

（一）多夫多妻制

多夫多妻制（polygamy）即群体婚姻，是指在同一时间，一名女性与众多男性或一名男性与众多女性保持性关系的风习。“性”是动物的本能，人类最早、最简单的“婚姻”关系是与从动物状态向人类状态过渡时期（即“正在形成中的人”生活的原始群时期）相适应的杂乱的性交关系。这种关系虽被称为“杂婚”，但尚未形成由习俗规定的对两性关系的任何约束与限制，故实际上并不具备婚姻的基本要素。随着生产力的发展，从杂乱性交关系中逐渐演变出对血亲关系的排斥行为。

巴霍芬是第一位认定在原始社会早期存在无限制的杂婚关系的人。19 世纪后期和 20 世纪早期的人类学研究表明，一些处于原始生活状态的部落仍存在群体婚姻的乱婚制度。“在不发达的各民族中间，存在过一列男子共同占有一列女子的婚

① 韦斯特马克．人类婚姻史：第 1 卷．北京：商务印书馆，2002：34.

姻形式；而拉伯克（《文明的起源》1870年版）则认定这种群婚（Communal marriage)是历史的事实。”①

不过，对于人类历史上是否存在过多夫多妻制，学界并无定论。斯宾塞认为婚姻制度从乱婚发展为“一妻多夫制”“一夫多妻制”与“一夫一妻制”；但也有人类学者认为多夫多妻制这种婚姻制度并不存在。②

【拓展阅读3-1】巴霍芬的乱交学说

（二）一妻多夫制

一妻多夫制（polyandry）指一名女性同时与多名男性保持性关系的婚姻制度。它主要存在于原始母系社会。一妻多夫制曾盛行于爱斯基摩部落，印度南部的托达人群体、麻巴拉人群体和中国的藏族群体中。20世纪上半叶，中国藏族、珞巴族、门巴族及部分纳西族人口中仍存在这种制度。

该制度有两种形式。一种为同胞共妻制，即若干兄弟共有一妻，长兄娶妻，弟享夫权，生子皆属于兄；兄死，其财产、地位、妻子皆传于次弟。弟辈享兄夫权，有的须经一定礼节，享此权的弟辈往往在家庭中居于从属地位。直到20世纪，西藏部分地区仍在采用这种制度形式。

另一种为非同胞共妻制，即几个男性共有一妻，妻子轮流到丈夫各居所同宿数日；若子诞生，则按某种仪式来确定其父。印度南部的内耶就实行这种婚姻制度：为夫者并非兄弟，往往分居数处，为妻者常按日分赴各处居住；也有妇人留居母家，不同丈夫分别往女家留宿，暂享夫权。凡初生之子，定为年长丈夫之子，以后依此类推。

（三）一夫多妻制

一夫多妻制（polygyny）是指一个男人同时和两个或多个女人保持性与婚配关系，与一妻多夫制一样，属于多偶制的一种。它是父系制度的产物，是生产资料私有制的结果，是由对偶婚制向一夫一妻制过渡的产物，且一直保留到阶级社会，成为某些阶层之人的特权：在奴隶社会与封建社会中，一夫多妻制在帝王、诸侯、卿大夫和富人中更为常见。

这类婚姻制度在世界各地都曾普遍流行，也是很多不同民族的传统习俗。北美洲的印第安文明、南美洲的印加文明、亚洲和非洲的土著文明都曾普遍接受这一制度。比如，在撒哈拉以南非洲部落，超九成男性遵循一夫多妻制，已婚男性平均拥有一个半妻子。③ 中国古代也普遍存在这类制度：

---

① 马克思，恩格斯．马克思恩格斯文集：第4卷．北京：人民出版社，2009：25-26.

② 潘允康．家庭社会学．重庆：重庆出版社，1986：53.

③ 古德．家庭．北京：社会科学文献出版社，1986：136-137.

> 一夫多妻，为数千年来之旧俗，其见于《礼记昏义篇》者，则若周之天子有后一、夫人三、嫔九、世妇二十七、御妻八十一，可谓伙矣。而诸侯、大夫、士庶，亦莫不有妾。晚近富贵之家，恒有姬侍，多者至数十人，粤中尤甚。①

（四）一夫一妻制

一夫一妻制（monogamy）是指个体在同一时间只与一个异性个体存在婚配关系，即异性之间两两配对，每一个体在特定时间内只拥有单一配偶关系，属于单偶制制度。一夫一妻制是进入工业社会后世界上最普遍存在的一种婚姻制度，是人类婚姻制度由低级向高级演化的结果。历史上，一夫一妻制与多夫多妻制、一妻多夫制、一夫多妻制并存；在婚姻制度以一夫一妻制为主导的当代，也还残留着一夫多妻的婚姻制度。

摩尔根、恩格斯、韦斯特马克等认为，由多偶婚向单偶婚的演化是人类婚姻制度的基本发展趋势，单偶婚是文明社会的选择。恩格斯主要从生产力的发展、剩余产品的出现、私有制的产生等视角，分析了这一转变的动因，认为在私有制产生后，男性的家长为了财产的继承和传递，要求男性的配偶具有专一性和单一性，以便确认男性的亲生子女，这就推动了对偶婚和单偶婚的产生，并最终确立了单偶婚制。也有学者从生育的角度，解释了一夫一妻制的产生与确立，即人类在长期的繁衍更替中意识到，单偶婚有利于生育强健聪明的后代，有利于后代的抚育和教养，有利于人自身的生产和再生产。②

二、按婚姻发展阶段划分

人类学研究表明，早期的人类社会并无今天意义上的婚姻制度；婚姻制度的演变是生产力和生产方式发展的结果。摩尔根和恩格斯把人类婚姻家庭的发展历程划分为四个阶段——血亲婚、伙婚、对偶婚、单偶婚，分别对应血缘家庭、普那路亚（亲密的同伴）家庭、对偶制家庭、专偶制家庭；而且认为在血亲婚之前，人类还存在乱交、杂交状态。

（一）杂婚

在蒙昧时代的低级阶段，原始人出于本能，处于乱交或杂交状态，这一过程持续久远且漫长。巴霍芬最早发现了这种乱交、杂交关系，并称之为“杂婚”（miscegenation/promiscuity），但这还算不上“婚姻”。摩尔根在巴霍芬的基础上，通过对原始部落的长期考察来推断处于原始状态的人类生活状况。在追溯家庭演化史

---

① 徐珂．清稗类钞·讥讽类．北京：中华书局，1984：1536－1763.

② 潘允康．家庭社会学．北京：中国审计出版社，2002：75.

后，他认为，人类社会曾经存在过一种原始的状态，即部落内部盛行毫无限制的性交关系：杂乱的性关系。[①] 血亲杂交的现象历史久远，现今已难以找到其存在的证据，但通过对人类家庭和两性关系发展的历史研究，可以发现越原始的社会环境，婚姻关系的限制越小，婚姻的范围越大，越有可能存在两性乱交、杂交的原始状态。

（二）血亲婚

在蒙昧时代中级阶段，人类进入血亲婚或血缘婚（consanguineous marriage）阶段。按照摩尔根的说法，血亲婚是指同一原始群体内同辈男女之间的集团婚，也是人类两性关系史上的第一个禁忌原则，即将两性关系限制在同一辈分之间，不同辈分（如父女、母子、祖孙）之间不能发生性关系。

血亲婚制被视为人类社会的第一种婚姻形态或婚姻制度。在这种制度下，男人过着多妻、女人过着多夫的生活。中国古代文献或上古神话中记载的伏羲、女娲兄妹结为夫妻的传说，就是血亲婚的一个例子，属于族内群婚。通过血亲婚形成的群落是血缘家族或血亲家族。此时，氏族尚未产生，人类处于原始群向氏族公社过渡之期。

（三）伙婚

社会进化论者认为，在血亲婚后，人类迈向亚血缘群婚、伙婚（group marriage）阶段，性的禁忌范围逐渐扩大。其本质特征是，它仍是同辈男女之间的集团婚，但在两性关系中排除了兄弟姐妹。同辈姐妹的婚姻关系的缔结首先排除同胞兄弟，继而扩展到血缘关系较远的兄弟。一群姐妹有其共同之夫，但不能是她们的兄弟；一群兄弟有其共同之妻，但不能是他们的姐妹。

> 按照夏威夷的习俗，若干数目的姊妹——同胞的或血统较远的即从（表）姊妹，再从（表）姊妹或更远一些的姊妹——是她们共同丈夫们的共同的妻子，但是在这些共同丈夫之中，排除了她们的兄弟；这些丈夫彼此已不再互称兄弟，他们也不再必须是兄弟了，而是互称普那路亚，即亲密的同伴，即所谓associé。同样，一列兄弟——同胞的或血统较远的——则跟若干数目的女子（只要**不是**自己的姊妹）共同结婚，这些女子也互称普那路亚。[②]

这是伙婚的典型形式，属于族外群婚。通过伙婚组成的家庭，被称为亚血缘家庭或普那路亚家庭，是原始社会蒙昧时代高级阶段的家庭形态，孩子“只知其母、不知其父”。

---

① 马克思，恩格斯．马克思恩格斯文集：第4卷．北京：人民出版社，2009：50.

② 同①47.

（四）对偶婚

对偶婚（paring marriage）是指不同氏族的成年男女在或长或短的时间内，由一男一女组成配偶、以女性或男性为中心的一种婚姻形式，也存在一个男性在许多妻子中有一个主妻、一个女性在许多丈夫中有一个主夫的现象。同居双方你情我愿，对象比较固定但不受约束，故婚姻关系并不稳固。这类婚姻发生于野蛮时代，是从多偶的伙婚或群婚向单偶婚或专偶婚的过渡形式，是野蛮时代的主要婚姻形式。

直到近代社会，我国的一些原始部落依然保持着类似的风习，走婚、望门居、不落夫家、“男到女家”等都属于对偶婚的具体形式。在这种婚姻形式中，两性关系虽以男女双方的方便和需要为基础，但已超出了纯性交的目的，彼此之间有了对相应权利义务的规定。[①]

（五）单偶婚/专偶婚

单偶婚或专偶婚（monogamy）即一夫一妻制，从对偶婚演变而来。恩格斯将自奴隶社会以来阶级社会中的婚姻制度，概括为以通奸和卖淫为补充的一夫一妻制。一夫一妻制既是农业文明的产物，也是人类文明的标识。单偶婚或专偶婚制的确立，使人类的两性关系从群体性关系发展为个体性关系，因而两性之间的伦理道德逐渐成熟，婚姻制度成为家庭伦理的重要构成。家庭伦理制度与社会道德规范的结合，对两性关系、夫妻权利和义务进行了明晰的规定。

三、按伦理禁忌划分

张瑞强认为，对婚姻的产生要从人类两性关系中的本质变化方面来思考。根据伦理道德的产生与发展脉络，他从本能伦理、原始伦理、道德伦理角度，把人类社会的两性关系划分为生殖禁忌型、原始伦理型、道德伦理型三个阶段。[②] 基于原始伦理的两性关系因不存在道德意识、不具备道德心理、尚未形成性道德，故也不能被称为婚姻。性道德的产生才使人类两性关系发生质变，婚姻由此形成。婚姻的产生晚于家庭，起源于蒙昧时代向野蛮时代过渡的阶段，与野蛮时代相适应的对偶婚是人类的初级婚姻形式。

不过，另一种观点是：因原始禁忌远比文明时代的婚姻规范严厉，触犯者大多要付出生命的代价，故这种两性关系就是婚姻。此时，人类社会处于氏族阶段，尚未裂变出家庭，故婚姻早于家庭而产生。[③]

---

① 李桂梅．论性、爱情和婚姻的统一．湖南师范大学社会科学学报，2011，40（6）.

② 张瑞强．家庭社会学新论．石家庄：河北人民出版社，2014：46－48.

③ 潘允康．试论婚姻中的交换价值．社会科学战线，1985（4）.

第二节　初民的亲属制度

亲属制度是一种以血缘或姻缘为体系、以婚姻家庭为中心，将包括族内和族外亲属的社会关系秩序化的制度。亲属制度的外延包括亲属关系的延伸，表现为家庭之间关系层次的外亲称谓制度，故亲属制度也被称为亲属称谓制度。亲属制度不仅仅是形式上的秩序关系，其本质上是一种文化层面的制度规范。亲属关系和亲属制度是人类学最传统的研究领域，也是婚姻家庭研究的最基本领域。亲属制度研究关注亲属称谓的分类，通过简单的术语（如叔、姑、姨、舅）来说明复杂的亲属称谓的性质和关系，以及其背后的社会制度。摩尔根基于对易洛魁人亲属制度的研究，认为亲属制度为美国所有土著所共有，进而推定群婚制普遍存在、母权制氏族是一切文明的前一阶段。他的研究开了亲属制度研究的先河，对包括恩格斯在内的诸多学者产生了重大影响。

一、母权制

巴霍芬是母权论的创始人。《母权论》一书主要探讨人类早期社会的家庭形态及其演变。他通过大量引用吕基亚、雅典、利姆诺斯、埃及、印度、列斯堡等民族的神话传说与历史文献，首次认定了在原始社会早期存在杂婚形态，提出了人类在出现更规范的两性关系前处于杂婚状态。他主张，历史上有过女性占据统治地位的母系社会（或母权制）阶段，母亲在社会中起支配作用，且母权制并非某个民族或族群特有的个别现象，而是在史前社会普遍存在，是人类早期经历的多个文化发展阶段之一。母权制早于父权制而存在，在母系社会中，后代只知其母、不知其父。

在巴霍芬看来，人类婚姻制度、世系制度变化的动因在于宗教的作用，由杂婚到一夫一妻制的发展、由母系制度到父系制度的发展，都源于宗教观念的进一步发展，是代表新观念的新神侵入，体现旧观念的传统神、旧神被新神排挤到次要地位的结果；“并不是人们的现实生活条件的发展，而是这些条件在这些人们头脑中的宗教反映，引起了男女两性相互的社会地位的历史性的变化”[①]。恩格斯并不同意巴霍芬的这种唯心主义的观点，而是认为，男女之间社会地位的变化，是由现实生活条件的发展引起的。

巴霍芬对母权制的论述，得到了摩尔根和恩格斯的认同。通过对美洲印第安人的研究，摩尔根坚信，原始的母权制氏族是一切文明（包括父权制）的前一阶段。

---

① 马克思，恩格斯．马克思恩格斯文集：第4卷．北京：人民出版社，2009：20.

二、父权制

英国法律史学家梅因在《古代法》中坚称：历史上并无母系社会；上古社会是根据男子在家庭中占主导地位的原则来组织的，以男性为中心的家庭属于一种原始的、自然的状态，而以女性为中心的家庭是后来出现的现象。家父权才是上古社会亲属制度的基础。①

（一）家族是最早和最基础的社会组织形态

基于对《荷马史诗》《十二表法》《摩奴法典》《旧约全书》等文献的分析研究，梅因推测，古印度-欧罗巴民族原初的法律概念反映了一个由“专制的家父长”（despotic father）统治的家族时代，这种统治权被称为“家父权”（patria potestas），而家父权构成古代社会确立亲属关系及亲属之间权利和义务的核心。

家族是上古社会最早和最基础的社会组织形态。它具有两个突出的特点：一是家族是通过内在的血缘和外在的收养两种路径不断扩大的团体。家族成员关系或基于血缘，或基于法律拟制（legal fiction），二者在亲属之间的权利与义务上并无不同。二是家族成员都须服从一位家长的统治。家长是家族中最德高望重之人，一般是在世的最年长男性尊亲属（ascendant），如曾祖父、祖父或父亲。家长握有生杀之权，对待他的家族成员像对待奴隶一样，不受任何限制，并且终身拥有对家族成员的财产和人身所有权利。② 梅因认为，古代的家族通常包含共同生活的几代人，单靠血缘关系或姻缘关系都不足以解释其中的亲属关系；扩大化的家父权优先于血缘和姻缘关系，受到法律拟制的承认。这也构成他与摩尔根、库朗热（Fustel de Coulanges）、涂尔干等人理论之争的焦点③。

（二）社会组织结构的演化呈现出同心圆模式

从家族出发，梅因解释了氏族的形成，认为氏族是以家族组织为基础的同心圆式的扩大，其基本逻辑链条是：家族→氏族/大氏族④。推而广之，国家也是以家族组织为基础的同心圆式的扩大（家族→氏族/大氏族→部落→国家）：家族的组织原则构成国家的组织原则，家父权构成国家政治权力的基础。换言之，同一氏族成员都可追溯到共同的祖先，但这种共同的祖先与血统建立在家父权的基础上，且因收养途径，存在包含虽无血缘关系却对家父首领唯命是从的成员的扩大化家族，故家族也带有人为虚构的性质。只有借助法律拟制，被收养之人才能成

---

① 赫特尔．变动中的家庭：跨文化的透视．杭州：浙江人民出版社，1988：13－14.

② 梅因．古代法．北京：商务印书馆，1959：79－83.

③ 李会肖．父权制、祖先崇拜，还是氏族图腾制：梅因、库朗热和涂尔干有关古代亲属制度的争论．江海学刊，2019（4）.

④ 同②84－85.

为家族成员。

摩尔根和恩格斯的观点与此类似，即家族先于氏族而存在，但他们的观点与梅因有两点不同。第一，梅因从根本上否认母权制的存在，认为丈夫并未因与妻子组成家族而被纳入妻子的氏族中；而摩尔根和恩格斯都认为，血亲婚家族（consanguine family）是最初的家族形式，而进一步限制同辈兄弟姐妹之间性关系的普那路亚家族形成了最初的母系氏族。第二，梅因认为，氏族是一种扩大家族，覆盖父系血缘亲属和各家族中所有男性后裔的妻子。妻子在嫁入夫家后，借助法律拟制而构建出非生理性的血缘关系，服从于家父权的统治，这也是理解家族，尤其是理解超出家族的氏族、部落和国家等人员复杂、规模庞大的群体的关键。而摩尔根和恩格斯则主张，氏族仅包括母系血缘亲属，但家族却包括母系血缘亲属以及她们各自的丈夫，氏族不等于家族。

三、家族宗教理论

法国历史学家库朗热在1864年出版的《古代城邦》一书中，从西方古典学、人类学、社会学等多个视角出发，运用古希腊、罗马、印度的诗歌、戏剧、法典和经文等资料，考察了古希腊罗马的运行准则，指出这些古代民族起源于一个共同的祖先，即雅利安民族。与梅因一样，他也认为家族是最原始的社会组织形态，服从于家父首领的统治。

库朗热承认家族中父权制的重要性，将亲属关系视为父系的亲属关系，并从家族出发解释氏族，从氏族出发理解古代国家的形成。但他认为，单靠自然的血缘关系，尚不足以形成古代家族中的亲属关系。在他看来，血缘关系并非单纯的自然血缘关系，而是基于共同的祖先崇拜而确立的一种宗教性（或扩大了）的血缘关系，包括家庭或氏族收养的、地位低微的奴隶和其他被保护之人。这些没有自然血缘关系之人，因与有血缘关系之人祭祀共同的祖先或家火，故也被视为亲属，共享亲属权利与义务。

库朗热是从宗教出发来探讨亲属制度和父权制度起源的。他认为，确立、组织、维持父系亲属关系或父权家族的原则在于共同的祖先崇拜。家族宗教是基于对死者的信仰而生发的最古老的宗教形式，决定了社会结构的形成、变革与蜕变，构成了亲属关系的基本准则。“亲属关系的原则不在于出生的身体行为，而在于祭祀”[①]；祭祀共同的祖先或家火之人，彼此之间就是家人、就是亲属。胞族、部落和城邦的发展都是家族宗教扩展的结果。

【拓展阅读3-2】 库朗热的家族宗教研究

① 库朗热．古代城邦．上海：华东师范大学出版社，2006：47.

【拓展阅读 3 - 3】 涂尔干的宗教研究

在今天看来，《古代城邦》中存在一些史实错误，结论也过于粗糙，但库朗热提出的宗教与社会之间存在重要关系这一命题，对人类学、社会学研究以及学科的确立和发展产生了非常重要的影响[①]，法国社会学家涂尔干就是受其影响的学者之一。

四、亲属制度论

19 世纪中后期后，有关原始社会的新视野、新材料、新研究成果不断出现，极大地推动了对古代社会的认识，亲属制度研究也得到巨大发展。

（一）摩尔根的亲属称谓制度

摩尔根是首位对亲属制度进行系统研究之人。他有关北美洲易洛魁人的研究，驳斥了梅因和库朗热有关父权家族为人类最早的社会组织形态的观点，亦对库朗热的祖先或家火崇拜为最早宗教信仰的论断提出质疑。在长达十年的调查中，他搜集了可代表世界一半以上民族的亲属制度，研究了近 200 种亲属制度资料，于 19 世纪 70 年代出版了《人类家族的血亲和姻亲制度》这一不朽之作。他在书中创立了亲属制度理论，提出了亲属称谓制度随着人类社会从低级阶段向高级阶段发展而变化的观点，形成了人类从杂交经群婚发展到一夫一妻制的家庭进化学说。在 1877 年出版的《古代社会》中，他进一步延伸了这些观点，并且系统地阐述了人类社会从蒙昧时代经过野蛮时代发展到文明时代的社会进化理论。

摩尔根探讨了婚姻、家庭和亲属称谓的关系，发现了婚姻、家庭在人类文化各发展阶段中的不同表现形态。他认为，人类自脱离了原始杂交状态之后，依次经历了血缘婚、普那路亚婚、对偶婚、一夫多妻婚和一夫一妻婚五种婚姻形态。婚姻是亲属制度的基础：婚姻形态是家族形态的基础，家族形态又是亲属制度的基础。婚姻→家族→亲属制度形成先后链条。[②]

【拓展阅读 3 - 4】 摩尔根的亲属称谓制度

摩尔根在详细考察马来亚式、土兰尼亚式、雅利安式亲属称谓的基础上，把亲属制度分为分类式/类别式、叙述式/说明式两种。前者把血缘亲属区分为若干大的范畴，不计亲疏远近，凡属同一范畴的人都用同一种称谓，每一辈的旁系都被纳入直系。后者大多把亲属关系的基本称谓结合起来加以说明，旁系从直系分出并明确

---

① 李会肖．父权制、祖先崇拜，还是氏族图腾制：梅因、库朗热和涂尔干有关古代亲属制度的争论．江海学刊，2019（4）.

② 摩尔根．古代社会．北京：中央编译出版社，2007：279.

地区别于直系，故每一等级的亲属关系特别明确。二者的根本区别在于，前者对应集体多偶婚，后者则对应一夫一妻制的单偶婚。

摩尔根还从社会组织、婚姻形态、家族形态、建筑和居住方式以及财产所有权和继承习惯等方面，考察了家族制度的发展过程。同时，他利用亲属制度来追溯古代社会的历史，并从经济、社会组织、家族制度等各方面予以佐证。

（二）亲属制度的发展

摩尔根的亲属制度研究，对当时和后世的人类学研究影响甚大。里弗斯（William Halse Rivers）、拉得克利夫-布朗（Alfred Reginald Radecliffe-Brown）、默多克、克罗伯（Alfred Louis Kroeber）等学者都对亲属制度进行过专门的研究，研究焦点主要在于以下两个问题。

第一，亲属称谓是否与婚姻相关？不同于摩尔根将婚姻作为亲属制度的基础，英国法学家麦克伦南（John Ferguson McLennan）在《原始婚姻》中，全面反对摩尔根的理论，认为婚姻与亲属制度并无必然联系，亲属称谓只是一种称谓款式，一种人们在问候时彼此称呼的习惯，一种纯粹的社交礼仪规则。考茨基（Karl Johann Kautsky）也主张，人类最初并无家族，部落内按辈数（年龄层）区分，亲属称谓并不反映家族制度，而只意味着辈数，即同辈成员一律被归入一个亲属称谓等级中，没有任何婚姻形态，故也不可能在亲属制度上留下任何婚姻形态的痕迹。韦斯特马克也认为，亲属称谓只是一种对他人的称呼和社交关系。①

第二，亲属制度如何分类？在摩尔根的研究基础上，美国的克罗伯、拉得克利夫-布朗、默多克，英国的里弗斯、罗维（Robert Heinrich Lowie）以及法国的列维-斯特劳斯（Claude Levi-Strauss）等学者，都对亲属制度分类提出了各自的见解。有些学者接受了摩尔根的亲属制度分类法，赞成把亲属制度与文化发展相联系，并建立了亲属制度的进化序列；有些学者不认同摩尔根的分类，并且提出了自己的主张，如罗维的四分类法、克罗伯的八大范畴、默多克的六种亲属称谓制图式等。②

（三）费孝通的抚育亲属论

费孝通在《生育制度》中指出，生育同样是形成亲属制度的重要因素。他认为，亲属关系是从婚姻和生育中生发出来的社会关系，与生物性的血统关系不尽相同。③ 虽然亲属关系的确立与血统有关，但“生育”具有社会性。亲属关系的基础是抚育而非生育事实引发的生物关系。亲属体系有谱系秩序、亲属名词、亲属称呼以及被用在没有亲属关系的人身上的亲属称呼四个层次。④ 亲属分类多依谱系加以

① 黄淑娉．略论亲属制度研究：纪念摩尔根逝世一百周年．中央民族学院学报，1981（4）．

② 同①．

③ 费孝通．乡土中国 生育制度 乡土重建．北京：商务印书馆，2015：320－321．

④ 同③326．

规定，譬如“叔”是“父”的“弟”。

生育和婚姻将个体纳入一个谱系秩序里，并因生活之需而分出亲属关系的亲与疏。亲属并非血统的社会印版，而是满足生活之需的产物：在因血缘与姻缘结成关系的人中，划出一个范围来，认定为亲属；进而对亲属加以细分，确定各自的称谓，规定彼此间的权利与义务及特定的态度和行为。

不同社会的家外社会关系或简单或复杂。中国社会的家外社会关系较复杂，亲属基地范围较广，故基本的亲属称谓也较多，如伯、叔、姑、姨、舅等，表示该社会所记认的亲属体系，从亲属基地出发依谱系秩序扩展到较广的范围，形成亲属的基本类别。费孝通认为，这些亲属类别向外扩展的方式分为两种：凡是父系、父辈，年较父长的男性亲属都称作“伯父”，以表示尊敬，构成亲属类别的初层扩展；对毫无亲属关系之人采用亲属称呼，是为了表示好感，这是亲属类别的次层扩展。

第三节　家庭的起源与演化

恩格斯指出：“家庭史的研究是从1861年，即从巴霍芬的《母权论》的出版开始的。”[①] 他认为：“在60年代开始以前，根本谈不到家庭史。历史科学在这一方面还是完全处在摩西五经的影响之下。”[②] 摩尔根和恩格斯是早期家庭研究的集大成者。摩尔根认为，人类社会的发明和发现是一个累进的过程，其间，各种制度不断扩展；社会按照固定的阶序向前发展，工业社会就是社会不断演化的必然结果。作为社会达尔文主义的主要代表人物，他基于社会进化的理论思路，依据生活资料和生产资料的进步，把人类社会的历史划分为蒙昧时代、野蛮时代和文明时代三个阶段，这三个阶段以必然且自然的序列衔接递进，每个阶段都以人类得以生存的不同发明为特征。其中，前两个阶段又分别包括低级、中级、高级三个次阶段。他认为，技术、政权、血缘和家庭模式以及其他制度的发展可以通过这些阶段及其次阶段描述出来。蒙昧时代的三个次阶段包括渔业的发展、火的使用和弓箭的发明；野蛮时代的三个次阶段是陶器的烧制和动物的畜养、玉蜀黍和其他植物的栽培、铁制工具的冶炼和使用；文明时代则始于语言文字的发明。每一个阶段代表一种不同的社会状态，人类历史是一个连续发展的物质性过程，不同的历史发展阶段对应着不同的婚姻与家庭制度。摩尔根系统描绘了家庭史略图，初步确定了家庭发展的典型阶段，即人类家庭经历了从母系氏族过渡到父系氏族、从母权社会过渡到父权社会、从群婚时代过渡到个体婚时代的演化。家庭从来都不是静止不变的，而是一个能动的要素，随着社会从较低阶段向较高阶段的发展，家庭从较低的形式演化为较

---

① 马克思，恩格斯．马克思恩格斯文集：第4卷．北京：人民出版社，2009：19-20.

② 同①19.

高的形式。[①] 不同的社会形式对应着不同的婚姻关系，并组成依次发展的家族形态：血缘家庭、普那路亚家庭、对偶制家庭、父权制家庭（特殊形态）和专偶制家庭。

恩格斯赞同巴霍芬提出的群婚制阶段，认为它反映了人类社会最初的婚姻制度模式。他肯定巴霍芬的母权制创见，并视之为父权制的起源阶段。在家庭方面，恩格斯大量借鉴了摩尔根的思想，但从历史唯物主义视角出发，重新阐释了摩尔根的家庭发展论，提出了家庭发展与生产力发展并行的历史规律。因为这一发展规律符合生产力决定生产关系的基本原理，故也是对唯物史观的一个重要补充。此外，恩格斯还根据摩尔根对社会发展阶段的划分来确定家庭的变迁历程，即从血缘家庭到普那路亚家庭，再到对偶制家庭，最后到专偶制家庭的过程。如此，恩格斯把整个社会历史进程中家庭的发展通过婚姻制度确定了下来，并沿用至今。恩格斯还认为，专偶制家庭不是家庭发展阶段的最终定型；各个发展阶段内部可能还会有某些过渡阶段尚未被发现，如对偶制家庭与专偶制家庭之间可能还存在父权制的家庭模式。

一、原始社会：从血缘家庭到专偶制家庭

家庭是原始社会史研究的一个重要主题。1861 年出版的《母权论》为其肇始，摩尔根的《古代社会》及恩格斯的《家庭、私有制和国家的起源》为其集大成之作。研究表明，原始社会的家庭依次经历了以下几种主要形态。

（一）血缘家庭

这是最简单、最古老的家庭制度，是“第一个有组织的社会形式”[②]。在蒙昧时代低级阶段向中级阶段过渡之时，生产工具得以创新，劳动生产力得以提高，人们通过捕鱼和狩猎获得食物，继而能离开原居住地去往更远的地方生活。由此，家族群体逐渐分裂成很多独立的小集团，每个小集团多以血缘关系为纽带，这就是人类社会最早出现的血缘家庭。其基本特点是：同辈人实行族内婚；从亲属制度看，每个男子的亲兄弟和堂兄弟之妻，也都是他的妻，每个女子的亲姐妹和堂姐妹之夫，也都是她的夫。

（二）普那路亚家庭

这是人类家庭发展史上的第二个阶段，与蒙昧时代的高级阶段相适应，仍属于群婚制家庭。此时，石器制作更为精良，人类开始使用骨器、角器、木器及切削器具等，这使得狩猎武器得到改进；同时，围堵、铺设陷阱等方式的采用，使狩猎变得愈发容易，生活资料的供应得到更大的保障。这带来了双重影响：一是人们能安

---

① 马克思，恩格斯．马克思恩格斯选集：第 4 卷．北京：人民出版社，2012：37.

② 摩尔根．古代社会．北京：中央编译出版社，2007：295.

顿下来，并逐渐认识到近亲结婚带来的危害；二是合作狩猎增加了各家庭的交往频度，家庭间关系日益密切。①

（三）对偶制家庭

这是野蛮时代特有的家庭形式。在野蛮时代中、高级阶段的交替之期，生产力的发展和生产关系的变化，带来了一种新的家庭形态：由对偶婚形成的家庭，被称为对偶制家庭。其形成与氏族制度的发展紧密相连。氏族制度实行初期虽仍是群婚制，但两性关系已受到严格的条件限制，群婚范围越来越小且逐渐被瓦解，“只剩下一对暂时松散地结合的配偶”②，且女性希望能“取得暂时地或长久地只同一个男子结婚的权利”③，对偶制家庭由此产生。但是，这一制度还不稳定，夫妻容易分开，故不同于一夫一妻制家庭。在对偶制家庭发展之初，一个男子在许多妻子中有一个主妻，一个女子在许多丈夫中也有一个主夫，主妻和主夫多有自己独立的居室，之后逐渐过渡到一个男子和一个女子共同生活。历经父权制家庭这一过渡形式后，对偶制家庭在文明时代到来之际最终确立。对偶制具有一定的稳定性，使婚姻关系逐渐巩固，成为向一夫一妻婚姻制度过渡的形态。此时，孩子随母姓而不随父姓。

（四）专偶制家庭

在野蛮时代的高级阶段，生产力水平迅速提高。人们拥有的固定财富不限于住房、衣服、简单的装饰品、粗糙的生产工具和生活用具，家畜的驯养和繁殖创造了前所未有的丰裕的物质财富。生产资料私有制和奴隶的出现，给家庭注入了新的因素。家庭出现了劳动分工，丈夫的责任是获得食物和制造所需的劳动工具，进而拥有了劳动工具权，成为家畜和新的“劳动工具”——奴隶——的所有者，而妻子只拥有家庭用具，故丈夫获得了比妻子更高的统治地位。性别分工和财富多寡之别、丈夫家庭地位的根本改变，使财产继承权成为一个需要解决的问题，即必须确立按男系计算世系的办法和父系的继承权。

人类文明发展史划分与家庭形态演变如图 3－1 所示。

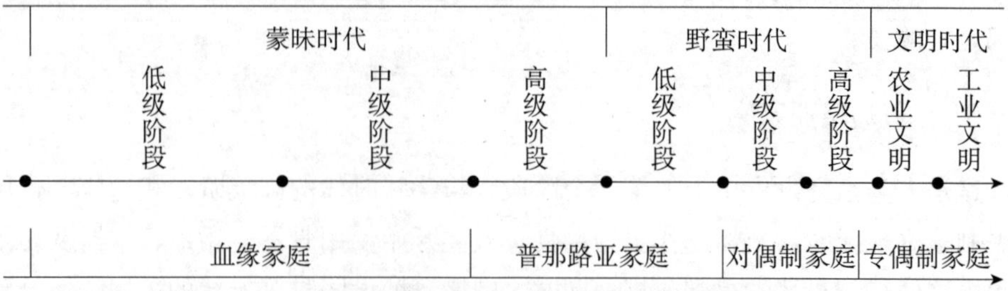

图 3－1　人类文明发展史划分与家庭形态演变示意图

---

① 马起．婚姻和家庭在历史上的演变．东北人民大学人文科学学报，1956（4）.

② 马克思，恩格斯．马克思恩格斯文集：第 4 卷．北京：人民出版社，2009：59.

③ 同②64.

二、奴隶社会与封建社会：一夫多妻与一夫一妻家庭

当脱离了生产的奴隶主出现后，保护其利益的国家随之起源。在奴隶社会，奴隶主阶级实行一夫多妻制，家庭由自由民和不自由的奴隶组成，包括奴隶在内的家庭财产都属于家长，子女和妻子都是家长的私有财产；妻子被当作奴婢看待，沦为丈夫的附庸，是被奴役的对象；家长对家族成员拥有无限的权力，掌握生杀予夺大权；个体缺乏婚姻自由。不过，一夫多妻需要经济基础做支撑，普通人主要过着一夫一妻的生活。

封建社会继承了奴隶社会的婚姻家庭制度，其婚姻家庭的特点和本质特征与奴隶社会的大体相同，且制度更加严密。男尊女卑的制度文化，使得女性在政治、经济、社会、文化等公共领域和家庭等私人领域中都处于从属地位，毫无权利，丧失独立人格，成为被奴役、被统治的对象。只要经济条件允许，上至天子，下至庶人，莫不有妾，且还存在多种变相的一夫多妻现象。在社会认可的婚姻制度内，女性被要求绝对的性忠诚，出嫁前必须保持贞洁、出嫁后必须从一而终，在家从父、出嫁从夫、夫死从子。

在封建社会，婚姻并非个体的私事，而是家庭或家族的共同事务。其首要目的在于传宗接代，故个体的婚姻必须遵从“父母之命、媒妁之言”，当事人的意见无足轻重，其不得擅自作主。若有违反，不但道德舆论不允许，法律也会加以干涉。换言之，强迫性、包办性是封建社会婚姻的特征。在古代中国，买卖婚与聘娶婚并存，后者需要经过烦琐的六礼仪式：纳采、问名、纳吉、纳币、请期、亲迎。

在封建社会家庭中，子女同样必须服从家长的统治，家长对子女拥有绝对权威，并通过“父父子子”等宗法制度予以维护。

三、工业社会与信息社会：一夫一妻制的个体家庭

工业革命后，婚姻家庭制度发生了巨变，家庭对子女人格的束缚和婚姻的干涉极大弱化。工业化意味着以家庭为单位的农业劳动方式为以企业为单位的工业生产方式所取代，与此同时，适应工业生产的商业服务业迅速发展，出现了大量的非农就业岗位，家庭成员得以从父系家庭的控制中脱离出来，获得自主选择生活方式的机会。由此，个体的婚姻自主性和决定权增强。①

20世纪60年代后，随着后工业时代的来临，西方社会经历了从现代向后现代的转变，以否定性、反正统性、多元性、不确定性为特征的后现代主义思潮盛行，作为人类最基本的整合方式的家庭也发生了重大且深刻的变化。融合了进化论和结构功能主义理论的家庭现代化理论成为解释婚姻家庭变迁的重要理论依据。美国社

---

① 李东山．工业化与家庭制度变迁．社会学研究，2000（6）.

会学家古德于1963年出版了《世界革命与家庭模式》，成为家庭现代化理论的鼻祖。他在书中提出，社会制度正从传统制度向现代制度转变，家庭正从扩大的血缘家庭模式向夫妇式家庭模式变迁，传统的扩大家庭对工业化起阻碍作用，而夫妇式家庭模式更适应工业社会的发展。

伯格（Peter Berger）等人进一步指出，现代化有助于个体摆脱扩大家庭、亲属、部落的控制，为个体提供前所未有的众多选择机会。在现代社会中，私人领域的家庭制度与公共领域的社会制度的边界更为清晰①。

然而，历史学的发现对古德的研判提出了质疑。德莫斯（John Demos）②、格雷文（Philip J. Greven）③ 等指出，即使在前工业社会，核心家庭也是占主导的家庭模式；将现代家庭视为从扩大亲属结构中脱离的产物、将家庭变迁视作从扩大家庭向核心家庭的模式转换的观点是错误的。只有从家庭功能的变迁以及家庭同其他社会制度联系的变化方面才能准确地理解家庭从传统到现代的变迁。

肖特（Edward Shorter）于1975年出版的《现代家庭的形成》一书从宏观的社会和人口视角出发，对现代家庭的产生进行了系统阐释。他通过对法国、德国及斯堪的纳维亚等地家庭发展的考察发现，市场资本主义对不同国家的家庭传统均有影响，促使传统的家庭观念与结构发生转变。肖特对平民的社会生活史尤为关注。他着重考察了家庭生活中前所未有的变化，如青少年对家庭身份及其意义的漠视、婚姻的不稳定、女性解放对核心家庭生活"巢观念"（nest notion）的系统性破坏等，且历史上的父为子纲、夫为妻纲、家屈从于国等观念也多为现代社会强烈的情感联系和个人的自我实现所取代，不允许有"主从关系"或层次划分。④

斯通（Lawrence Stone）在1977年出版的《英国的家庭、性与婚姻：1500—1800》一书中聚焦英国家庭史，提出1500—1800年英格兰家庭的演进图式，划分出三个先后相继且交叉叠合的阶段。一是开放型的世系制家庭：此时，1/4～1/3的儿童在15岁之前夭折，家庭不注重隐私和个性，家庭中弥漫着疏远、控制和服从的氛围。二是有节制的家长制核心家庭：此时，家庭展现出亲密的情感特征，亲子关系的重要性超出亲族和地方共同体关系，家庭以一种比此前的家庭更具家长制、更具等级制的方式来建构自身。三是私密的恋家的核心家庭：此时，家庭内部表现出高浓度的感情，夫妻关系日益平等，体罚、违背孩子意志的行为逐渐消减。⑤

20世纪90年代后，后现代背景下的婚姻家庭与传统婚姻家庭的差别越来越大：结婚率日益低迷，离婚率不断增高，未婚同居越发普遍，婚外生育、单亲家庭、再

---

① BERGER P，BERGER B，KELLNER H. The homeless mind：modernization and consciousness. New York：Random House，1973：145.

② DEMOS J. Notes on life in plymouth colony. The william and marry quarterly，1965，22（2）.

③ GREVEN P J. Family structure in seventeenth-century andover，massachusetts. The William and Marry quarterly，1966，23（2）.

④ 奥茨曼，俞金尧．现代的家庭研究简史：上．史学理论研究，1999（3）.

⑤ 同④.

婚家庭的比例持续攀升，同性婚姻与家庭在越来越多的社会中得到合法化的承认，标准核心家庭的占比持续下降，既有的婚姻家庭观念受到剧烈冲击，家庭并未像古德等学者预期的那样向夫妇式家庭聚合。

斯泰西（Judith Stacey）在其著作《以家之名：后现代家庭价值观的再思考》中提出，古德和肖特等人勾勒出的“现代家庭”已是明日黄花，取而代之的是受职业母亲、高离婚率和“因环境变迁……而不安地居住和频繁重组”等各类因素影响而形成的“后现代家庭”模式①。尽管这一新的家庭模式并不稳定，且许多人对这些变化深感不安，但斯泰西认为，这给民主和平等的家庭关系带来了更大的希望，对女性和性少数群体而言尤其如此。她认为，我们不应图谋重振过去的父权制度，而应接受正在发生的、更具有宽容性的家庭变革。② 在这种变革中，家庭会消亡吗？关于这个问题，将在本书的最后部分进行讨论。

第四节　中国婚姻家庭形态的发展脉络

关于中国先民在上古和远古时期的婚姻家庭形态，在有文字记载之前，学者仅能借助古籍中对神话传说的描写和考古资料进行复原。研究表明，中国先民“经过了群婚与对偶婚的阶段，经历了从无家到有家，从只知其母不知其父，到有了确保父亲一脉血统的家的发展过程”③。尽管“婚姻”“家庭”等词语出现时间较晚（例如，“家庭”一词约始见于南北朝时期），但“昏姻之故，言就尔居”之说在《诗经》中就已出现，且“家”“昏”“因”等字，都早已出现于甲骨文中。墨子说“治天下之国若治一家”，其中家庭的意味也很明确。④

总体而言，中国早期家庭史可概述为：

> 在氏族社会初期，家庭处于幼年时期，经历了母系家庭—双系家庭—父系家庭的演变过程。至夏商时期，家庭依附于家族、家族依附于宗族，处于严格的宗法制度的控制之下，嫡庶、长幼、贵贱严格区分，而个体小家庭尚未取得独立地位。春秋时期，随着宗法制度的逐步松解，小家族家庭逐渐从宗族中独立出来。战国至西汉初期，个体小家庭成为占主导地位的形态，这种家庭的特点是规模小，家长是家庭的主宰，父子关系是家庭关系的核心，妻子在家庭生活中具有重要地位。西汉后期之后，父系父权家长制小家庭家庭制度，逐渐向

---

① STACEY J. In the name of the family: rethinking family values in the postmodern age. Boston: Beacon Press, 1996.

② GREENHALGH S. Review: in the name of the family: rethinking family values in the postmodern age. Population and development review, 1998, 24 (1).

③ 顾鉴塘，顾鸣塘．中国历代婚姻与家庭．北京：中国国际广播出版社，2011：3.

④ 同③2.

父系父权家长制大家庭制度转变，因此自东汉至五代，家族庞大、亲属众多的大家族家庭（就横向而言）和累世同居的大家族家庭（从纵向来说）相当普遍地存在，家庭形态呈现出新的特点。①

一、远古时期（约前21世纪前）

远古先民的婚姻与家庭形态及其特点与摩尔根等早期人类学学者对其他民族研究的结论比较接近：婚姻形态是血缘群婚，家庭形态是“知母不知父”。

在古史传说中，始祖伏羲、女娲兄妹在遭遇洪水后，为了人类繁衍，结为夫妇。黄帝曾孙帝喾把小女儿嫁给五色神犬盘瓠，入谷而生六男六女。盘瓠死后，其子女“自相配偶，因为夫妇”。舜帝娶尧之女娥皇、女英为妻，其弟象谋害舜，以为哥哥已死，计议娶两位嫂嫂为妻。这种一群兄弟以另一群姐妹为妻的婚姻形态，类似摩尔根的亚血缘群婚制——姐妹共夫或兄弟共妻，表明我国在舜之时尚处于群婚制的高级阶段，兄终弟及的收继婚现象，也正是群婚制高级形态的孑遗。

此时，子女只知其母、不知其父。《吕氏春秋·恃君览》中记载，“昔太古尝无君矣，其民聚生群处，知母不知父，无亲戚兄弟夫妻男女之别，无上下长幼之道”。《列子·汤问》中也有“男女杂游，不媒不聘”之说。

的确，早期的文献资料中记载了许多“圣人皆无父，感天而生”的传说：附宝遇见北斗星为电光所围的“神相”并怀孕而诞下黄帝，女登“感神龙而生炎帝”，女枢“感瑶光”生颛顼，女嬉“吞薏苡”而生大禹，传说中的女性无一例外受了神力的影响而怀孕。这些神话也透露出，因母亲可能有多个性对象，圣人与母亲的丈夫之间未必有血缘关系，当时的人们亦无“父亲”的概念。

这正是一幅典型的母系氏族社会的图景。在这个没有阶级的社会里，氏族成员共同劳动、共同消费、平等生活，世系按母系计算（例如，炎帝姓姜、夏是姒姓、周为姬姓、秦为嬴姓等，都有“女”字，佐证了“从母”的遗留），女性（母亲）是氏族的领导者，掌管全部家产。

一些学者根据上古历史传说、民族学和考古学资料，对中国历史早期的血缘家庭、普那路亚家庭、对偶制家庭和专偶制家庭等进行了研究。民族学家詹承绪等人通过对云南永宁纳西族婚姻和家庭状况的多次调查发现，纳西族人的婚姻关系依旧保持着杂乱性交的残迹②。同样，宋兆麟通过对四川纳西族人多偶制婚姻的考察发现，当地还保存着比伙婚制更为古老的两性关系形式③，与上述古典文献中的记载十分类似。

---

① 王利华．中国家庭史：第1卷．广东：广东人民出版社，2007：7.

② 詹承绪，王承权，李近春，刘龙初．永宁纳西族的阿注婚姻和母系家庭．上海：上海人民出版社，2006：29-30.

③ 宋兆麟．共夫制与共妻制．上海：上海三联书店，1990：17-22.

考古资料显示，约5 000年前，居住于黄河、长江流域的各部落开始先后实行父权制。此时，男性逐渐替代女性在社会生产和氏族公社生活中占据中心地位，逐渐形成由男性掌握支配权的父权制大家庭，姓氏和财产开始按父系继承。随着生产力的进一步发展和私有财产的积累，父亲要求由确定的亲生子女继承家产，故夫妻必须有独立居室，对偶婚制让位于以一夫一妻为特征的个体婚制，最终形成女嫁男、从夫居的婚姻家庭形式。此时，人们既知其母，也知其父。

二、先秦时期（约前21世纪—前256年）

由父权制大家庭向一夫一妻个体婚制的演进经历了一个漫长的过程，夏商周三朝就处于其间。夏朝的第一代君王禹只有涂山氏一个妻子，商朝的多数君王亦是一人一配。商朝后期则实行一夫一妻多妾制。周朝的婚姻制度是以多妾制为补充的严格的一夫一妻制。“天子有后，有夫人，有世妇，有嫔，有妻，有妾”①，体现了奴隶主贵族生活中妻妾合法化的景象。

商周奴隶主贵族实行一夫一妻多妾制，与当时的媵嫁制度密切相关。“媵，送也，谓女从者也。”“媵”就是诸侯之女出嫁时的随嫁之人。媵嫁制度规定，诸侯之女出嫁，要由她的妹妹或侄女随嫁。这一婚姻制度反映了原始婚俗的遗迹，成为奴隶主贵族扩大政治势力的手段。媵嫁制度实际上就是一夫一妻制掩盖下的多妻制，其被周礼固定下来，带有强烈的等级制特点；只有庶人阶层才真正实行一夫一妻制。此外，从夏朝到春秋时代的1 700多年间，奴隶主为保障充足的劳动力供应，实行男女奴隶配对“成婚”的制度。

周礼强调“谨夫妇”，认为“夫昏礼，万世之始也”②，婚姻家庭制度在礼制中占重要地位。周朝设有家礼，对家庭成员之间的关系进行明确规定。男女、上下、长幼之间尊卑有序，家长具有绝对权威，子女须恪守孝道，不得蓄私人财产，子女的婚权操于双方家长手中，婚姻是否解除亦由家长决定。家礼对女性的要求十分严格：女性必须遵从“三从四德”，且须单方面遵守一夫一妻制，即只能拥有一个丈夫。

生于商末、成于西周的嫡长子继承制，亦是一项重要的家庭制度，具有以下特征：

（1）实行宗祧继承制度，明确宗族的正统后嗣。

（2）确定嫡长子身份：有两（多）个嫡子时，以长为重；嫡庶并存时，以嫡为贵；均为庶子时，或立长子，或占卜决定。

（3）排除女子的继承权。

西周时还形成了缔结婚姻的礼俗，即聘娶婚。这是贯穿整个封建社会、为封建

---

① 王文锦．礼记译解．北京：中华书局，2001：46.

② 同①354.

礼法所承认的唯一婚姻结成方式，遵循“同姓不婚”的原则，遵守礼制规定的婚礼程序。此外，买卖婚、交换婚等在奴隶社会和封建社会也较为流行。

三、秦汉至元明清时期（前221年—1839年）

西周时期的礼乐刑罚制度在秦汉时期进一步发展为封建法制，秦汉时期采用以礼辅法、礼法并用的方式调节婚姻家庭关系。秦时设有明确的婚姻程序，婚姻缔结或解体均需官府的认可和批准；妻子不得私自逃离丈夫，违者治罪；休妻若不符合法定程序，丈夫也会受到处罚；强奸是破坏家庭关系的重罪，会被严惩并治罪；夫妻的权利和义务也得到规定。婚姻法规在两汉时期初具规模，经过三国两晋南北朝时期的发展，在唐朝得以进一步完善。

在婚姻形式上，一夫一妻多妾制是秦以后各代有钱人的主要婚姻形式，受到法律的认可。纳妾主要是统治阶级的行为，皇族男性的妻妾数量远超其他阶级。宋朝以后，法律制度愈发严密，程朱理学、儒家思想被纳入法理之中，由此带来了婚姻家庭制度的新特点。在道义上，程朱理学对女子贞洁的强调无以复加：女性只能忠于一个男人；同时，男性的再娶和纳妾行为也受到制约，纳妾只为传宗接代，而非满足男性的享乐之需。明朝立法规定，平民只有“年四十以上无子者，乃听娶妾”[①]。实际上，宋元明清等朝代都严禁妻妾失序和重婚，但那时也有以女性为商品、为奴隶的典妻制和童养媳制。

就婚姻制度而言，秦律、汉律、唐律等都确认了“父母之命、媒妁之言”聘娶制的合法性，宋代以后更是如此，婚姻具有明显的家长包办制特征。家庭制度倾向于合灶而食的大家庭聚居模式，累世同居受到表扬，但这一居住方式多见于达官显贵阶层，平民百姓难以支撑这样的大家庭。

就家庭伦常关系而言，汉朝以儒学治国，强调夫妻、父子、兄弟、婆媳等关系必须遵循“三纲五常”，父为子纲、夫为妻纲。不过，尽管当时的纲常观念已成系统，但尚未深入社会生活，夫妻关系仍有自由开放的一面，如：汉朝男女可杂坐，可同宴饮观舞；汉魏两晋时期流传着诸多夫妻恩爱的佳话，妻子亲吻丈夫的行为也被允许。魏晋南北朝时期的民族大融合，冲击着儒学的独尊地位，增加了个体婚嫁的自主权。但是，宋朝以后，强调长幼尊卑的伦常被发展至无以复加的程度，家长的权力受到法律保障，以维护家庭内部的不平等。夫妻之间是夫权至上、夫贵妻贱；婆媳之间是婆婆在上，媳妇地位极低，需忍气吞声、逆来顺受。

封建时代的婚姻制度还严禁同姓为婚（但此规定在清后期大为松动），严禁良贱通婚（即强调尊卑有序，出现世代显贵通婚的门阀婚；宋以后虽不讲门阀，但婚配仍有鲜明的等级色彩），要求依礼聘嫁，且多实行早婚[②]。

---

① 大明律．北京：法律出版社，1998：59.

② 顾鉴塘，顾鸣塘．中国历代婚姻与家庭．北京：中国国际广播出版社，2011：46－120.

四、清末至民国时期（1840—1949 年）

清末至民国时期是新旧思想激烈斗争、法律制度不断变革、妇女寻求解放的时期。尽管辛亥革命、新文化运动等主张男女平等、妇女解放，产生了一定的社会影响，但封建婚姻家庭制度并无根本性变革，“三纲五常”仍统治着中国社会。

在婚姻形式方面，晚清达官贵人仍实行一夫一妻多妾制，且受到法律保护，民间许多殷富之家也采取此制。晚清法律虽对妻妾失序和重婚均有明确规定，但对违反规定者的处罚较轻。北洋政府沿袭清末旧制。国民政府虽在法律上否定了妾制，但实际上，妾制依旧在上层统治者或富商大贾之间流行。1912 年（中华民国元年）颁布的《中华民国临时约法》明文规定，实行一夫一妻制，但一夫多妻现象依然存在。

此时的婚姻制度处于由旧式转向新式的过程中，包办强制的聘娶婚制仍是符合国家法律规范的唯一婚制。但《中华民国民法·亲属编》又规定：若继母或嫡母故意不同意子女结婚，子女可以经亲属会允许后结婚；若父母强迫，而子女不愿结婚，婚姻即无效；若结婚受到欺诈或胁迫，当事人可取消婚姻。相较于北洋政府，国民政府肯定了男女当事人自行决定婚约的权利，但未成年人结婚须经过法定代理人的同意；买卖婚姻若经双方同意，亦为有效。这实际上是在支持当时仍占统治地位的封建聘娶婚制。

在家庭关系方面，清末和北洋政府时期的各项法律均充斥着浓厚的家族主义、夫权至上、男尊女卑的封建思想，但也有所进步，如立法多以夫妻双方视角订立条文，而非完全以丈夫为中心来规范妻子的行为，且妻子可以提出离婚请求。在国民政府时期，一夫一妻制和夫妻平等思想得到法律承认。尽管妻子低下的家庭地位并未得到根本性扭转，但在社会进步思潮的影响下，经济文化较为发达的城镇家庭率先接受了自由、平等、婚姻自主的观念，礼教革命悄然进行。一些思想较为开放的父母尊重子女的婚姻选择；妻子反对“三从四德”，不再忍受丈夫和公婆的奴役与欺凌。

就婚配对象来看，晚清时期将“禁同姓为婚”改为“同宗者不得结婚”；同时，取消了禁良贱为婚的规定，但禁娶娼妓为妻。订婚须写立婚书、依礼聘嫁，结婚需有公开仪式和两个以上的证人。民国时期，虽然人们的婚姻自由依然有限，但受过新型婚姻家庭观念洗礼之人逐渐接纳婚姻变革，婚姻程序和婚礼形式删繁就简，“文明结婚”现象开始出现。

在国民政府统治期间，中国共产党领导下的农村革命根据地也出现了新的婚姻制度与成文规定。1934 年，《中华苏维埃共和国婚姻法》在苏区公布实施，规定男女婚姻自由，实行一夫一妻制，注重男女平等和养老育幼。革命根据地的婚姻制度带来了婚姻家庭制度变革的曙光，为后续彻底变革旧的婚姻制度奠定了基础。①

---

① 顾鉴塘，顾鸣塘．中国历代婚姻与家庭．北京：中国国际广播出版社，2011：121 - 152.

新中国成立尤其是改革开放后，中国的婚姻家庭制度发生了翻天覆地的变化，具体内容将分别在后面的章节中逐一呈现。

本章要点

1. 婚姻和家庭都是历史范畴，其内涵与外延随时间而变化。

2. 人类从动物分化出来之初并无家庭。今天被人们恪守和推崇的个体婚家庭，仅有几千年至多上万年的历史。

3. 亲属制度是一种以血缘或姻缘为体系、以婚姻家庭为中心，将包括族内和族外亲属的社会关系秩序化的制度。

4. 摩尔根开了亲属关系和亲属制度研究的先河。恩格斯运用摩尔根的研究成果，进一步讨论了家庭、氏族与国家的起源问题。

5. 婚姻制度与家庭制度密切关联。

6. 社会达尔文主义是19世纪盛行的一种进化理论，认为人类文明的发展都会遵循同样的规律、经历相同的阶段。

基本概念

婚姻制度　亲属制度　母权制度　家庭现代化理论

复习思考题

1. 远古社会主要存在哪些（可能的）婚姻制度与家庭形式？

2. 什么是亲属制度？简述不同学者对亲属制度论述的异同。

3. 婚姻制度与家庭制度之间存在怎样的内在关联？

4. 就婚姻家庭的起源与流变而言，社会进化论者有哪些重要观点？他们的观点之间有何异同？

5. 你如何看待未来家庭的走向？

6. 了解中国婚姻家庭的演进脉络以及各个阶段的主要特征，掌握不同历史时期婚姻家庭变迁背后的主要动因。

阅读文献

1. 恩格斯．家庭、私有制和国家的起源．北京：人民出版社，2018.

2. 摩尔根．古代社会．北京：中央编译出版社，2007.

3. 韦斯特马克．人类婚姻简史．北京：商务印书馆，1992.

4. 潘允康．婚姻家庭社会学．北京：北京大学出版社，2018.

第四章

恋爱与择偶

> 去年元夜时，花市灯如昼。
> 月上柳梢头，人约黄昏后。
> 今年元夜时，月与灯依旧。
> 不见去年人，泪湿春衫袖。
>
> ——《生查子·元夕》，欧阳修（北宋）
>
> 东风夜放花千树，更吹落星如雨。
> 宝马雕车香满路，凤萧声动，玉壶光转，一夜鱼龙舞。
> 蛾儿雪柳黄金缕，笑语盈盈暗香去。
> 众里寻他千百度，蓦然回首，那人却在，灯火阑珊处。
>
> ——《青玉案·元夕》，辛弃疾（南宋）

欧阳修的相思词，写去年与情人相会的甜蜜和今日不见情人的痛苦，明白如话，饶有韵味，柔情蜜意溢于言表，言有尽而意无穷。在火树银花、宝马雕车的上元之夜，辛弃疾最思念的那个人，在那一角残灯旁边，似在相候。

情爱与性爱是人之本能。择偶是婚姻的起点，是爱情观与婚姻观的实践表征或具体体现，从择偶行为可以透视性别制度、婚姻制度与家庭制度。顾名思义，择偶就是选择配偶，在芸芸众生中寻找一个终身伴侣，是迈向婚姻殿堂的台阶。择偶已经超越了单纯的男女相吸的生理冲动、外表吸引阶段，而更加注重心理或精神的需要，具有爱情、婚姻、家庭的多重思考。换言之，择偶是以缔结婚姻、组成家庭为目的的两性之间互相选择的行为，旨在结束独居生活，与相爱之人携手组建一个属于自己的家庭，“执子之手，与子偕老”。人们在性、爱情、婚姻三方面持续社会化与个性化的过程中，逐渐涵育择偶的基本观念。本章聚焦择偶观念与行为（婚恋观与婚恋行为），旨在让读者对择偶相关内容有基本的了解。

第一节　择偶理论与标准

择偶是婚姻形成的前奏。个体究竟为什么要选择这个人而不是另一个人，个体所追求或最看重的标准，显示了一个人的择偶观。但择偶观并非完全取决于个体偏好与自由选择，而是深受所处的经济社会与文化环境的交互影响，是一项复杂的社会行为。在某种意义上，择偶是现代社会的产物，择偶标准随时代发展而变迁。在传统社会，婚姻承载着深刻的家庭和社会功能；个体没有择偶自由，一切全凭“父母之命、媒妁之言”。随着经济社会的发展，择偶观念、形式、行为都发生了重大变化，个体拥有了自我选择的自由。

择偶是家庭社会学的基本话题。西方经济学家和社会学家分别从不同角度对择偶心理与行为进行了系统研究，形成了婚姻家庭经济论、同类匹配论、社会交换论、需求互补论、择偶梯度论、性别角色论等理论分析框架（见表4-1），用来解释个体的择偶行为，阐释择偶行为背后的性别、婚姻与家庭制度。

表4-1 主要择偶理论

理论	主要观点
婚姻家庭经济论	择偶遵从理性选择和效用最大化原则
同类匹配论	与自己熟悉或类似之人成婚
社会交换论	美貌换美貌；金钱换金钱；美貌换金钱；金钱换美貌
需求互补论	补足自己的短板
择偶梯度论	“男高女低”的择偶与婚配模式
性别角色论	选择性别角色观念契合的配偶

一、婚姻家庭经济论

20世纪60年代以来，美国经济学家贝克尔先后出版了《生育率的经济分析》（1960年）、《人力资本》（1964年初版）、《人类行为的经济分析》（1976年）、《家庭论》（1981年）等著作，开了用经济学的分析工具和理论框架来研究婚姻、生育、家务分工等婚姻家庭问题的先河，成为婚姻家庭经济论的奠基人，被誉为婚姻家庭经济学之父。

贝克尔从理性选择和效用最大化的假定出发，将婚姻市场上的选择行为、生育行为以及家庭内部分工等都看作理性的经济行为。从婚姻市场上的选择行为来看，他认为，结婚的目的是使婚姻效用最大化，故从配偶的选择到婚姻缔结是一个不断寻找目标商品、考察双方需求、认同商品交换条件直到签订商品交易契约的过程。在一个有效率且自由竞争的婚姻市场中，每一个体都倾向于选择效用最大化的配偶。

二、同类匹配论

同类匹配论是指人们总是倾向于选择与自己的年龄、居住地、教育水平、种族、宗教、社会阶层以及价值观、角色认同等相近或类似的异性为配偶。这与传统中国社会的“门当户对”观念相耦合：男女在择偶时要考虑对方的门第、财产（即经济社会地位）与自己是否匹配。“贾府上的焦大，也不爱林妹妹的。”[①]

美国社会学家古德指出，“人们确实可以相信，两个家庭所接受的联姻的条件，往往是双方在经济上或社会上门当户对”；“一切择偶制度都倾向于‘同类匹配’，即阶级地位大致相当的人才可结婚，这是讨价还价的产物”；“如果不考虑选择具有类似社会背景的人做配偶，婚姻就缺乏坚实的基础”[②]。门第相当的家庭往往具有类似的价值观，故更容易沟通交流、达成共识。

“门当户对”属于同类婚，它主要有两种类型：一是先赋型同类婚，即夫妻双方有类似的家庭背景；二是自致型同类婚，即夫妻双方在自致地位上具有相似性。

与同类婚相对的是异类婚，即跟自己有较大差别的人结婚。它也主要有两种类型：一是跨类别异类婚，即跨种族、民族、宗教派别的婚姻。二是跨等级异类婚，即跨受教育程度、社会阶层的梯度婚姻，梯度既可向上亦可向下。通常，男性多是向下，女性多是向上。

婚姻匹配模式分类如图 4－1 所示。

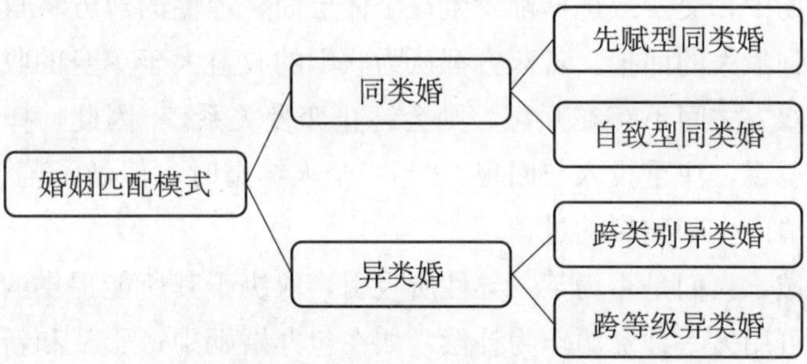

图 4－1 婚姻匹配模式分类

资料来源：李路路．社会分层与社会流动．北京：中国人民大学出版社，2019：183.

婚姻匹配主要受到三类因素的影响[③]，但这些因素都在发生变化。

第一，婚姻偏好。这又包括两个方面：理性选择与文化资源。前者即男女倾向于寻找经济社会地位更高或经济潜力较大的对象；从资源交换的角度，也会加入对性别分工的考虑。后者即认为相似的文化资源最重要：相同的价值观、品位和文化素养，可以为双方创造共同话题，增进彼此对行为和观念的理解，形成相同的生活方式，产生相同的认同与情感。

第二，第三方群体。婚姻匹配不单纯是双方个体的选择，而也是家庭甚至家族的综合考量，目的在于阻止异类婚的发生。这凸显出一种群体认同，即全体成员意识到的共同历史，形成不同于他人的心理感觉。群体认同感越强烈，人们越可能接

① 鲁迅．“硬译”与“文学的阶级性”．萌芽月刊，1930－03－01.

② 古德．家庭．北京：社会科学文献出版社，1986：72－77.

③ 李路路．社会分层与社会流动．北京：中国人民大学出版社，2019：184－187.

受同类婚的标准，选择与他们属于同一群体的异性作为婚配对象；同时，它也是一种群内制裁，并通过家庭、教会和国家起作用。

第三，婚姻市场。婚姻市场是两性择偶关系的总和，受到结构性因素——如人口结构、地理结构、局部婚姻市场——的影响。在人口结构方面，同类婚发生的概率在异质性较强的群体中更低。在地理结构方面，聚集在同一地理区域的群体的同类婚发生概率更高。在局部婚姻市场方面，学校因学生年龄、文化观念的同质性和性别的异质性强，对婚姻匹配的影响力最强；过去对婚姻匹配影响力较小的工作场所，因职业性别隔离降低而影响力大幅提升。

三、社会交换论

如第二章所示，社会交换论是家庭社会学的一个重要理论框架，被广泛应用于择偶领域，主要代表人物是沃勒（Willard W. Waller）。在霍曼斯和布劳的社会交换论原理基础上，沃勒提出如下主张：择偶是一种交换行为，个体在与他人交往的过程中，期望得到奖赏，避免付出代价，故亲密关系的结果等于奖赏和代价的差值。在婚姻市场中，交换或选择都发生在个体层面，理性的双方将自身资源与对方交换，以期得到最大的回报。若双方都认为联姻的收益大于单身的收益，就会发生择偶行为；若双方之间不存在互惠，则会终止恋爱关系。[①] 因此，择偶也是一种投资，遵循市场逻辑，注重投入与回报。“当一个人结婚时，他做了若干不同的交易。交易影响了爱情产生和破裂的过程。”[②]

在择偶领域，人们是否为某一异性所吸引，取决于其所能提供的资源。若某种资源不足，则可用另一种资源作为补偿，如在包办婚姻中，彩礼和新娘是最常见的交换。姣好的容颜也可被用来交换诸如经济地位、爱和关心、自我牺牲等资源。在西方，有地位优势的黑人男子以其社会地位与白人女子的种族优势进行交换。

社会交换论并不关心交换过程如何发生，以及社会化如何影响这一过程。因传统的性别角色观念，交换的内容存在性别差异：男性倾向于以貌取人，注重女性的容貌、身材、肤色等，女性则更加注重男性的能力、职业、事业等因素。迄今为止，男性的经济社会地位通常高于女性，而女性常以其美貌、年轻等换取男性的家世、成就或向上流动的潜力。

四、需求互补论

需求互补论与社会交换论的立场比较近似，两者都注重性别差异。

需求互补论的主要代表人物是温奇（Robert F. Winch）。他在《择偶》一书中

---

① EDWARD J N. Familial behavior as social exchange. Journal of marriage and family，1969，31（3）.

② WALLER W W，HILL R L. The family：a dynamic interpretation. New York：The Dryden Press，1951.

系统阐述了择偶标准是需求能被对方满足这一基本观点，认为择偶的个人动机和心理需求往往是互补而非同一的，爱情仅是一种重要尺度，个体主要考虑各种需求的相辅相成，寻找与自己的个性等内隐因素或经济社会地位、教育水平等外显因素互补的对象，如控制欲强的男性倾向于选择依附性强的女性作为配偶[①]。

基于该理论进行的经验研究所得的结论并不一致。“事实上，试图以人格特质为基础解释择偶的大部分研究似乎陷入了结果相冲突的困境。”[②] 这个相异吸引的论断因为没有得到经验研究的广泛支持，故而显得不太可靠[③]。同时，以爱情为基础的择偶过程，也可归因于互补需要，但该理论不适用于包办婚姻的环境。不过，该理论虽然遭受猛烈抨击，但在西方家庭社会学中仍占有很重要的地位。

对互惠情感的需求为人们在互动过程中进行有偿或无偿的交换提供了心理基础。个体拥有资源的差异带来对亲密关系的不同预期；在建立和维持亲密关系的过程中，交换稀缺资源是一种达到彼此之间互补的方式。而对等和异质的资源交换能引起行动者之间的相互吸引。在这一过程中，人们会寻找最佳的关系，寻求回报最大、成本最低的人际交往。人们只会和那些在当下能够为其带来最大利益的伴侣持续交往。值得注意的是，这一利益并非单纯的经济利益，还包含情绪价值等多种体现个人感受的切身利益。

五、择偶梯度论

择偶梯度论也称婚姻梯度论，它由美国社会学家伯纳德（Jessie Bernard）提出，主要代表人物有莱斯利（Gerald R. Leslie）、埃什尔曼等。择偶梯度论认为，在择偶过程中，男女在人格特征的各方面（如年龄、身高、职业、收入、受教育程度、家庭背景、社会地位）都存在着“男高女低”的观念意识，故男性倾向于往下找，而女性倾向于往上找，形成“男高女低”的择偶与婚配模式。如：年龄上要“男大女小”，身高上要“男高女低”，学历上要“男高于女”，职业、收入等方面要“男优于女”，等等。[④] 这种择偶观导致处于梯度两极的人，即学历低、经济状况不佳的男性和学历高、年龄大的女性择偶困难，前一种情况是受迫的，后一种情况是主动的（但也会演变为受迫的）：较高的经济社会地位使得女性难以找到地位足够高的男性作为结婚对象；而经济社会地位偏低使得男性找不到符合择偶梯度原则的地位足够低的女性作为结婚对象。

可见，在择偶梯度论中，择偶标准具有双方互动性、功利性，强调“门当户对”或“男高女低”。择偶标准关涉人品、性格、健康状况、兴趣等。但总体而言，

---

① WINCH R F. Mate selection：a study of complementary needs. New York：Harper & Brothers，1958：52.

② 埃什尔曼．家庭导论．北京：中国社会科学出版社，1991：328.

③ 同②327－328.

④ BERNARD J. The future of marriage. New Haven：Yale University Press，1982：33.

男性更看重颜值、贞操、是否有过婚史、能否打理好家事等；女性更看重经济社会地位、发展前途等。当然，在性别观念发生巨大变化的时代，择偶观念和行为也在发生变化。

但是，该理论没有对择偶观念、态度和行为提供一个全面的理解视角，于是就有了性别角色论。

六、性别角色论

性别角色是男女两性在经过社会化后，养成了“适合”各自性别的制度观念，并以此来指导自己的行为。人的性别意识不是与生俱来的，而是在社会化过程中逐渐养成的，并随社会文化的变化而改变。个体在社会化过程中，潜移默化地受到男女角色定位、性别规范的影响，逐渐内化了约定俗成的“男外女内、男强女弱、男主女从”的文化传统，形成了适合男性和女性的性别角色观念，养成了布迪厄（Pierre Bourdieu）所言之“惯习”（habitus），并在人际互动中，将之实践于夫妻关系中——如女性必须温柔贤淑，扮演好生儿育女、相夫教子的社会角色——从而不断强化和再生产性别角色观念。①

人们基于一定的社会文化、亚文化和家庭规范来对角色提出期待，角色一致性被广泛作为测试婚姻成功与否的指标；夫妻的期待会在许多方面表现出来，如家庭决策、娱乐、性生活、宗教信仰、照料子女、就业等；只有持类似的角色规定和期待的男女才可能结婚。

在美国，女性的择偶标准主要是，男性必须经济地位较高，给人一定的亲近感，对对方的心理投入程度高，以及给人带来安全感；男性的择偶标准主要是，女性必须健康、皮肤光洁、眼睛明亮、头发有光泽，以及年轻、腰臀比小且富有吸引力。

两性择偶标准的差异，明显地显示出性别角色观念的重要作用。在日常家庭和社会生活中，性别区隔现象（包括各类广告）俯拾皆是，形成方向性误导。在传统社会中，女性的身体被等同于女性自身，其外在美被视为幸福的源泉，由此强化了生理要素对女性社会生活的统治，形成了以外貌交换财富与社会地位的格局。这种交换看似合理、各取所需，但女性依旧更多地被观察、被凝视、被选择（虽然她们也在选择），造成容貌焦虑。

七、其他理论

第一，父母偶像论。该理论起源较早。精神分析学家弗洛伊德认为，人们倾向于选择与自己的异性父母类似的人恋爱和结婚。男性可能会选择与母亲品质个

① 杨菊华．传续与策略：1990—2010 年中国家务分工的性别差异．学术研究，2014（2）．

性相似的女性作为恋爱对象，女性可能会选择与父亲品质个性相似的男性作为恋爱对象。[①] 父母的品质、婚姻性质会影响子女对配偶的选择。这一倾向虽然多无意识，却可能支配子女的择偶行为。但是，该理论偏重于抽象思维，缺乏经验依据的支撑。[②]

第二，择偶价值论。其主要观点是，社会化过程将价值观内化到人的个性中，进而影响个体择偶的逻辑。当两个人具有或认为双方具有类似的价值取向时，彼此间更会相互吸引，推动彼此的沟通与交流，促进彼此情感的满足。这是因为，具有类似社会背景的人往往会习得类似的价值观，具有类似价值观的人的互动是有益的，且可弱化彼此间的紧张感。

第三，相似性理论。社会心理学家巴斯（David M. Buss）认为，择偶双方在择偶时会强调彼此身心特征的相似性或一致性，这也就是从微观个体感受角度来解读择偶的动因[③]。相似之人更易相互欣赏，这种相互欣赏本身就是一种报偿；此外，按照预期价值学说，人们喜欢和与自己相近但稍强一些的人约会，而不愿冒失败的风险与比自己强很多或很热门的人约会。当然，择偶观念和行为也存在较大的性别差异。

第四，择偶进化论。该理论从达尔文的性选择理论角度来讨论择偶问题，认为人类的择偶具有进化基础，同时，从进化心理学角度解释择偶行为。人类在进化过程中形成了男女择偶标准的差异：为了让自己的基因成功遗传下去，男女分别发展出不同的择偶偏好。女性总是寻求能够提供更多资源的男性，男性偏好有较强生殖能力的女性，并从女性的外形来判断其生殖能力。[④] 该理论具体包括特里弗斯（Robert L. Trivers）的亲代投资模型[⑤]、巴斯的性策略论[⑥]等。总之，该理论从多个角度对人类的择偶行为进行了理论探索，还结合其他理论对择偶偏好予以实证研究，但其纯粹的工具性视角制约了其解释能力。

此外，还有一些有关择偶的理论研究或客观观察，如命中注定论，过滤论，由情感、眼缘等驱动的心理动力理论，以及强调复杂的社会、心理等因素共同决定的过程论（择偶不仅是微观的个体和家庭考量，也受制于宏观的经济社会发展水平、自然地理环境与气候特征，如：有些人喜欢温暖，不愿嫁到天气寒冷之地等）。

---

① 埃什尔曼．家庭导论．北京：中国社会科学出版社，1991：325－326.

② BUSS D M，BARNES M. Preference in human mate selection. Journal of personality and social psychology，1986，50（3）.

③ BUSS D M. Human mate selection. American scientist，1985，73（1）.

④ 同③.

⑤ TRIVERS R L. Parental investment and sexual selection//CAMPBELL B. Sexual selection and the descent of man 1871—1971. Chicago：Aldine Publishing Company，1972：136－174.

⑥ BUSS D M. Psychological sex differences：origins through sexual selection. American psychologist，1995，50（3）.

第二节 择偶标准与过程

在不同的历史时代，人们的择偶标准并不相同，但具有一定的共性（如人品等道德层面的要求）。在当今社会大流动时代，微观要素尤其是个体层面要素的作用越来越强，择偶标准也成为社会转型的一面镜子。

一、择偶标准

择偶标准是男女之间恋爱与组成家庭时相互选择的主观评价标准。以下所列要素并非穷尽所有影响因素，要素之间的边界亦较模糊，出现的先后顺序也不意味着重要性的高低——不同要素对不同个体的重要性是不一样的。

（一）年龄、健康与相貌

年龄是一种间接的价值形式。将年龄作为择偶的标准是基于两方面的考虑：其一，人的财富、才华、社会地位、受尊重程度、权力等都与年龄密切相关。通常来说，年长者往往拥有较多的资源，故在其他标准（健康与相貌等）保持不变的情况下，女性倾向于选择年龄较大的男性作为配偶。其二，年龄与个性、健康、相貌等存在一定的相关性，特定个体总希望找一个年龄相当的异性作为配偶、组成家庭。

健康是美好生活的前提。人消费的主观目的在于满足自己的主观欲望，客观目的在于维持和发展自己的劳动能力。一方面，健康水平与劳动能力直接相关；另一方面，较高的健康水平可将潜在的劳动能力尽可能多地转化为劳动价值和劳动产品。所以，健康既是一种直接的价值形式，也是一种间接的价值形式，是人们择偶的最重要标准之一。

相貌或颜值是一种重要的资源。郎才女貌，自古已然。无论是男性还是女性，高颜值之人总是深受异性的喜爱。尽管相貌并非绝对的择偶标准，但漂亮的女性和潇洒英俊的男性都被赋予了更高的生理与社会价值，如被认为可能更聪明能干、更健康活跃、能繁育更优秀的后代、具有更好的遗传基因等。

【拓展阅读 4-1】 相貌或颜值是一种重要的资源

（二）个性、人品与修养

个性决定沟通和生活方式，人品意味着是否可靠，修养暗含家庭教育，反映了个体及其长辈的人品。三者也在很大程度上反映出个体的人生观、价值观。

个性是人在认知、思维与行为过程中表现出的动力特性（如强度性、稳定性、细致性、效能性等）。将个性作为一个择偶标准主要基于两方面的原因：一是对于特定的社会环境和自然环境，不同的个性将会表现出不同的价值特性。二是对于特定个性的对象，不同个性的配偶将会表现出不同的价值特性。若交往双方的个性互补性较高，则家庭会有较强的自我调节能力和社会生存能力。

人品是人的品性道德，是指个体依据一定的社会道德准则和规范行动，对社会、对他人、对周围事物表现出来的稳定的心理特征或倾向。人品是择偶过程中非常关键的部分。人们大多向往爱情，而人品就是决定一段爱情是否幸福、是否长久的关键所在。人品好的配偶双方往往更懂得珍惜彼此、尊重彼此、爱护彼此；在一个良性运行的社会中，他们也更有发展潜力、更容易成功。跟人品好的人交往，双方都可享受到交往带来的甜蜜感、责任感和安全感。

如果相貌是给人的第一印象的话，那么修养往往是决定交往双方能否继续交往的第一要件。

（三）财富与社会地位

财富与社会地位是人们在择偶时都会考虑的未来的经济基础、生活保障。古人说，“贫贱夫妻百事哀”。

财富可分为生活资料和生产资料两种形式，现金、住房、土地、矿产资源、车辆、股权、专利等都是财富的直接体现。将财富作为择偶标准的人，能够直接、现实地得到所需要的价值；但是，对择偶的任何一方而言，财富并非越多越好。

社会地位是指个体或家庭在社会等级制度或分层制度中的排列位置、权力、声望、职业、财富的象征，也指个体或家庭在一定社会关系体系中所处的位置，反映了个体与社会整体的关系及在与社会整体互动关系中的社会身份。社会地位与经济实力（财富）具有较强的相关性。

从进化论的角度来看，男性通过提高其社会地位来获取更多与异性接触的机会。无论是从历史上还是从跨文化背景来看，处于支配地位的男性拥有支配其他同性的权力，并会吸引更强、更多的配偶。更重要的是，社会地位象征着个体是否为社会主流价值观所承认。这意味着，除了女性对男性的主观评价，社会对男性也会有客观评价，这种评价很有参考价值。选择社会地位高的男性作为配偶，就相当于征求了整个社会的意见，能够有效地降低做出错误判断的概率。

（四）知识、才华与兴趣爱好

知识与才华不仅影响个体的眼界、心理素质，也影响个体择偶的标准和对潜在配偶的要求。受教育程度较高或较有才华之人，从知识积累中认识了精神生活的多彩与崇高，因内心世界丰富而有更高的精神生活追求，故其择偶标准就更可能含有更多的精神情趣成分：更强调对方的知识与才华、相同的志趣、高尚的人格、进步的思想、优雅的风度等，更追求彼此在精神层面的契洽性，而不仅仅局限于“过日子”的追求。

过去，男性被认为拥有更多的知识和才华，但在现代化进程中，很多国家和地区的高等教育发生性别逆转，即女性受过高等教育的比例超过男性，这通过三个途径影响择偶行为。一是择偶偏好：女性受教育程度的提高，使得两性的择偶偏好趋同，减弱了男性对女性养家的厌恶心态，但“郎才女貌”“男高女低”等传统择偶偏好依然存在。二是伴侣的可得性：在现代社会，若人们还像以前一样，偏爱男向下、女向上的婚配模式，则高等教育性别逆转会导致学历较高的女性结婚率降低，但近年的研究显示，高学历女性的结婚率高于低学历女性。三是婚姻匹配模式：在年轻人群体中，只有少数人选择单身，多数女性接受教育向下婚，多数男性接受教育向上婚。①

兴趣爱好可影响配偶双方合作的效率，相同、相近或互融的兴趣爱好可以使双方充分展示各自的资源优势与能力优势，扩大共同的生活空间，加强彼此的社会互动，提高双方的利益相关性，从而表现出更多的价值效用。互补的性格或能给双方带来新鲜感，但一致的兴趣爱好往往是维持感情长久的加分项。兴趣相投更可使双方在相互学习中共同成长。

（五）时代潮流

前面提到，择偶不仅仅是一种具有个体差异的社会行为，择偶的标准也不是凭空产生的，而是深受社会情境的影响，与整体社会的经济基础、文化思潮以及主流的婚姻家庭观念相契合。

择偶标准随着时代潮流的变化而变化。人类社会是一个复杂的、非线性的动态系统，在特殊情况下，一些次要变量可能突变为两性关系的主导变量，制约这一时期择偶标准的价值特性。比如，在 20 世纪五六十年代的中国，择偶标准偏重于人的身份与出身，20 世纪 70 年代偏重于人的职业和户籍，20 世纪 80 年代初期偏重于人的学历，20 世纪 80 年代后期偏重于人的身材与身高，20 世纪 90 年代偏重于人的金钱与财产，21 世纪后择偶标准更趋于多元化。

【拓展阅读 4-2】 当代男女择偶标准

二、中国人的择偶模式

择偶观念和行为具有传统与现代之分，但在当下社会，传统的惯习依然存在。在小农社会，人们的择偶观念和行为深受封建制度、思想文化的影响。婚姻缔结并非取决于个体的意愿与双方是否情投意合，婚姻当事人也无法自由决定自己的婚姻

① BAVEL J V, SCHWARTZ C R, ESTEVE A. The reversal of the gender gap in education and its consequences for family life. Annual review of sociology, 2018, 44 (1).

大事，而是遵从“父母之命、媒妁之言”。婚姻缔结通过“门当户对”的匹配（小农社会的门当户对，强调的是双方家庭社会地位的对等而非个人教育程度和职业等自致性特征的对等），达到“合二姓之好”的目的，至于个体的情感需求，在婚姻缔结中几乎是被忽略的。进入工业社会后，城镇化进程加快，人们生活的地域限制被打破，经济社会的转型、思想文化观念的嬗变、政治生态的变化等，使得人们从“包办婚姻”中解放出来，崇尚自由恋爱。

新中国成立后的前30年，择偶时强调“又红又专”“根正苗红”。改革开放后的一段时间里，“一切向钱看”，女性在择偶时也更强调男方的物质基础（包括户籍、职业、收入、住房等因素），具有“实惠与情感冲突下的实惠倾向”①。在当下，人们更崇尚婚姻自由，且现代社会的“门当户对”与传统社会的“门当户对”存在差异：传统的门当户对是从等级的角度出发的，以物质利益为唯一衡量要素；当下的门当户对是从平衡关系的角度出发的，对价值观念、经济条件、文化背景、家庭成长背景等因素结合心理图式进行综合考量。

粗略来说，新中国成立以来，择偶标准的一个总体变化趋势是：越发多样化和个性化。具体地讲，新中国成立以来，中国的择偶标准经历了四个阶段的变迁。

第一阶段，1949年到改革开放前（1949—1978年）。在这一阶段，政治道德因素在择偶标准中具有举足轻重的地位，这与当时“以阶级斗争为纲”的政治大环境紧密相关。此时的择偶标准更重视政治条件，追求“又红又专”“根红苗正”。配偶双方通过中间人、介绍人、媒人认识与自己认识的情况同时存在。

第二阶段，改革开放初期到1990年（1978—1990年）。在尊重知识、尊重人才的社会氛围下，学识成为这一阶段择偶的主要标准。

第三阶段，1990年至2010年。在这一阶段，经济因素开始在择偶标准中居主导地位。在市场化改革初期，人们更加追求物质生活的富足和经济利益，物质条件成为择偶的重要标准，职业、收入、住房等因素的重要程度较高。不过，随着社会的发展，年轻人越来越崇尚“人本精神”需求的满足，心理、生理及情感需求的重要程度得以复归，在择偶过程中关注感情、健康状况、相貌因素的人的比例迅速上升。对1996—2003年征婚启事的研究显示，2003年，人们在择偶时最看重的因素主要有：性格品德、婚史、相貌、身高、年龄、受教育程度、健康状况、是否情投意合、职业、户籍与经济地位（包括住房）等。其中，性格品德、婚史、身高、年龄等因素的重要程度比较稳定，而健康状况、受教育程度、相貌与是否情投意合的重要程度在上升，职业、户籍与经济地位（包括住房）的重要程度在降低。②

第四阶段，2010年后。在这一阶段，择偶模式的个性化、多样化与综合化倾向进一步增强，更强调“三观”的契合性。一方面，传统“男高女低”的择偶模式受到挑战，“男低女高”“男女同高”等模式占比提高。另一方面，对地域及婚史

---

① 吴雪莹，陈如．众里寻他千百度：从征婚启事看当代人的择偶标准．青年研究，1996（9）．

② 种道平，王绪朗．由征婚启事看当代人择偶的流行标准．统计与决策，2003（11）．

【拓展阅读 4-3】2018 年《中国青年报》择偶调查

的要求放松，时代变迁带来社会规范的多元化，传统择偶文化对个体的约束力减弱，择偶行为更加自由、主体意识更为明显。随着时代的变化，年轻人变得更独立自主，更懂得自己想要什么并敢于去追求，更注重性格合拍和“三观”一致，更重视情感体验和主观满足感。

不仅年轻人如此，老年人在择偶时也越发强调“三观”的一致性。北京卫视《选择》栏目关心的就是中老年人的婚恋问题。在一期节目中，一位当事人如此说道：

我爱好读书看报。参加全民阅读朗诵大赛时，我让她陪同参加，她不去，还说看书哪能当饭吃，尽装文化人。我很注重生日、结婚纪念日等，搞得浪漫热闹一点，进而增进情感交融。可她却说，整那花里胡哨的没啥用，花钱费力犯不上。什么节不节的，天天都可以过节。

【拓展阅读 4-4】笑到“打鸣”！中老年“硬核相亲”节目为何“出圈”？

两人因“三观”差异，最终未能牵手成功。可见，无论年龄多大，“三观”一致都是择偶的重要标准。实际上，当下离婚率升高的一个重要原因便是“三观不合”。

三、通婚圈

通婚圈是研究择偶行为的重要窗口，是指择偶筛选的范围，是因婚姻行为导致人们经济社会地位以及居住空间改变而形成的不同分布图。通婚圈有三层含义：一是地域通婚圈，指婚配双方原生家庭的地理距离（通婚半径）、行政距离（通婚跨越的行政区域）；二是等级通婚圈，指社会距离（通婚的阶层或民族等社会属性范围），也就是人们对自己的通婚范围做一定的阶级阶层、种族、宗教和教育水平等限定，在限定范围内选择婚配对象，形成“阶层内婚”，并通过婚姻关系的确立而形成一个社会圈子；三是心理通婚圈，指嫁娶之地是否有亲戚或熟人网络等。在通婚圈研究话题上，多数学者关注地域通婚圈。

在小农经济时代，人们的地域、等级和心理通婚圈都较小。改革开放前，受限于交通条件与地理区隔，中国的多数村落比较封闭，村落分化明显，人口的流动性不大。这不仅影响了信息的交换，阻碍了不同区域文化的交流，而且限制了通婚圈的范围，婚配双方的婚前居住地距离成为影响通婚圈的要因，邻近择偶成为小农经济时代主要和典型的择偶特征。主观上，在小农经济时代，大家庭是最重要的社会网络，小家庭往往需要大家庭的帮衬和支持，而远距离通婚的交通成本高，当婚姻稳定性出现问题或小家庭面临困难时，难以获得大家庭的帮助；而且，在陌生社会中，择偶过程难以知根知底，而婚姻作为人生的大事不能草率，故人们对“人生地不熟”的远距离通婚带有一定的心理排斥。

改革开放后，随着人口流动性的增强、工业化和城镇化的发展、社会观念的变迁，再加上信息技术网络交流平台的加持等，地域通婚圈不断扩大[①]，特别是在流动人口群体中，跨省和跨区域通婚的比例都更高。当然，即便是在交通和通信技术极速发展的时代，即便人们的择偶观念发生了重大变化，地理距离对择偶的影响并未也不可能彻底消除，地域邻近总的来说还是给择偶提供了更多的机会。因此，也有研究发现，中国人的通婚圈并无明显变化[②]，甚至在缩小[③]，农村人口的通婚圈呈现出扩大与内卷并存的局面[④]。研究结果出现差异性，主要与调查时间、调查地点、调查地区、调查提问方式等因素有关[⑤]。

通婚圈不仅是指地域范围，而且关涉社会“圈层”。尽管社会发生了巨变，但等级通婚圈却变化甚微。城乡二元户籍制度导致了中国最普遍的社会分层，择偶者会以此为基准，“自觉”地将自己固定在某一等级范围内，而这也构成了“门当户对”的一个最基础要素，严重限制了婚姻选择的范围。在 20 世纪 90 年代中期前，与拥有城镇户籍的人结婚是实现纵向社会流动的重要途径；即便在今天，外来务工的农村姑娘或也怀有通过“上迁婚”真正融入城市的意愿。

可见，与户籍制度松动和经济体制改革相伴而行的大规模人口流动，客观上打破了地域的封闭性，扩大了人们的交际空间[⑥]，由此给城乡人口尤其是农村青年的择偶途径和通婚圈带来显著影响。同样，通婚圈的变化也会反作用于经济与社会：通婚圈扩大可能加剧“骗婚”现象（因择偶双方可能相互了解较少），加大婚姻风险，冲击婚姻的稳定性[⑦]，加剧农村男性青年的婚姻挤压，弱化代际支持。

第三节　征　婚

个体间相互爱恋的情感、人际吸引的最强烈形式是爱情。爱情被视为人类超越动物所特有的一种情感。爱情也是一种社会现象，会带来社会结果。其思想内容取决于经济社会发展水平，受社会文化的制约，故爱情与自由之间存在内在矛盾。这

---

① 贾志科，王思嘉．城市在职青年城乡通婚意愿与选择的影响因素研究．人口学刊，2020，42（4）．

② 雷洁琼．改革以来中国农村婚姻家庭的新变化．北京：北京大学出版社，1994：144－146．

③ 王跃生．社会变革与婚姻家庭变动：20 世纪 30—90 年代的冀南农村．北京：生活·读书·新知三联书店，2006：96－112．

④ 韦美神．“内卷”与“扩大”：外出务工对瑶族通婚圈的影响：以广西田东县 L 屯为例．广西民族大学学报（哲学社会科学版），2008（S1）．

⑤ 唐利平．人类学和社会学视野下的通婚圈研究．开放时代，2005（2）．

⑥ 邓智平．打工妹的婚姻逆迁移研究．社会，2004（7）．

⑦ 宋月萍，张龙龙，段成荣．传统、冲击与嬗变：新生代农民工婚育行为探析．人口与经济，2012（6）．

也决定了人们择偶的标准不仅是生物性的，也是社会性的。

一、征婚广告

在古代社会，个体婚姻的缔结全凭“父母之命、媒妁之言”。在现代社会，婚姻的自主性增强。当人们难以找到合意的配偶时，就可能采取不同形式的征婚行为。在报纸等传统媒介的推动下，征婚广告传播的范围更广、传播的时间更长，个体能突破居住地域的局限，在更广大的空间中认识更多的异性朋友。

（一）中国近代的征婚广告

目前虽难以考证世界上第一则征婚广告出现于何时何地，但17世纪的英国已有明确的征婚广告。从征婚广告在中国的发展历程来看，隋唐时期或更早之时即有其肇端；在五四运动后，通过征婚广告征婚被视为具有现代气息的“摩登”表征。[①]不过，早在1900年，中国的第一则征婚启事已然出现。

1900年，蔡元培丧偶后曾写下一则“新式”征婚启事，贴在书房的墙壁上：

一、女子须不缠足者（天足，背驰当道）；

二、须识字者（女子有才亦何妨）；

三、男子不娶妾（一夫一妻）；

四、男死后，女可再嫁（无须守寡）；

五、夫妇如不相和，可离婚（女子可出夫）。

1921年1月，蔡元培的续弦夫人亦病逝。蔡元培再写征婚启事，张贴于家中：

一、原有相当认识；

二、年龄略大；

三、熟谙英文而能为研究助手者。

蔡元培之征婚启事，虽只贴于家壁示友而未广而告之，但亦为中国新式婚姻之先锋。

1912年年底，学者章太炎丧偶，一向率性的他谈及续偶条件时称：

> 人之娶妻当饭吃，我之娶妻当药用。两湖人甚佳，安徽人次之，最不适合者为北方女子。广东女子言语不通，如外国人，那是最不敢当的。

之后，他更是在北京《顺天时报》上登载了近代中国的第一则征婚广告。提出条件有三：

> 一须文理通顺，能作短篇；二须大家闺秀；三须有服从性质，不染习气。

---

① 赵良坤．近代中国征婚广告探析：以《大公报》为例（1900—1937）．成都：四川大学，2006：3－33.

1922年2月19日，年方廿一、才貌双全，但厌弃了烟花生活、生出从良意愿的黄雪花，在上海《民国日报》上刊登了《堕坑妓女登报征夫》广告：

自维陋质，少堕烟花。柳絮萍轻，长途浪遥。

茫茫恨海，谁是知音？黯黯情天，未逢侠士。孽缘已满，夙债堪偿。

无奈未遇知音，难奏求凤之曲。每念红粉飘零之苦，同抱天涯落拓之悲。

好景无多，名花易谢。雅不欲托报章而择配，登告白以求凰。

翻觉红粉颜羞，难免文人讥讽；奈何东皇力薄，可恨护花无方。

章台作客，大半征逐风尘；惜玉怜香，总之花丛稀见。

叹年华之逝水，付夙恨以何如？

若蒙君子如司马之多情，小妹具文君之慧眼，不弃花丛贱质，请速惠临。

被招者，以二十二至四十三岁为合格，身价（赎身费）二百二十元，条件面订。

1931年7月6日，刊于上海《民国日报》上的《一般女士征求如意郎君的标准》内容如下：

一、面貌俊秀，中段身材，望之若庄严，亲之甚和蔼；

二、学不在博而在有专长；

三、高尚的人格；

四、风姿潇洒，身体壮健，精神饱满，服饰洁朴；

五、对于女子的情爱，专而不滥，诚而不欺；

六、经济有相当的独立；

七、没有烟酒等不良嗜好；

八、有创造的精神，有保守的能力。

在同一天的上海《民国时报》中，青年男子征婚则希望女子具有以下十项特征：

一、要有清洁的嗜好和能力；

二、要有概括的眼光以及学识；

三、要有缜密而周到的心思；

四、要有充量而素养的情感；

五、要有治家的兴趣和能力；

六、不要眼光势力；

七、不要自我太强；

八、不要太无意见；

九、不要见人羞怯；

十、不要态度虚浮。

1931年9月16日《大公报》上的军人征婚广告，亦显现了时代精神：

余二十七岁。现中校职，世界主义之泛东方者。欲聘精通英文，具有姿色，富革命思想，长政治、外交，不尚虚荣，年在十七岁上、二十五岁下者为内助。有意者请函济南按察司街马子贞转刘海涛。

此征婚广告言简意赅，“革命”气息浓厚，凸显了当时青年朝气蓬勃的精神风貌。

总体而言，尽管彼时的中国具有浓厚的封建色彩，但这等“伤风败俗”之事也开始得到包容。虽然这种择偶方式并非择偶的主要模式，但它给当时异性交际圈狭小的青年增添了一种开放且相对平等的交际手段，推动了社会婚姻观念特别是择偶观念的嬗变。一些反映征婚广告的文艺作品如雨后春笋般涌现出来，如小说《黄昏之献》、戏剧《征婚》、电影《征婚》。①

民国时期，征婚广告的内容具体且丰富。通过对广告中征婚者的性别、初婚与再婚、征婚者自我描述语、征婚条件要求语、征婚者阶层及社会思想观念变化等方面的解析发现，征婚广告在很大程度上反映了彼时的社会特点与时代风尚，凸显了婚姻观念的社会变迁②。

在这一时期，征婚广告虽然未能完全打破传统的择偶模式，但在中产及以上社会阶层中引起了较大的反响和激烈的争论，既是新文化运动的一种结果，也是新文化运动在婚姻家庭领域或个体生活领域的一种呈现，给受过一定教育之人的择偶与婚姻思想观念带来了较大冲击、震撼与洗礼。同时，自由恋爱、择偶的观念通过小说、戏剧、电影等新载体得以传播。

（二）20世纪80年代后的征婚广告

20世纪80年代后不久，人们的结识途径日渐多样化，崇尚自由恋爱，征婚广告的载体也由纸媒发展为电视。

彼时的征婚者多为男性，其征婚广告的内容关乎身高、年龄、家境等，非常直接、朴实：

我是陕西省铜川矿务局陈家山煤矿机电工队工人，今年24岁，身高1.73米，相貌一般。我热爱矿山，热爱祖国的煤炭事业，在踏踏实实的5年工作中，有过贡献，也得到过好评。但是，我却没有得到任何一名女青年的追求。我苦恼、伤心，难道作为社会主义国家的一名矿山青年，就不该得到爱情和生活的幸福吗？如有年龄在20到24岁的女青年，不嫌弃我是一名煤矿工人，望能来信相告。③

---

① 赵良坤．近代中国征婚广告探析：以《大公报》为例（1900—1937）．成都：四川大学，2006：62-64.

② 同①21-47.

③ 高建香，丁凯，张丽萍．大众传媒与征婚广告：以80年代以来国内征婚广告为例．台州学院学报，2003（5）.

江涛，51 岁，高 1.63 米，高中学历，体健貌端，事业单位职工，月薪 265 元，有门面出租，有一男孩读中学，诚实、善良、体贴，酷爱文学、艺术、体育，生活不富裕；寻一善良专一、懂生活、35 岁以下的城镇在职女性为侣，农村女性 33 岁左右文静秀丽者也可，可农转非，可带一孩，信照寄……①

女性的征婚广告则更为含蓄和文雅：

小姐，长发披肩，娉娉婷婷，举止间透着温婉，清澈清亮的双眸中是她信任的目光，既有小家碧玉的清纯与善良，又有书香门第的娴静和优雅，让她那样出众；已然度过了 24 个春秋，1.6 米，市级机关公务员，未婚。等待一个人……②

征婚广告带来了一定的效果。在 1987—1996 年结婚之人中，通过征婚广告或婚介所相识并结婚的人占 0.4%（见表 4-2），虽然比例很低，却实现了零的突破。

表 4-2　不同结婚年代夫妻结识的途径　　（单位：%，人）

结识途径	结婚年代			
	1966 年	1967—1976 年	1977—1986 年	1987—1996 年
自己认识	31.3	41.8	43.6	53.1
同事、同学、朋友介绍	19.4	26.6	31.9	29.5
邻居介绍	10.0	8.2	10.9	3.9
媒人介绍	1.0	1.1	0	0.4
征婚广告、婚介所	0	0	0	0.4
其他人介绍	1.0	0	0.4	0
父母包办	10.9	0.5	0	0
……	……	……	……	……
合计（比例）	100	100	100	100
人数（人）	201	184	690	495

资料来源：徐安琪．世纪之交中国人的爱情和婚姻．北京：中国社会科学出版社，1997：219.

征婚广告往往应者如云，故征婚者不得不刊登终止征婚的启事，如“征婚者在刊登征婚广告后，应者如云，经慎重选择，终与一心上人结为秦晋之好，还望后来者不要继续来信”云云。比如，1984 年第 9 期《中国妇女·大年龄青年婚姻专号》载文：“当她的启事在第 6 期杂志上刊登后，电话、来访者不计其数，从 6 月 10 日到 8 月 10 日每天收到十封以上的来信，最多一天可达二十封以上，两个多月来总计收到来信七百余封……这些同志的单位领导也十分重视，有的是党委书记亲自陪同前来，有的是科室负责人在百忙之中带着男方来与姑娘见面。”《中国妇女》于

① 高建香，丁凯，张丽萍．大众传媒与征婚广告：以 80 年代以来国内征婚广告为例．台州学院学报，2003（5）.

② 同①.

1984 年第 3 期始办“红娘”栏目，旨在关注大龄未婚青年的婚恋问题，引领广告征婚之先，也在一定程度上推动了广告征婚的发展。[①]

改革开放之初，人们受到长期禁锢的思想与生活愈加开放，征婚广告这一新鲜事物给人们带来了兴奋和憧憬。但是，当时的中国社会依旧是农业社会，多数人接触不到报纸、杂志，由此限制了征婚广告的效用。徐安琪的研究显示，经人介绍的结识途径在不同年代结婚之人中都占比较高[②]。从广告传播的角度看，人际传播与大众传播在征婚中所起作用的差异是关键：人际传播以单个的面对面形式为主，信息反馈及时、直接、集中，传受双方可现场把握信息的流向、流量和清晰度、准确度，进行深层次传播。大众传播是职业化的，受众面广量大、分布广泛，传受双方联系间接、松散，故影响力和亲和力逊色于人际传播。择偶是人生大事，短短行文，寥寥数语，几十个字难以让人托付终身。而且，广告的内容还存在真实性问题，对之更须慎之又慎。[③]

二、电视相亲

传统上，相亲是通过亲朋或媒人的介绍，双方当事人或家庭见面、认识、交流并决定是否进一步交往的过程。电视相亲是一种新的相亲形式，它提供了更直接的面对面交流平台。北京卫视可能是最早推出这类节目的电视台。

“心心相印我们俩手拉手，共享今晚这一份温柔，无论我们相恋还是朋友，这一片爱心天长地久。”这首名为《爱心天长地久》的歌曲，正是北京卫视于 1991 年开播的《今晚我们相识》的主题曲。每期 8 男 8 女如约而至，相向而坐，简单介绍后进入游戏环节，男女嘉宾各露才艺，只为博得“意中人”的垂青。该节目于 2000 年停播，2013 年重新开播。

《今晚我们相识》是一档服务性节目，目标是帮助普通人找寻另一半。该节目第一次让中国观众在电视上看到别人相亲的过程，这种新相亲形式很快就聚拢了相当高的人气，收视率最高时达 30 多个点，而通过该节目相识并成功结婚的新人不下千对[④]。直到 2013 年，还有人在微博上寻找当年的节目主持人杨光，说要感谢媒人：“1998 年秋季我花费 300 元人民币，上了杨光主持的《今晚我们相识》节目，那年我 28 岁，她 23 岁，1999 年 10 月我们俩结婚，2000 年 7 月我儿子出生。”

此后，上海卫视的《相约星期六》、湖南卫视的《玫瑰之约》、山东卫视的《今日有约》相继开播。2000 年前后，各地电视台跟风开办了多档婚恋节目（见表 4 - 3）。

---

① 高建香，丁凯，张丽萍．大众传媒与征婚广告：以 80 年代以来国内征婚广告为例．台州学院学报，2003 (5).

② 徐安琪．我国城市婚姻的现状及其趋势．社会学研究，1991 (3).

③ 同①.

④ 孙夏卿．中国电视真人秀节目的发展之路．视听，2015 (2). 朱莹堃．电视相亲节目发展历程探析．新闻研究导刊，2015，6 (1).

1996年，中国台湾地区的《非常男女》后来者居上。1998年，湖南卫视的《玫瑰之约》借鉴此前电视相亲节目的经验并加以改良，很快与《快乐大本营》《晚间新闻》一起，成为湖南卫视的三大品牌，但好景不长，该节目之后悄然淡出观众的视野。2010年江苏卫视上线的《非诚勿扰》从一开始就宣传：只创造邂逅，不包办爱情。其中，最典型的案例是“宁在宝马车里哭，也不在自行车上笑”的马诺：有人认为她是个“拜金女”，有人认为她很“实在”“真实”；她的回答引起了社会对择偶标准的热议，甚至在一定程度上带火了《非诚勿扰》这档节目。此外，以“世纪佳缘”“百合网”等为代表的网络红娘也开始出现。

表4-3 各电视台婚恋节目

电视频道	婚恋节目
北京卫视	《今晚我们相识》(1991年)；《选择》(2009年)
江苏卫视	《非诚勿扰》(2010年)；《新相亲时代》(2018年)
湖南卫视	《玫瑰之约》(1998年)；《我们约会吧》(2009年)
安徽卫视	《缘来就是你》(2011年)
浙江卫视	《相亲才会赢》(2009年)；《爱情连连看》(2011年)；《转身遇到TA》(2013年)
东方卫视	《百里挑一》(2010年)；《中国新相亲》(2018年)
山东卫视	《爱情来敲门》(2010年)

电视相亲节目对国外媒体也产生了一定的影响。实际上，这类节目是从西方媒体克隆而来的——美国很早就有电视相亲节目，但其对电视相亲节目在中国如此走红非常惊讶。《今日美国》刊登了《中国人被电视相亲征服了》的文章；《时代》杂志更是以《中国电视相亲节目：为钱还是为爱?》为题对《非诚勿扰》进行了报道。电视相亲节目成为了解中国改革开放和中国人思想解放的一个窗口。

电视相亲究竟意味着什么？是标志着择偶方式或择偶途径更为多样化，还是意味着婚姻更加自主？是宣示一种新形式的革命与自由，还是只是一种媒体炒作？这些都是值得讨论的问题。在传统社会中，婚姻作为一种社会制度，以家庭利益最大化为终极目标，故上层阶级的人更可能进行政治联姻或经济联姻。因此，“择偶”的“择”并非个体之“择”，而是家庭或家族之“择”。五四运动后，一些试图挣脱封建礼教束缚的现代青年，开始追求自由恋爱。现代社会形成了新的择偶观与婚姻观，强调婚姻自主和恋爱自由，择偶方式也更为多样。

电视相亲的择偶过程被大大压缩。它大体包括三个环节：初体验、再判断、终抉择。男女嘉宾从初见到牵手，不过半小时之久。而决定是否牵手的标准是什么？相貌或“眼缘”无疑是要件之一。男嘉宾在上台后，被要求在极短的时间内挑选一个心动女嘉宾；而且他可能是在对女嘉宾并不了解、与女嘉宾缺乏交流的情境下做出选择的。同理，女嘉宾在第一阶段采取的行动，也主要取决于相貌。以貌取人是这类相亲模式的重要标准。

但是，征婚广告和电视相亲可能都不意味着婚姻革命，甚至也不意味着新的择偶方式，而更多是一种媒介和个体共谋的营销模式——出于娱乐性与经济性的考量，甚至仅仅是借平台给自己打个广告。因此，它们看似突破了传统，但实质上仍无法摆脱大众文化的窠臼①。

电视相亲虽非主流，但折射出当下择偶与婚姻观念的嬗变，表现出参与者的爱情观、择偶标准、婚姻观念。2010 年，广州一项女大学生爱情与婚姻观调查结果显示：30%以上的受访者认同“干得好不如嫁得好”；60%以上的受访者表示宁愿嫁个富二代，因为“良好的家庭经济背景，可以大大缩短自己奋斗并取得成功的年限。实际上，即便我努力工作，也未必能达到嫁一个富二代那样的社会地位”。2022 年中国人民大学李婷教授发布的《中国大学生婚育观报告》显示，在促进结婚意愿的因素中，大学生最看重婚姻的精神情感支持功能，同时也希望兼顾物质支持属性，其中，男大学生更看重生命历程，女大学生更关注支持功能。

【拓展阅读 4－5】 认证用户突破 80 000 人！《理想岛 VIP 2022 年中报告》重磅发布

当然，在电视相亲节目中，也能看到很多参与者传递出的自我认同感，独立、自由、平等之意识，以及追求爱的权利与追求幸福的勇气。不过，对于“00 后”来说，电视相亲似乎是旧时代的事物了，现在比较流行的是新媒体平台上的相亲。

值得注意的是，老年人的择偶方式也出现了转变，各大婚恋网站纷纷开辟老年人婚恋业务，以吉林卫视的《缘来不晚》、辽宁卫视的《爱的选择》、黑龙江卫视的《相亲相爱》等为代表的老年人相亲节目陆续出现在公众视野。

第四节　约会、同居与亲密关系

相亲后，会出现四种可能的结果：一别两宽、恋爱约会后一别两宽、恋爱约会后步入婚姻殿堂、先行同居。

一、恋爱与约会

封建时代多为“先结婚、后恋爱”。当前，恋爱成为婚姻的必要环节，“先恋爱、后结婚”成为主要趋势。约会是恋爱的重要手段。在婚姻家庭研究中，约会是指两个人（通常是一男一女）带有谈恋爱性质的会面，借相处交谈而认识彼此、加深了解。传统小农社会虽有“月上柳梢头，人约黄昏后”的美好词句，但男女之间大概是没有约会的，很多夫妻在进入洞房后才第一次见面。

① 王青．情感超市与媒介霸权：对电视相亲类节目的反思．中国电视，2011（7）．

约会是人类求偶活动中的一环，借相处、交谈而了解对方，培养感情、滋养爱情，探索彼此之间的匹配度，并以此作为是否结婚的重要参考。在互联网流行之前，人们的约会有多种形式，如逛公园或游乐场、压马路（散步）、看电影、共同进餐、唱歌跳舞、参观博物馆等，通常是在闲暇时间（工作日下班后、周末及假期）进行双方均有兴趣的活动。在万物互联时代，约会部分地从线下转到线上，但线下约会仍是主要的约会方式。

约会既是恋爱的基础，也是谈情说爱的一种浪漫方式。它可以让约会双方更好地彼此了解——通过一些行为、表情及肢体语言去了解对方的心理与品行。约会既可能导致分手，也可能让爱情不断升温。两人若互相喜欢或契合度高，则可能会选择同居、订婚或结婚。

当前，年轻人深受恋爱与约会问题的困扰。快节奏的生活使很多年轻人没精力恋爱；精细化的社会分工、狭小的交往空间使很多年轻人不善恋爱；网络媒体有关婚姻家庭的负面信息持续贬损爱情、撕裂性别关系，再加上对情感控制（PUA）的恐惧，使得很多年轻人不敢恋爱，或者从现实恋爱变为嗑虚拟 CP①。现代年轻人既渴望拥有甜蜜浪漫的爱情，又受困于内心的敏感及防备，对自己的爱情较为悲观，害怕在现实世界中建立和维持亲密关系，而是通过虚拟的嗑 CP 来获取情感替代，满足对纯洁、自主、平等爱情的幻想，带来生理上即时性的快乐与心理上的欢愉，达到爱情代偿的目的。这实际上是当代年轻人因不希望承担爱情挫折成本或无法得到向往的爱情而产生的一种心理逃避行为。嗑 CP 泛滥不仅会使自我迷失在虚拟世界里，内心更加空虚，还会导致因追求理想化的爱情而更加难以回归现实恋爱。

二、同居

同居是指一对非婚男女（或同性）因感情、其他原因，或以结婚为目的居住在一起，未进行结婚登记，（以伴侣名义）共同稳定地生活一段时间。同居不同于正式结婚：结婚使结婚者获得了法律承认，二人之间形成了正式的、在各方面都得到法律保护且不可随便解除的婚姻关系；要解除这种关系，必须遵循一定的法律程序。同居则不然，在很多国家和地区，同居不被法律承认，也得不到法律的保障；同居双方可随时终止这种关系。

一些人由于尚未想清楚自己究竟需要什么或尚未做好结婚的准备，也有一些人由于暂时不愿受到婚姻关系的约束、不想承担婚姻与家庭的义务与责任，故选择以同居的方式一起生活。同居之后，可能出现三种结果：继续同居、分道扬镳、步入婚姻殿堂。

由北京大学组织的中国家庭追踪调查数据显示，2014 年，受访者初婚前有过同居经历的人约占 10%；在 2010 年进入初婚的夫妻中，婚前有过同居经历的达到

---

① CP 指由“粉丝”幻想出来的两个人物或角色的恋爱关系。

36%。2018年的数据显示，婚前同居的平均时间和中位数是11.3个月和6个月，不同出生组别之间相差较小①，表明尽管同居在中国越发普遍，但它仍非一种长期的、稳定的家庭形式，而更多是婚姻的前奏或试婚。从出生队列来看，1970年前的出生队列婚前同居过的人的比例不超过10%，而20世纪80年代出生之人的婚前同居率达到1/3，20世纪90年代出生之人的婚前同居率略低于20世纪80年代出生的人。同时，受教育程度越高，婚前同居率越高。就婚前同居与户口、地域流动的关系而言，1980年前出生的城市居民婚前同居率最高，次为农民工，显示出明显的城乡梯度；而在1980年后出生的人口中，农民工婚前同居率高于城市居民。婚前同居率还显示出明显的地域差异。②

当然，同居者不限于年轻人，也包括未婚或丧偶的老年人。实际上，因再婚或会遭遇子女的反对，或会招致财产纠纷与赡养问题，而同居不受法律约束，无须承担责任和义务，故当前长者同居、搭伙生活的现象并不鲜见。

试婚是部分人同居的目的，是指一对男女尚未领取结婚证、没有正式结婚，但共同生活在一起，过着一种类婚姻的生活。它是未婚男女以婚姻为取向，按婚姻的模式进行的一种试验，旨在增进对彼此生活习性的了解，考察彼此之间的契洽度，进而做出是否正式结婚的决定。

试婚在不同的经济与文化环境中都曾出现过。有的西方国家实行试婚制，即当事人在婚前先同居一段时间，相互观察在生活、生理、心理等各个方面是否协调，然后决定是否履行法律手续正式结婚。有的试婚者在孩子10多岁后，觉得彼此生活和谐幸福才正式结婚。中国西南地区的少数民族，如佤族、怒族、布朗族、景颇族等都曾有过不同形式的试婚阶段。比如，布朗族把订婚称作“甘伯”，男方带茶、盐、烟、饭、菜及银钱到女方家，女方父母接受礼物后，男方便请求与未婚妻同居，得到许可后便可同女方正式同居。

在《家庭》杂志所做的一项调查中，1/6的同居者明确表示同居是出于试婚的目的；25%的同居者认为同居可以为正式结婚做好充分的心理准备；24%的同居者认为同居是为了在结婚前更好地了解对方，若发现双方不合意便可分手。

中国社会对于试婚行为褒贬不一。有人称试婚为男女在分工合作过程中的一种试验，旨在提高婚姻质量、降低离婚率；有人则从道德、法律和社会角度对试婚提出批评，认为试婚不符合中国的道德和法律，给婚姻带来不稳定因素，不应鼓励。

三、亲密关系

“亲密关系”有广义和狭义之分。广义上看，亲密关系注重双方的依赖程度，

① YU J. Union formation and childbearing among Chinese youth: trends and socioeconomic differentials. Chinese journal of sociology, 2021, 7 (4).

② 於嘉，谢宇．我国居民初婚前同居状况及影响因素分析．人口研究，2017，41 (2).

而不限制双方的具体身份，包括同性和异性朋友之间的友谊、家庭成员（夫妻、亲子、兄弟姐妹等）关系、恋爱关系[①]。它的年龄范围也颇为广泛，涵盖从婴儿期到老年期的各个阶段。

狭义上看，亲密关系是指男女两性之间的一种密切关系。“亲密”一词包含相互理解、共同享有特殊信息以及情感交流、信任、私密。[②] 它是双方通过语言和非语言的方式表达自己的经历和感受，产生令人满意的社交动机，降低社交恐惧，从而推动双方在心理上和生理上的亲密性[③]，满足性、爱和归属感等需求。

国内早期亲密关系研究主要关涉狭义的、两性之间的亲密关系，且研究对象多为大学生群体，并发现大学生群体的亲密关系与其心理健康状况密切相关[④]。当前，对亲密关系的关注不再局限于男女两性的恋爱和婚姻，同性恋群体的亲密关系也为更多学者所关注。同性恋是一种发生在占据主导地位的异性恋婚姻制度以外的亲密关系实践，是具有性愉悦和性自主象征的发展，也是一种新的人际关系和生活方式探索[⑤]。同性亲密关系逐渐成为一种可供选择的生活模式[⑥]。

在数字网络时代，亲密关系变革的一个倾向是去现实化和虚拟化。频繁的线上会话鼓励人们进一步面对面互动；手机等现代传播技术还使亲密关系出现了“暧昧”等新的变种形式。[⑦] 但是，这种凭借互联网技术制造和维系的亲密关系只能暂时满足现代人渴求亲密生活的愿望，其牢固性和持久性远不如传统社会中自然形成的亲密关系[⑧]。人们凭借线上交流突破了空间局限，增加了交往的便捷性；但也可能花费大量时间维系脆弱的网络关系，而疏远了现实中的亲密关系表达[⑨]。

亲密关系有助于个体健康和人类生存。人类社会属性的核心部分是对亲密关系的需要[⑩]。有稳定亲密关系的个体更能体验到强烈的幸福感，身心更为健康。而且，亲密关系也是人类赖以生存的基础，促进了家庭的形成，使得人类能更好地应对生存挑战。

爱情是一种重要的亲密关系。斯腾伯格（Robert J. Sternberg）认为，爱情由亲密、激情和承诺三要素组成。其中，亲密指双方互动的情况，即是否相互理解、

---

① BERSCHEID E，SNYDER M，OMOTO A M. The relationship closeness inventory：assessing the closeness of interpersonal relationships. Journal of personality and social psychology，1989，57（5）.

② 埃德加，格莱泽，仕琦．家庭与亲密关系：家庭生活历程与私生活的再建．国际社会科学杂志（中文版），1995（1）.

③ TIDWELL M-C，REIS H T，SHAVER P R. Attachment，attractiveness，and social interaction：a diary study. Journal of personality and social psychology，1996，71（4）.

④ 梁凤华，叶鉴伟，胡俊华．大学生亲密关系经历与自我概念的关系．中国学校卫生，2010，31（2）.

⑤ 魏伟．同性伴侣关系：亲密关系的多重样态及可能．探索与争鸣，2013（5）.

⑥ 魏伟，蔡思庆．探索新的关系和生活模式：关于成都男同性恋伴侣关系和生活实践的研究．社会，2012，32（6）.

⑦ 胡春阳．手机传播与人际亲密关系的变革．新闻大学，2012（5）.

⑧ 张兆曙，王建．制造亲密：虚拟网络社区中的日常生活：以人人网 SNS 人际互动平台为例．青年研究，2013（6）.

⑨ 李文文．网络交互下对现实亲密关系的影响．现代交际，2020（23）.

⑩ 米勒，珀尔曼．亲密关系（第五版）．北京：人民邮电出版社，2011：2.

紧密依存，是否有“连通”“寄托”的感觉；激情是指恋爱关系中令人兴奋、激动的部分，是产生性吸引、制造浪漫、实现欲望和自尊的驱动力；承诺是指愿意与对方相爱，且愿保持关系、长相厮守。[①] 尽管复杂的亲密关系往往很难简单地归纳为这三个要素，但该理论提供了一个具有价值的研究角度。

鲍尔比（John Bowlby）提出了依恋理论，认为依恋是“个体与特定的其他人形成牢固的情感纽带的倾向，它能使个体在生命早期与他们的照顾者保持密不可分的关系，从而获取温饱、安全、关爱等一切个体赖以生存和顺利发展的条件”[②]。早期依恋理论主要被应用于母婴依恋研究，20 世纪 90 年代后，该理论逐渐被应用于对成人亲密关系问题的探讨。韦斯（Robert S. Weiss）提出，依恋包括“维持亲近”“拒绝分离”“安全基础”“安全港湾”等不同行为模式，这些模式同样适用于浪漫关系，即个体若能从爱人那里获得亲密和情感慰藉，就更倾向于与爱人待在一起，拥有更加私人的亲密接触。[③]

四、婚姻挤压

婚姻挤压古已有之。当前，婚姻挤压是指婚姻市场上可供选择的男性与可供选择的女性之间数量的不平衡，表现为男性或女性的相对不足，导致部分男性或女性不能按照传统的偏好和习惯择偶。适婚男女性别比的失衡是形成婚姻挤压的主要原因。而适婚男女性别比的失衡与出生人口性别比、死亡率的高低以及一个地区迁移流量的大小和迁移的性别结构有关。

婚姻挤压源于性别比失衡。性别比有三种形态：女多男少、男多女少、男女大体均衡。前两种情况都可能带来婚姻挤压，但方向不同。在战争频发年代，大量的男性在战争中死亡，再加上他们从事的工作更危险、死亡率更高，故可能造成女多男少现象，第二次世界大战后的苏联就是如此。在中国，自 20 世纪 80 年代以来，在严格的生育政策控制下，生育选择空间大大缩小，生育率下降的速度快于男孩偏好消失的速度，很多家庭希望至少有一个儿子。这种偏好与 B 超等胎儿性别鉴定技术相结合，带来出生性别比失衡。经过近 40 年的积累，2020 年，中国男性人口比女性人口多出 3 490 万人，这些多出的男性大都处于低年龄组，很可能造成男性的婚姻挤压。此外，如前所述，在大规模人口迁移过程中，女性外嫁也会造成一些边远地区、贫困地区的男性过剩，从而导致男性的婚姻挤压严重。

婚姻挤压可能导致“光棍阶层”形成、女性生存环境恶化（对女性的性侵、拐卖等），影响社会和谐与稳定，是一个值得关注的社会问题。关于这个话题，我们将在后面的章节继续探讨。

---

① STERNBERG R J. A triangular theory of love. Psychological review，1986，93（2）.

② BOWLBY J. Attachment and loss. New York：Basic books，1969：160.

③ WEISS R S. Attachment in adult life//PARKES C M，STEVENSON-HINDE J. The place of attachment in human behavior. New York：Wiley，1982：171－184.

本章要点

1. 择偶是婚姻的起点，是爱情观与婚姻观的实践表征。

2. 择偶的主要目的就是结束独居生活，与另一个体携手进入婚姻生活，组成属于自己的家庭，共度人生。

3. 择偶的前提是爱情，但已超越男女相吸、性欲冲动、外表吸引阶段，注重心理或精神的需要。

4. 随着社会变迁，择偶形式、观念、行为都发生了重大变化，从“父母之命、媒妁之言”转变为有更为多元化的自我选择。

5. 社会学家从很多不同角度，解释了个体的择偶行为。

6. 从择偶行为，可透视性别制度、婚姻制度与家庭制度。

基本概念

择偶　同类匹配论　社会交换论　需求互补论　择偶梯度论　性别角色论　命中注定论　过滤论

复习思考题

1. 对于电视相亲，是否可用对与错来评价？
2. 如何看待电视相亲节目的参与者？
3. 在你看来，择偶最该看重什么？
4. 多个择偶理论背后的逻辑话语分别是什么？
5. 与其他择偶理论相比，性别角色论有何优势、有何局限？

阅读文献

1. 埃什尔曼．家庭导论．北京：中国社会科学出版社，1991.

2. 米勒，珀尔曼．亲密关系（第五版）．北京：人民邮电出版社，2011.

3. CHEN S. Disciplining desiring subjects through the remodeling of masculinity：a case study of a Chinese reality dating show. Modern China，2017，43（1）.

4. LI L. If you are the one：dating shows and reminist politics in contemporary China. International journal of cultural studies，2015，18（5）.

第五章
婚姻缔结与经营

桃之夭夭，灼灼其华。之子于归，宜其室家。
桃之夭夭，有蕡其实。之子于归，宜其家室。
桃之夭夭，其叶蓁蓁。之子于归，宜其家人。

——《诗经·周南·桃夭》

击鼓其镗，踊跃用兵。土国城漕，我独南行。
从孙子仲，平陈与宋。不我以归，忧心有忡。
爰居爰处？爰丧其马？于以求之？于林之下。
死生契阔，与子成说。执子之手，与子偕老。
于嗟阔兮，不我活兮。于嗟洵兮，不我信兮。

——《诗经·邶风·击鼓》

婚姻是一种特殊的社会关系，是指男女两性（或同性）按照一定的社会习俗、伦理或法律的规定，通过一定的程序结合为伴侣的行为过程和社会组织形式。通过婚姻，男女两性（或同性）的关系得到社会的承认，并为社会所保护。在中国，婚姻依旧是家庭的起点，是家庭组建的前提。婚姻不仅与个体的生活息息相关，也与经济的发展、社会的和谐与稳定、文化的延续与变迁有密切联系，随社会的发展而起源和变化。婚姻和家庭是人类社会发展到一定阶段的产物，是由物质资料的生产方式决定的，是人类的性关系和血缘关系借以建立、赖以确定的社会形式。① 作为一项古老的社会制度，婚姻制度的本质是什么？人为什么要结婚？独立的个体如何调适自己以适应婚姻生活？如今的婚姻发生了怎样的变化？这些都是本章所关心的。本章通过勾勒和描绘当前中国婚姻缔结的基本状况，旨在让读者对婚姻的本质、制度、价值、功能、调适、经营以及当前中国的婚姻状况有初步认识。

第一节 婚姻的本质与婚姻制度

婚姻是家庭的起点。婚姻缔结意味着婚姻当事人在本质上独立于原生家庭，组

① 罗国杰．马克思主义伦理学．北京：人民出版社，1982：366.

建了自己的新生家庭。在一个社会中，婚姻制度是由该社会的风俗习惯或法律规制所订定的、社会成员在婚姻方面需要共同遵守的行为准则。本节在介绍婚姻制度之前，首先介绍婚姻的测量指标。

一、婚姻状况及其测量指标

婚姻状况是指一个国家或地区的人口（通常指 15 岁及以上的人口）的婚姻状态，一般分为未婚、已婚、丧偶、离婚四类。未婚是指从未结过婚；已婚是指已经结婚并与配偶一起生活，包括初婚和再婚两种情形；丧偶是指配偶死亡，单独居住或与子女、孙子女等共同居住，处于可再婚状态；离婚是指法定的婚姻关系解除，双方均处于可再婚状态。有些国家将分居（双方共同生活的关系已经破裂而又未正式离婚）、同居（双方长期居住在一起但尚未履行结婚手续）也视为两种独立的婚姻状况类型。

婚姻状况是引起生育变动的核心因素，对人口再生产产生直接影响，在中国这种婚外生育率极低的国家尤其如此。反过来看，婚姻状况也深受人口结构的影响，以及经济、政治、社会、文化、法律和宗教等因素的制约。因此，婚姻不仅是家庭社会学的研究焦点，而且是人口学、微观经济学等相邻学科的重要关切点，故也是社会调查和人口普查的基本指标，所有社会调查或人口普查都会关注受访者的婚姻状况。

反映人口婚姻状况的指标主要有三种：一是处于各种婚姻状况的人数及其在总人口中的占比；二是处于各种婚姻状况的人数在某一适婚年龄（如 20 岁）以上人口中的占比；三是反映某一种婚姻状况本身的变动情况的指标，如离婚率、平均初婚年龄等[①]。具体来讲，测量婚姻状况的基本指标有结婚率、初婚率、平均初婚年龄、终身不婚率等。

（一）结婚率

结婚率表示某一时期（通常为一年）平均每千人口中结婚事件（包括初婚和再婚）的发生数，一般用千分率表示，是最常见的婚姻测量指标。其计算公式为：

$$结婚率=\frac{年内结婚人数}{年均人口数}\times 1\,000\ (‰)$$

等式的分母为某个国家或地区在某个时点的全年龄组人口。一定时期结婚人数的多少，取决于人口的年龄与性别结构，若儿童和老年人在总人口中占比较高，结婚率就会较低。社会经济条件的变化以及人口生育政策等对结婚率也有很大影响。要深入了解不同地区、不同年龄、不同性别人口的结婚率，可分别按一定范围的人

---

① 国家统计局人口和就业统计司，中国人民大学社会与人口学院．人口和就业统计分析技术．北京：中国统计出版社，2012：201.

口计算。

（二）初婚率

初婚率表示某一时期（通常为一年）平均每千人口中初婚事件的发生数。同结婚率一样，初婚率也受到人口年龄结构的影响。在计算中，一般会对其进行标准化处理。其计算公式为：

$$初婚率=\frac{年内初婚人数}{年均人口数}\times 1\ 000\ (‰)$$

（三）平均初婚年龄

平均初婚年龄是指某一年内初次结婚者的平均年龄，或某一队列人口初婚时的平均年龄，是以各年龄初婚人数为权数的各初婚年龄的加权平均数。受初婚者年龄结构的影响，平均初婚年龄指标亦受人口年龄结构的影响。适婚年龄人口中低年龄人口比重大时，会降低平均初婚年龄①。其计算公式为：

$$平均初婚年龄=\frac{\sum x_m\times\omega_x}{\sum\omega_x}+\frac{1}{2}d$$

其中，x_m为初婚年龄组下限值；ω_x为x岁的初婚人数；d为年龄组距。x既可以为1岁组，也可以为5岁组，但d的相应取值不同②。

（四）终身不婚率

终身不婚率是指育龄期末（一般指50岁）仍未结婚者占相应年龄人口的比例。女性终身不婚与终身不育几乎可画等号，终身不婚率高低直接影响生育水平。计算终身不婚率指标有助于了解人口的婚姻挤压情况或婚姻普遍性程度。影响终身不婚率的因素有很多，包括人口的性别年龄结构、社会经济文化因素以及婚姻观念等。其计算公式为：

$$终身不婚率=\frac{50岁及以上仍然未婚的人口数}{50岁及以上的人口数}\times 100\ (\%)$$

二、婚姻的本质

人类社会在一段漫长的历史岁月中并无婚姻，而是仅有杂乱的性交关系。《管子·君臣》有言："古者未有君臣上下之别，未有夫妇妃匹之合，兽处群居，以力相征。"随着初民社会经济的发展，婚姻制度逐渐建立，且随时间的演化经历了三种主要的婚姻制度，即群婚制、多偶婚制和单偶婚制。在石器时代，婚姻制度的建

① 郑家亨．统计大辞典．北京：中国统计出版社，1995：869.

② 国家统计局人口和就业统计司，中国人民大学社会与人口学院．人口和就业统计分析技术．北京：中国统计出版社，2012：203.

立有助于部族的生存。进入文明社会后，婚姻在很大程度上服务于治国理政和家庭繁衍之需，其主要功能是繁衍后代，正如《礼记·昏义》中所说的“将合二姓之好，上以事宗庙，而下以继后世也”。在小农社会，夫妻感情并不重要，完成广家族、繁子孙的家庭责任与义务更为优先。18世纪中晚期后，与工业革命相伴生的自由、平等、个人意愿及契约精神开始盛行，骑士之爱与婚姻之间的联系得以确立，以爱情为基础的婚姻逐渐得到社会认可[①]，缔结婚姻的目的也更为多元化，由满足经济、文化、政治需求的功利性目的向实现基于情爱的诉求转变。

婚姻作为一种社会组织形式，涵盖以下三层含义：以男女两性（或同性）结合为基础，以共同生活为目的，具有配偶身份的公示性。它包括各种合法婚姻和不合法婚姻，但与婚前性行为、纳妾、姘居、未婚同居等现象有别，不符合社会规范、法律的两性（或同性）结合，如未婚同居、婚外情等，都不能称为婚姻。

婚姻缔结一般标志着家庭的建立，体现了社会成员自然属性与社会属性的统一。自然属性是指它的生物性，即它一般是男女两性生理上的结合，以当事人的性别差异为基本条件（但在今天，婚姻的自然属性受到挑战——越来越多的国家承认同性婚姻），是人达到一定年龄，生理上成熟，具有性的需求并力图满足这种需求的产物[②]。社会属性是指两性（或同性）之间的结合是一种基本的社会制度，必须按照社会的风俗、习惯、道德、法律等社会规范来施行。

对于婚姻的本质，主要有性关系说、契约说、交易说、属性说等[③]。

（一）性关系说

婚姻是社会承认的两性或同性结合，没有性关系就不可能构成婚姻。“婚姻是性的关系的一种。”[④] 没有两性或同性结合，婚姻无以形成。但是，并非所有的两性或同性结合都能被称为婚姻，只有规范化的结合才能构成婚姻。人的社会性决定了人必须克服行为的随意性，社会必须对人的性行为加以严格控制，性行为必须遵循一定的社会规范要求。

> 人类的婚姻虽然纳入了自然的、生物性的成分，但是并非什么样的性关系都能成为婚姻。只有那些被社会用某种方式认可，并被纳入一定的社会规范之中，赋予一定的社会权利和义务的性关系，才能成为婚姻。因而，婚姻的本质即男女性关系的社会规范化。[⑤]

性关系要成为婚姻，需要社会通过某种形式加以认可，使之具有合法性，且以婚姻双方负有一定的、为社会所承认的权利和义务为前提。即使性关系具有长久

① 马克思，恩格斯．马克思恩格斯选集：第4卷．北京：人民出版社，2012：90－92.
② 林崇德，姜璐，王德胜．中国成人教育百科全书（社会·历史）．海口：海南出版公司，1994：521.
③ 梁青岭．现代婚姻社会学．北京：社会科学文献出版社，2009：142－145.
④ 霭理士．性心理学．北京：国际文化出版公司，2019：297.
⑤ 丁文．家庭学．济南：山东人民出版社，1997：92.

性，若未经社会核准，那么也不是婚姻。

（二）契约说

在现代化过程中，婚姻关系逐渐从“身份属性”向“契约连接”转变。法国1791年宪法提出，法律视婚姻仅为民事契约。从人类对婚姻本质属性的认知而言，契约说使得婚姻从一种生而为人应尽的义务演变为两人之间的法律关系。契约说认为，婚姻的本质是一份民事要式契约，是具有独立人格的当事人订定的协议；解除契约即离婚。是否签订契约在很大程度上取决于对将来生活的期望。自德国哲学家康德（Immanuel Kant）提出这一观点后，契约说逐渐成为许多西方国家进行婚姻立法的理论根据，且婚姻法与契约法具有一致性。

从法理上看，契约是交易双方基于平等地位，各自为获得更大利益而建立的一种权利和义务关系，具有自由、平等、效率和理性等特征。第一，契约建立在契约双方不受干预和胁迫时相互意见一致的基础之上，每个人都只对自己负责；第二，契约双方的地位平等；第三，契约是立约人在缔约时认为对双方更为有利的一种交易；第四，对双方更为有利是交易前双方的理性预期，而未必是交易的实际结果。

契约的核心在于自由，而自由的前提是双方的平等地位。平等原则与自由原则相辅相成，没有平等就不可能有自由意志的表达。若双方地位悬殊，就难以实现法律规定的平等和自由。结婚与离婚，实际上就是婚姻契约的缔结和解除。婚姻当事人要按契约的规矩办，不能随意毁约，否则，毁约者要承担相应责任。因此，契约说第一次宣布了婚姻当事人在结婚、离婚、财产等方面地位是平等的。

（三）交易说

任何契约都必然包含交易的成分，交易双方都必然有对各自利益的期待以及各自必须履行的责任和义务。交易说认为，婚姻自始至终是婚姻当事人自愿交易的行为过程。婚姻的本质是交易，双方各取所需，达成各自的目的。婚姻行为是一种交换行为，双方将自身的资源与对方交换，以期获得最大的经济回报，即婚姻是理性计算的结果。[①] 人们为了爱情产生后在性生活上更加和谐、幸福与便利，为了传宗接代，为了获得归属感、稳定感、依靠感、安全感，为了得到社会的承认，等等，走到一起，成为家人。

结婚证就是“交易合同”，一旦签订，双方可以凭此追究违约的责任。婚姻作为一种长期的合作和保障，其交易规则是，每个人都应做到“重合同，守信用”。每个人的婚姻生活中都隐含着这种交易规则，每个人对配偶的要求都有各自的心理底线。交易双方的地位是平等的，但由于对资源、信息等占有量的不同，在实际交易中，一方的地位往往更为强势，如名人、权贵、富豪等。

---

① 贝克尔．家庭论．北京：商务出版社，2009：130－160.

（四）属性说

属性说认为，婚姻兼具自然和社会属性，婚姻的本质是社会属性。婚姻的基础包括两个方面：自然基础和社会基础。婚姻的自然基础是指男女两性的生理结合，其社会基础是指社会或法律对两性结合的承认。婚姻离不开两性生理结合这个自然基础，但男女两性的结合毕竟只是一种生理或自然关系，只反映婚姻的自然属性。纵观人类婚姻发展史，除杂婚阶段外，其余阶段的婚姻都离不开社会规范，只有被社会风俗和法律承认的两性结合，才能产生婚姻关系；婚姻的社会属性才是人类性关系的本质，其社会基础在婚姻中起决定作用。

> 婚姻的本质，在于它是依社会风俗和社会法律规范化了的人类个体的两性结合，是人类社会生活中的一种特殊社会关系、社会行为。婚姻的本质在于它的社会性。从根本上来说，婚姻是人们为了维持正常的社会生活而发生的一种社会行为。[①]

因此，“婚姻是人类社会实现两性结合的社会形式。作为以两性结合为特征的一种社会关系，其本质是社会属性而不是自然属性”[②]。

三、婚姻制度与规范

婚姻制度是指在一定的社会中占主导地位并为社会规范所确认的婚姻形态，取决于一个社会的经济基础，并建立于经济基础之上。如前所述，婚姻制度是一个历史范畴，把婚姻关系用法律制度或社会习俗加以程序化、固定化，构成在特定社会和特定时间，社会成员必须共同遵守的行为准则或规范。[③]

婚姻制度可分为广义和狭义两种。广义的婚姻制度泛指群婚出现以后的各种两性和血缘关系的社会形态，其中包括伙婚制、多偶婚制、单偶婚制；狭义的婚姻制度仅指单偶婚制。本章主要讨论狭义的婚姻制度。

单偶婚亦称专偶婚，是指一个男子和一个女子（或一对同性）结成配偶关系的一夫一妻制婚姻，它是个体婚制走向成熟的典型形式，也是当前全球最为流行的婚姻制度。一夫一妻制分为两种形式：片面的一夫一妻制与真正的一夫一妻制[④]。

片面的一夫一妻制是指专门针对妻子的“一夫制”。随着私有制和阶级的产生，男性掌握了私有财产，为了维护父系财产继承制，形成了女性一夫但男性可能有多个性伴侣的制度。正如恩格斯所言：

> 专偶制的产生是由于大量财富集中于一人之手，也就是男子之手，而且这

① 彭立荣．婚姻家庭大辞典．上海：上海社会科学院出版社，1988：128.

② 邓志伟，徐榕．家庭社会学．北京：中国社会科学出版社，2001：138.

③ 梁青岭．现代婚姻社会学．北京：社会科学文献出版社，2009：129.

④ 丁文．家庭学．济南：山东人民出版社，1997：105-106.

种财富必须传给这一男子的子女，而不是传给其他人的子女。为此，就需要妻子方面的专偶制，而不是丈夫方面的专偶制，所以这种妻子方面的专偶制根本不妨碍丈夫的公开的或秘密的多偶制。①

这种一夫一妻制从一开始就具有明显的性别不平等：男性可随意破坏夫妻之间的忠诚，女性却必须严守贞操以保证丈夫子女的血统纯粹性。因此，这种制度是男性奴役女性的婚姻制度，形式上是一夫一妻制，实际上是只面向男子的公开或隐蔽的多偶制。这种婚姻制度通行于阶级社会的各个历史时期，在农业自然经济占统治地位的奴隶制和封建制时代甚为流行。

真正的一夫一妻制是个体婚制的成熟形态。它排除了丈夫的杂婚制，妻子和丈夫都恪守“专偶”规则，是一种男女平等的婚姻制度。这种制度主要出现于工业革命后，以女性大量参加社会劳动、获得经济独立为前提条件。在该制度下，两性结合不再完全以家庭利益为重，而更可能以双方的爱情为基础。夫妻双方都拥有结婚和离婚自由，也拥有平等的社会责任、义务和权利。在婚姻关系存续期间，夫妻互相忠诚，排除任何一方公开或隐蔽的多偶制。

婚姻制度具有权威性甚至强制性。现代婚姻制度一般都由法律给予明文规定，受到国家法律的肯定和保护②。今天，多数国家实行婚姻自由、一夫一妻、男女平等的婚姻制度，这一制度同样受到法律保护。下面主要以新中国为例，介绍婚姻制度与规范。

（一）结婚条件

从1950年新中国的第一部法律《婚姻法》开始，所有的相关法律制度都明确规定，结婚必须双方自愿，达到法定年龄，遵循一夫一妻制原则。具体结婚条件可分为积极条件与消极条件或基本条件与禁止条件。2021年开始施行的《中华人民共和国民法典》（简称《民法典》）的婚姻家庭编规定，当事人同时具备下列条件的才能结婚：男女双方完全自愿，达到法定的结婚年龄，符合一夫一妻制，没有禁止结婚的亲属关系。男女双方必须到结婚登记机关申请结婚登记，完成结婚登记后，婚姻关系才宣告合法成立。

对于“医学上认为不应当结婚的疾病”的规定，经历了从1950年《婚姻法》详细列举、1980年《婚姻法》例示相结合、2001年《婚姻法（修正）》抽象概括③，到《民法典》的删除，越来越人性化。但是，《婚姻法》只做了原则规定，而在司法实践中，但凡有以下情形之人，都曾不被允许结婚：患性病未治愈、重症精神病（包括精神分裂症、躁狂抑郁症和其他类型精神疾病发病期间）、先天性痴呆（包括

---

① 马克思，恩格斯．马克思恩格斯文集：第4卷．北京：人民出版社，2009：89.

② 杨善华．家庭社会学．北京：高等教育出版社，2006：42.

③ 婚姻法与婚姻登记条例的前世今生：新中国首部婚姻法颁布实施70周年专题报道.（2020-04-28）[2024-07-07]. https://www.mca.gov.cn/n152/n166/c43055/content.html.

重症智力低下者)、非常严重的遗传性疾病。当前,“患有医学上认为不应当结婚的疾病”相关规定已在《民法典》婚姻家庭编中被正式删除。有重大疾病但婚前告知且符合结婚其他要件的,不再存在结婚的法律障碍,男女双方可以结婚。

(二)合法婚姻与不合法婚姻

按照法律规定进行结婚登记的,属于合法婚姻;而重婚、有禁止结婚的亲属关系而结婚、未到法定婚龄而结婚的,均属于不合法婚姻,即无效婚姻。无效的或者被撤销的婚姻自始没有法律约束力,当事人不具有夫妻的权利和义务。合法婚姻得到法律的保障与认可,不合法婚姻则会失去法律的庇护。违反、损害、破坏合法婚姻的行为,则会受到法律的惩戒。婚姻无效或者被撤销的,无过错方有权请求损害赔偿。

在中国,受制于传统习俗、婚姻登记不便、制度不健全或法治观念淡薄等因素,直到近年,农村和边远地区还存在较普遍的未办理结婚登记便以夫妻名义同居生活的事实婚姻。基于现实的考虑,国家对事实婚姻给予了有条件的认可:自 1994 年 2 月 1 日《婚姻登记管理条例》实施后,未办理结婚登记却以夫妻名义共同生活的男女,双方符合结婚实质性条件的,补办登记后即产生合法婚姻的效力;未补办结婚登记的,则被视为非法同居关系。

四、婚姻法律体系

婚姻制度作为一种社会制度,无疑会烙上各自社会、各自时代的印记。新中国的婚姻法律法规经历了多次更新,以确保婚姻制度与经济社会的发展相契合。

(一)新中国成立初期的婚姻法律法规

1949 年,《中国人民政治协商会议共同纲领》明确规定:“中华人民共和国废除束缚妇女的封建制度。妇女在政治的、经济的、文化教育的、社会的生活各方面,均有与男子平等的权利,实行男女婚姻自由。”1950 年,新中国的第一部法律《婚姻法》制定并颁布。该法以婚姻自由、男女平等为根本原则,旨在彻底废除封建主义的婚姻家庭制度。

1950 年《婚姻法》从法律上肯定了男女双方拥有自由选择婚配对象的权利:“废除包办强迫、男尊女卑、漠视子女利益的封建主义婚姻制度。实行男女婚姻自由、一夫一妻、男女权利平等、保护妇女和子女合法权益的新民主主义婚姻制度。”“禁止重婚、纳妾。禁止童养媳。禁止干涉寡妇婚姻自由。禁止任何人借婚姻关系问题索取财物。”“结婚须男女双方本人完全自愿,不许任何一方对他方加以强迫或任何第三者加以干涉。”1950 年《婚姻法》还确立了男女平等的夫妻财产制,赋予了女性独立的财产权利:“夫妻双方对于家庭财产有平等的所有权与处理权。”对于初婚年龄,1950 年《婚姻法》规定“男二十岁,女十八岁,始得结婚”,由此有效地取缔了早婚、童养媳等封建糟粕，对女性家庭与社会地位的提升具有积极的推进作用。作为配套措施，1955 年国务院批准了《婚姻登记管理办法》，对 1950 年《婚姻法》的实施起到了积极的促进作用①。

（二）1980 年《婚姻法》及其配套制度

1980 年，第五届全国人民代表大会第三次会议通过了新《婚姻法》，同时废止了 1950 年《婚姻法》。1980 年《婚姻法》既继承了 1950 年《婚姻法》的立法理念和原则，也根据改革开放后的社会情境进行了修改和补充。

为确保计划生育政策的有效推行，1980 年《婚姻法》在内容上增加了计划生育、晚婚晚育的规定，鼓励晚婚，强调夫妻双方都有实行计划生育的义务，“男不得早于二十二周岁，女不得早于二十周岁”结婚。为确保优生优育，1980 年《婚姻法》还对禁止三代以内的旁系血亲结婚进行了更为具体的规定。为推进男女平等事业的发展，1980 年《婚姻法》的多项条款进一步明确了入赘婚、子女姓氏等问题，规定“登记结婚后，根据男女双方约定，女方可以成为男方家庭的成员，男方也可以成为女方家庭的成员”“子女可以随父姓，也可以随母姓”。

1980 年《婚姻法》颁布后，经国务院批准，民政部于同年发布了《婚姻登记办法》。此后，为适应改革开放以来婚姻登记工作中出现的新情况和新问题，经国务院批准，民政部于 1986 年颁布了新修订的《婚姻登记办法》，后又于 1994 年颁布了《婚姻登记管理条例》，进一步细化了中国的婚姻制度。

（三）2001 年《婚姻法（修正）》

经过 20 多年的改革开放，市场经济逐步确立。深刻的社会变革对婚姻家庭产生了重大影响，婚姻家庭生活中的“包二奶”、家庭暴力、夫妻财产关系日趋复杂等问题更为突出。为此，2001 年第九届全国人民代表大会常务委员会第二十一次会议对 1980 年《婚姻法》进行了修正，形成了《婚姻法（修正）》。《婚姻法（修正）》明确禁止有配偶者与他人同居，强调夫妻应当互相忠实、互相尊重，并对妇女权益、夫妻财产和离婚等方面的内容进行了修正。

《婚姻法（修正）》明确规定“禁止家庭暴力”，并详细规定了具体的政府组织帮助受害者的义务、施暴者应承担的法律后果以及受害者的救济方式。《婚姻法（修正）》还采用列举与概括相结合的方式，明确了夫妻共同财产的范畴，增设并界定了个人财产范围，对约定财产制（约定的方式、范围和效力）做了详细的规定，旨在减少夫妻财产纠纷。此外，《婚姻法（修正）》还规定了无效婚姻制度和可撤销婚姻制度，增加了离婚损害赔偿制度，因一方过错导致离婚的，无过错方可以请求赔偿。

---

① 婚姻法与婚姻登记条例的前世今生：新中国首部婚姻法颁布实施 70 周年专题报道．（2020－04－28）[2024－07－07]．https：//www.mca.gov.cn/n152/n166/c43055/content.html.

《婚姻登记条例》也得到了不断完善。2003 年，国务院公布了《婚姻登记条例》。新条例去掉了原《婚姻登记管理条例》中的“管理”二字，具体规定了办理婚姻登记的条件以及办理的机关、程序等，取消了内地居民办理结婚、离婚登记需要单位或村（居）民委员会出具证明的规定，强调了婚姻登记机关应及时为当事人提供服务，符合条件的应予以及时办理。此外，民政部于 2003 年出台了《婚姻登记工作暂行规范》，于 2015 年又修订并出台了《婚姻登记工作规范》。

（四）新时代《民法典》婚姻家庭编

从 2021 年 1 月 1 日开始，以往一直独立成编的《婚姻法》被纳入民事法律体系之中，与《收养法》《继承法》等共同组成了更加完善的婚姻家庭法律体系。相较于《婚姻法（修正）》，《民法典》婚姻家庭编对《婚姻法（修正）》的总则部分进行了修改和补充，增加了婚姻家庭受国家保护原则，删掉了实行计划生育的内容，倡导家庭文明建设，增设了最有利于被收养人原则，明确了亲属的种类以及近亲属和家庭成员的范围。《民法典》减少了禁止结婚和无效婚姻的法定事由，修改补充了可撤销婚姻制度，新增了重大疾病的如实告知义务、婚姻无效或被撤销无过错方的损害赔偿请求权。

《民法典》放宽了被收养人的年龄和收养子女的人数限制，修改了收养人的条件，增加了收养评估规则等，新增了夫妻的日常家事代理权及其限制规则、夫妻共同债务认定规则、婚内析产规则、亲子关系的确认与否认之诉规则，并增加了“家庭应当树立优良家风，弘扬家庭美德，重视家庭文明建设。夫妻应当互相忠实，互相尊重，互相关爱；家庭成员应当敬老爱幼，互相帮助，维护平等、和睦、文明的婚姻家庭关系”的倡导性规定。

为减少草率离婚、冲动离婚等现象的发生，《民法典》还设定了离婚冷静期，增补了诉讼离婚准予离婚的法定事由，改变了原先的登记离婚制度，适度增加了离婚难度，是我国立法者为实现保障公民离婚自由权利与减少轻率离婚、冲动离婚现象发生之间的平衡所做的努力。此外，对于离婚时子女抚养问题的处理规则、离婚时夫妻共同财产的分割原则、离婚经济补偿和帮助的适用条件等也都进行了规定，增加了离婚损害赔偿法定事由的兜底条款。

第二节 婚姻价值与婚姻功能

人为什么要结婚？这似乎是一个不言而喻的问题。在现实生活中，当某人结婚时，亲朋好友的第一反应是恭喜与祝贺，而不会问“为什么”。这是因为，社会大众认为，人在成年后结婚生子，是文化价值观与社会规范的基本意涵，也是人的必然归属、对家庭和社会应尽的义务。同时，一旦婚姻关系确立，夫妻双方就开始承担相应的社会责任与义务。本节从婚姻的动机出发，揭示婚姻的价值及其功能。

一、婚姻的动机与价值

（一）婚姻的动机

西方社会学家将婚姻的动机归纳为三种：经济动机、生育动机、爱情动机。这三大动机的排序，在不同的社会形态中有不同的顺序[①]，不同的个体也有不同的结婚动机。

更具体来说，一般而言，婚姻的动机主要包括六种。

第一，爱情。心心相印是许多人的精神诉求，人们渴望在一个安全的、法律认可的、相互承诺的、亲密的情感关系中度过一生。

第二，个人成就。结婚被视为个人成就的体现。

第三，陪伴。结构性的、有固定伴侣的婚姻关系可提供更为长情的陪伴。

第四，生育。生儿育女一直是人们缔结婚姻的主要动力，先结婚后生育的传统规范仍为社会大众所认同。

第五，经济安全。婚姻可为夫妻之间相互支持、相濡以沫提供保障，有助于个体在生命周期中的财富积累。

第六，社会压力。无论是在传统社会还是在现代社会，社会生存、人口繁衍以及由此衍生的其他需要也是人们缔结婚姻的重要动机。婚姻制度形成社会压力，并通过社会惩罚作用于个体，促使个体自愿或被迫缔结婚姻。

（二）婚姻的价值

婚姻作为人类社会的一项基本规范，具有强烈的外部性。它将男女两性结合在一起，生产并照顾他们的子女，教育子女成为合格的社会成员，实现人口繁衍、社会继替与发展。因此，婚姻的价值是指婚姻在社会发展和人类生活方面所起的作用，即婚姻对于人类社会的意义。

婚姻具有满足社会需要与个体需要的双重价值。作为一项社会制度，婚姻通过人的再生产与人力资源的涵养，以及对社会稳定和谐的维护，促进社会秩序的正常运行。婚姻始终是家庭形成的主要方式，更是保障生育以及子女得到充分照顾和保护的重要机制。在第二次人口转变过程中，西方社会的婚姻不再是生育的基本前提；但在中国，非婚生育仍是少数，传宗接代的观念仍较稳定地发挥作用，婚姻仍是确保男女共同生儿育女的合法手段，并在人口再生产与维持社会稳定方面继续发挥极其重要的作用，是促进社会良性运行的必要组织。

---

① 梁青岭．现代婚姻社会学．北京：社会科学文献出版社，2009：144.

对个体而言，婚姻的价值虽因人而异，但大体可分为满足个体的基础性需求与满足个体的高级需求两个维度。

第一，满足个体的基础性需求。个体对婚姻的基础性需求包括生存需求和安全需求。生存需求包括性需求、衣食住行需求等，这是人类维持自身生存最基本、最低层次的需求，也是缔结婚姻的核心动力。安全需求包括生命财产、基本生活、健康、养老等方面安全的需求。婚姻可保障人们在亲密关系中的生命财产安全；通过缔结婚姻建立的家庭关系可为个体尤其是“一老一小”提供生活安全与保障。

第二，满足个体的高级需求。个体对婚姻的高级需求与社会需求、自我实现需求有关，一般包括建立社交圈、家庭归属感、爱与被爱、尊重等方面。婚姻的最终价值在于满足个体自我实现的需求，尤其是在一些相对传统的社会中，个体婚姻经营的成功与事业上的成功具有同等作用，只有这两个方面都获得成功，个体的人生才能称为圆满。

二、婚姻的功能

在一定程度上，婚姻的功能体现出婚姻的价值。概而言之，婚姻主要具有以下功能。

第一，性生活功能。性生活可以从广义和狭义两方面进行理解。前者包括精神过程、肉体过程和与之相关的生物繁衍过程；后者是指男女间的性交行为。作为合法性生活的确立手段，婚姻的基本功能即满足婚姻当事人的性需求，保障其发生性关系的对象是确定且唯一的，并最终实现人口再生产。

第二，经济功能。夫妻是一个经济合作体，进行物质资料的生产、分配、交换、消费，从而满足个体对物质、经济地位的需要；反过来，婚姻的经济功能可进一步巩固婚姻在家庭系统中的基础地位。

第三，情感交流功能。自爱情成为婚姻的基础开始，亲密关系、陪伴与慰藉就成了婚姻的重要功能。在当下这个不确定的世界中，与一个相互支持的人共同抗击生活中的风霜雨雪，在个体化的生活中获得情感连接以应对日渐加快的生活节奏和逐渐加大的生存压力，成为婚姻生活的重要内容。

第四，生育功能。自个体婚制以来，婚姻一直被当作生育子女、繁衍后代的基本且合法的单位。婚姻当事人通过婚姻完成生儿育女、抚养子女的任务，保证了社会的新陈代谢和结构完整。

第五，家庭功能。自 20 世纪中期以来，包括中国在内的东西方国家出现了以离婚率上升、结婚年龄推迟、未婚同居率和婚外生育率上升等为标志的第二次人口转变，但缔结婚姻仍是组建家庭最主要的方式。尤其是在普婚的中国，婚姻还是性关系获得法律和社会认可的必要条件；生育、抚育与赡养等家庭功能也仍需通过婚姻来获得法律和社会认可。

第六，社会教化功能。家庭是儿童社会化的第一场所，父母是儿童的第一任老师，其言传身教对儿童人格和气质的养成与发展影响深远。帮助子女实现社会化是婚姻的社会教化功能的体现。

第七，宗教功能。如前所述，婚姻家庭原是传承宗教信仰和宗教仪式的重要组织；在现代社会，婚姻的宗教属性有所淡化，但婚姻缔结仍深受宗教的影响，且婚姻形成后，也会影响家庭的宗教信仰与宗教的传承。

三、婚姻的不确定性与婚姻价值功能的变异

前面提到，社会交换论认为，婚姻可被视为个体在比较婚姻成本与收益的基础上做出的理性决策。贝克尔提出，一夫一妻制是最有效率的婚姻形式，负责任且具有互补性的婚姻是一个双赢的方案。在分工清楚且可相互依赖的夫妻关系中，女性负责家务劳动与生育，男性外出工作，这样既可节约总的劳动时间，又可降低生产成本、提高生产效率，是稳定性较强的一种理想模式，有助于婚姻价值与婚姻功能的实现。①

在现实生活中，人们进入婚姻前会投入大量的时间和精力搜寻匹配的伴侣，这是不可避免的结婚成本。一方面，在择偶过程中，人们需要支付交往过程中的谈判费用；在婚姻契约签订过程中，人们也需要支付购置结婚用品、举行婚礼等方面的费用。另一方面，当与一个人结婚后，个体就必须放弃其他婚姻候选人可能带来的福利，放弃单身身份所享有的福利。换言之，每一个选择结婚的人都必须承担一定的物质成本和机会成本，而前期的成本投入会提升个体对婚姻收益的期待。

在结婚之前，婚姻成本与收益的关系是无法确定的，这就增加了婚姻的不确定性。从理论上来讲，当婚姻收益大于婚姻成本时，婚姻关系会更为稳定；反之，婚姻关系更可能解体。在工业社会，随着经济的发展、劳动力市场对女性需求的增加以及薪酬的提高，传统性别化的社会分工制度无法为女性提供足够高的收益。此时，职业女性既要承担家务，也要参与社会劳动，双重负担使得她们必须为生育付出额外的成本；同理，男性在择偶过程中也会考量未来伴侣的家庭和工作取向。这会驱动男性和女性更审慎地评估婚姻的成本与收益，由此增强了他们结婚与否的不确定性。

在后工业社会，社会的高度分化摧毁了以性别分工为社会分工的基础的制度，再加上高速便捷的交通、通信和网络，社会生活方式和文化的多元化日渐增强。社会结构的现代化转型打破了传统社会中以扩大家庭为主要单位的生产模式，技术的进步使得许多产品和服务都能通过市场获得，女性不再需要经由婚姻获得经济支持，婚姻双方对彼此经济能力的期待也有所改变，即以婚姻为基础的家庭经济功能等对个体尤其是女性的吸引力大大降低。

① 张鑫．经济学大师的诺贝尔奖之路（1991—2000）．上海：上海人民出版社，2012：19-20.

在中国，经济体制改革直接带来人口与信息流动性的增强，婚姻乃“男女之事，但以徇人情之欢好”[①] 的观念得到广泛传播，传统婚姻道德观念的影响力日渐衰弱，婚姻—性—生育链条断裂，婚姻不再是确定性行为和生育合法性的唯一基础，个体在婚姻生活中更加关注个人选择、情感体验和自我发展，婚姻所固有的性生活、情感交流等功能也出现了不同程度的异化，人们的婚育意愿在降低，婚姻所具有的生育功能也大大弱化。

尽管在满足人类需求方面，婚姻拥有天然的优势，但婚姻缔结依旧受到婚姻成本以及婚后亲密关系稳定性等因素的影响。由于婚姻成本不断上升、婚姻的稳定性减弱，婚姻对于个体和社会的价值不可避免地受到影响。今天，基于婚姻的家庭生活依旧是个体普遍的生活方式，但婚姻边界之外的家庭生活也愈发得到包容。在中国，结婚年龄推迟、单身和同居越发普遍、婚外生育越发常见、离婚率上升等婚姻家庭的一系列变化，证明了婚姻制度正在面临前所未有的挑战。个体和社会的需求正与婚姻发生分离。虽然是如何分离的还有待观察，但可以明确的是，婚姻对于个体和社会的价值将会存在更大的不确定性。婚姻的功能或将发生深刻变化。

第三节　婚姻调适与婚姻经营

凤髻金泥带，龙纹玉掌梳。
走来窗下笑相扶，爱道画眉深浅入时无？
弄笔偎人久，描花试手初。
等闲妨了绣功夫，笑问鸳鸯两字怎生书？

——《南歌子·凤髻金泥带》，欧阳修（北宋）

欧阳修的这首词，生动地描画出一个温柔俊俏、纯洁可爱的新婚少妇形象，写出了新婚夫妻的恩爱，以及人们对幸福婚姻生活的渴望。“笑问鸳鸯两字怎生书”几个字，流露出夫妻琴瑟和鸣、情同鸳鸯的美好愿望。无论年长年轻，人们内心的最深处总是藏着对浪漫感情的渴望以及对白头偕老的期盼。

但是，婚姻需要经营、需要调适。即便夫妻二人在婚前情意浓浓，一旦步入婚姻殿堂，琐碎且忙碌的生活也难免冲淡浪漫之情；仅柴米油盐酱醋茶就可能使恩爱夫妻心烦意乱，产生矛盾与分歧。这就需要夫妻双方对婚姻过程中发生的冲突与矛盾加以调适，共同经营婚姻。

---

① 康有为．康有为大同论二种．北京：生活·读书·新知三联书店，1998：81.

一、婚姻调适①

婚姻调适是指夫妻在婚后进一步了解的基础上，建立一定的夫妻相处原则，彼此协调、互相适应和习惯的过程，这是一个长期甚至是终身的过程。在恋爱阶段，男女双方都会有意或无意地迎合对方的偏好，这会掩盖双方在价值观念、言谈举止和生活习惯等方面的差异；而在婚后的生活中，各自的真实秉性和不和谐因素日渐显现，彼此也有了更为真实的认识和了解，夫妻之间的矛盾冲突可能在所难免。通过努力，夫妻之间的矛盾冲突可以得到化解，夫妻感情可以加深，婚姻生活可以更为和谐、美满。

（一）婚姻冲突之源

作为独立的个体，夫妻双方在兴趣、爱好、秉性、观念等方面总会有差异，在琐碎的婚姻生活中难免发生矛盾冲突。一般而言，婚姻冲突主要源于夫妻双方无法就日常生活达成一致，或夫妻一方对另一方的期待甚高而另一方无法满足该期待。

具体来说，婚姻生活中的矛盾冲突主要有以下来源：

第一，行为习惯差异。

第二，认知和感知方式差异。

第三，价值观差异。

第四，行为规则前后矛盾。

第五，领导权模糊。

第六，夫妻角色期待冲突。

第七，对婚姻生活期望过高。

第八，性生活不和谐。

第九，金钱方面的争论。

当这些冲突源凸显时，若双方都不让步，且各自的观念、行为给对方的生活带来困扰，就会导致夫妻之间的矛盾冲突。

（二）婚姻调适原则与手段

婚姻调适是在双方互动的过程中实现的，需要双方合作。为保证互动过程的顺利进行，需要遵循一些基本原则：一是降低过高期望值，即在互动的过程中，夫妻需要从对方的实际情况出发，合理确定对婚姻生活的种种期望。二是建立夫妻默契，即夫妻之间要在共同生活的基础上达成妥协，形成相互尊重、相互支持的默契。三是慎重对待婚后的“危险期”，一般而言，婚后两年极易发生矛盾，此时夫妻应学会换位思考，尊重对方的愿望和要求。四是协调夫妻性生活，要认识到性生

① 本部分内容主要参考：杨善华．家庭社会学．北京：高等教育出版社，2006：52－54.

活出现问题是正常之事，可积极寻求科学的指导。

马克曼（Howard Markman）及其同事在进行了长达15年的研究的基础上，提出了解决婚姻冲突的步骤和手段①。

第一，明确重复出现的问题。明确导致不满的问题，避免问题堆叠而导致极强的负面情绪。

第二，明确自己的需求。当冲突发生时，夫妻双方要在互动交流过程中明确告知对方自己的需求，以便有效且快速地解决问题，避免冲突升级。

第三，改变认知。改变对伴侣的期待，不因某些无关紧要的事情生气。

第四，询问伴侣的观点。不以自身的认知猜测伴侣的需求，而是积极询问伴侣的想法和感受。

第五，形成可供选择的双赢解决方式。当冲突发生时，避免求胜心态，而是要努力寻找一个双方都可接受的双赢解决方式。

第六，原谅。冲突发生后，要在小问题上原谅伴侣的过错，以免陷入僵局。

第七，警惕防卫机制。当冲突发生时，要积极解决问题，不逃避现实，不合理化引发冲突的行为动机，不将因其他事情产生的负面情绪发泄到伴侣身上。

二、婚姻经营

婚姻经营是指，结婚后夫妻双方在避免矛盾冲突的过程中，持续投入时间和精力来维持感情、经营婚姻，从而使婚姻生活稳定、健康、和谐、美满。夫妻双方要探索独特的浪漫之道，关心对方、鼓励对方、支持对方、共同分担所有家事，并时常用言语和行为表达对对方的爱意，营造浪漫的氛围。即使在孩子出生后，也不能忽视伴侣的需求，不能只是将其视为“孩子的妈妈”或“孩子的爸爸”，而是要有意地保持夫妻之间的激情。与婚姻调适相比，婚姻经营的内涵更丰富，对夫妻双方的要求也更高。好的婚姻经营，需要夫妻双方对婚姻角色、生命历程中的婚姻变化以及成功婚姻的必备要素均有了解，并在此过程中通过双方共同调适来适应婚姻的变化，提升婚姻的质量。

（一）婚姻经营的必要性

> 没有什么比婚姻更能令我们大喜大悲了。然而，我们却根本没经过任何训练便涉足其间。我们要想获得驾驶证，尚需在技术上表现出某些精通；而要取得结婚证，仅一个签名就够了。
>
> 婚姻是一个人生命中极大的冒险。
>
> ——迪安·S. 埃德尔

① 马克曼，斯坦利，布隆伯格．婚姻战争：夫妻恩爱的秘诀．北京：中央编译出版社，1998：93-124.

说到底，婚姻关系只是一种契约关系，可以随时终止。换言之，男女双方在婚姻中的角色并不是一成不变的。婚姻角色是指夫妻定义他们的行为和安排他们的时间的具体方式。恋爱过程就是婚姻角色谈判与建立的过程。而在结婚之后，夫妻双方必须明确自己的婚姻角色和边界，适应向多重角色身份的转变，及时调整自己对新的角色的认知和态度，适应新的角色可能带来的压力。

同时，婚姻的生命周期也会依次递进。在婚姻的不同阶段，夫妻遭遇的压力亦会有别，但每一阶段都需要夫妻有意识地经营和管理。在婚姻早期，夫妻双方主要需要适应新的角色身份。当孩子出生后，夫妻双方都需要投入大量的时间和精力共同养育、教育孩子，但因时间压缩，此时的夫妻很容易出现分歧和冲突。

在婚姻中期（孩子长大后），夫妻双方也需要适应新的环境。最常见的适应内容包括代际关系、姻亲关系、空巢综合征和回巢族现象。比如，子女离家既可能减弱父母尤其是母亲的幸福感（即空巢综合征），也可能给夫妻提供自由、放松、享受彼此的陪伴、探亲访友、旅行和追求新兴趣的机会，由此改善婚姻质量、提高婚姻满意度。回巢族（啃老族）是指年轻人在独立生活一段时间后又搬回父母家里居住。孩子的返回限制了父母享受更多的亲密、隐私和追求新兴趣的自由，可能会降低父母的婚姻满意度；不过，若子女在与父母共同居住时关系融洽，并提供日常生活和情感支持、建议与陪伴，则父母的婚姻满意度会提升。但是，婚姻满意度不是自然而然地提升的，陪伴、共同的活动、给予对方应有的自由等对于婚姻经营十分重要。

在婚姻后期，多数夫妻已建立起了信任和亲密关系，享受彼此的陪伴，可能比年轻夫妻感到更幸福。此时，婚姻角色往往已定型，女性会更多地扮演照顾者角色，但年老女性在操劳一生后，也希望能在晚年过上悠闲的生活，因此，这一阶段也容易爆发矛盾冲突。

（二）婚姻经营的目的和原则

婚姻经营的目的在于获得成功的婚姻。婚姻成功通常通过婚姻的稳定性和幸福感来测量。婚姻稳定性是指婚姻的实际存续时间以及夫妻双方对未来婚姻关系持续时间的预期；婚姻幸福感是婚姻双方对婚姻质量的主观感受，是婚姻走向成功的题中应有之义。符号互动论者强调婚姻幸福的主观本质，指出对情境的定义至关重要，即个体主观界定自己在婚姻中是幸福的、被爱的才是真正的幸福婚姻；家庭发展论者强调，一对夫妻需要建立一种“我们”感，进行有想象力和愉悦感的性生活，并在表达差异时仍保持情感关系的安全；社会交换论则关注夫妻双方都能感到满意的积极的行为交换。

从稳定性与幸福感的角度，成功的婚姻主要包括以下要素：一是稳定，夫妻双方以个体需要和情感为基础维系婚姻，且不会将离婚视作解决婚姻问题的选项；二是志趣、目标相似，由此可有效避免矛盾冲突；三是积极沟通与解决问题，在日常沟通中直接表达需求与不满，不堆积矛盾；四是信任感，夫妻之间彼此信任、不猜疑；五是情感支持，夫妻会为彼此提供所需的情感支持；六是忠诚，夫妻双方身心上都忠诚于对方；七是性欲，夫妻双方始终保持对彼此的性欲；八是平等，夫妻之间的情感关系是平等的。

婚姻经营的基本原则是，通过有效沟通，提升个人在亲密关系中的满足感。有效沟通的基本原则包括：一是确保夫妻之间的沟通处于优先地位；二是明确沟通的目的是缓解冲突，故在沟通过程中要采用非评判性和非惩罚性的交流方式，尊重彼此的表达；三是在沟通过程中正面表达自我需求；四是形成有效互动，如保持眼神接触、认真听取对方的表达、询问开放式问题、以陈述性语句回应所要解决的问题等；五是保持沟通的有效性，确保肢体语言与言语语言表达的信息一致。

第四节 中国人的婚姻状况

在从传统社会向现代社会转变的过程中，中国人的婚姻生活受到了前所未有的冲击，个体的婚姻观念及行为发生了剧烈变化。在传统社会，婚姻十分神圣；在当下社会，婚姻的神圣性被大大削弱，婚姻状况发生了很大变化。

一、新中国成立以来的婚姻变革

当前中国的婚姻演变起源于19世纪末20世纪初。19世纪后期，随着西学东渐、维新变法及新文化运动的兴起，西方的婚姻家庭观念传入中国。倡导恋爱与婚姻自由、对抗“父母之命、媒妁之言”，以及进行家庭革命、反对包办婚姻、提倡离婚自由等新观念，对传统的婚姻制度造成了极大冲击，也为近现代中国社会的婚姻变革开辟了新路。新中国成立后尤其是改革开放以来，婚姻中的封建陋习被进一步铲除，男女平等、婚恋自由蔚然成风，真正的一夫一妻制以法律形式予以确定；婚姻观念更为解放，更加崇尚民主、自由、个性化。再加上制度和结构因素不断变化，以及国际婚姻思潮的影响等，中国的婚姻状况呈现出许多新特征。

（一）结婚率与结婚对数波动下降

统计数据显示，在新中国成立后的前30年，结婚率起伏较大。20世纪50—70年代，结婚率呈现波动式上升趋势，这与婚姻制度和经济结构密切相关。比如，20世纪50年代中期结婚率迅速提高就是受到1950年《婚姻法》及其后的贯彻婚姻法运动的影响。三年严重困难时期之后，中国出现大规模的补偿性结婚行为，故20世纪60年代初结婚率再次出现波动性高峰[①]。

① 路遇，翟振武．新中国人口六十年．北京：中国人口出版社，2009：492－495．

改革开放后，中国的结婚率呈现出 M 形：1978 年较低，但此后缓慢上升，至 20 世纪 80 年代，处于一个较高的平台期并趋于稳定；但 1992 年后的 10 年间有所降低，并在 2002 年跌至谷底后快速增长，于 2013 年达到峰值；此后，结婚率表现出明显的下降趋势，2020 年时，结婚率仅为 5.80‰（见图 5-1）。受 1980 年《婚姻法》及婚姻历史遗留问题的综合影响，1981 年成为新中国成立后结婚率最高的年份。

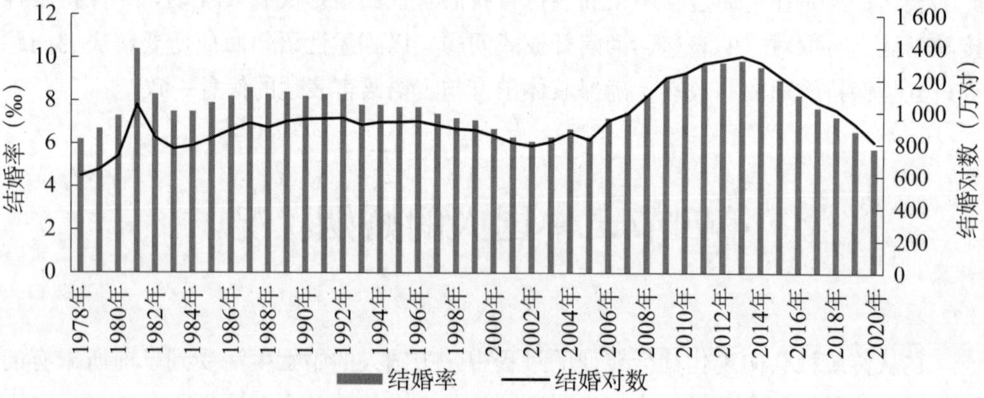

图 5-1 1978—2020 年中国人口结婚率与结婚对数

资料来源：1978—2019 年数据来自《中国社会统计年鉴—2020》；2020 年数据来自《2020 年民政事业发展统计公报》。

结婚对数与结婚率的变动趋势一致。1981 年是改革开放后结婚对数的第一个峰值年，为 1041.70 万对；2002 年，仅有 786.00 万对人结婚，构成最近 40 多年结婚对数的谷底。2003—2020 年间，结婚对数呈倒 U 形变化态势，2013 年的结婚对数达到新中国成立以来的最高峰值，为 1346.90 万对；而 2020 年，结婚对数仅为 814.30 万对，在不足 10 年间减少了 532.60 万对。2021 年，结婚对数为 764.30 万对，比 2020 年下降 6.10%[①]。

但是，中国人依旧具有普婚的传统。1982—2020 年间，已婚人口占 15 岁及以上人口的比例提升了 9 个百分点，2020 年为 72.67%；相反，未婚人口占 15 岁及以上人口的比例持续下降，从 1982 年的 28.57%降至 2020 年的 19.21%；离婚人口占 15 岁及以上人口的比例虽然快速上升，但总体水平仍然较低，2020 年仅为 2.38%；丧偶人口占 15 岁及以上人口的比例明显下降，期初和期末的占比分别为 7.16%和 5.74%（见图 5-2）。这表明，婚姻仍是绝大多数中国人的生活要件。

（二）结婚年龄普遍推迟

新中国成立以来，中国人的婚姻推迟态势十分明显。1950 年《婚姻法》抑制

① 中华人民共和国民政部. 2021 年民政事业发展统计公报．(2022-08-26) [2024-07-07]. https://www.mca.gov.cn/images3/www2017/file/202208/2021mzsyfztjgb.pdf.

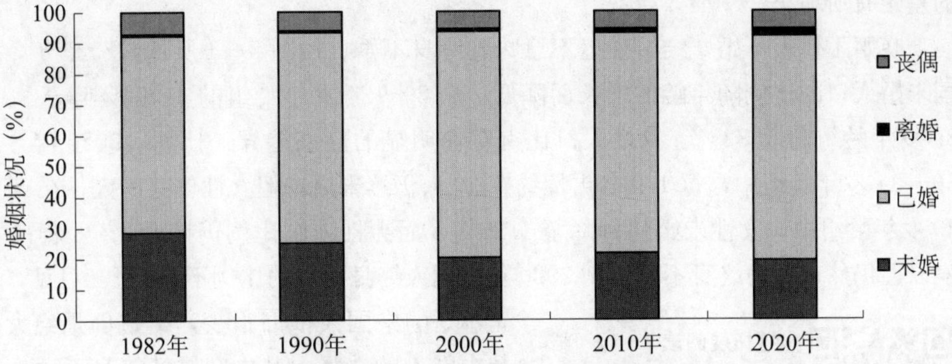

图 5－2　15 岁及以上人口的婚姻状况

资料来源：1982—2020 年人口普查数据。本章以下图表除特别说明外，来源均同此图，不再一一注明。

了传统的早婚现象，平均初婚年龄出现跳跃式上升。在 20 世纪 70 年代，平均初婚年龄一直呈上升趋势；但到 20 世纪 80 年代，该指标骤然下降；而 20 世纪 90 年代后，平均初婚年龄又再次上升并持续至今。原国家计划生育委员会 1982 年组织实施的“全国千分之一人口生育率抽样调查”资料显示，女性平均初婚年龄由 1949 年的 18.57 岁升至 1960 年的 19.57 岁和 1979 年的 23.12 岁。有学者经计算也发现，在 1950—1970 年，女性初婚年龄由 18.68 岁升至 20.19 岁；在 1971—1979 年，女性初婚年龄由 20.29 岁增至 23.12 岁，年均增速加快①。

1980—2020 年平均初婚年龄的变动趋势如图 5－3 所示。

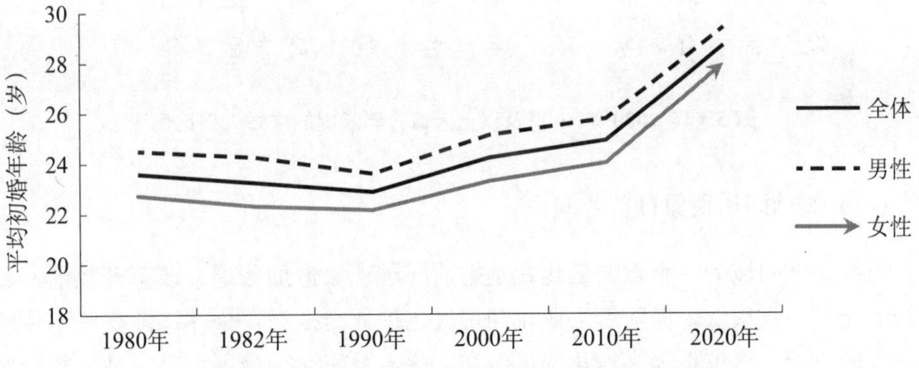

图 5－3　1980—2020 年平均初婚年龄的变动趋势

21 世纪后，平均初婚年龄经历了从平缓上升到快速上升的变化：2000—2010 年，总人口的平均初婚年龄由 24.21 岁升至 24.89 岁，仅增加了 0.68 岁；2010—2020 年，总人口的平均初婚年龄由 24.89 岁升至 28.67 岁，增加了 3.78 岁，为前一个十年增加的 5.56 倍。分性别来看，2000 年，男性的平均初婚年龄为 25.11 岁，女性的平均初婚年龄为 23.28 岁；2020 年，二者的平均初婚年龄分别为 29.38 岁、27.95 岁。两性的平均初婚年龄都在增长，但女性的平均初婚年龄增速更快，两性

① 杨菊华，王苏苏．新中国 70 年中国家庭变迁．中国社会科学报，2019－05－17（6）．

的差距有所缩小。

晚婚不代表不婚，结婚推迟不意味着终身不婚。如图 5－4 所示，2020 年，我国未婚人口的比例随年龄的增长而降低，从 20～24 岁年龄组的 85.98％降至 35～39 岁年龄组的 6.82％。未婚人口比例存在明显的性别差异：比如，2020 年，在 30～34 岁年龄组中，每 100 名男性约有 20 人仍然未婚，但女性仅有 9 人；在 45～49 岁年龄组中，女性未婚比例降至 1.26％，而男性未婚比例仍接近 3％。若视 50 岁以上仍然未婚为终身不婚，则 2020 年中国人终身不婚的比例不足 2％。可见，真正不婚的中国人依旧很少，结婚仍是绝大多数中国人的选择；其中，男性终身不婚率为 3.14％，女性终身不婚率为 0.30％，二者相差 9 倍多，表明男性在婚姻市场中受到明显的挤压。

【拓展阅读 5－1】 结婚人数首次低于 800 万对，超 30 岁结婚人群占比近半

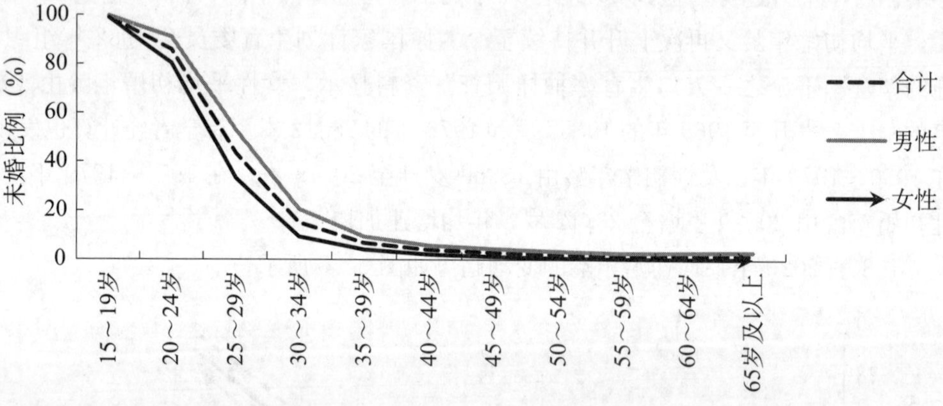

图 5－4 2020 年 15 岁及以上人口分年龄组的未婚人口比例

（三）婚前同居现象日益普遍

当前婚姻领域的一个重要变化就是婚前同居现象愈加普遍。改革开放前，婚前同居的比例一直很低，但随着工业化和现代化进程的推进，个体逐渐摆脱了传统婚姻制度的束缚，追求更为多样化的价值和文化，婚前性行为不再是一种为社会所不容的越轨行为。2010 年，初婚人口中婚前同居的比例超过 1/3①。《中国幸福婚姻家庭调查报告（2015 年十城市抽样调查）》显示，婚前同居行为渐成常态，“60 后”“70 后”“80 后”“85 后和 90 后”的婚前同居比例分别为 13.7％、44.4％、59.6％和 57.8％②。

同时，中国家庭追踪调查数据显示，在 2010—2014 年发生初婚的人中，超过

① 刘昊．择偶方式会影响婚前同居吗?：基于 CFPS 数据的实证分析．人口研究，2019，43（6）.

② 十城市抽样调查报告：80 后 90 后婚前同居占比近 60％．（2015－11－20）［2022－09－17］．http：//finance.china.com.cn/roll/20151120/3455063.shtml.

三成的人有过婚前同居经历①。分群体来看，受过高等教育的人有更高的婚前同居比例（男性和女性分别占 25.30%、25.60%），分别比小学及以下学历的人高出 17.40、19.20 个百分点。婚前同居的经历也存在明显的省际差异：上海和广东分别约有 1/5 的受访者有过婚前同居经历，但甘肃的这一比例仅为 4%左右。②

（四）男性婚姻挤压问题日趋严重

自 20 世纪 80 年代以来，中国出生性别比持续偏高，导致人口性别结构的严重失衡。随着近 40 年高出生性别比的出生队列陆续进入婚姻市场，男性婚姻挤压问题日益凸显③。第七次全国人口普查数据显示，截至 2020 年 11 月 1 日，男性人口比女性人口多出 3 490 万人，其中 20～40 岁的适婚年龄男性比女性多出 1 752 万人，性别比为 108.90。

图 5-5 展示了经过标准化的 1982—2020 年 15 岁及以上两性未婚人口比例的变动情况。由此可知，男性未婚的比例明显高于女性，且经过标准化的两性人口的未婚比例都在上升。不过，20 世纪 90 年代后，地域流动扩大了人们的通婚圈，使得性别之间的差距有所缩小。

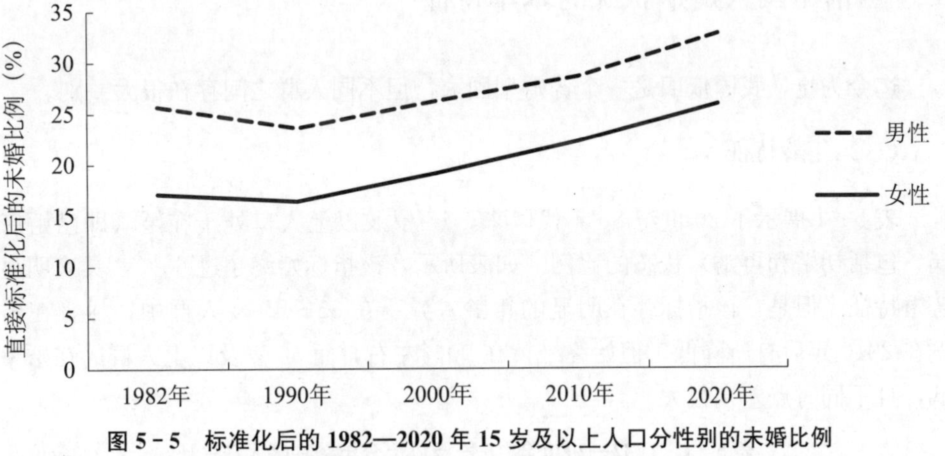

图 5-5　标准化后的 1982—2020 年 15 岁及以上人口分性别的未婚比例

尽管未婚比例这一指标不够细致，但在一定程度上体现了婚配人口性别生态失衡带来的婚姻挤压问题。这种男性婚姻挤压效应还延续到了婚姻解体的生命阶段，离婚之后的男性人口保持离婚状态的风险明显高于女性④。在普婚文化与性别失衡的影响下，彩礼从 20 世纪 50 年代所需的“四个一工程”，发展到 20 世纪 80 年代的“四大件”，再发展到当今的“万紫千红一片绿”“一动不动”，男性的结婚成本

① 於嘉，谢宇．我国居民初婚前同居状况及影响因素分析．人口研究，2017，41（2）．

② 陈沁，张冰莹，周羿．中国民生发展报告：婚姻与家庭//谢宇，张晓波，涂平，等．中国民生发展报告（2018—2019）．北京：社会科学文献出版社，2019：90．

③ 李树茁，果臻．当代中国人口性别结构的演变．中国人口科学，2013（2）．

④ 穆光宗，林进龙，江砥．当代中国人口婚姻嬗变及风险治理．杭州师范大学学报（社会科学版），2021，43（5）．

不断增加。在人口大规模、高频率流动的背景下，由女性梯度转移而带来的欠发达地区的婚姻挤压，使偏远农村地区的娶妻成本和压力越来越大，部分农村地区甚至出现了“因婚致贫”问题，动辄十几万元甚至几十万元的“天价彩礼”给很多农村家庭带来了沉重的负担。2021年，在山西、河南、湖南的部分地区，娶妻必备的车、房、彩礼等新“三大件”的花费甚至飙涨至上百万元。

【拓展阅读5-2】 农村男青年娶媳妇难？“媒婆”乱开价？国家出手了：“义务红娘”来帮忙！

此外，作为婚姻变革的一部分，裸婚与天价彩礼并存，深思熟虑的婚姻选择与闪婚并存，男高女低与“凤凰男-孔雀女”的婚姻模式并存，男长女小与女长男小的老少配并存；而且，虽然同性婚姻在中国并未得到法律承认，但该现象也日渐普遍。

【拓展阅读5-3】 当代年轻人有多接受闪婚？

二、当前中国人婚姻状况的基本特征

迄今为止，我国依旧是一个普婚型国家，但不同人群之间存在很大差别。

（一）年龄特征

表5-1展示了20世纪80年代以来，15岁及以上人口处于在婚（即已婚有配偶，包括初婚和再婚）状态的比例。如表所示，该指标始终超过60%，具有明显的普婚特征。但是，该指标存在明显的年龄差异：在35～49岁人群中，尽管在婚比例在2010年后有所降低，但始终维持在90%左右，而50岁及以上人群的在婚率较低，且不同时点差别很大。

表5-1　1982—2020年15岁及以上分年龄在婚人口占比　（单位：%）

年龄组	1982年	1990年	2000年	2010年	2020年
15～19岁	2.59	3.17	0.73	1.31	0.67
20～24岁	40.33	47.58	31.69	24.82	13.81
25～29岁	84.72	88.58	82.34	70.04	55.27
30～34岁	93.94	94.78	93.91	88.84	81.98
35～39岁	94.33	95.27	95.38	93.03	89.04
40～44岁	93.39	94.45	94.97	94.07	91.16
45～49岁	91.45	92.58	94.18	93.83	91.96
50岁及以上	69.11	72.71	77.89	80.29	82.77
合计	63.68	68.18	73.27	71.33	72.67

（二）教育特征

2000年和2010年，在婚比例呈现出小学＞初中＞高中的序列模式，但2020年则呈现出初中＞小学＞高中的新模式。随着时间推移，在婚比例在不同受教育程度群体中的差距愈发悬殊：其极差从1990年的8.97个百分点扩大至2020年的24.56个百分点（见图5-6）。

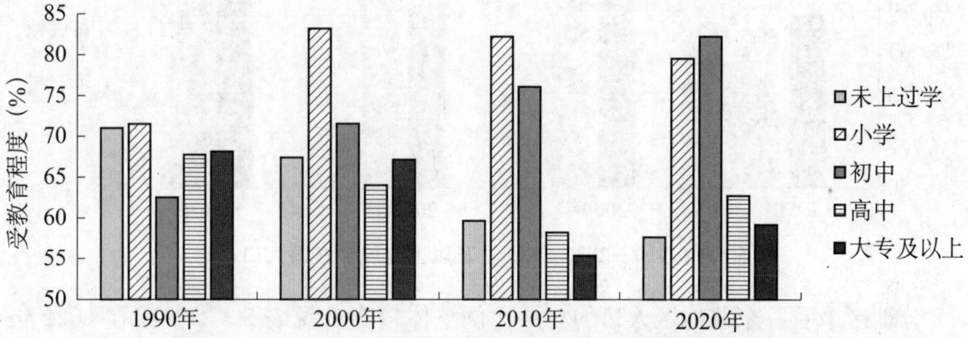

图5-6　1990—2020年15岁及以上分受教育程度在婚人口占比

（三）职业特征

在婚比例同样存在职业差别。总体而言，在各职业群体中，在婚比例随时间的推移而减小。若不考虑“不便分类的其他从业人员”，在1990—2010年，党的机关、国家机关、群众团体和社会组织、企事业单位负责人的在婚比例最高，生产制造及有关人员的在婚比例最低。在1990—2020年，专业技术人员的在婚比例降幅最大，而农、林、牧、渔业生产及辅助人员的在婚比例升幅最大，达13.98个百分点（见表5-2）。

表5-2　1990—2020年15岁及以上分职业在婚人口占比　（单位：%）

职业	1990年	2000年	2010年	2020年
党的机关、国家机关、群众团体和社会组织、企事业单位负责人	97.05	94.00	89.41	89.01
专业技术人员	82.51	81.11	78.34	73.92
办事人员和有关人员	80.75	80.85	78.77	79.61
社会生产服务和生活服务人员	77.90	78.42	76.06	77.44
农、林、牧、渔业生产及辅助人员	72.55	80.81	82.36	86.53
生产制造及有关人员	69.49	72.77	75.70	81.32
不便分类的其他从业人员	46.18	75.22	78.44	59.59

（四）城乡与地区特征

21世纪以来，城镇在婚比例始终低于农村在婚比例。如图5-7所示，在

1990—2010 年，城镇与农村的在婚比例都呈现稳定的倒 U 形模式。2020 年，城镇与农村的在婚比例都再次上升：城镇在婚比例为 71.87%，农村在婚比例为 74.09%，分别比 1990 年高出 2.62、6.33 个百分点。

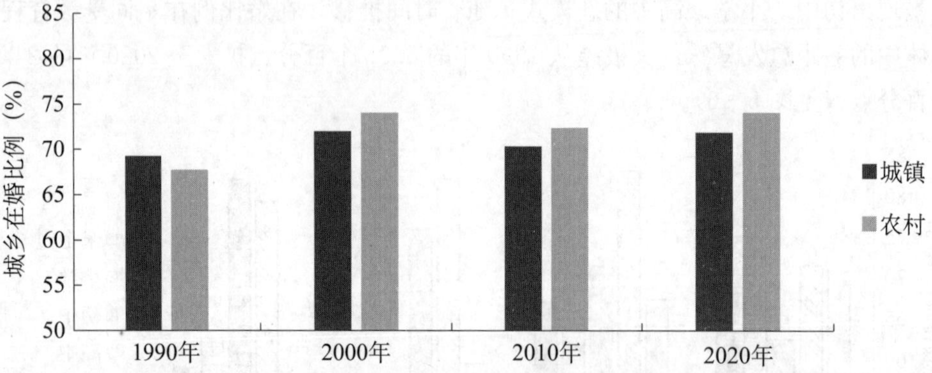

图 5-7　1990—2020 年 15 岁及以上分城乡在婚人口占比

分地区来看，东北地区人口的在婚比例整体较高（见表 5-3）。而在 2020 年，在婚比例由高到低依次为东部地区、东北地区、中部地区、西部地区。

表 5-3　1982—2020 年 15 岁及以上分地区在婚人口占比　（单位：%）

地区	1982 年	1990 年	2000 年	2010 年	2020 年
东部	63.30	69.39	71.65	71.24	73.61
中部	63.29	67.57	74.42	71.62	72.59
西部	64.09	66.14	73.52	70.79	71.33
东北	65.08	71.77	75.86	72.61	72.78

1982 年以来，全国人口的在婚比例总体呈现波动上升趋势，2020 年的比例最高。但是，地区之间的差异也很突出（见表 5-4）。在 1982—2020 年，除海南、重庆和西藏外，10 个省（自治区、直辖市）的在婚比例增幅超过 10 个百分点，4 个省（自治区、直辖市）的在婚比例增幅不足 5 个百分点；增幅最大的是安徽，增幅最小的是贵州和云南，前者约是后者的 3 倍。

表 5-4　1982—2020 年 15 岁及以上分省份在婚人口占比　（单位：%）

省份	1982 年	1990 年	2000 年	2010 年	2020 年
北京	63.69	72.20	70.86	68.11	72.25
天津	63.49	74.68	74.58	70.74	73.50
河北	65.28	72.34	72.68	73.49	76.46
山西	65.82	69.15	75.02	71.33	74.77
内蒙古	64.20	68.22	74.07	74.97	76.21
辽宁	64.82	73.16	76.28	72.44	72.89
吉林	64.63	71.47	74.94	72.17	73.42
黑龙江	65.72	70.36	76.01	73.14	72.14
上海	62.11	74.62	73.39	72.30	72.22
江苏	64.66	71.48	76.77	73.92	76.82

续表

省份	1982年	1990年	2000年	2010年	2020年
浙江	62.67	68.64	73.97	74.37	75.07
安徽	61.78	65.67	74.96	73.23	74.60
福建	63.38	67.79	69.56	70.56	73.75
江西	64.59	66.79	75.46	71.77	70.85
山东	64.00	69.54	73.60	74.40	76.20
河南	63.05	67.72	73.99	70.95	72.61
湖北	62.55	68.68	74.87	71.47	72.72
湖南	63.67	67.83	73.26	71.41	70.78
广东	59.66	62.91	62.99	63.59	67.50
广西	60.81	63.92	66.94	68.23	68.85
海南	—	64.92	67.17	66.33	68.77
重庆	—	—	77.34	72.07	70.74
四川	63.90	66.00	76.70	71.30	71.44
贵州	65.03	64.66	73.62	71.60	69.61
云南	64.93	66.38	72.59	71.37	69.51
西藏	—	57.32	56.18	56.83	61.09
陕西	64.77	69.41	74.38	69.36	74.10
甘肃	65.51	67.53	74.22	69.69	74.17
青海	64.60	64.16	71.73	69.43	69.50
宁夏	66.35	68.22	74.29	74.33	74.75
新疆	66.12	64.30	70.23	69.90	70.87

《本章要点》

1. 普婚仍是中国婚姻制度的基本特征。在可见的将来，婚姻制度仍具有稳定性，婚姻仍是维系家庭和社会发展的重要纽带，是个体的重要身份标识。

2. 婚姻具有面向个体和社会的双重动机与价值，在性生活、家庭运行、宗教信仰等方面发挥重要作用。幸福的婚姻需要夫妻双方共同调适、经营和规划，婚姻是人生的一个新的里程碑，应注意“保鲜”。

3. 在社会转型过程中，婚姻生活受到前所未有的冲击，个体的婚姻观念和婚姻行为发生了剧烈变化。近现代以来，受到思想文化、政治制度、经济社会变革的综合影响，中国人的婚姻观念和婚姻行为都彰显出现代性、后现代性特征。婚姻也存在很大的代际、资本禀赋、地区等差异。

4. 从家庭经济学的角度来理解，婚姻是一种市场行为，是当事人在信息不完全的情况下进行选择与竞争的过程，适婚的男性和女性是需要争夺的资源。个体拥有资源越多，在婚姻市场上的优势越明显。

5. 中国人的婚姻呈现出重大变化：结婚率在波动下降，结婚年龄普遍且大大推迟，婚前同居现象日益普遍，男性婚姻挤压问题日趋严重，裸婚与闪婚等现象与传统的婚姻过程并存，同性婚姻也越发受到宽容。改革开放以来，婚姻的年龄与性别特征、教育与职业特征、城乡与地区特征等都发生了很大变化。

6. 择偶梯度现象放大和凸显了婚配人口的性别格局，“女高嫁、男低娶”的婚配模式导致社会阶层两端人口，即处于社会金字塔“底端”的男性和“顶端”的女性被“剩下”，表明女性不再“嫁鸡随鸡，嫁狗随狗”，而是更可能追求幸福的婚姻生活。

7. 男性婚姻挤压问题突出。婚姻市场上“男多女少”的性别生态失衡，造成了婚配的“女方市场”，加上商品化的择偶倾向和过高的彩礼等，导致了男性婚姻挤压。

基本概念

婚姻状况　结婚率　初婚率　平均初婚年龄　终身不婚率　婚姻价值　婚姻功能　婚姻调适　婚姻经营　婚姻挤压

复习思考题

1. 测量婚姻状况的基本指标主要有哪些？

2. 从理论上看，婚姻具有哪些成本、哪些收益（价值与作用）？

3. 简述中国婚姻制度的发展脉络。在制度变迁过程中，婚姻的本质是否发生了相应的变化？若是，它是如何变化的？若否，为什么？

4. 新中国的《婚姻法》及相关法律制度如何重塑了传统的婚姻制度？这样的改变对于女性经济社会地位的提高和性别平等事业的推进具有怎样的意义？

5. 简述婚姻调适和婚姻经营的内涵、目的及原则。

6. 当前中国人的婚姻状况如何？其具有哪些突出的特点？

阅读文献

1. 埃什尔曼．家庭导论．北京：中国社会科学出版社，1991.

2. 本诺克拉蒂斯．婚姻家庭社会学．北京：中国人民大学出版社，2021.

3. 吉登斯．亲密关系的变革：现代社会中的性、爱和爱欲．北京：社会科学文献出版社，2001.

4. 陈卫民，李晓晴．晚婚还是不婚：婚姻传统与个人选择．人口研究，2020，44（5）.

5. OPPENHEIMER V K. A theory of marriage timing. American journal of sociology，1988，94（3）.

6. THORNTON A，AXINN W G，XIE Y. Marriage and cohabitation. Chicago：University of Chicago Press，2007.

第六章

婚姻解体与再造

岂知偕老重，垂老绝良姻。
郗氏诚难负，朱家自愧贫。
绽衣留欲故，织锦罢经春。
何况蘼芜绿，空山不见人。

——《见秦系离婚后出山居作》，刘长卿（唐）

月明花满地，君自忆山阴。
谁遣因风起，纷纷乱此心。

——《夜中对雪赠秦系，时秦初与谢氏离婚，谢氏在越》，刘长卿（唐）

婚姻解体包括人为离婚和配偶亡故两种情况。结婚率走低、离婚率上升，是当前全球多国的普遍现象。步入婚姻殿堂之人，大都希望执子之手、与子偕老，但家庭并非总是一片玫瑰色彩，出于种种原因，总有一些夫妻未能牵手白头，通过协议或诉讼的方式解除婚姻关系，终止夫妻间的权利和义务。虽然离婚是私人行为，标识夫妻双方的人口属性和契约身份，但它不仅影响家庭稳定以及多个家庭尤其是核心家庭成员的身心福祉和经济利益，而且制约家庭长期发展能力建设，给社会的和谐稳定带来深远的影响，具有很强的溢出效应。离婚和丧偶，都可能带来新的婚姻，即再婚。本章关注离婚所致的婚姻解体与再造，侧重于介绍离婚率测量指标，描画离婚的现状与特征，分析离婚的原因，介绍再婚的现状，等等；与前两章的内容相结合，读者可对中国人的婚姻状况有更全面的认识。

第一节　离婚的度量

离婚也称离异，是指夫妻双方通过协议或诉讼的方式解除婚姻关系，终止夫妻间权利和义务的法律行为。用来反映离婚水平的指标较多，本节介绍粗离婚率、一般离婚率、分性别年龄别离婚率、离结比四种主要指标。

一、离婚率测量指标

(一) 粗离婚率

在各类度量离婚的指标中，最常用的指标是粗离婚率，它也就是我们通常说的离婚率。粗离婚率表示某一时期（通常为一年）平均每千人口中的离婚人数。通过比较不同时期粗离婚率的变动情况，可在一定程度上了解某一国家或地区人口的离婚水平及其发展趋势。其计算公式为：

$$粗离婚率=\frac{年内离婚人数}{年均人口数}\times 1\ 000\ (‰)$$

该公式的分母应当是生存人年数，但在一般情况下，计算粗离婚率的时间间隔为一年，故将分母直接表示为年均人口数。一般离婚率、分性别年龄别离婚率计算公式的分母与此处情况相似，后面不再对其进行说明。

需要指出的是，该公式的分子有两个统计口径：离婚人数与离婚对数。每个离婚事件包含两个当事人，以离婚对数为分子去计算粗离婚率与分母中的人口总量（或生存人年数）不搭配——假设某年所有人口都先结婚再离婚，则使用离婚对数为分子计算出的粗离婚率只有 50%，故直接用离婚对数除以年均人口数来计算粗离婚率是不准确的。因此，若要使用离婚对数，则需要将其乘以 2，或可直接使用离婚人数。下面介绍的一般离婚率和分性别年龄别离婚率指标的计算也遵循这一逻辑。

该指标之所以“粗”，是因为分母是年均人口数，而分子是离婚人数，即没有考虑人口的年龄和性别结构，故该指标会受人口年龄和性别结构（尤其是前者）的影响，并非对离婚水平的精确测量。尽管“粗”，但它依旧可在一定程度上反映一个人群的婚姻状态及其变动趋势。在一般情况下，成年人口在总人口中所占的比重越大，离婚率就越高。离婚数量的变动与适婚人口规模及其年龄结构密切相关，故仅根据结婚率和离婚率，尚不足以研判一个国家或地区婚姻制度的现状与发展趋势。

(二) 一般离婚率

该指标是指某一时期（通常为一年）离婚人数与同期适婚年龄人口（通常为 15 岁及以上人口）之比。因排除了 0～14 岁非适婚年龄人口，故相较于粗离婚率，一般离婚率的测量更为精准。当然，该指标还是会受到 15 岁及以上人口的年龄结构的影响。其计算公式为：

$$一般离婚率=\frac{年内离婚人数}{15\ 岁及以上年均人口数}\times 1\ 000\ (‰)$$

（三）分性别年龄别离婚率

分性别年龄别离婚率是指某一时期（通常为一年）男性或女性在特定年龄组的离婚人数与同期该性别同一年龄组生存人年数之比。分性别年龄别离婚率消除了性别与年龄结构的影响，可较好地反映真实的离婚水平。其计算公式为：

$$ASDR_a^{m(f)} = \frac{D_a^{m(f)}}{\overline{P}_a^{m(f)}} \times 1\ 000‰$$

其中，$ASDR_a^{m(f)}$ 表示分性别（男性 m 或女性 f）和年龄（a）的离婚率；$D_a^{m(f)}$ 表示某一性别（男性 m 或女性 f）、年龄（a）的离婚人数或对数；$\overline{P}_a^{m(f)}$ 表示该性别、年龄人口的年均人口数。年龄可以按照 1 岁一组或 5 岁一组划分。

在分性别年龄别离婚率的基础上，可以计算总和离婚率，但该指标并不常用。一般离婚率、分性别年龄别离婚率、总和离婚率是更精细的测量指标，但它们都是在粗离婚率的基础上演化而来的。

（四）离结比

离结比即离婚结婚比，是指一定时期离婚对数与结婚对数之比，通常用百分数表示。其计算公式为：

$$离结比 = \frac{某个时点离婚对数}{某个时点结婚对数} \times 100\ (\%)$$

由计算公式可知，离结比与粗离婚率是完全不同的离婚测量指标，二者背后的机制差别很大。在实际应用中，粗离婚率在各类测量指标中使用最普遍，而离结比并非常用的离婚率测量指标。

二、离结比与粗离婚率之异

离结比与粗离婚率之间的差异主要表现在以下三个方面。

其一，粗离婚率是“率指标”（rate），而离结比是“比指标”（ratio）。从人口统计学角度来看，“率”通常用来描述时间轴上的动态变化；其分子是发生于某一时期的某种事件（如结婚、离婚、生育）数，分母是在同一时期经历了相应事件的人口形成的“人年数”，通常用千分数表示。因精准数据难以获得且不便计算，故在实际操作时，往往假设时期内事件均匀发生，用期中人数或期初与期末的均数替代。可见，粗离婚率是一种“年化”的率指标：在计算粗离婚率时，时期的分析单位通常为“一年”，分母为一年内离婚风险人口形成的“人年数”，分子是一年内经历离婚的人数，从而消除时期长短因素的影响，反映“离婚”这一状态在时间轴上的变化速度。

与具有动态特征的“率”相比，“比”则可以是任何一个数字与另一个数字比较的结果，既可以是同一总体中具有相同特征的两个数值的比较，也可以是不同总体中相同指标的比较，还可以是同一地区两个不同性质指标的比较。离结比的分子是离婚对数，分母是结婚对数，是上述第三种含义的比指标。单位除百分数外，也可使用小数、千分数。

其二，离结比与粗离婚率分母的人群覆盖范围不同。如前所述，粗离婚率的分母关涉某一时期全体或某年龄组人口数，分子涵盖的是相应人群中经历了离婚事件之人，即分子是分母的一部分，分母和分子包含了同一批人。离结比则是离婚对数与结婚对数的直接相比，其分子中的离婚者与分母中的结婚者可能不是同一批人，甚至毫无关联，分别属于两个不同的总体。由此可见，虽然二者均为时点指标，但这两个指标既不能等同，也不具有可比性。

其三，离结比与粗离婚率受制的因素有别。比较前面的公式可知，粗离婚率更多地受制于人口总量，而离结比更多地受制于适婚人口的年龄和性别结构，分母（结婚对数）尤其如此。就年龄结构而言，中国自 20 世纪 70 年代开始推行严格的计划生育政策，历经多年，极大地控制了出生人口规模，出生率和生育率双双走向很低水平。由此带来的结果是，新达到适婚年龄的人口随着时间的推移而相应减少。在一般情况下，适婚人口中的未婚人数越多，结婚对数也就越多，反之，结婚对数就会越少。第七次全国人口普查数据显示，中国 35～39 岁人群中的未婚者占比很低，远不到全部人口的 1%，在 15 岁及以上人口中的占比也仅为 6.82%。其背后的意涵是，结婚事件主要发生在 35 岁以下的青年人群中。据此或可推断，当人口的年龄结构趋向年轻时，离结比的分母就可能增大，离结比的取值就可能缩小，反之亦然。

离结比计算公式的分母还受到人口性别结构的影响。出生性别比失衡的影响是全程性和全局性的。当出生性别比失衡的一批人逐渐达到适婚年龄后，会遭遇婚配期人口男多女少或女多男少（中国和一些周边国家遭遇的是前者）的困境，很多处于婚配期的适婚人口因找不到配偶而无法结婚。由于 20 世纪 80 年代后出生性别比长期失衡，中国的适婚男性比适婚女性多出 1 752 万人，婚配期人口的性别无疑是失衡的，适婚人口的婚姻状况也必将受此影响。

作为离结比计算公式分子的离婚对数同样受制于人口的年龄和性别结构，但受年龄结构的影响相对较小。这是因为，离婚并不必然集中发生在青年人口中，而是弥散于所有的年龄组，尽管从分年龄的粗离婚率数据来看，50 岁以上人口的粗离婚率逐渐下降。

总之，离婚现象可用多个指标测量，而粗离婚率最为常用。粗离婚率与离结比是两个独立指标，在意涵与算法上均完全不同。当下社会流行的中国离婚率逼近 40%之说，实指离结比，并非普通意义上的粗离婚率。将离结比数据说成粗离婚率数据，在本质上混淆了率、比这两个不同的概念；而以离结比来指代中国的粗离婚率，是一种绝对错误的认识。

第二节　婚姻解体的现状与特征

本节利用粗离婚率[①]、离结比和离婚态三个指标，描述中国离婚率的现状与变动趋势，考察中国离婚率在全球所处的次序位置。

一、离婚率

（一）离婚率的国际比较

离婚率上升、离结比趋高、离婚态占比升高等现象并非中国独有，而是在工业化和现代化进程中，全球普遍存在的社会人口现象。如表 6－1 所示，2019 年，俄罗斯的离婚率最高，达到 4.7‰，关岛的离婚率也超过 4‰。欧盟统计局发布的数据显示，在 1964—2020 年，欧盟国家的离婚率翻了一番，由 0.8‰升至 1.6‰[②]。但是，也有国家的离婚率呈下降趋势，如日本的离婚率从 2001 年的 2.3‰降至 2020 年的 1.6‰，韩国的离婚率从 2003 年的 3.4‰降至 2020 年的 2.1‰，德国的离婚率从 2003 年的 2.6‰降至 2020 年的 1.7‰，美国的离婚率也从 1992 年的 4.8‰降至 2020 年的 2.3‰[③]。

表 6－1　2019 年世界十大高离婚率国家　（单位：‰）

国家	离婚率
马尔代夫	5.52
哈萨克斯坦	4.60
俄罗斯	3.90
比利时	3.70
白俄罗斯	3.70
摩尔多瓦	3.30
中国	3.20
古巴	2.90
乌克兰	2.88
美国	2.70

资料来源：https：//www.datapandas.org/ranking/divorce-rates-by-country＃top.

将中国置于全球的比较视野中可知，中国的离婚率上升很快。图 6－1 展示了

① 由于目前官方统计数据中一般使用“离婚率”来指代“粗离婚率”，因此在本章关于“粗离婚率”指标的后续讨论中，直接使用“离婚率”一词，特此说明。

② Eurostat. Divorce indicators.（2022－05－16）［2022－08－06］. https：//ec.europa.eu/eurostat/databrowser/view/demo_ndivind/default/table? lang=en&category=demo.demo_div.

③ OECD. OECD Family database.（2024－06－21）［2024－08－06］. https：//web-archive.oecd.org/temp/2024－06－21/69263－database.htm＃structure.

经济发展水平较高的欧美国家和与中国同属儒家文化圈的日本、韩国、新加坡等国家在1978—2016年离婚率的变动特征。为使数据具有可比性，这里统一采用《联合国人口统计年鉴》数据①。中国近年的离婚率持续上升，已成为离婚率较高的国家之一。2018年，中国的离婚率进一步飙升至3.2‰②，超过同期的日本(1.7‰)③ 和韩国(2.1‰)④，与美国(3.2‰)⑤ 持平；而且2020年，中国的离结比几乎达到50%。

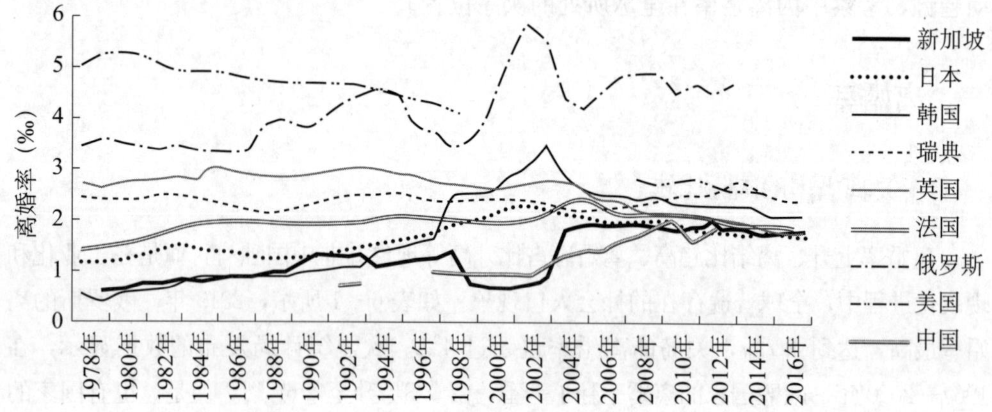

图6-1 1978—2016年世界部分国家离婚率变动趋势

注：俄罗斯1991年之前的数据是以“苏联”为统计口径进行统计的。

资料来源：《联合国人口统计年鉴》1990年、1992年、1994年、1996年、1998年、2000年、2001年、2003年、2008年、2009年、2010年、2012年、2016年数据。

（二）新中国的三次离婚潮

在过去的70余年中，中国经历了三次离婚潮。

第一次离婚潮发生在1950—1953年。1950年《婚姻法》以法律的形式明确废除了封建包办婚姻制度，规定了婚姻自由；在政治上提倡一夫一妻制，一些有两（多）个配偶的男性只能保留其中一个；在文化上强调婚姻自主，社会对包办婚姻或“封建婚姻”的解体越发包容与同情。这些力量的共同作用，引发了第一次离婚潮，离婚率一时线性上升。若以1950年离婚案件收案数100为基准，则1951年离

① 《联合国人口统计年鉴》的年中人口数是基于人口普查数据进行估计调整得到的，同时离婚人数数据的获取渠道也与各国的民政部门有所不同，因此得出的离婚率可能与各国官方发布的数据有所差别。

② 民政部：2018年民政事业发展统计公报．（2019-09-03）[2024-07-07]. https://www.sohu.com/a/338491755_697727.

③ 日本国家统计局官方网站．[2019-03-09]. https://www.stat.go.jp/english/data/handbook/pdf/2018all.pdf#page=23.

④ 韩国国家统计局官方网站．[2019-03-09]. http://kosis.kr/statHtml/statHtml.do?orgId=101&tblId=DT_1B8000F&vw_cd=MT_ETITLE&list_id=A2&scrId=&seqNo=&language=en&obj_var_id=&itm_id=&conn_path=A6&path=%252Feng%252Fsearch%252FsearchList.do.

⑤ OECD Stat官方网站．[2019-03-09]. https://data-explorer.oecd.org/.

婚案件收案数升至123，1952年升至228，1953年升至252。但是，1954年后，离婚率明显降低：若以1953年离婚案件收案数100为基准，则1954年离婚案件收案数降至61，1955年降为25.10，1956年和1957年虽有所回升，但分别只有47.10、45.70。[①]

第二次离婚潮发生在1981—1983年。1980年《婚姻法》将“感情确已破裂”作为离婚要件的规定，加上知识青年陆续返城等原因，追求婚姻质量成为时代风潮，新一轮的离婚高峰由此而起。1981年，中国多数地区离婚率上升了30%～80%，少数地区离婚率增长了1～2倍。[②] 在全国层面，1980年的离婚率为0.35‰，1981年为0.39‰，1982年为0.42‰[③]。此后，离婚率虽偶有波动，但持续上升。

第三次离婚潮发生在2003年后。此次离婚潮来势更猛、增幅更大。2003年前，中国的离婚率不到1‰，且2002年到达谷底，但此后开始线性上升，2003年、2010年和2016年分别突破1‰、2‰和3‰。2001年的《婚姻法（修正）》和2003年的《婚姻登记条例》，简化了离婚手续，离婚成本降低。《最高人民法院关于适用〈中华人民共和国婚姻法〉若干问题的解释（三）》对夫妻双方不动产所有权归属问题的明确界定、对夫妻共同财产及债务问题的司法解释等，都助推了离婚率的持续攀升[④]。

图6-2描述了中国在1978—2020年离婚对数和离婚率的变动趋势。总体而言，离婚率快速上升。1978年，离婚对数仅为28.50万对，离婚率为0.18‰；2020年，离婚对数超过433.90万对，离婚率达到3.10‰。40余年间，二者的增幅分别超过14倍和16倍。以2002年为分界线，此前离婚率的增速较缓，年均增幅为0.03‰；此后的年均增幅超过0.12‰，增速平均提高了0.09个千分点。

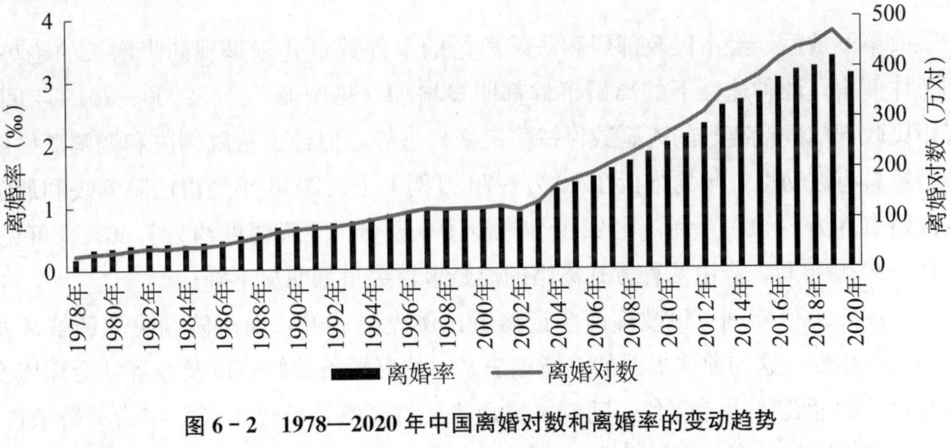

图6-2　1978—2020年中国离婚对数和离婚率的变动趋势

资料来源：1978—2018年、2019年、2020年数据分别来自《中国民政统计年鉴（2019）》《2019年民政事业发展统计公报》《2020年民政事业发展统计公报》。

---

① 谭向北．离婚率研究．现代法学，1982（1）.

② 同①.

③ 历年离婚办理情况．（2007-12-01）[2022-09-18]. https://www.stats.gov.cn/zt_18555/ztsj/hstjnj/sh2007/202303/t20230303_1926057.html.

④ 中华人民共和国最高人民法院公告．（2011-08-09）[2022-09-18]. http://gongbao.court.gov.cn/Details/16ca02c89be0d26a8f50f6c803a3c1.html.

《2021 年民政事业发展统计公报》显示：2021 年，全年依法办理结婚登记 764.3 万对，比 2020 年下降 6.10%；结婚率为 5.40‰，比 2020 年下降 0.40 个千分点。依法办理离婚手续 283.90 万对，比 2020 年下降 34.60%。[①] 离婚率降低的主要原因可能是离婚冷静期制度的实施，即自离婚冷静期届满后 30 日内，双方未共同到婚姻登记机关申请发给离婚证的，视为撤回离婚登记申请。2021 年江苏全省共受理离婚登记申请 240 435 对，当年完成离婚登记 134 943 对，占离婚登记申请总数的 56.12%；87 635 对离婚登记申请在冷静期内主动撤回或逾期未办理视为撤回，占比 36.45%[②]。

在当前中国的环境下，婚姻依旧是家庭组建的必要条件，婚姻的存续与稳定也被视为家庭和谐与社会稳定的基础。但是，总体而言，自改革开放以来，在两次离婚潮的蓄力之下，中国的离婚率从 1978 年的 0.18 ‰升至 2020 年的 3.09‰，与结婚率波动下降相向而行，呈现出剪刀差式特性，其间的婚姻模式也已然发生明显改变。

（三）离婚途径

在不同国家和地区，离婚途径并不一样。在中国，夫妻可通过两种途径结束婚姻生活：一是民政部门登记离婚；二是法院判决和调解离婚，这涉及离婚官司。新中国成立后，这两种途径一直存在。从纵向的时间维度分析法院的资料可以发现，女性提出离婚的占比越来越高，在通过法院判决的离婚案例中更是如此。

改革开放后，经由民政部门和法院离婚的事件数量并未呈现同步增长的趋势，但总体而言，两种途径下的离婚事件都明显增加（见图 [illegible]）。2000—2010 年间，经由民政部门登记离婚的离婚数保持稳定增长态势，但经由法院判决和调解离婚的离婚数具有波动性，年均维持在 60 万～70 万例上下。2020 年经由法院判决和调解的离婚事件为 60.30 万例，比 2019 年减少了 5 万例，下降幅度约为 7.66%。可见，2019—2020 年间，经由两种方式离婚的离婚事件数量都明显下降。

1978—2020 年间，民政部门登记离婚比例先降后升，而法院判决和调解离婚比例正好相反。这与前文提及的《婚姻法》中的离婚条款修订以及经济社会环境变迁有关。20 世纪八九十年代，随着《婚姻法》将“感情确已破裂”定为离婚条件，无理由离婚案件增多，这一时期又恰好是计划经济向市场经济的改革转型时期，人口流动频繁，个体逐渐脱离单位，基层组织在离婚事件中的调解能力减弱，离婚纠纷事件逐渐向法院集中。

---

① 中华人民共和国民政部．2021 年民政事业发展统计公报．（2022-08-26）［2024-07-07］．https://www.mca.gov.cn/images3/www2017/file/202208/2021mzsyfztjgb.pdf.

② 去年江苏近 4 成离婚申请在冷静期撤回．（2022-03-21）［2022-10-12］．http://finance.sina.com.cn/china/gncj/2022-03-21/doc-imcwiwss7249672.shtml.

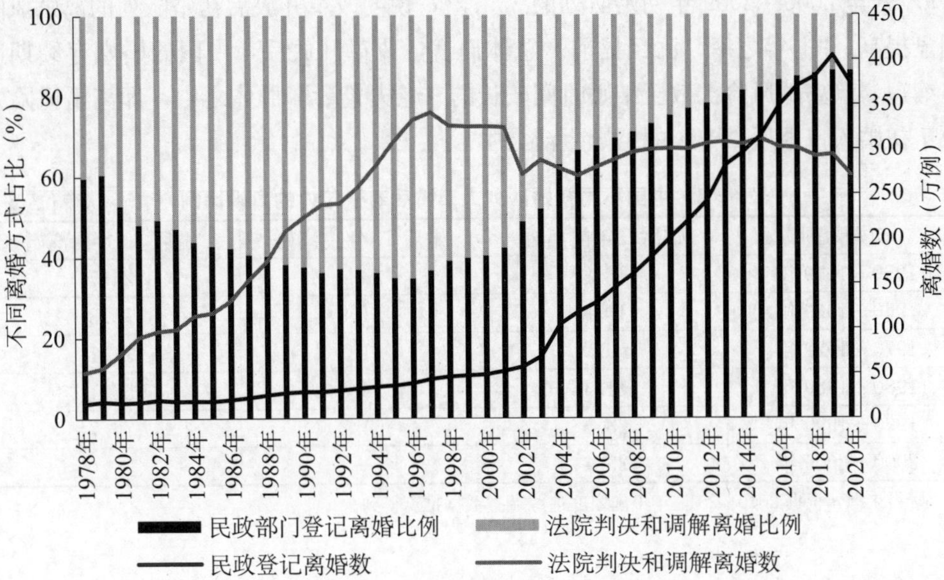

图 6－3　1978—2020 年中国离婚情况

资料来源：《中国民政统计年鉴（2021）》。

（四）婚姻存续期

随着经济社会的发展，离婚风险到达顶点的时间有所提前，离婚发生的时间也变得越来越早，婚姻存续期缩短成为不可忽视的一种社会现象。最高人民法院发布的离婚纠纷专题报告显示，2016—2017 年，婚后 2～7 年为婚姻破裂的高发期，离婚率会在婚后 3～4 年达到峰值[①]。浙江省开化县人民法院的数据显示，开化县人民法院 2019 年共受理并结案 331 件离婚纠纷，其中，1～3 年婚龄的占比达 30.6%，3～5 年婚龄的占比为 19.1%[②]。2020 年，河南基层法院离婚诉讼大数据也显示，离婚的主力人群为 30～40 岁的夫妻，其婚龄主要为 6～10 年[③]。此外，“闪离”现象在年轻队列中更加普遍，冲动型的“闪离”也一度成为社会的热点问题。

不同初婚队列婚姻存续期的情况不同。从表 6－2 可知，1990—1999 年初婚队列在婚后 5 年、10 年和 20 年内离婚的分别达到 28.5‰、54.2‰和 76.7‰，比 1950—1959 年初婚队列分别高出 11.6‰、30.8‰和 52.0‰。纵向来看，在 1970—1979 年及以后的初婚队列中，婚后 5 年、10 年、20 年内离婚的都稳定增长，表明初婚队列的不稳定性增强。同时，婚后 5 年内离婚的从 1970—1979 年初婚队列的

---

① 司法大数据专题报告：离婚纠纷．(2018－03－23)［2022－08－06］．https：//www.court.gov.cn/upload/file/2018/03/23/09/33/20180323093343_53196.pdf.

② 浙江一法院统计一年的离婚案揭示感情 B 面，比 7 年之痒提前更可怕的还有这些．(2020－08－25)［2022－08－06］．https：//www.163.com/dy/article/FKS6HURI0512GTK3.html.

③ 2020 年河南基层法院离婚诉讼大数据分析报告发布 感情不合、分居、家庭暴力成离婚主因．(2021－03－09)［2024－07－07］．https：//www.hntv.tv/daxiangkuplpd/article/1/1368840008508772352.

6.9‰升至2000—2009年初婚队列的35.7‰，说明改革开放后初婚队列的离婚风险明显提高，“七年之痒”已经提前。总体而言，改革开放后，中国的婚姻存续期明显缩短，且离婚风险扩散至结婚时间较长的“老夫老妻”群体之中，即离婚风险弥散于初婚人口婚后二十年的婚姻生活之中。

表6-2　中国不同初婚队列人口婚后若干年内的离婚比例　（单位：‰）

初婚队列	婚后5年内离婚	婚后10年内离婚	婚后20年内离婚
1950—1959年	16.9	23.4	24.7
1960—1969年	10.8	11.9	15.3
1970—1979年	6.9	11.1	21.7
1980—1989年	11.4	28.3	55.1
1990—1999年	28.5	54.2	76.7
2000—2009年	35.7	—	—

资料来源：根据2010—2018年中国家庭追踪调查数据推算得到。

二、离结比的时空差异

图6-4描述了1978—2020年中国离结比的变化趋势。显而易见，1978—2020年间，中国的离结比随时间的推移而持续上升，与中国离婚率的攀升相契合。2020年，全国结婚对数为814.30万对，离婚对数为433.90万对，离结比高达53.29%。到了2021年，全国结婚对数为764.30万对，离婚对数为283.90万对，离结比为37.15%，与2020年相比有所下降。

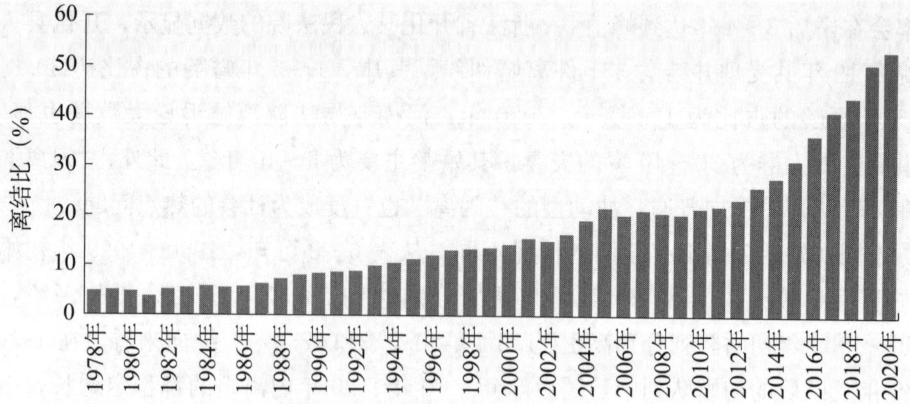

图6-4　1978—2020年的离结比

资料来源：1978—2018年数据来自《中国民政统计年鉴（2019）》；2019年、2020年数据分别来自《2019年民政事业发展统计公报》《2020年民政事业发展统计公报》。

分省（自治区、直辖市）来看，根据2020年民政部门分省（自治区、直辖市）登记数据（见图6-5），离结比最高的是天津，达76.45%；其次为黑龙江，达70%以上；吉林、北京、上海和重庆的离结比均超过60%；辽宁的离结比接近60%。该数据既反映出这些地方的离婚率较高，也折射出它们长期的低生育率和较高的人口老龄化程度所致的结婚率较低。

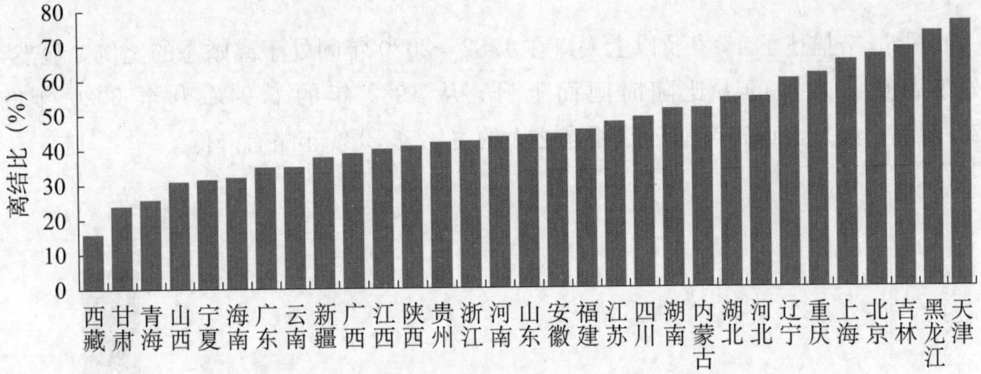

图 6-5　2020 年各省（自治区、直辖市）离结比

如前所述，离结比深受人口年龄结构的影响。全国人口普查数据（见图 6-6）显示，自 20 世纪 50 年代以来，中国 15～39 岁的人口总量在 1990 年前持续上升；1990 年后，除 30～34 岁年龄组外，其他年龄组人数都在波动中降低。这意味着，处于黄金结婚年龄的人口减少，从而结婚率降低。

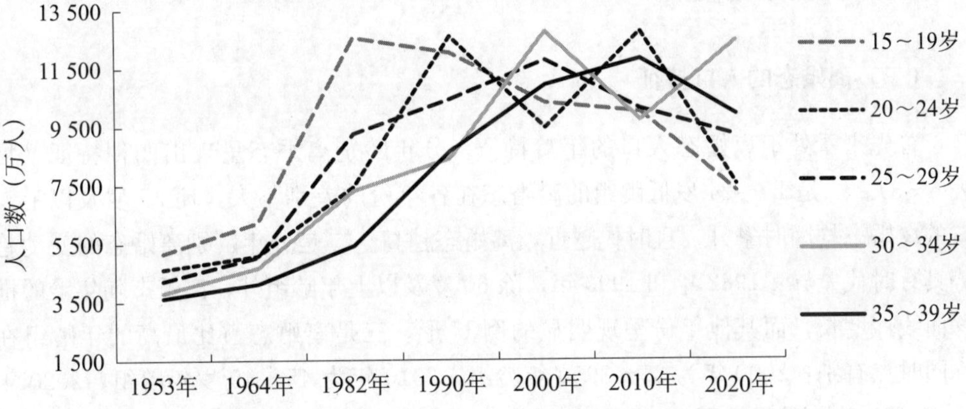

图 6-6　1953—2020 年中国分年龄组的人口总量

三、离婚态的变动趋势

离婚之后，有的人会再次结婚，有的人会保持离婚状态（简称“离婚态”）。离婚态是指 15 岁及以上人口处于离婚的状态。它与离婚率之间既有内在联系，又不完全等同：离婚态的分母是 15 岁及以上人口，而离婚率的分母是年中全部人口或年中与年末人口的均值，故相对于离婚率，离婚态排除了 15 岁以下人口（他们在年龄上远未满足结婚的年龄条件），是更精确的离婚率度量指标。为与离婚率相区分，本章称之为“离婚态比例”或“15 岁及以上人口离婚率”。那么，谁更可能处于离婚状态呢？处于离婚状态的人具有怎样的特征呢？下面介绍离婚态人口的特点。

（一）离婚态的总体变动趋势

图 6-7 描述了 15 岁及以上人口在 1982—2020 年间处于离婚态的比例。显然，处于离婚态之人的占比随时间而上升，从 1982 年的 5.94‰升至 2020 年的 23.78‰；但是，1990 年处于离婚态之人的占比较 1982 年略有降低。

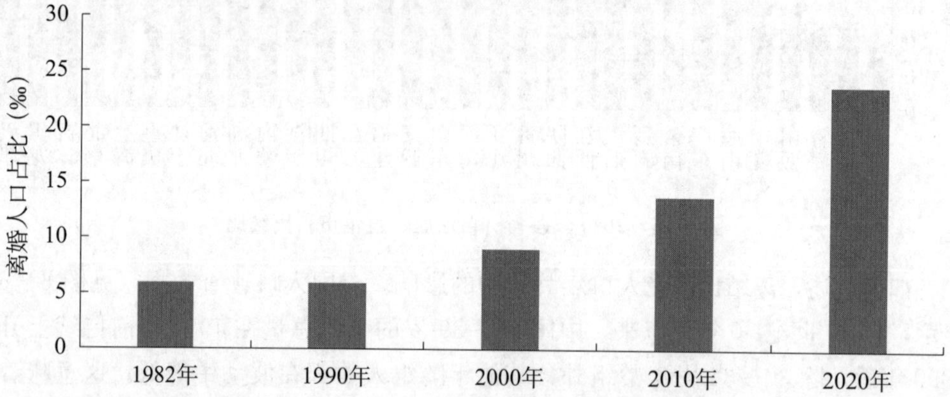

图 6-7　1982—2020 年 15 岁及以上人口的离婚态

资料来源：全国人口普查数据。

（二）离婚态的人口特征

首先来看处于离婚态人口的年龄特征。分年龄别离婚态呈现出四种特征（见表 6-3）。一是 15～24 岁低龄组的离婚态在各年份的差别不大，而 25 岁及以上人口的离婚态均因时攀升，且时代越近，离婚态越高。二是分年龄别离婚态的变动趋势具有时代差异：1982 年和 1990 年，除 60 岁及以上年龄组外，离婚态随年龄的推移而线性增长，而其他年份呈现明显的倒 U 形。三是离婚态占比最高的年龄组在不同时点有别：2000 年为 35～39 岁年龄组，2010 年为 45～49 岁年龄组，2020 年为 40～44 岁年龄组，即 21 世纪后，35 岁是个重要的上升拐点，而 40 岁或 45 岁却是走低的年龄点。四是离婚态高峰呈现长期化和低龄化态势：相较于 1982 年和 1990 年离婚态随年龄增长而缓慢递增模式，2010 年和 2020 年的离婚态高峰期分别长达 20 年，2010 年更是明显的“高原”模式，且时间向低龄过渡。总之，分年龄别离婚态多呈现出增长态势，推升了整体的离婚水平。

表 6-3　1982—2020 年 15 岁及以上人口分年龄别离婚态　（单位：‰）

年龄组	1982 年	1990 年	2000 年	2010 年	2020 年
15～19 岁	0.24	0.31	0.13	0.10	0.07
20～24 岁	1.63	2.28	2.13	2.03	2.02
25～29 岁	3.58	5.54	7.71	9.43	12.63
30～34 岁	5.77	7.49	12.44	18.79	28.21
35～39 岁	7.43	7.61	15.43	22.93	38.72
40～44 岁	9.37	8.52	15.32	23.30	42.43

续表

年龄组	1982年	1990年	2000年	2010年	2020年
45～49岁	11.59	9.11	11.92	23.40	39.34
50～59岁	12.81	10.02	9.54	17.11	31.12
60岁及以上	9.09	8.11	6.58	7.82	13.22

资料来源：全国人口普查数据。

其次，离婚态也存在明显的性别差异。图6－8显示了1982—2020年15岁及以上人口分性别的离婚态。其中，男性离婚态的占比始终高于女性，但女性离婚态的占比涨幅高于男性：男性处于离婚态的比例从1982年的9.18‰增长至2020年的25.31‰；女性处于离婚态的比例的增长趋势与男性相同，从1982年的2.55‰上升到2020年的22.20‰。由此观之，男高女低的离婚态格局一以贯之。

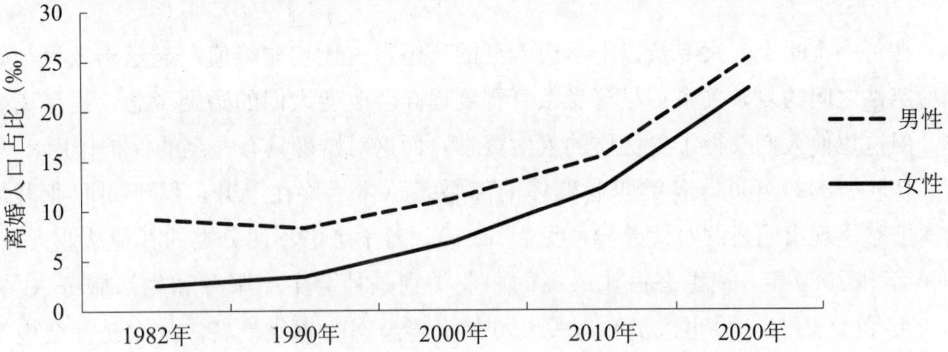

图6－8　1982—2020年15岁及以上人口分性别的离婚态

资料来源：全国人口普查数据。

但是，在这38年中，女性离婚态比男性离婚态上升速度更快，故两者的差距由1982年的6.63个千分点降至2020年的3.11个千分点，离婚态的性别差距明显缩小。女性处于离婚态人口占比的快速增长显示出，随着改革开放的深入推进，经济社会不断发展、婚姻制度和文化观念不断变迁，女性的独立意识、独立能力都得到增强，社会对离婚行为越发包容，过去贴在离婚女性身上的负面标签已然淡化。在现实生活中，很多离婚是由女性提出的，说明她们不再需要依靠男性而生存。①

（三）离婚态的经济社会特征

受教育程度与离婚态占比之间的关系经历了U形—倒U形的模式转变。由表6－4可知，受教育程度与离婚态占比之间的关系并非线性的，且不同时点的关系模式有别。1990年，受教育程度与离婚态占比之间的关系呈U形，初中学历人口处于离婚态的占比最低，未上过学的人口处于离婚态的占比最高，但各教育层级离婚态的差别不大，均未超过10‰。2000年后，二者之间的关系演变为倒U形，且极低值

① 杨菊华．中国离婚潮的变动轨迹与性别模式：经验数据中的理论逻辑．探索与争鸣，2023（9）．

均出现在未上过学的人群中。2000年与2010年，离婚态峰值均见于高中学历群体；2020年离婚态峰值下移，初中学历之人的离婚态占比最高，倒U形态更显。在大专及以上学历群体中，离婚人口占比均随时间推移而逐渐升高，由1990年的6.15‰升至2020年的19.71‰。

表6-4 1990—2020年15岁及以上人口分受教育程度的离婚态 （单位：‰）

受教育程度	1990年	2000年	2010年	2020年
未上过学	7.27	6.75	7.40	8.40
小学	6.21	8.71	11.72	17.51
初中	4.72	8.95	14.98	29.06
高中	5.51	11.22	16.85	26.93
大专及以上	6.15	10.83	12.78	19.71

资料来源：全国人口普查数据。

在每一个时点，大专及以上学历人群的离婚态占比均非峰值，显示出教育与婚姻稳定性之间的复杂关系：尽管受教育程度提高会改变人们的婚姻观念、提高离婚率，但这也使人们获得了更优质的人力资本，而这对婚姻具有一定的保护作用。

1990—2020年间，各类职业群体的离婚态总体上均在上升，但不同职业群体的离婚态呈现出明显的时代差异（见表6-5）。若不考虑不便分类的其他从业人员，1990年和2020年，离婚态占比最高的职业类别是社会生产服务和生活服务人员。2000年和2010年，办事人员和有关人员处于离婚态的占比最高，其次是社会生产服务和生活服务人员；同期，农、林、牧、渔、业生产及辅助人员处于离婚态的占比最低（1990年次低；1990年，党的机关、国家机关、群众团体和社会组织、企事业单位负责人处于离婚态的占比最低）。在最高和最低的背后，隐藏的可能是职业性质、婚姻替代性、离婚成本等深层要素（详见下一节）。

表6-5 1990—2020年15岁及以上人口分职业类别的离婚态 （单位：‰）

职业类别	1990年	2000年	2010年	2020年
党的机关、国家机关、群众团体和社会组织、企事业单位负责人	3.75	10.73	17.97	28.21
专业技术人员	6.39	12.51	18.53	22.62
办事人员和有关人员	6.47	14.59	21.70	30.03
社会生产服务和生活服务人员	10.37	14.43	20.51	33.06
农、林、牧、渔、业生产及辅助人员	5.56	7.33	10.99	18.49
生产制造及有关人员	6.74	10.81	15.06	26.22
不便分类的其他从业人员	9.27	16.83	22.41	25.50

资料来源：全国人口普查数据。

（四）离婚态的城乡和地区差异

表6-6展示了1990—2020年15岁及以上人口分城乡的离婚态变动趋势。离婚

态占比的城乡差异因时代而增。一是城镇与农村的离婚态占比同质变动，都随时间推移而增长。二是城乡离婚态基本格局并未随时代而变：城镇的离婚态占比总是高于农村。三是城乡的离婚态增速不同：1990—2020 年，城镇、农村离婚态的年均增速分别达到 0.63、0.46 个千分点。城镇人口离婚态增长对全国总离婚态增长的贡献率达到 107%。不过，随着市场经济体制改革不断深化，加上人口流动等结构性因素，曾经多发生于城镇的离婚行为也蔓延到农村之中，故在 21 世纪，农村离婚态的增幅也很明显。

表 6-6　1990—2020 年 15 岁及以上人口分城乡的离婚态　（单位：‰）

城乡	1990 年	2000 年	2010 年	2020 年
城镇	7.31	12.48	17.44	26.45
农村	5.37	6.85	10.07	19.06

2020 年，城乡处于离婚态的性别比分别为 88、246。这意味着，在城镇，处于离婚态的女性“过剩”，即相对于每 100 名处于离婚态的女性，仅有 88 名男性处于离婚态；相反，在农村，相对于每 100 名处于离婚态的女性，却有 246 名男性处于离婚态，显现出农村男性可能面临严重的“婚姻挤压”问题。

分地区来看，东北地区离婚态的占比上升最快，东部地区与中部地区进程基本同步。表 6-7 描述了 1982—2020 年 15 岁及以上人口分地区的离婚态变动趋势。显而易见的是，1982 年和 1990 年，四地区之人处于离婚态的占比相差不大，均不足 8‰。但是，随着时间推移，不同地区之人处于离婚态的占比差异逐渐扩大：东北地区增速最快，西部地区次之，中部和东部地区增速较缓。2020 年时，东部和中部地区的离婚态占比相差不大，均接近 19.90‰；西部地区的离婚态占比为 27.35‰；东北地区的离婚态占比远远高于其他地区，达到 45.99‰，分别高出东部、中部、西部地区 26.08、26.07、18.64 个千分点。

表 6-7　1982—2020 年 15 岁及以上人口分地区的离婚态　（单位：‰）

地区	1982 年	1990 年	2000 年	2010 年	2020 年
东部	5.27	4.88	7.12	5.89	19.91
中部	6.66	5.68	7.51	6.73	19.92
西部	6.60	6.92	10.95	8.95	27.35
东北	4.45	7.52	15.69	15.19	45.99

进而，各省（自治区、直辖市）的离婚态占比也差别甚大。1982—2020 年间，多数省（自治区、直辖市）的离婚态占比稳步增长，但西高东低、北高南低的格局也很明显（见表 6-8）。1982—2010 年间，新疆的离婚态占比高居首位，东北三省的离婚态占比增速最快，西藏、海南、山西、广东的离婚态占比增速较慢。1982 年，天津、辽宁、吉林、黑龙江、江苏、山东、四川、贵州、宁夏的离婚态占比不足 5‰，青海和新疆的离婚态占比超过 10‰，其余省份的离婚态占比介于 5‰与 10‰之间。到 2020 年，31 个省份的离婚态占比均超过 10‰，其中，河北、山西、

江苏、江西、山东、河南、广东、海南、陕西、甘肃的离婚态占比介于10‰与20‰之间，天津、上海、重庆、青海、新疆的离婚态占比介于30‰与40‰之间，而东北三省的离婚态占比均超过40‰，黑龙江最高，达到48.46‰。可见，在这近40年里，除西藏以外，其余省份的离婚态占比都实现了正增长，离婚态占比的增长并非局部现象，而是全国性的普遍现象。

表6-8　1982—2020年15岁及以上人口分省份的离婚态　（单位：‰）

省份	1982年	1990年	2000年	2010年	2020年
北京	5.24	7.26	13.36	18.42	28.30
天津	4.32	5.64	9.80	15.41	31.82
河北	5.61	4.83	6.56	9.54	18.47
山西	9.90	7.76	8.59	10.71	18.07
内蒙古	5.43	5.55	10.06	14.79	29.50
辽宁	4.23	7.25	16.21	28.34	44.54
吉林	4.60	7.98	15.86	28.82	45.33
黑龙江	4.61	7.51	14.91	29.21	48.46
上海	6.25	9.34	16.32	20.01	30.84
江苏	4.48	4.12	7.12	11.25	19.11
浙江	7.39	6.47	8.80	13.08	23.03
安徽	6.37	5.23	6.68	9.88	21.48
福建	6.26	5.58	7.04	10.58	22.30
江西	7.44	5.95	6.99	10.81	18.23
山东	4.04	3.57	5.20	8.00	15.09
河南	5.53	4.92	6.58	9.06	14.86
湖北	6.27	5.53	7.87	12.43	23.60
湖南	6.81	6.13	9.11	14.49	24.02
广东	5.42	4.38	5.29	8.09	17.75
广西	6.36	5.83	8.00	11.65	20.63
海南	—	5.74	6.27	8.21	17.25
重庆	—	—	13.38	21.54	34.20
四川	4.55	5.55	10.94	17.64	29.26
贵州	4.90	5.56	9.46	15.00	29.95
云南	6.07	6.25	9.53	14.31	26.46
西藏	—	24.95	25.82	23.25	21.07
陕西	5.77	5.77	8.14	11.00	18.30
甘肃	6.39	6.17	8.36	10.74	19.25
青海	13.08	11.64	17.66	25.68	35.90
宁夏	4.61	5.06	9.21	14.44	29.99
新疆	32.21	28.20	26.11	32.20	38.81

第三节　离婚的原因

离婚是多重因素综合作用的结果，包括政治、法律、文化和政策等制度力量（简称“四力”）和工业化、城镇化、现代化和市场化等结构力量（简称“四化”，但市场化比较微妙，与前三化有别）。“四力”主要作用于改革开放前，但其影响一直延续到改革开放后40多年，21世纪以来其影响有增无减（如《民法典》关于离婚的规定），且其影响主要是“自上而下”的；“四化”主要作用于改革开放后，但植根于前30年，其影响主要是“自下而上”的，但兼具“自上而下”和“自下而上”双重特征。

一、理论解释

概而言之，离婚率的增长是相互交织、彼此纠缠的社会情境与个体利益博弈的结果。社会学者和经济学者从文化制度、经济结构、家庭情境、价值观念等多个视角，分析了离婚现象的深层原因。本节主要介绍第二次人口转变理论、社会性别论和社会交换论。

（一）第二次人口转变理论

第二次世界大战以后，部分北欧和西欧国家的婚姻家庭发生了诸多新的变化：生育率持续下降、结婚年龄越来越晚、同居现象愈发普遍、离婚率和婚外生育率上升、自我选择不婚不育等。为解释这些新的变化，列思泰赫和冯德卡提出了第二次人口转变概念及相应的理论框架①，并在后续研究中不断完善。学界尽管对第二次人口转变的本质争议颇多，但一致的看法是，婚姻家庭的新变化不同于经典人口转变：经典人口转变理论关注三个可精准量化的指标（出生率、死亡率、自然增长率），且它有一个终极目标（即2.1的更替水平）；而第二次人口转变理论聚焦于可量化和难以量化的两类指标，即既包括初婚年龄、结婚率、出生率等易度量指标，也包括观念性的定性叙事。

第二次人口转变理论从观念变迁的角度，解释了生育率持续低于更替水平的原因。它认为，在现代化进程中，女性自我实现意愿和能力提升，经济独立性极大增强，社会对（女性）生活模式和生活安排的多样化更为包容和接纳，由此引发人们婚姻家庭观念和行为模式的巨大改变。这些变化的显性表现是：初婚年龄大大推迟，不婚、同居比例越来越高，离婚被视为应受到尊重的自我选择；生儿育女不再

① KAA D J V D. Europe’s second demographic transition. Population bulletin，1987，42 (1).

是家庭生活的必要安排，生育也不必发生在婚内且可完全与婚姻缔结脱钩；等等。在其背后，隐藏的是“发展理想主义”（developmental idealism），即人们关于婚姻、家庭、生育的价值取向的变革，以及对女性接受高等教育及其社会角色态度的转变。在一定时期内，不婚、同居、离婚、少生或不生甚至被视为更先进、更文明的社会的表征。

（二）社会性别论

第二次、第三次女权运动浪潮兴起后，形成了日渐分化的社会性别论。米利特（Kate Millett）、鲁宾（Gayle Rubin）、巴特勒（Judith Butler）等学者，对性（sex）与性别（gender）的差异及其背后的集体和家庭父权制进行了深入探讨。性别强调个体基于生活情境对自身的认定，基于男女两性的生理差异赋予两性不同的要求和期待，以及应与不应、善与不善、能与不能的价值判断；在特定文化架构内形成的性别角色分工观念与行为，是贴在两性身上的显性社会标签，是文化赋予两性特征和个体性别特质的意识形态注脚与行为指南。

传统婚姻制度既是传统性别文化规制的重要成分，也是其持续性和有效性的支撑。在性别化的婚姻制度中，家庭有清晰的边界，两性在边界内外扮演不同的角色，满足固定的社会期待。“强健”的丈夫在外打拼、养家糊口，“娇柔”的妻子在家相夫教子、经营家庭，各自履行在婚姻生活中的职责，思想不可越轨，行为更须合规。但是，这样的规制是小农经济或手工业经济的产物，在社会主义革命及社会从传统的封建制社会向工业化、城镇化和现代化社会转化的过程中，文化规制、人口构成、经济结构、社会理念等发生了重大转型。女性受教育程度日渐提升，全面突破了家庭边界，同时贡献于家庭与社会，这注定了婚姻制度（至少在形式上）必然发生相应的改变。

近年来，家庭研究的研究者[①]提出了“性别革命”的理论分析框架[②]。该理论认为，性别革命推动了女性平等地参与社会生活，使得家庭责任可在夫妻之间更平等地分配。然而，平等的性别意识或对平等性别意识与行为的追求，可能会加剧夫妻之间的张力——女性更可能以平等视角审视和践行夫妻关系，但男性更可能依旧遵循传统婚姻制度，公共领域的性别平等未能真正变为“家策”，由此可能激化夫妻之间的张力。

（三）社会交换论

上面两个理论分别从宏观理念和制度视角解释婚姻家庭变迁，并未直接涉及婚

---

① MCDONALD P. Gender equity in theories of fertility transition. Population and development review, 2000，26（3）.

② GOLDSCHEIDER F，BERNHARDT E，LAPPEGARD T. The gender revolution：a framework for understanding changing family and demographic behavior. Population and development review，2015，41（2）.

姻的解体与重构，属于宏观的理论架构。从微观经济学的结构视角，贝克尔认为，离婚概率是婚姻期望收益和婚姻的不可预测结果的函数：前者是指夫妻期望婚姻带来的收益，后者是指因夫妻在婚前对对方不够了解或因婚后偶然因素的影响而出现的夫妻未曾预料的结果①。

第二次世界大战后，社会学家和经济学家分别提出社会交换论，从家庭和个体层面解释西方世界不断攀升的离婚态势。莱文杰（George Levinger）提出，人际互动属于互惠行为，遵从理性与公平原则②。交换双方旨在以最小成本获取最大收益。婚姻缔结也是一种资源交换；当双方资源交换趋于平等时，夫妻关系相对稳固，婚姻稳定性较强。可供交换的资源多种多样，如家庭背景、个体特征、物质条件、家庭服务、情感支持、性与生殖能力等。莱文杰认为，离婚的原因虽然多样，但通常是三个因素的函数：低吸引力、低离婚成本、高替代性。这三个因素又可从物质性、象征性、社会性三个层面加以考察（见表6-9）。

表6-9　莱文杰的婚姻交换理论

引力	障碍	替代
	物质性	
家庭收入	经济支出	女性经济社会地位较高
家庭规模		
	象征性	
教育	婚姻责任	独立性
职业	宗教制约	自我实现
社会类似性	家族压力	
	社会性	
爱情	对子女利益的考量	其他性伴侣
尊重		
性愉悦		

家庭和个体（尤其是女性）的经济社会地位属于婚姻的物质性条件，家庭收入高、家庭规模大，婚姻的引力也更大；经济支出也具有维系婚姻的作用；但女性经济社会地位越高，婚姻替代性越强，婚姻的稳定性可能越弱。尽管经济资源的交换总具有基础性和关键性，但在当下社会，其他方面的交换也同样重要。当然，交换未必绝对对等，强势的一方通常拥有更大的话语权。若夫妻一方的交换资源过少，则其吸引力减弱，更可能被外界资源替代，导致婚姻破裂。历史上，男性是家庭的经济支柱，女性多以家庭服务来交换男性的经济支持。工业革命后，越来越多的女性成为家庭生计的贡献者，夫妻双方的资源交换出现了新特征，而这种不对等在经济社会地位较高的女性群体中更为突出，从而可能驱动其寻找新的婚姻替代资源。

---

① BECKER G S，LANDES E M，MICHEAL R T. An economic analysis of marital instability. Journal of political economy，1977，85（6）.

② LEVINGER G. Marital cohesiveness and dissolution：an integrative review. Journal of marriage and family，1965，27（1）.

在现实中，她们可替代的资源往往更丰富、更多样和更可及。

其他研究也显示，当离婚障碍因素和婚姻满意度保持不变时，替代选择的吸引力越大，婚姻受挫的危险也越大①。理论推导表明，婚姻替代选择的吸引力将降低婚姻质量，进而降低婚姻的稳定性②。

尽管按照莱文杰等经济学家的观点，婚姻解体的直接原因在于微观个体和家庭特征，但个体的婚姻行为总是被烙上鲜明的时代印记，也是其所处社会的人口变迁、文化重构与制度转型等宏观背景的微观写照。比如：由于个体在婚姻中可用于交换的资源与性别关系的嬗变密切相关，故婚姻解体实际上反映了女性总体经济社会地位的不断提高、替代资源的不断增加。

二、婚姻变动的社会情境

本部分以中国为例，讨论婚姻变动的社会情境。概而言之，新中国成立以来的制度、结构与文化情境都消解了离婚的“耻辱”意涵与各种成本。

（一）制度变革与离婚成本的降低

婚姻作为一种性别化的社会制度，一直是封建社会维系私域和公域父权制度的有效工具。传统婚姻强调家庭、家族责任，制定两套标准，分别用于规制男性和女性。“女主内”的家庭分工，使女性具有经济依附性，在婚姻生活中处于劣势和被动地位。19世纪后期，伴随西学东渐、维新变法及新文化运动，萌芽于上层阶层的新的婚姻价值取向开启，多元和开放的离婚文化逐渐形成。但直到新中国成立前，绝大多数女性仍遵循“嫁鸡随鸡、嫁狗随狗”的婚嫁观念。耻辱性的离婚文化给离婚女性贴上了诸多负面标签，使其背负了沉重的道德枷锁与精神压力。

新中国成立后，党和政府在政治上大力倡导社会和家庭领域的性别平等，在文化上致力于破除传统的性别角色规制，并将新的理念以法律形式予以保障，通过公共政策的支持加以践行。新生的国家意志和国家机器大力推进性别平等，加上婴幼儿照护等公共服务的支持，女性逐渐突破家庭束缚，打破“男主外”的分工模式，封建的性别文化规范的物质基础开始瓦解，广大女性也从“从一而终”的牢笼中解放出来。③ 近40年，借工业化、城镇化、现代化之力，性别自觉意识、婚姻自主的社会生态与家庭格局逐渐内化为婚姻行为，为离婚的“去传统化”和“去污名化”提供了制度保障，降低了离婚的社会成本。

婚姻关系中的性别平等离不开法律支持。上一章提到的1950年《婚姻法》开

① UDRY J R. Marital alternatives and marital disruption. Journal of marriage and family，1981，43（4）.

② LEWIS R A，SPANIER G B. Theorizing about the quality and stability of marriage//WESLEY R B，et al. Contemporary theories about family. New York：Free Press，1979：268－294.

③ 张应祥．中国婚姻家庭研究综述．中山大学学报论丛，1997（6）.

宗明义地宣告，强调离婚自由，准予自愿离婚者或调解无效者离婚。此后的《婚姻法》及其修正案，都以夫妻感情破裂作为诉讼离婚的唯一法定理由，确立了无过错离婚原则，进一步保证了离婚自由①。2003 年的《婚姻登记条例》取消了单位证明和审查期限，简化了离婚手续②，降低了离婚的法律成本。

婚姻自主与离婚自由基调重构了婚姻关系格局，以家庭利益为核心的婚姻观念开始为以当事人的幸福为中心、注重世俗生活的新婚姻文化所代替；有关婚姻的思想观念向后现代主义、个人主义和自由主义方向转变，更加注重婚姻质量。社会对离婚等行为愈发宽容，离婚的道德压力不断弱化。家庭的变迁和代际的轮替，尤其是代际关系的倒置，减弱了来自长辈的压力，传统的家庭观念，即便是希望维护家庭完整性，也难以成为阻止离婚的理由。避孕技术的发展和普及，打破了传统婚姻“情—性—生—养”环环相扣的固有链条以及将性生活限定在夫妻之间的道德规范，性生活可以脱嵌于婚姻，道德对婚姻的约束力大大减弱，降低了离婚的文化成本。

长期推行的计划生育政策通过两种途径作用于婚姻的稳定性。一是改变了家庭形态，弱化了维系夫妻关系的一条重要纽带。婚姻制度的一个重要功能是满足家庭的生育、养育等方面的需求③。稳定的婚姻有助于子女的长期养育④，而子女的生养也有助于婚姻的稳定。社会交换论认为，家庭共同支出有助于维系婚姻。然而，生育控制断崖式地减少了子女数量，重塑了家庭的内外结构。1953 年，每个家庭平均约有 6 个孩子，而到了 2020 年，每个家庭平均仅有不到两个孩子。子女数量减少，弱化了子女对于婚姻的黏合效用，进一步降低了离婚的心理、社会和法律成本。二是出生性别比失衡导致了在较长时间内婚姻市场的性别结构失衡严重。自 20 世纪 80 年代以来，出生性别比长期失衡，致使 2020 年男性比女性多 3 490 万人，适婚年龄人口男多女少使得女性“供不应求”，再加上婚姻的替代性，婚姻的不稳定性加剧⑤。

（二）现代化进程与婚姻替代性的增强

新中国前 30 年的制度变革（除人口政策外）催生了利于离婚的土壤，并得到了后 40 多年结构要素的支撑。婚姻与社会结构之间的关系密不可分，社会结构禀赋的转变必然带来婚姻行为的变化。若个体可从婚姻外获得足够收益，稳定的婚姻就不必成为孜孜以求的目标。自 1978 年以来，中国从封闭走向开放，从农业社会走向工业社会，从计划经济走向市场经济，从“乡土中国”走向城乡社会，从子女成群走向只有 1～2 个子女，部分家庭功能被社会组织替代，婚姻的内在吸引力减弱、替代性增强、替代品增多。这些变化与制度禀赋相联手，共同推升了离婚率。

---

① 蒋月．论我国现行法定离婚理由立法主义．东方法学，2009（4）．

② 夏吟兰．离婚自由与限制论．北京：中国政法大学出版社，2007：56－57．

③ 潘允康．论现代婚姻中个人行为和社会行为的矛盾统一．浙江学刊，2005（6）．

④ 费孝通．乡土中国 生育制度 乡土重建．北京：商务印书馆，2015：170－171．

⑤ 张彬斌，汪德华．中国农村婚龄人口性别失衡对女性离婚决策的影响．社会发展研究，2018，5（2）．

中国在最近40多年内，实现了从农业社会到工业社会再到后工业社会的转变，工业化水平和城镇化率都大幅提升：2021年，第三产业的占比达到53.3%，城镇化率达到64.7%。工业化与城镇化进程从根本上改变了个体生存的外部环境。一方面，它们提升了社会的开放程度，增强了个体意识，"为了自己"成为个体决策的重要依据；加上家庭经济结构的变化，增强了"离婚经济可行性"①。另一方面，城市生活打破并改变了传统的谋生手段和生活方式，冲击了婚姻的稳定性②。城镇化进程重塑了婚姻和家庭观念，提供了更多可供选择的机会、空间和途径，改变了传统的家庭生活模式；城镇化率每增长1个百分点，离婚率就相应增长1.475个百分点③。

在人口地域流动过程中，许多夫妻未能一起流动，空间距离制约了夫妻间即时性的互动和互助，撕裂了地缘同域对夫妻关系的捆绑纽带，减弱了亲缘共情对夫妻关系的黏合效力。同理，城市的异质性和现代信息技术的发展，拓展了流动人口的社交范围与视野，人们的交往空间扩大、交往途径拓宽、交往渠道便捷。在家庭生活难以得到满足之时，外界替代资源的可及性、可得性、丰富性极大提高。同时，留守妻子在承担生产劳动的同时，也可参与乡村活动，这种新安排赋予了女性对家庭事务的决策权和支配权。但丈夫的缺席和情感支持的缺位也可能削弱婚姻的稳定性。

现代化是工业化和城镇化的内生变量；公共教育的扩张、公共服务和福利制度的建立与完善等均为其重要指征。在新中国成立时，15岁以上人口的文盲率超过80%，1982年这一指标降至22.8%，2020年进一步降至2.7%，而受过高等教育的人口比重从新中国成立初期的不到1%升至2020年的15.5%。其中，女性的教育资本改善得更快，且高等教育出现性别逆转。同时，公共服务和公共福利制度日趋完善：一方面，服务业的崛起进一步拓展了女性的非农就业机会，夫妻各司其职的社会分工格局逐渐动摇；另一方面，社会福利制度的建立，基本消除了妻子对丈夫的依附，提升了她们的自立能力和社会流动的倾向。

可见，现代化进程成为动摇传统婚姻制度的重要力量，婚姻的契约性质越发凸显。在新中国成立之初，虽婚姻的契约意识已加强，但婚姻仍被视为绑定家庭的纽带而被烙上集体主义的印记，束缚性较强。在第二次人口转变过程中，妻子对丈夫的依附性降低，市场交换能力和婚姻替代性增强，在倡导婚姻中男女平等的政治、法律和文化生态中，夫妻的个体性彰显；加上离婚法律手续的简化，离婚成本进一步降低④。

---

① 米特罗尔，西德尔．欧洲家庭史．北京：华夏出版社，1987：122.

② GAUTIER P A，SVARER M，TEULINGS C N. Sin city?：why is the divorce rate higher in Urban areas?．Scandinavian journal of economics，2009，111（3）.

③ 孙晓娟，陈维涛，赵东红．中国城市化进程与离婚率之间的实证分析．长春理工大学学报（社会科学版），2012，25（3）.

④ 李洪祥．我国离婚率上升的特点及其法律对策．社会科学战线，2015（6）.

（三）市场化扩展与婚姻张力的加剧

制度要素和现代化的发展降低了离婚的成本，提高了婚姻的替代性。市场化则从以下三个方面影响婚姻的稳定性。

第一，工具理性替代价值理性。始于20世纪90年代初的市场化改革，加剧了经济理性行为对包括婚姻行为在内的日常生活的冲击，激活了社会大众对个体社会性价值的重视，进一步弱化了传统的婚姻观念和婚姻的公共或集体属性。婚姻关系逐渐被物化，物质性逐渐成为婚姻稳定的重要维系因素，自主婚姻呈现出形式自由与内涵错位的窘境，离婚风险大大提升。

第二，工作-家庭更难平衡。对于工作时间弹性小、职场要求严、生活节奏快和生活成本高的城市职工（尤其是中层阶层）而言，市场化发展对家庭和工作的影响更大。市场化给正处于工作上升期、家庭正处于形成和建设期的中青年人尤其是女性带来更大的职场压力，婚姻生活中的张力也变得更大，婚姻的摩擦与冲突不断加剧，婚姻的吸引力因此降低。

第三，婚姻收益持续降低。在市场化且公共政策对家庭的支持严重不足的背景下，男女两性的婚姻收益都可能降低。市场化带来传统性别观念和婚姻制度的回潮，男性希望女性回家相夫教子或助力自己发展事业，而女性则因资本禀赋的增强和性别观念的转变也希望从市场化中获益，由此造成两性婚姻观念的错位与失衡：若妻子达不到丈夫的期待，丈夫的婚姻收益就会降低；若妻子满足了丈夫的期待，她自己的婚姻收益就可能受损。不过，若无（更好的）外在婚姻替代品或离婚成本过高，即便婚姻的张力甚大，维持婚姻给当事人带来的收益依旧可能超过离婚，进而会抑制离婚率。然而，相较于中上层阶层之人，这种情形可能更适用于经济社会地位较低之人（因婚姻的替代性弱）和极少数最高阶层之人（因离婚成本太高）。

三、婚姻变动的微观因素

除宏大的社会场景外，离婚更是个体生活体验的结果。前面介绍的经济学视角下的离婚，都是从个体视角出发的。比如，诺顿（Norton）和米勒（Miller）发现，美国社会的高离婚率与11个因素有关，即：年龄太小，尤其是不满20岁即结婚者最为明显；从认识到结婚间隔时间太短，如不到两年；婚前交往时间太短，以不到半年最为明显；父母的婚姻不幸福；亲友明确表示不同意此婚姻安排；双方背景存在明显差异；双方宗教信仰不同；有辍学经历；未能建立良好的社会参与；对丈夫和妻子角色之义务的认定有异；社会联结较弱①。概而言之，可将离婚的微观因素概括为以下几个方面。

---

① 邓伟志，徐新．家庭社会学导论（第二版）．上海：上海大学出版社，2020：21.

（一）个体特征

第一，夫妻异质性。夫妻异质性即夫妻双方在各个维度上的差距，包括“冲突的生活方式”“渐行渐远”“性格志趣相异”。当夫妻双方的年龄、个性、社会文化背景、宗教信仰、种族、社会地位等差异较大时，他们更可能产生不可调和的冲突，相互适应更为艰难，离婚的风险也较大。相反，夫妻在价值观、生活习惯和个性等方面的一致性能显著提升婚姻质量。[①] 不过，年龄、教育等方面的差异对婚姻稳定性的影响会随时间的推移而弱化甚至消失[②]。

第二，婚前同居。从理论上看，试婚有助于加深对对方的了解，测试两人的匹配度，选择更合适的伴侣迈入婚姻生活，降低正式结婚后的离婚风险。但是，实证研究表明，婚前同居对婚姻质量造成负面影响，显著提高离婚风险。[③] 婚前同居对离婚的影响本质上是同居时长对离婚的影响，但即便在控制同居时长的情况下，婚前同居仍然会提高人们的离婚风险。同时，婚前同居者很可能更具有离婚倾向，思想更解放，缺少对婚姻制度与婚姻稳定性的认可，但对婚姻质量有更高的预期，一旦婚姻满意度下降，便会选择离婚。而且，婚前同居会通过提高人们对于离婚的接受度、降低婚后解决问题与冲突的技能水平而提高离婚风险。

第三，婚姻互动。夫妻之间的互动与交流是衡量婚姻质量的重要维度，对婚姻关系能否和谐发展具有重要作用。婚姻的行为理论和依恋理论指出，夫妻间经常的互动与分享（如经常互相表达爱意，一起外出购物、参加朋友聚会、观看电影以及文体表演，等等），可使夫妻关系更为紧密，有利于提高婚姻质量和婚姻稳定性，而较少或消极的互动可能导致婚姻最终走向失败，这与常见的离婚原因“情感需求未被满足”“高冲突的婚姻关系”相呼应。经验研究表明，夫妻间的交流、互动、沟通越多，婚姻满意度越高、离婚风险越低[④]；经常性的冲突、激烈的争执等不良互动则会降低婚姻稳定性。[⑤]

第四，观念变化。择偶观的变化使经济婚姻和“三快”（相识快、结婚快和离婚快）婚姻增多；家庭观的变化使婚姻生活中的志趣矛盾、家事冲突和感情转移更加激烈；性事观的变化使现代婚姻的生理基础面临新的挑战；离婚观的变化则使保障离婚自由成为当代中国婚姻文化的一个重要组成部分，为感情确已破裂的夫妻寻求离婚的解决办法创造了宽松的社会环境[⑥]。此外，草率结婚和婚姻基础不牢、婚后一方或双方发生过失（如婚外恋）、性的生理和心理价值被承认和受重视但性生

---

① 徐安琪，叶文振．婚姻质量：度量指标及其影响因素．中国社会科学，1998（1）．

② BUSS D M. Toward a psychology of person-environment（PE）correlation：the role of spouse selection. Journal of personality and social psychology，1984，47（2）．ROGLER L H，PROCIDANO M E. Marital heterogamy and marital quality in Puerto Rican families. Journal of marriage and family，1989：363－372．

③ 叶文振，徐安琪．婚姻质量：西方学者的研究成果及其学术启示．人口研究，2000（4）．

④ 申顺芬，林明鲜．婚姻满意度研究：以山东省为例．人口研究，2013，37（4）．

⑤ 徐安琪．白头偕老：新世纪的神话?：终身婚姻态度的代际比较研究．青年研究，2010（4）．

⑥ 叶文振，林擎国．当代中国离婚态势和原因分析．人口与经济，1998（3）．

活不和谐、性与结婚生育行为分离、理想婚姻与现实存在差距、女性地位提高、一方残疾和一方犯罪等主客观原因，也可能导致离婚。

（二）家庭因素

第一，代际传递。在婚姻研究领域，代际传递假说认为，父母离婚会对子女婚姻关系的稳定性产生负面影响。有研究表明，父母离婚导致女儿婚姻破裂的概率增加70%[①]。也有研究表明，若妻子一方的父母有离婚史，则夫妻的离婚风险增加69%，若夫妻双方的父母均有离婚史，则夫妻的离婚风险增加189%[②]。究其原因，一是从人际交往技巧学习的角度来看，当父母处于婚姻困境时，子女难以习得有助于维持长期的、相互满足的亲密关系的沟通技巧[③]。二是父母婚姻的破裂直接影响子女对婚姻关系与婚姻承诺的看法，将父母的婚姻价值取向内化到自己的价值体系当中，指导着自身的婚姻家庭行为[④]。

第二，经济压力。婚姻危机通常建立在压力事件、对压力的认知以及应对压力所拥有的资源等多重因素的相互影响之上。经济压力的增加常伴有家庭矛盾的激化、婚姻冲突的增加，是婚姻稳定性的重要风险因素。经济资源是家庭存续的基础，缺乏经济资源，家庭的基本需求难以得到满足，这会直接影响婚姻满意度甚至导致婚姻破裂；经济依赖是家庭资源交换的基础，当被依赖者陷入经济困境时，其本身及婚姻的吸引力会大幅下降，也可能引发婚姻问题。值得注意的是，经济资源对婚姻的影响存在性别差异，男性收入减少会降低婚姻满意度并增加离婚的风险[⑤]，而女性收入减少对离婚行为没有明显贡献[⑥]。近年来，除家庭收入这一直观维度外，失业、房价波动、彩票中奖、社会保险等也可能对离婚风险产生影响。

第三，家庭事务。此外，离婚与女性地位提高、家庭功能改变、家务矛盾、子女数量、家庭关系、家庭暴力等社会因素有关。比如，当丈夫积极分担日常家务时，妻子寻求离婚的可能性较小[⑦]；而当女性在家务分配中感到不公平时，其就会

---

① BUMPASS L L，MARTIN T C，SWEET J A. The impact of family background and early marital factors on marital disruption. Journal of family issues，1991，12（1）.

② AMATO P R. Explaining the intergenerational transmission of divorce. Journal of marriage and family，1996，58（3）.

③ SANDERS M R，HALFORD W K，BEHRENS B C. Parental divorce and premarital couple communication. Journal of family psychology，1999，13（1）.

④ CHERLIN A J，CHASE-LANSDALE K E K L. Parental divorce in childhood and demographic outcomes in young adulthood. Demography，1995，32（3）.

⑤ BERTRAND M，KAMENICA E，PAN J. Gender identity and relative income within households. NBER working papers，2013，130（2）.

⑥ KILLEWALD A. Money，work，and marital stability：assessing change in the gendered determinants of divorce. American sociological review，2016，81（4）.

⑦ AMATO P R，BOOTH A，JOHNSON D R，et al. Alone together：how marriage in America is changing. Cambridge：Harvard University Press，2007.

利用自己的就业优势摆脱不幸的婚姻[1]，即当男女对无偿的家务劳动的分工态度不一致时，女性的有偿工作优势才会提高离婚的风险[2]。

（三）生命过程因素

第一，女性就业。随着女性思想的解放，越来越多的女性迈入劳动力市场，而同时，离婚率也不断上升。贝克尔认为，传统的“男主外、女主内”的家庭分工模式是最经济理性的婚姻模式，有利于维持婚姻的稳定；一旦女性进入劳动力市场，便会带来伴侣之间的地位之争，诱发婚姻解体。基于这一理论，人们普遍认为，女性就业、经济独立性增强，成为离婚的重要原因。不过，越来越多的研究表明，夫妻共同参与生产活动比传统家庭分工模式更有利于婚姻的维系。双职工夫妻可通过分享知识、技能和社交网络，提高对方的婚姻收益[3]，改善夫妻的生活水平，减少婚姻压力。

第二，迁移流动。人口流动在促进经济持续增长的同时，也重塑着传统的家庭结构与婚姻关系。个体在流动过程中可能面临夫妻分离、家庭生活割裂、替代资源增多、情感交流减少、家庭功能缺失等问题，由此降低婚姻满意度与婚姻质量，显著提高离婚率[4]，而共同流动的夫妻离婚风险显著降低[5]。从替代视角来看，人们会下意识地将现有的婚姻关系与其他可能的情感安排进行比较，当现有婚姻的吸引力与离开现有婚姻的阻力之和小于其他选择的吸引力时，现有婚姻就不可避免地走向解体[6]。与未流动者相比，外出务工者可接触的婚姻替代资源更为丰富，同时外出务工使流动人口摆脱了家庭网络的约束，背叛婚姻的成本也更小，离婚风险大大增加。[7]

【拓展阅读 6-1】 老年群体离婚率增加，对与伴侣的精神契合有更高要求

四、婚姻管理

婚姻形态的变迁会引发一连串的社会效应，离婚的影响更会超越微观领域而辐射到社会。比如，对养老与抚幼、儿童心理健康与社会适应等方面的社会服务与公

---

① SAYER L C，ENGLAND P，ALLISON P D，et al. She left，he left：how employment and satisfaction affect women's and men's decisions to leave marriages. American journal of sociology，2011，116（6）.

② MENCARINI L，VIGNOLI D. Employed women and marital union stability：it helps when men help. Journal of family issues，2017，39（5）.

③ ÖZCAN B，BREEN R. Marital instability and female labor supply. Annual review of sociology，2012，38.

④ MINCER J. Family migration decisions. Journal of political economy，1978，86（5）.

⑤ 彭大松，刘越．流动人口的离婚风险：代际差异与影响因素．人口学刊，2019，41（2）.

⑥ LEVINGER G. A social psychological perspective on marital dissolution. Journal of social issues，1976，32（1）.

⑦ 李卫东．人口流动背景下农民工婚姻稳定性的影响因素分析．人口与发展，2018，24（6）.

共支持、家庭耐用消费品市场甚至房地产市场、工作和人际关系的组织与闲暇时间的利用，以及全面两孩政策的效能等，都会带来很强的社会溢出效应，形成多方面的社会挑战。

为此，随着离婚率的上升，很多国家都曾通过提高离婚成本的方式遏制离婚尤其是冲动离婚。国家行政手段可干预的离婚成本主要是时间成本，如离婚冷静期的设定。美国各州的诉讼离婚制度都规定，当事人要经过一段时间的分居后才能向法院申请解除婚姻关系，时间间隔在各州有所不同，一般为3～12个月。澳大利亚则规定，在法院宣告暂时离婚的1个月以内，若双方和好，则可选择撤销临时判决；若双方未和好，则正式宣告离婚。在俄罗斯的诉讼离婚中，法院会给予不超过3个月的时间让夫妻双方考虑，而登记离婚也需要等待1个月。

2021年，中国也开始实施离婚冷静期制度。《民法典》明确规定，对自愿离婚者，“自婚姻登记机关收到离婚登记申请之日起三十日内，任何一方不愿意离婚的，可以向婚姻登记机关撤回离婚登记申请”，即设置了一个月的离婚冷静期。这一制度的设计也是为了应对高离婚率，通过增加离婚程序的烦琐度来提升离婚成本，减少冲动离婚，达到降低离婚水平的目的。

当然，解决冲动离婚问题，还需要加强源头防微，厘清离婚的主要原因，化解离婚风险；要注意过程阻断，不断完善调解机制，增强人们对婚姻的敬畏之心；也要注重结果关照，为离婚家庭提供相应的公共支持，避免其生活陷入困境。但是，对于一些如家暴等伤及人身安全或个体尊严的情况，离婚则不应因离婚冷静期的设置而受到限制。

【拓展阅读6-2】
“离婚冷静期”自实施以来效果如何？

第四节　婚姻再造（再婚）

婚姻再造是指再婚。婚姻解体主要有两种途径，一是自然解体（即丧偶），二是夫妻关系破裂并通过离婚的方式解体。无论是自然解体还是人为解体，双方或存续的一方都可以再次进入婚姻，即再婚。

一、丧偶

丧偶是指配偶去世，属于婚姻的自然解体。在中国，婚姻自然解体后始终处于丧偶状态的比例呈U形变动趋势。表6-10展示了1982—2020年间15岁及以上人口的丧偶比例的变动情况。1982年，丧偶人口比例为71.59‰，1990年为61.03‰，2000年为55.82‰，2010年为56.90‰，2020年为57.42‰。因女性的预期寿命长于男性，故在过去40多年里，女性人口的丧偶比例始终高于男性人口，且二者的差距呈现先缩小后扩大的态势。1982年，女性人口的丧偶比例超过男性人口55.57个千分点，2000年时二者的差距缩小至43.41个千分点，但2020年又扩大至55.26个千分点。

表6-10 1982—2020年15岁及以上人口的丧偶比例 (单位：‰)

年份	合计	男	女
1982年	71.59	44.48	100.05
1990年	61.03	37.99	85.26
2000年	55.82	34.36	77.77
2010年	56.90	34.03	79.92
2020年	57.42	30.14	85.40

二、再婚

工业化与城镇化进程使婚姻外部的诱惑增多，婚姻的诸多功能亦可由外部组织替代。人口流动性的增强、互联网技术的发展以及职场圈层的扩大，都改变了个体所处的婚姻市场，通婚圈范围也进一步扩大。尤其是随着个体化进程的推进，个体的身份认同呈现出“流动化”的特性，其所属的共同体是一种无须个人对集体的利益有所承担的碎片化群体，从而也就避免了礼俗社会中的传统共同体的规范和约束。同时，随着具体情境中的社会惯例、规则和义务的变迁，个体再婚行为所受的约束力度也同样减弱。

随着离婚率的上升和离婚人数的增多，再加上婚姻的自然解体，再婚人口比例呈现小幅上升态势。表6-11展示了1995—2005年15岁及以上人口的再婚比例的变动趋势。1995年，再婚人口占比21.05‰，2005年占比22.04‰；其中，男性人口的再婚比例从1995年的19.07‰升至2005年的20.47‰，女性人口的再婚比例则从1995年的23.05‰升至2005年的23.59‰。分年龄来看，15～29岁组的再婚人口比例并未随着时间推移而有明显变化，但30～49岁组的再婚人口比例呈现明显的上升，且2005年最高；而50岁及以上人口的再婚比例则恰好相反——1995年最高，2000年次之，2005年最低。总体而言，随着年龄增长，再婚人口比例随之增长。

表6-11 1995—2005年15岁及以上人口的再婚比例 (单位：‰)

年龄	1995年			2000年			2005年		
	全体	男	女	全体	男	女	全体	男	女
全体	21.05	19.07	23.05	21.58	19.94	23.26	22.04	20.47	23.59
15～19岁	0.11	0.05	0.17	0.05	0.01	0.08	0.04	0.01	0.07
20～24岁	2.24	1.33	3.13	1.80	0.94	2.66	1.65	0.96	2.30
25～29岁	8.53	6.34	10.69	8.55	6.13	11.00	7.51	5.58	9.34

续表

年龄	1995年			2000年			2005年		
	全体	男	女	全体	男	女	全体	男	女
30～34岁	16.05	12.79	19.33	17.60	13.88	21.39	17.11	13.35	20.74
35～39岁	22.92	18.69	27.34	25.08	21.20	29.06	25.39	21.07	29.57
40～44岁	26.37	21.09	31.80	29.60	25.99	33.42	29.99	26.28	33.65
45～49岁	31.88	26.12	37.90	30.75	26.72	34.96	32.09	28.94	35.27
50～54岁	34.81	29.58	40.34	33.79	29.64	38.20	31.76	28.18	35.40
55～59岁	41.74	38.25	45.50	35.82	33.06	38.78	33.08	29.95	36.34
60～64岁	47.56	47.21	47.91	39.80	39.92	39.68	33.74	32.72	34.80
65岁及以上	43.15	52.59	34.99	39.87	49.19	31.52	33.42	41.04	26.41

注：2005年后的普查和小普查资料没有公布单独的再婚数据。

资料来源：1990年全国人口普查汇总数据；1995年、2005年全国1%人口抽样调查。

民政部门的数据也显示，中国的再婚行为愈发普遍（见图6-9）。1996年，全国登记再婚人数为86.20万人，占全部登记结婚人口的4.59%；2007年，登记再婚人数超过全部登记结婚人口的10%，绝对规模达203.10万人；此后，再婚人口规模持续上升，2019年达到高峰，为455.90万人，在全部登记结婚人口中的占比接近1/4。2020年时，登记再婚人数有所减少，为400.10万人，但其占比仍然达到24.57%。

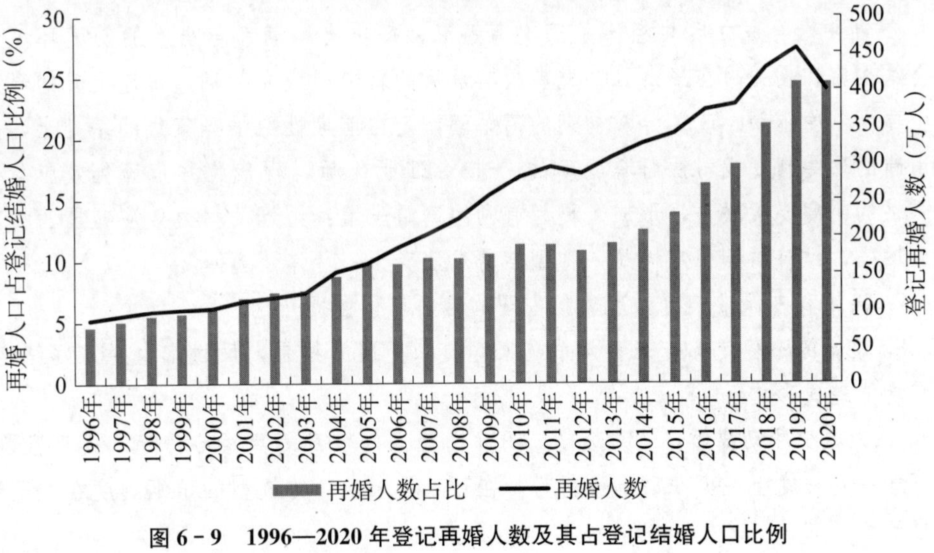

图6-9　1996—2020年登记再婚人数及其占登记结婚人口比例

资料来源：《中国民政统计年鉴（2021）》。

本章要点

1. 婚姻解体包括人为离婚和配偶亡故两种情况。

2. 在全球化和现代化进程中，婚姻关系经历着现代化，结婚难、离婚易。由离婚而导致的婚姻解体风险在全球蔓延。中国人的离婚率增长较快，在全球范围内处于较高的水平，表现出恋爱自由和婚姻自主，折射出婚姻家庭责任感的弱化。

3. 悄然兴起的离婚文化冲击着传统的婚姻文化。法律与道德对离婚的约束力减弱，离婚不再被视为可耻的事情，以离婚结束夫妻关系成为一种可理解且不受外力约束的自由选择。

4. 法律、性别与婚姻观念等制度要素的嬗变，工业化、城镇化、市场化、现代化等结构因素的变迁，以及社会保障体系的不断完善，降低了离婚成本，增强了婚姻的可替代性，加大了婚姻的张力，冲击着婚姻的稳定性。

5. 女性主导的离婚案例数量快速增长，表明关于女性离婚的负面标签正在淡化，社会对女性离婚行为更为包容与尊重。在新中国成立初期，女性主动提出离婚诉求的比例较高，这是在新的政体下，女性对婚姻自主的诉求的外显，是对旧的婚姻制度的清理，是女性解放的具象及在家庭领域的投射。改革开放后，除制度环境外，集体主义文化被撼动。现代化进程中结构禀赋的转型，改善了人们的经济福祉和生活质量，给予了人们更多的生活选择。尤其值得一提的是，女性人力资本、经济资本、社会资本的改善，进一步助推了她们的主体意识发展，增强了婚姻的替代效应，减弱了来自大家庭和社会的离婚障碍，离婚这个在过去被贴上诸多负面标签的行为，在今天已成为一种常见现象。

6. 新中国自成立后共经历了三次离婚潮，每次离婚潮都与当时的制度环境和社会结构密切相关。在经济社会发展极其落后的新中国成立初期，快速上升的离婚率主要由制度驱动。改革开放初期的离婚潮，是在前期性别平等实践的基础上，主要由新的法律制度或司法解释驱动的。进入21世纪后，现代化和市场化效应与一以贯之的制度要素联手，形成了更为有利的离婚土壤：婚姻的拉力效应减弱、挤出效应增强，维持婚姻稳定性从一种刚性需求演变为一种弹性选择。

7. 离婚和丧偶带来再婚现象，中国的再婚率也在提升。

8. 婚姻的不稳定既是夫妻关系或家庭关系变迁的结果，反过来也对家庭结构、家庭功能造成影响。

9. 为减少冲动离婚，《民法典》明确设置了一个月的离婚冷静期；或可预判，它可在一定程度上减少冲动离婚行为。在可见的未来，传统型的婚姻制度在中国还不会消亡。

基本概念

粗离婚率　一般离婚率　分性别年龄别离婚率　离结比　离婚态　第二次人口转变理论　社会性别论　社会交换论

复习思考题

1. 简述离婚率的测量指标，分析离婚率与离结比之间的差别。

2. 把中国的离婚率置于全球的大背景下进行比较，中国的离婚率大概处于什么样的位置？近年来，中国的离婚率超过日本、韩国和新加坡等儒家文化国家，请从人口规模视角分析。

3. 中国的离婚率和离结比呈现出很大的地域差异，请分析地域差异背后的人口结构原因。

4. 新中国成立后，中国经历了三次离婚潮，简述三次离婚潮发生的时间和原因。

5. 当前中国的离婚具有怎样的年龄与性别、教育与职业、城乡与地区特征？在这些特征的背后，主要有哪些影响因素？

6. 简述离婚相关理论，分析制度变革与离婚成本的降低、现代化进程与婚姻替代性的增强、市场化扩展与婚姻张力的加剧与离婚率持续攀升之间的关系。

阅读文献

1. 埃什尔曼．家庭导论．北京：中国社会科学出版社，1991.

2. 赫特尔．变动中的家庭：跨文化的透视．杭州：浙江人民出版社，1988.

3. 杨菊华，孙超．我国离婚率变动趋势及离婚态人群特征分析．北京行政学院学报，2021（2）.

4. PARK H. Single parenthood and children’s reading performance in Asia. Journal of marriage and family，2007，69（3）.

5. MENCARINI L，VIGNOLI D. Employed women and marital union stability：it helps when men help. Journal of family issues，2017，39（5）.

第七章

家庭结构

> 阿房宫，三百里，住不下金陵一个史。
>
> ——《红楼梦》，曹雪芹（清）

这句话通过对比阿房宫的宏大与金陵一家的富有，形象地展示了四大家族的力量之大、财力之巨，暗示了它们在当时社会的显赫地位和影响力，这也是古代中国大家族的一个缩影。实际上，《红楼梦》所描写的贾史王薛四大家族，都是人口众多、结构复杂的大家庭。辛弃疾的《清平乐·村居》、范成大的《夏日田园杂兴·其七》等诗词都表现出，小农时代的家庭有较大的规模和较复杂的结构；而这种复杂的家庭结构可能是一家人和乐美好、共享天伦之乐的根源。

家庭结构是一种最基本的社会设置，是人类最基本、最重要的制度和群体形式，是家庭成员构成及其相互作用、相互影响的状态，以及由这种状态形成的相对稳定的联系模式。它包括两个基本方面：一是家庭人口要素（家庭规模），即家庭由几个人组成；二是家庭模式要素，即家庭成员之间怎样相互联系。中国自古便有“集人成家，集家成国”的说法，“家国同构”的社会治理逻辑使家庭在中国不只是生产与再生产的经济单元，还是秩序单元、教化单元和福利单元，并负有社会化和保护其成员的责任。以历史视角观之，家庭发展是一个多元动态的过程，家庭这一社会文化制度经历了阶段性的变革，但迄今仍保持巨大的内在稳定性，展现出深厚的历史传承。本章重点讨论家庭结构的现状与变迁轨迹，旨在加深读者对家庭背后的文化和制度的理解，增进读者对家庭变迁机制的认识。

第一节　家庭规模与代数

家庭是基于婚姻、血缘和收养关系而形成的最基本的社会细胞或组织。家庭的核心要素涉及四个方面：家庭结构、家庭功能、家庭关系、家庭文化或伦理观念。家庭结构是家庭组织的基础，对家庭其他要素起到重要的影响作用；反过来，其他要素也会制约家庭结构。

一、近代家庭变迁的简要回顾

如第三章所言，家庭并非在人类起源之初就已产生；初民社会既无婚姻制度，亦无家庭组织。人类自身以及人类社会在由较低阶段向较高阶段进化的过程中，逐渐产生了不同形式的婚姻和家庭制度，并在原始社会末期形成了夫妻制的家庭形态，人类也由此从石器时代进入青铜时代，从野蛮时代步入文明时代，从原始社会踏入奴隶制社会。

从全球来看，家庭自形成之日起就不是一个静止不变的组织，而是随着经济的发展与社会的变革而不断进行着自身的调适。直到近代，家庭一直处于相对稳定状态，但工业化、城镇化和现代化（简称“三化”）进程，对传统家庭观念及其形态形成巨大冲击，家庭的深刻转变由此开始，受制于居住安排、生育与死亡的家庭规模、代数、形态、样貌与生命周期等都发生了巨变，即“三化”进程重构了家庭的外在结构。

中国的“三化”进程起步较晚，接续发生的鸦片战争、太平天国运动、戊戌变法和辛亥革命最先冲击了传统家庭。它们虽然并未真正动摇家庭的任何元素，但在一定程度上构成家庭变迁的前奏曲。继而，在西方文化的冲撞和中西文化的碰撞中，陈独秀、李大钊、鲁迅等新文化运动旗手和先觉分子以《新青年》为阵地，以“德先生”和“赛先生”为旗帜，以反封建文化为突破口，反思传统的集封建旧文化、旧道德、旧伦理观念于一体的家庭，认为以父系家长制为主体的家庭制度违反天赋人权的思想，是束缚人性发展的桎梏，认为必须重构突出人权、要求人权（包括女性人权）的新家庭观念，号召“家庭革命”，变革封建婚姻家庭制度。该思想虽然渗透到家庭观念的诸多方面，但主要表现为婚姻观念的变化：五四运动时期，近代资本主义经济在中国初步发展，新的婚姻家庭观念得以传播，几千年的礼教风俗基础日趋瓦解，以父母之命为前提的婚姻受到冲击，大家庭的形成基础也由此受损，亲子之间在婚姻目的、择偶标准与方式等婚姻观念上发生冲突。新青年女子的婚姻观念是，“不是要得一个依靠衣食的主人，乃是要得一个营共同生活的伴侣”；择偶标准不以财产多少为意，“重在学问的相等和性情的相合”，主张恋爱自由的择偶方式①。此外，夫妻之间和亲子之间要求独立的理念也撼动了家庭结构和家庭关系。当时，在对家庭制度改革的讨论中，有人甚至主张废除婚姻、消灭家庭。尽管就个人与家庭的关系而言，五四运动的遗产主要限于文化和精神领域且局限于受过一定现代西式教育的群体，但它成为传统中国婚姻家庭变迁的导火索，为此后婚姻家庭理念和实践的变化埋下了种子。

中华人民共和国成立后，婚姻及其他制度的改变曾短暂影响过家庭结构。如

---

① 屯民．机械婚的反动与家族制的破裂．妇女杂志，1923（9）．

1950年《婚姻法》的颁布，促使众多以包办婚姻为基础的家庭解体；"文化大革命"期间，一些人迫于政治压力而不得不解散家庭。总体而言，从1958年到20世纪70年代末，中国社会和中国家庭都走过了一段较为曲折的道路。社会动乱、政治高压、经济贫困等构成家庭变迁的外部原因；对传统家庭伦理的再次反动，直接导致了许多新的家庭问题，如亲子反目、夫妻结仇。不过，此时的社会动荡主要限于政治意识形态，数千年维系家庭稳定的经济结构并未发生根本动摇，加上以美国为首的西方国家对中国采取的遏制孤立政策使得中国处于全球语境之外，故这一阶段除了出现了具有时代特点的家庭观念和家庭关系外，家庭结构、家庭功能等并未真正动摇。

自1978年以来，中国社会发生了多方面的变化，变化的范围从政治到经济，从人口到社会：从闭关自守转变为对外开放，从计划经济转变为社会主义市场经济，从极高的总和生育率转变为低于更替水平的总和生育率，从80%以上的农业人口转变为60%以上的城镇人口，等等。宏观要素的变化为中国家庭转变提供了外部条件和基础：对外开放政策带来了西方的婚姻家庭观念；城乡经济体制改革极大地促进且压缩了"三化"进程，激发了史无前例的人口迁移流动；义务教育、高等教育的教育扩展，极大地改善了女性的人力资本，增加了她们的非农就业机会与纵向社会流动的可能；同时，市场经济的转型、子女养育成本的提升、公共服务的演变、婚育观念的变迁等，共同塑造了新的制度、结构与社会文化力量，推动家庭自发、自觉转变。更为重要的是，在经济社会发展水平很低的情境下，严格限制性的生育政策以及其他与婚育相关的公共政策触发了婚姻家庭之变；继而，生育政策与经济社会的发展相联手，进一步推进、加速且强化了已然开启的家庭转变。因此，中国快速的家庭转变并不是一种自然演进的模式，而是触发于强大的外力推动。反过来，家庭转变也给社会整体发展带来了深远的影响。

近40年，中国婚姻家庭领域出现了千年未有之大变局，这一变局始于家庭结构的转变。

二、家庭规模

纵观人类数千年文明史，长期以农业和家庭手工业为主的经济结构和自给自足的生产方式，使得家庭人口具有"人多优于人少"的特性，故中国历来崇尚多子女的大家庭；但由于医疗资源匮乏、战乱天灾、朝代更替等各种现实因素，古代中国也并不是一直以大家庭为主的。新中国成立后，20世纪70年代初期开始推行的计划生育政策，尤其是20世纪80年代后严格执行的限制性生育政策，在很大程度上缩小了家庭规模，影响了家庭的外在结构。

图7-1描述了公元2年至2020年中国家庭规模的变动趋势。显然，隋唐时期家庭规模最大，北宋时期家庭规模最小；辛亥革命时期家庭规模达到5.5人。新中国成立后第一次全国人口普查时，家庭规模已经降至5人以下，为4.33人；但在1953—1973年的20年间，家庭规模有所扩大，1973年再次回升至4.78人。此后，

家庭规模进入持续缩减阶段。1990 年，家庭规模降至 4 人以下，2020 年，家庭规模跌破 3 人，仅为 2.62 人。总体而言，在近一个多世纪中，家庭规模稳步缩小：在 1911—1982 年间，家庭规模从 5.50 人降至 4.43 人，71 年间降低了 19.45%，年均降速为 0.27%；而在 1982—2020 年间，家庭规模从 4.43 人降至 2.62 人，38 年间降低了 40.86%，年均降速达到 1.08%，是前一时期的 4 倍。

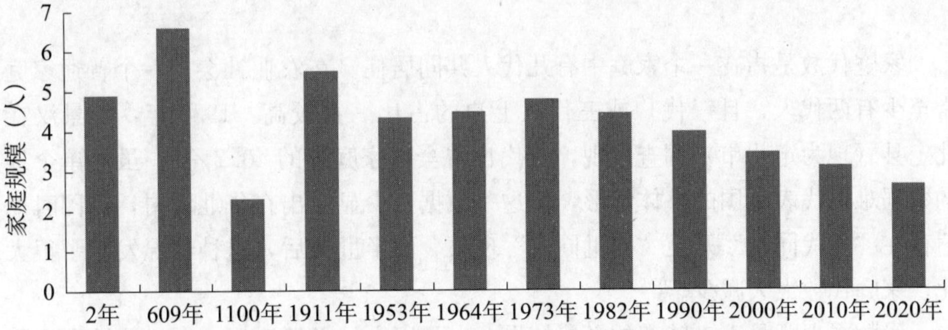

图 7-1　公元 2 年至 2020 年中国家庭规模的变动趋势

资料来源：1953 年前的数据由王天夫提供；其余数据来自历次全国人口普查数据。

与家庭规模小型化同步，1～3 人的小型户在全部家庭户中的占比持续上升，7 人及以上的大型户占比则稳定下降。如表 7-1 所示，1982 年，5 人及以上家庭户几乎占全部家庭户的一半；但 1990 年后，1～3 人户的比重快速上升。1982—2020 年，小型户（1～3 人户）占比从 34.10%升至 76.06%，中型户（4～6 人户）占比从 51.00%降至 22.40%，大型户（7 人及以上户）占比从 14.90%降至 1.53%，中、大型户占比分别减少了 28.60、13.37 个百分点。21 世纪以后，1 人户和 2 人户占比明显升高，3 人及以上户占比均明显下降：在 20 年间，1 人户占比从 8.30%升至 25.39%，2 人户占比从 17.04%升至 29.68%，分别增加了 17.09、12.64 个百分点；3 人户、4 人户、5 人户、6 人户、7 人及以上户占比分别减少了 8.96、9.80、7.45、2.05、1.47 个百分点。2020 年，1～3 人的家庭户共计约 3.76 亿户；1～2 人户占比超过一半，共计约 2.72 亿户；2 人户占比接近 30%，已取代 3 人户成为占比最高的家庭户类型。与家庭规模缩小和小家庭增长相对应，家庭户数持续增长，从 1982 年的约 2.20 亿户增长到 2020 年的约 4.94 亿户。

表 7-1　1982—2020 年家庭户数及不同规模家庭户占比变动状况

（单位：万户、%）

年份	家庭户数	1 人户	2 人户	3 人户	4 人户	5 人户	6 人户	7 人及以上户
1982 年	22 008.30	7.97	10.08	16.05	19.54	18.35	13.11	14.90
1990 年	27 691.18	5.87	9.83	19.48	26.73	19.88	9.85	8.37
2000 年	34 049.12	8.30	17.04	29.95	22.97	13.62	5.11	3.00
2010 年	40 193.42	14.53	24.37	26.86	17.56	10.03	4.20	2.44
2020 年	49 415.74	25.39	29.68	20.99	13.17	6.17	3.06	1.53

资料来源：1982—2020 年全国人口普查数据。

家庭规模变动的直接原因是家庭生育数量的减少。我国的总和生育率从20世纪50年代的6左右降至2020年的1.3，尽管直到21世纪前十年，中国人的理想子女数均约为两孩（最好是一儿一女），但严格的生育政策制造出比以往任何时候都更多的独生子女家庭。这带来了家庭规模的小型化和小型家庭占比的上升。

三、家庭代数

家庭代数是指在一个家庭中有几代人共同居住。在农业社会，一个普通家庭通常至少有两代人，且三代户或三代以上户的占比一直较高。1930年，李景汉在河北定县（现为定州市）调查发现，三代户占全部家庭户的40.2%[①]。虽然单个地点的数据难以代表全国的整体情形，但这一数据至少显示出在华北农村，民国时期普遍存在"三代同堂"乃至"四世同堂"现象。而半世纪后，这种情况发生了很大变化，家庭代数大大减少。[②]

代数减少既是人口转变的必然结果，也是历史的必然选择。在经济社会发展过程中，人口地域流动和社会流动的加快、社会福利制度的优化、住房条件的改善、长辈和子代对自由的追求、具有性别差异的预期寿命延长等，既从客观层面也从主观层面削弱了代际同住的可能。总体而言，家庭代数的变化主要发生在一代户和三代户之间，具体表现为1990年后，一代户的占比极速增长，二代户的占比相应降低。这种变化存在巨大的城乡差别，且21世纪前的城乡差异更为凸显。由图7-2可见，自改革开放以来，中国的家庭代数呈现出三个明显的特征。

第一，一代户比例迅速增长。在1982—1990年间，一代户的占比大体稳定，约为13%；此后，它在全部家庭户中的占比跳跃式提升，2010年占34.18%，2020年占49.50%。2010年，一代户由2000年的7 389.27万户增至13 736.31万户，比2000年增长85.90%，是增速最快的家庭类型；一代户在2020年进一步增至24 461.50万户，比2010年增长78.08%，成为占比最高的家庭类型。

第二，二代户比例明显降低。与一代户的变动模式类似，在1982—1990年间，二代户的占比基本持平，约占全部家庭户的2/3，但1990年后，其占比持续走低，由1990年的67.40%降至2010年的47.83%、2020年的36.72%，到2020年降低了约30个百分点。2020年，一代户已经取代二代户，成为全部家庭户中占比最高的类型，二代户占比退至第二位。

第三，三代及以上户比例稳中有降。三代及以上户的占比从1982年的18.76%增至2000年的18.98%，又降至2020年的13.78%。在近40年里，三代及以上户占全部家庭户的比例始终在1/5～1/8的范围内变化。单看三代户，2000—2020年，三代户分别占全部家庭户的18.24%、17.31%和13.26%，占比缓慢下降，三代直

---

① 李景汉．李景汉文集（第二卷）：定县社会概况调查．北京：中国人民大学出版社，2019：125.

② 马侠．中国家庭户规模和家庭结构分析．人口研究，1984（3）.

系家庭总体趋稳，简化和复杂的家庭形式并存[①]。

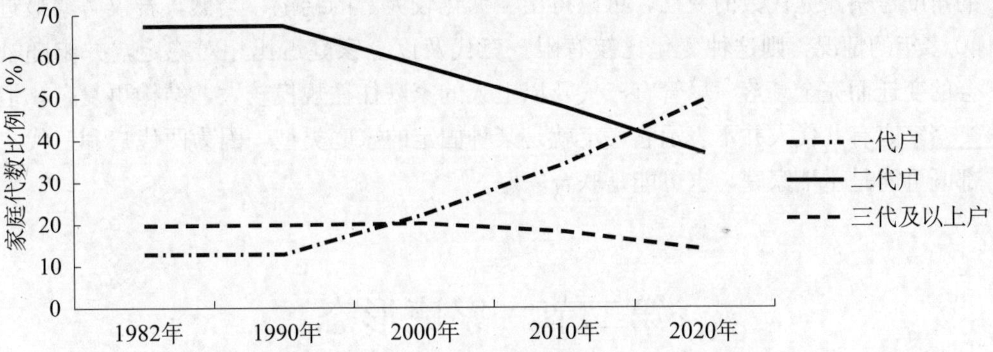

图 7-2　1982—2020 年中国家庭代数的纵向变动趋势

资料来源：1982—2020 年全国人口普查数据。

家庭规模缩小是家庭代数减少的直接原因。表 7-2 展示了家庭规模与家庭代数之间的关系。显而易见的是，在一代户中，1 人户和 2 人户的占比最高；在二代户中，3 人户占比最高；在多代户中，5 人户占比最高。具体而言，在一代户中，2010 年 2 人户占比最高，为 18.71%，2020 年，1 人户取代 2 人户，成为一代户中占比最高的家庭类型，占比达到 25.39%；在二代户中，2010 年占比最高的是 3 人户，其比例为 25.39%，2020 年，尽管 3 人户仍是二代户中占比最高的家庭类型，但其占比降至 18.85%；在多代户中，2010 年的 5 人户占比成为峰值，2020 年，5 人户仍占比最高，但由 2010 年的 6.90%降至 4.55%。2020 年，在以家庭代数及规模作为划分依据的不同类型的家庭户中，一代一人、一代二人以及二代三人为主流的家庭户类型，占比高达 66.64%。

表 7-2　2010—2020 年家庭规模与家庭代数的关系　（单位：%）

家庭规模	2010 年				2020 年			
	总计	一代户	二代户	多代户	总计	一代户	二代户	多代户
总计	100.00	34.17	47.84	18.00	100.00	49.50	36.73	13.77
1 人户	14.53	14.53	0.00	0.00	25.39	25.39	0.00	0.00
2 人户	24.37	18.71	5.66	0.00	29.69	22.40	7.29	0.00
3 人户	26.86	0.61	25.39	0.86	20.98	1.04	18.85	1.09
4 人户	17.56	0.18	12.75	4.63	13.18	0.37	8.69	4.12
5 人户	10.04	0.09	3.05	6.90	6.17	0.14	1.48	4.55
6 人户	4.20	0.02	0.67	3.51	3.06	0.06	0.29	2.71
7 人户	1.44	0.01	0.20	1.23	0.93	0.03	0.08	0.82
8 人户	0.56	0.01	0.07	0.48	0.32	0.02	0.03	0.27
9 人户	0.24	0.00	0.03	0.21	0.13	0.01	0.01	0.11
10 人及以上户	0.21	0.01	0.02	0.18	0.15	0.04	0.01	0.10

资料来源：2010—2020 年全国人口普查数据。

① 王跃生．三代直系家庭最新变动分析：以 2010 年中国人口普查数据为基础．人口研究，2014，38（1）.

将1982年以来的数据与半个多世纪前李景汉的调查结果比对可知，若从世纪的角度考察家庭代数的变动，可以得出“变化较大”的结论；当然，若仅考察最近40多年的情况，则这种变化比较有限。三代及以上家庭占比相对稳定，并未随社会的变迁而完全衰落。尽管有三代及以上人的家庭往往规模较大，结构更复杂，但一个家庭有几代人并不表示它一定就是某种固定的家庭类型，因为两代户和三代户都既可能是主干家庭，也可能是联合家庭。

第二节 家庭形态

家庭规模缩小与居住模式变化互为因果。传统的家庭类型主要包括以下三种：核心家庭、主干家庭、联合家庭。对各类家庭的界定请参见第一章。

一、学界对传统家庭形态的认知

国际上有关家庭结构的研究——包括对中国家庭结构的研究，一直存在两种相对立的观点。

一种观点是，全世界的家庭结构都遵循同一种变化规律：主干家庭曾是历史上各国家庭的主要模式，但随着经济社会的发展与家庭观念的变迁，家庭模式从主干家庭和联合家庭向核心家庭过渡，即从人多的、复杂的、多代同堂的、涵盖众多直系和旁系亲属的大家庭向人少的、简单的、代数少的、亲属少的小家庭转变。对于中国的家庭形态，有观点认为，因家庭观念以多子女为福，祈望“儿孙满堂”“含饴弄孙”，故传统的家庭结构以多代同堂的大家庭为主，父母与已婚子女同住，形成联合家庭。只要物质条件许可，中国的农村家庭可能且事实上都普遍较大。① 传统的中国家庭以四世同堂为特征；“五代同堂代表了完美的家庭观念”，约占6%～7%②。

另一种观点是，受经济发展程度的制约，联合家庭从来都不是主流家庭模式；相反，核心家庭或主干家庭自古至今均占主流，在欧洲和中国都是如此。由于经济因素的制约或过高的死亡率，数代同堂的大家庭在中国从来都不普遍。这类家庭是一个理想的、特殊的、奢侈的形式③，仅存在于家境殷实的环境中④。1936年，费孝通在江村发现，10.3%的家庭为联合家庭，父母与已婚子女一起居住；半个世纪

---

① WOLF A P. Chinese family size：a myth revitalized//JIH-CHANG H，YING-CHANG C. The Chinese family and its ritual behaviour. Taipei：Institute of Ethnology，Academia Sinica，1985：30－49.

② 易劳逸．家族、土地与祖先：近世中国四百年社会经济的常与变．重庆：重庆出版社，2019：80.

③ Teng S，FAIRBANK J K. China's response to the west：a documentary survey，1839—1923. Cambridge：Harvard University Press，1979：4－21.

④ GOODE W J. World revolution and family patterns. New York：Free Press，1963：296－299.

后，当他再度回到该村时，父母与已婚子女同住的比例增加到 21.3%[①]。

传统中国的家庭结构究竟是以大家庭为主还是以核心家庭为主，尚需进一步探讨，但可以肯定的是，在现代社会（尤其是进入 21 世纪以来），经济的发展、社会的转型、西方文化观念的传播、生育政策的实施等，都挑战着传统的家庭观念，家庭结构也随之调整，以适应新社会环境的需要。规模小型化、代数减少化、居住安排稳定化和形式多样化是对当下家庭形态特点的有效概括。

二、当下家庭形态稳中有变

家庭形态是指基于家庭成员的居住安排而呈现出来的家庭外在形式，即通常所说的家庭类型。

（一）主要家庭类型

如图 7－3 所示，1982—2021 年间，中国的家庭类型变中有常、常中有变：部分家庭类型保持稳定，但有些家庭类型却有明显变化。1982—2000 年间，核心家庭始终约占全部家庭的 2/3，而主干家庭和联合家庭占全部家庭的 1/5，单人家庭约占全部家庭的 6%～9%，其他类型的家庭约占全部家庭的 1%。1982 年，核心家庭占全部家庭的 72%，但在此后三次全国人口普查和 2021 年中国综合社会调查中，其比例分别为 73.80%、68.20%、57.84%和 48.85%。核心家庭在全部家庭中的占比始终占据主导地位。

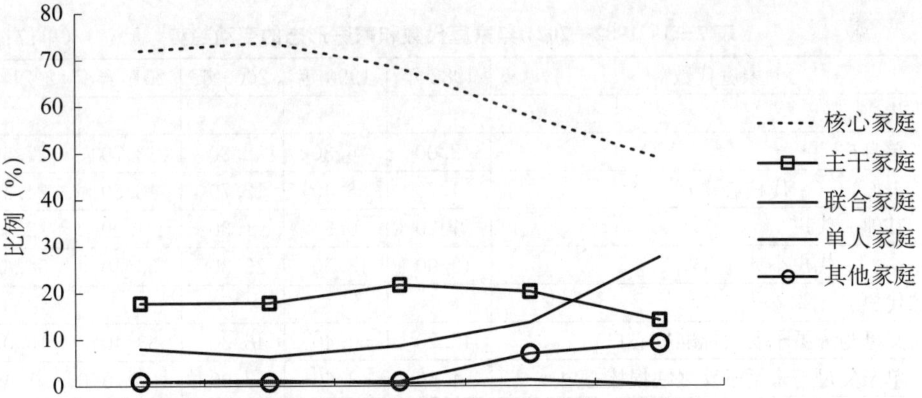

图 7－3　1982—2021 年中国家庭类型的变动趋势

资料来源：1982—2010 年数据来自全国人口普查；2021 年数据来自中国综合社会调查。

不同形态的核心家庭的变化轨迹不同：夫妻二人核心家庭占比上升，包括未婚子女的标准核心家庭的占比却在降低。与核心家庭相比，主干家庭的占比先升后

① 费孝通．论中国家庭结构的变动．天津社会科学，1982（3）．

降，由1982年的17.80%、1990年的17.90%升至2000年的21.70%，然后降至2010年的20.30%、2021年的14.16%。生育率的高低影响家庭结构。高生育率家庭可能因住房等方面的考量，驱动新婚夫妻在婚后组成自己的核心家庭①，但生育率降低减少了与父母同住的人选，降低了子代从父母家中分离出去的机会，可能提高已婚子女与父母同住的可能性。不过，长远来看，子女数量的减少将最终降低主干家庭在所有家庭中所占的比例。②

1982年以来家庭类型的稳定变化趋势，既凸显出两代人家庭（其中主要是核心家庭）的重要地位，也表明社会转型尽管在很大程度上缩小了家庭规模，却未能相应地改变家庭类型。除地域流动外，未婚子女通常会与父母同住，而这种居住模式可能是家庭的底线，难以颠覆。③ 不过，结合李景汉在河北定县的调查和费孝通在江苏江村的调查，并与图7-3对比或可判断，在1930—1982年间，家庭类型也发生了较大变化。

家庭类型变化与家庭规模、家庭代数变化互为因果。如表7-3所示，在各类代数中，都有至少两种家庭类型。一代户虽是一种简单的户型，但也存在单身户、夫妇户（即一代核心家庭）和其他一代户（如兄弟姐妹等）。二代户的情形比较复杂，既有标准核心家庭，也有其他形式的核心家庭，如单亲父母与未婚子女组成的家庭、分居父母与未婚子女组成的家庭和其他二代核心户；在二代户中，还有直系家庭和隔代家庭等。三代及以上户的家庭类型更为复杂，有更多种不同形式，但以三代户为主。在1982—2010年间，三代直系家庭占比始终保持在16.50%左右，表现出这类家庭相对稳定的特征；不过，2021年，该比例降至10.79%。

表7-3 1982—2021年家庭代数和家庭形态的变动趋势 （单位：%）

家庭代数	1982年	1990年	2000年	2010年	2021年
一代户					
单身户	8.00	6.30	8.30	13.70	27.59
夫妇户（一代核心户）	4.70	6.40	12.70	18.50	24.53
其他一代户	1.20	0.80	1.30	1.20	2.48
一代户小计	13.90	13.50	22.30	33.40	54.60
二代户					
父母与未婚子女（标准核心户）	48.20	54.40	46.30	33.40	16.02
单亲父母与未婚子女（缺损核心户）	4.60	3.60	2.90	2.70	1.49
分居父母与未婚子女（缺损核心户）	6.90	4.00	3.20	3.30	6.04
其他二代核心户	2.50	1.90	1.10	0.50	0.77
二代核心户小计	62.20	63.90	53.50	39.90	24.32

① HIRSCHMAN C, MINH N H. Tradition and change in vietnamese family structure in the Red River Delta. Journal of marriage and family, 2002, 64 (4).

② ZHAO Z. Coresidential patterns in historical China: a simulation study. Population and development review, 2000, 26 (2).

③ 杨菊华，何炤华．社会转型过程中家庭的变迁与延续．人口研究，2014，38 (2).

续表

家庭代数	1982 年	1990 年	2000 年	2010 年	2021 年
父母与已婚子女（二代直系户）	3.80	3.30	2.30	3.10	3.62
祖父母与孙子女（隔代户）	0.70	0.70	1.90	2.30	5.08
其他二代户	0.60	0.20	1.00	3.30	0.86
二代户小计	67.30	68.10	58.70	48.60	33.88
三代及以上户					
三代户	16.40	16.50	16.60	16.50	10.79
其他扩展户	2.40	1.80	2.40	1.60	0.74
三代及以上户小计	18.80	18.30	19.00	18.10	11.53
合计	100.00	100.00	100.00	100.00	100.00

资料来源：1982—2010 年数据来自全国人口普查；2021 年数据来自中国综合社会调查。

人口流动给家庭结构带来较大影响，导致标准核心家庭、三代直系家庭“破损”，干扰了家庭的生命周期。家庭成员长期外出会使原生家庭的类型发生转化，加速形成空巢家庭、残缺家庭等，加快家庭的解体，如：夫妇家庭、夫妇分居核心家庭原来很可能是标准核心家庭，二代直系家庭和隔代家庭原应是三代直系家庭。

（二）从夫居制度

从夫居是父权制时代的一种婚居模式，通常称为夫方居住婚。它是生产力不断发展，男子在生产中占据主导地位，而女子沦落至从属地位的结果。恩格斯在《家庭、私有制和国家的起源》中认为：“从前保证妇女在家中占统治地位的同一原因——妇女只限于从事家务劳动——，现在却保证男子在家中占统治地位：妇女的家务劳动现在同男子谋取生活资料的劳动比较起来已经相形见绌；男子的劳动就是一切，妇女的劳动是无足轻重的附属品。”[①] 男子利用这种增强了的地位，为了生育儿子以继承自己的财产，需要妻子迁到自己的氏族公社居住，变妻方居（即从妻居）为夫方居，世系依父系计算，财产按父系继承。

当下中国家庭出现了传统家庭与现代家庭、后现代家庭并存的局面。家庭规模不断变小，核心成员不再同居一室，家庭也不再是一个点，而因成员的地域分割形成网络式家庭。规模的小型化和形式的多样化、网络化也带来家庭夫妻关系和婚居模式的变化。[②]

20 世纪 90 年代，中国人的从夫居习俗依然流行，且占比呈上升趋势，而从妻居仍很罕见，由此可以看出传统文化仍通过婚姻居住模式而延续。但是，随着教育的普及、家庭经济条件的改善和“三化”进程的深入，女性拥有了更大的自主性和选择权，她们可能突破传统的从夫居习俗，增加与自己的父母同住或夫妻独居的机会。进入 21 世纪后，部分农村地区悄然兴起了一种以双独子女为主体的家庭居住新模式——“两头走”“两头婚”：既非男娶女嫁，亦非男性入赘，男女双方两头皆

① 马克思，恩格斯．马克思恩格斯文集：第 4 卷．北京：人民出版社，2009：181.

② 杨菊华，何炤华．社会转型过程中家庭的变迁与延续．人口研究，2014，38（2）.

是婚娶婚嫁。这种婚居模式从根本上区别于从夫居与从妻居，是对几千年来农村传统居住模式的补充[①]，是家庭人口结构、人情维系需要以及家计模式等多种因素共同塑造的结果[②]。

三、家庭模态多样化

在现代化进程中，家庭结构变迁的一大特点是各类非传统型家庭的出现及其在全部家庭中占比的稳步上升。

（一）单亲家庭

第二次世界大战以后，受离婚、婚外生育等多重因素的影响，单亲家庭的比例快速上升。单亲家庭是指只有父亲或母亲一方与其不具备独立生活能力的、年龄在18周岁以下或虽已年满18周岁但正在接受全日制教育的未婚子女共同生活的家庭。[③] 单亲家庭形成的原因包括丧偶、离婚、未婚、分居等[④]。

从历史上看，17—19世纪，最常见的单亲家庭主要是由父母一方因疾病、战争和分娩死亡而形成的，因离婚或分居而形成的单亲家庭非常罕见[⑤]。从20世纪60年代开始，欧美国家的离婚率快速上升，离婚式的母子单亲家庭由此增加。不过，这类家庭的增速在20世纪80年代放缓，父子单亲家庭的增速反而快于母子单亲家庭。1990年，近两成的单亲家庭是父子单亲家庭。同时，由于婚育观念的变化，西方非婚生子女的数量逐渐增多，对母子单亲家庭增长的作用远大于离婚，且黑人未婚母亲与单亲父亲的发生率均高于白人。[⑥]

2012年，在欧盟成员国中，40%的孩子为非婚生育所生；2011年，美国女性的所有生育经历中的38%属于非婚生育；2016年，全球1.6亿分娩中的15%属于非婚生育。中国、印度、北非、西亚和南亚等地的25个国家，非婚生育率多不足1%，而另外25个主要分布在拉丁美洲的国家，非婚生育率估计超过60%。[⑦] 2018年，经济合作与发展组织（OECD）国家非婚生育在全部生育中占比的平均值为40.7%，其中共有20个国家的非婚生育占比超过OECD国家的平均值，智利、哥斯达黎加、冰岛三国的非婚生育占比均超过70%，墨西哥和法国的非婚生育占比也

---

① 王会，狄金华．“两头走”：双独子女婚后家庭居住的新模式．中国青年研究，2011（5）.

② 李永萍，慈勤英．“两头走”：一种流动性婚居模式及其隐忧：基于对江汉平原J村的考察．南方人口，2015，30（4）.

③ 陈芳．我国“单亲家庭”研究述评．西北人口，2008（5）.

④ 刘鸿雁．单亲家庭研究综述．人口研究，1998（2）.

⑤ CHAPMAN A. Single-Parent Families//COLEMAN M J，GANONG L H. The social history of the American family：an encyclopedia. London：Sage Publications，2014：1188.

⑥ BIANCHI S M. The changing demographic and socioeconomic characteristics of single parent families. Marriage & family review，1994，20（1-2）.

⑦ CHAMIE J. Out-of-wedlock births rise worldwide.（2017-03-16）[2022-09-14]. https://archive-yaleglobal.yale.edu/content/out-wedlock-births-rise-worldwide.

分别达到了69.3%、60.4%[①]。2020年，美国未婚妇女活产数达到1 464 121例，每1 000名15～44岁未婚妇女生育38.6例，非婚生育率为40.5%[②]。2019年，欧盟国家平均的非婚生育率为42.7%，2020年欧盟统计局的数据显示，法国是非婚生育率最高的国家，为62.2%，保加利亚次之，为59.6%，排在第三位的挪威的非婚生育率达到58.5%[③]。

2016年，OECD的报告显示，单亲家庭在所有家庭类型中的占比介于3%～11%，平均为7.50%。其中，单亲家庭比例较高的有：新西兰、拉脱维亚、哥斯达黎加，约为11%；澳大利亚、加拿大、墨西哥、立陶宛、美国等，约为10%；冰岛和英国，约为9%。单亲家庭比例较低的有玻利维亚（5%）、保加利亚（5%）、德国（5%）、意大利（5%）、希腊（4%）、瑞士（4%）、日本（3%）。[④]

20世纪80年代后的中国，与西方类似，分居式和丧偶式单亲家庭的比重不断下降，离婚式单亲家庭占比大幅上升；与西方不同的是，中国的非婚生育率较低（2010年约有130万人因非婚生育而未取得户口[⑤]），对形成单亲家庭的贡献不大。单亲家庭的形成还有以下原因：配偶之一失踪，配偶之一因虐待子女或受法律监禁及限制而无法行使亲权，配偶之一因身体重度障碍或患有精神障碍等疾病而留置于医疗院所，配偶之一遗弃子女，配偶之一因外遇等原因放弃子女。

2021年，美国约有929万个由母亲维持的单亲家庭，占单亲家庭总数的73.7%，而由父亲维持的单亲家庭占比不到26.3%[⑥]，母子单亲家庭明显多于父子单亲家庭。20多年前，中国的母子单亲家庭占比为90%[⑦]，但近年的数据不详。

单亲家庭可能面临以下挑战：一是经济资源较少，在就业竞争和经济收益上处于弱势，面临较重的经济压力，进而影响孩子的身心健康水平；二是离婚式的单亲家庭面临世俗偏见，影响家庭成员的社会融入程度；三是单亲家庭福利水平低，社会支持较少，贫困问题更加突出。由于父母一方教育参与缺失，单亲家庭孩子的教育和心理发展水平可能不如与双亲共同居住的孩子，不利于其青少年时期的身体发展[⑧]、情感表达、心理和精神健康[⑨]，以及成年后的经济社会地位获得[⑩]。此外，单

---

① OCED. OECD family database.（2024-06-21）[2024-08-06]. https://web-archive.oecd.org/temp/2024-06-21/69263-database.htm#structure.

② MICHELLE J K, et al. Births: final data for 2020.（2022-02-07）[2022-09-14]. https://www.cdc.gov/nchs/fastats/unmarried-childbearing.htm.

③ Eurostat. Share of live births outside marriage. [2022-09-21]. https://ec.europa.eu/eurostat/databrowser/view/tps00018/default/table?lang=en.

④ 同①.

⑤ 王向贤．两孩政策、非婚生育和生育观的变革．山西师大学报（社会科学版），2017，44（1）.

⑥ United States Census Bureau. Historical poverty tables, people and families 1959 to 2021.（2022-08-29）[2022-10-11]. https://www.census.gov/data/tables/time-series/demo/income-poverty/historical-poverty-people.html.

⑦ 周伟文．透视中国单亲家庭：一个跨文化的思考．社会科学论坛，2000（9）.

⑧ 王梅，温煦，吕燕，等．家庭结构对于青少年健康行为的影响．体育科学，2012，32（5）.

⑨ 黄霞．情感表达与精神健康：一项关于单亲青少年的实证分析．中国青年研究，2021（8）.

⑩ 吴愈晓，王鹏，杜思佳．变迁中的中国家庭结构与青少年发展．中国社会科学，2018（2）.

亲母子家庭还常面临时间和收入的双重贫困[1]，进而限制母亲的自我适应与发展[2]。

（二）重组家庭

与离婚和丧偶相伴的除单亲家庭外，再婚和继亲家庭（都为重组家庭）也日益增多。再婚和继亲家庭是指夫妻双方至少一人经历过一次婚姻，或与一（多）个前次婚姻的子女及夫妻重组后的共同子女一起生活的家庭。随着婚姻观念的更新，离婚、丧偶者的再婚行为逐渐被社会接受，来自社会、家庭的障碍及当事人的心理障碍也在弱化，故近年的再婚人数逐步增多（见第六章图 6－9），表明随着时间推移与婚姻家庭观念的嬗变，重组家庭数量呈上升态势。

（三）留守家庭与流动家庭

促进家庭结构变动的一个重要因素是史无前例的人口流动：农村剩余劳动力向城市转移给家庭带来了巨大变化。在改革开放初期，未婚或已婚无子女的年轻人是流动人口的主力，但随着市场经济的发展，越来越多有子女的人也加入流动大军。在流动初始，他们多把子女留给配偶一方或（外）祖父母，从而催生了三个新兴群体：留守儿童、留守妻子和留守老年人。虽然家庭形式看起来更加多样化了，但实际上是很多完整的家庭在一定时期内变得不完整了（如隔代家庭）。这类家庭通常被称为留守家庭，与此相对应的还有流动家庭。

留守家庭主要分布于农村地区。2000—2010 年，农村留守家庭户从 5 400 万户增至 13 021 万户，分别占全国家庭户总数的 15.5％、32.4％[3]。成年人口外出使留守家庭的结构、功能发生了明显变化。留守家庭以两代人一起留守为主。2000 年，两代人一起留守的家庭占比最高，达 42.5％，其中，仅留守老年人和孩子的家庭占比 14.1％；一代人独自留守的家庭占比 28.7％。2010 年，两代人一起留守的家庭占比降至 30.1％，其中留守儿童和父母一方、留守儿童和老年人以及中年留守配偶和老年人组成的留守家庭占比分别由 26.9％、14.1％和 1.6％变为 19.4％、8.4％和 2.2％；而和其他人一起留守的留守家庭占比由 2000 年的 12.2％增至 2010 年的 31.2％。[4]

2015 年，全国留守儿童规模为 6 876.6 万，其中，农村留守儿童规模为 5 492.5万。留守儿童规模在 2000—2005 年突增之后，增速缓慢下降，农村留守儿童规模下降幅度更大。2015 年，留守儿童依旧主要与祖父母一起留守，占比为 23.91％；与其他亲属一起留守的占 21.29％；与父亲或母亲单独留守的分别占 8.24％、14.87％；与父亲和祖父母一起留守、与母亲和祖父母一起留守的分别占

---

① 沈尤佳，程园园．单身母亲的收入和时间贫困研究．山东社会科学，2014（11）.

② 唐文军．单亲母亲的处境与需要．中华女子学院学报，1999（2）.

③ 秦敏，吕利丹．我国农村留守人口规模、家庭结构与发展趋势．延安大学学报（社会科学版），2020，42（4）.

④ 同③.

12.92%、15.88%。①

留守妻子也是留守家庭的重要组成部分，2015 年留守妻子规模为 3 044 万，其中农村留守妻子规模约为 1 717 万②。2010 年前，农村留守妻子数量经历了快速增长，其中，2000—2005 年农村留守妻子总量增加了 142%，2008—2010 年仅增加了 16.4%。2010—2013 年农村留守妻子数量继续增长，但 2013 年较 2012 年仅增加了 0.2%。③

流入地的流动人口家庭类型同样十分多样。笔者基于 2011 年全国流动人口动态监测调查数据计算发现：流动人口中的单人家庭比例最高，占样本的 27%；夫妻与子女一起流动的家庭次之，占 22%；父亲与子女一起流动的家庭再次，占 16.8%；11.7%的家庭为其他家庭（包括兄弟姐妹等）；约一成的家庭仅夫妻二人流动；母亲与子女一起流动的家庭占 6.8%；三代人一起流动的家庭仅占 1.6%；还有占很小比例的四代家庭。该数据还显示，子女都在身边的占 63.6%，都不在身边的占 26%；7.4%的流动人口子女分居流入地和流出地，都在外地的占 1.2%，还有极少数流动人口子女分居在老家、本地和外地，流动人口子女的居住模式十分复杂。

（四）隔代家庭

1990 年，祖父母与未婚孙子女同住但不与其子女住在一起的家庭占全部家庭的 0.71%，2010 年这一比例升至 2.30%。在当前社会，成年人口的死亡率很低，未婚子女的父母在其祖父母去世之前双亡的概率很小，故该类隔代家庭的主要成因在于父母外出工作。④ 由此，隔代家庭数量随流动人口数量的大幅增长和已婚且有子女的流动人口的增多而上升。

21 世纪以降，有 65 岁及以上人口的隔代家庭规模持续扩大。2000 年，有一个 65 岁及以上老年人与未成年人共同居住的家庭户规模为 791 867 户，老年夫妇与未成年人共同居住的家庭户规模为 722 315 户；2010 年，这两类家庭户分别增加 73 295 户、54 120 户；2020 年，这两类家庭户的规模分别为 1 364 913 户、1 401 748户，比 2010 年增加 499 751 户、625 313 户，增幅分别为前一个十年的 6.24 倍、10.75 倍（见图 7－4）。尽管这一统计口径中的亲属户并不都是由（外）祖父母和（外）孙子女组成的隔代家庭，但从中国传统来说，隔代家庭主要由这一类家庭构成。当然，随着人口老龄化进程的加快，有 65 岁及以上老年人口的家庭占比自 2000 年开始持续增长。但与 2010 年相比，2020 年时，以上两类家庭在有老家庭中的占比略微增加，分别从 0.98%、0.88%升至 1.03%、1.06%。

---

① 段成荣，赖妙华，秦敏．21 世纪以来我国农村留守儿童变动趋势研究．中国青年研究，2017（6）.

② 段成荣，秦敏，吕利丹．我国农村留守妻子的分布与生存发展现状：基于 2015 年 1%人口抽样调查数据的分析．南方人口，2017，32（2）.

③ 段成荣，秦敏，赖妙华．我国留守妻子状况研究．人口学刊，2017，39（1）.

④ 曾毅，王正联．中国家庭与老年人居住安排的变化．中国人口科学，2004（5）.

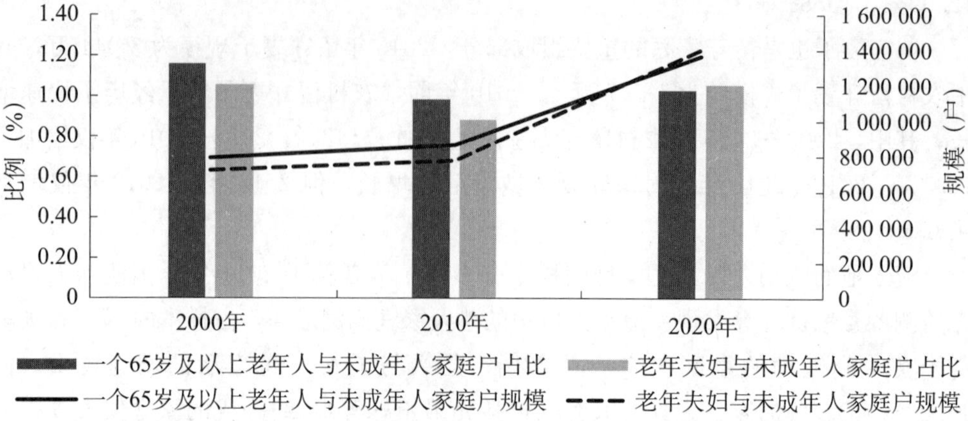

图 7-4　2000—2020 年中国 65 岁及以上老年人与未成年人共同居住的家庭户占比与规模

资料来源：2000—2020 年全国人口普查数据。

（五）空巢家庭

成年子女因外出学习、工作或婚嫁，从父母家庭中相继分离出去，只剩下亲代独自生活。这类家庭并非当下出现的新事物，但其影响在经济社会转型过程中显得越来越突出。生育水平降低、平均预期寿命延长、家庭规模缩小以及居住方式更独立，既增加了空巢家庭的比例，也使空巢现象提前出现，四五十岁的中年人家庭便已经开始空巢。过去，空巢家庭一般指 60 岁或 65 岁以上的老年人家庭；当下，由于青少年子女外出就学或就业的普遍化，低龄空巢家庭的数量和比例都大大增加。

独生子女家庭步入空巢期的时间更早，空巢期持续时间更长。但是，若独生子女或双子女家庭的子代有一人不离开亲代，那么无论是女儿出嫁还是儿子娶妻，都不一定增加空巢家庭的比例；而且，部分空巢家庭只是理论上而非真实的空巢，因为子女只是暂时性离家；结构性或情感性因素可能驱动搬离亲代家庭的子代重新回归亲代家庭，或亲代搬去与子代同住。此外，在农村地区，很多亲子毗邻而居，这也不算真正意义上的空巢，故空巢家庭的比例可能低于数据呈现的水平。尽管如此，子女数量减少与家庭户增加，还是意味着空巢家庭增多，时点数据依旧具有意义。

从普查数据来看，空巢老人户在有 65 岁及以上老年人的家庭户中的占比也呈现出稳定增长的态势（见图 7-5）。2000 年时，这一比例为 22.90%（单身老人户占 11.50%，老年夫妇户占 11.40%）。10 年之后，在有 65 岁及以上老年人的家庭户中，空巢老人户占比为 31.80%。2020 年，空巢老人户占比达到 43.50%，比 2010 年增加了 11.80 个百分点。同期，单身老人户占比从 2010 年的 16.40%升至 22.50%，老年夫妇户占比从 2010 年的 15.40%提高至 21.00%，两类空巢家庭占比分别增加了 6.10、5.60 个百分点，即在 2010—2020 年，老年人单独居住的家庭类型的增长态势更为明显。

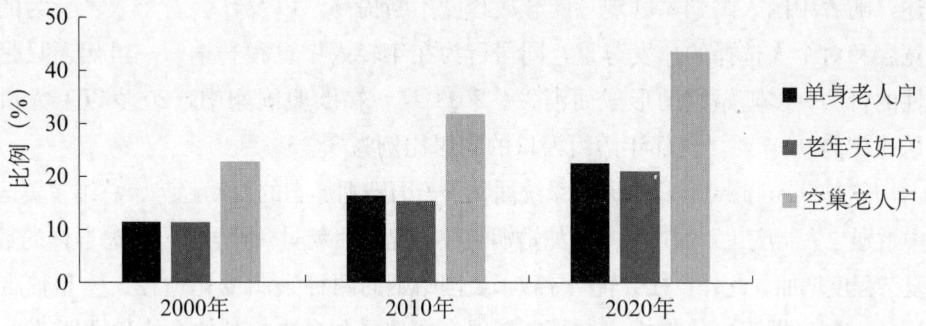

图 7-5　2000—2020 年中国老年空巢家庭在有 65 岁及以上老年人家庭中的占比变动

资料来源：2000—2020 年全国人口普查数据。

（六）丁克家庭

随着现代生育观念的传播，以及工作压力过大、育儿成本过高等原因，一些大城市的白领或因推迟生育而导致最终无法生育，或自愿放弃生育，形成由夫妻两人组成的无子女家庭。不过，如后面的章节所示，35 岁以上没有子女的在婚人口占比很低，终身不育的人口占比更低，故丁克家庭在全部家庭中的占比很低。

自 20 世纪 80 年代开始，有生育能力而不愿意生育的双收入夫妻组成的家庭在中国出现。20 世纪 90 年代以后，丁克家庭占比呈现扩大趋势。有研究推算，进入 21 世纪后，北京有超过 40 万，上海有超过 50 万，广州有超过 30 万丁克家庭[①]。汇丰银行开展的中国中产阶层、现代女性和丁克家庭研究显示，2016 年，中国的丁克家庭数量攀升到 75 万[②]。根据 2013—2017 年中国综合社会调查数据估算，无生育意愿且无子女的已婚人群占比不足 2.00‰，但不可忽视的是，与 2013 年相比，2015 年无生育意愿且无子女的已婚人群占比高出了 0.50 个千分点[③]。而《中国年轻人生育意愿报告》的数据显示，我国的“丁克一族”早已超过 60 万，且近年还在逐年增长，一二线城市的增速更明显。上海丁克家庭的占比高达 12.4%，次为深圳，占 11.8%，再次为北京，占 10%。[④] 尽管当前的丁克家庭规模相对较小，但随着经济社会结构的持续调整，该类家庭的数量在未来或许还会增长。

（七）其他家庭

在西方国家，“同居家庭”“同性恋家庭”等“家庭”形式在近几十年快速发展，但在中国，它们还不算传统意义上的家庭，尚未得到法律的认可。如前面章节

---

① 陆学艺．当代中国社会结构研究报告（全四册）．北京：社会科学文献出版社，2018：98.

② 韩湘景．2008—2009 年：中国女性生活状况报告（No.3）．北京：社会科学文献出版社，2009：287.

③ 刘芳．中国家庭结构变迁及发展趋势研究：基于家庭微观仿真模型．北京：中国社会科学院大学，2022.

④ 梁爽．中国 60 万丁克家庭，比“老无所依”更需要担心的真相．（2024-06-19）[2024-07-07]. https：//finance. sina. com. cn/cj/2024-06-19/doc-inazfuhn3058917. shtml.

所述，随着中国人婚姻家庭观念的开放程度不断提高，以及社会对个人性行为的愈发宽容和对个人选择的愈发尊重，同居行为在年轻人中已很普遍——虽然还只是暂时性的行为，多随婚姻的形成而消失。2011 年，在欧盟国家中，20 岁以上人口的同居比例为 9.97%，全部年龄组人口的同居比例为 8.35%①。

切尔林（Andrew J. Cherlin）系统回顾了美国婚姻形态的变动趋势，总结了美国社会中婚姻“去制度化”的过程，比如婚姻的社会规范性减弱、同居和同性恋群体的数量和复杂程度增加。此外，社会转型导致了美国婚姻的两种去制度化途径：一是伯吉斯提出的由制度婚迈向伙伴婚，二是向扩展个体选择和自决权利的个体化婚姻转变。②

婚姻去制度化的最新发展是同性婚姻合法化运动。1989 年，丹麦成为第一个在法律上承认同性注册成为伴侣的国家。荷兰于 1998 年颁布《家庭伴侣法》，成为全球第一个将同性婚姻合法化的国家。1993 年，同性婚姻合法化成为美国的一个公共议题，并发展成为美国各州的法律争夺战，但直到 2015 年，美国才承认同性婚姻是一项合法权益。在加拿大，21 世纪初期，不列颠哥伦比亚省、安大略省和魁北克省的法院裁定，将结婚限制在异性伴侣之间的法律具有歧视性。③ 截至 2020 年，包括法国、加拿大、德国、英国、美国等在内的 27 个国家和地区实现了同性婚姻合法化，而意大利、智利、希腊、瑞士等 12 个国家和地区也从法律上保障了同性伴侣的部分权益④。在中国，除台湾地区以外，同性婚姻尚未被纳入法律允许的范围内。

第三节 家庭年龄与性别结构

人口的年龄和性别构成属于人口的自然结构。家庭人口的年龄结构构成一个社会的整体年龄结构，其性别结构构成一个社会的整体性别结构。

一、家庭年龄结构

年龄是人口的自然属性。任何人口群体都由许多不同年龄的人口组成，不同地区、不同时点的人口总是从 0 岁组开始直到某个最高的年龄组为止。

---

① OCED. OECD family database.（2024 - 06 - 21）［2024 - 08 - 06］. https：//web-archive. oecd. org/temp/2024 - 06 - 21/69263-database. htm# structure.

② CHERLIN A J. The deinstitutionalization of American marriage. Journal of marriage and family，2004，66（4）.

③ 同②.

④ Same-sex marriage around the world.［2022 - 09 - 14］. https：//www. britannica. com/topic/same-sex-marriage/The-future-of-same-sex-marriage# ref297960.

（一）人口年龄结构

人口年龄结构即人口年龄构成，是指各年龄或年龄组人口在总人口中的占比。瑞典人口学家桑德巴（Gustav Sundbarg）通过对欧洲多国大量人口资料的分析发现，年龄在15～49岁的人口约占总人口的一半，从而提出了根据0～14岁、15～49岁、50岁及以上人口组所占比重的高低判断人口发展趋势的方法。他将人口按照年龄分为三组——0～14岁、15～49岁、50岁及以上，并根据这三个年龄组人口占总人口的比例，将人口的年龄结构划分为增长型、稳定型和缩减型三类。不同的人口年龄结构类型对应有别的人口增长速度：增长型人口的少儿占比高，人口增速快；稳定型人口的少儿和老年人占比、人口增速都居中等水平；缩减型人口的老年人占比高，人口增速下降。基于三种人口年龄结构类型的人口年龄金字塔如图7-6所示。

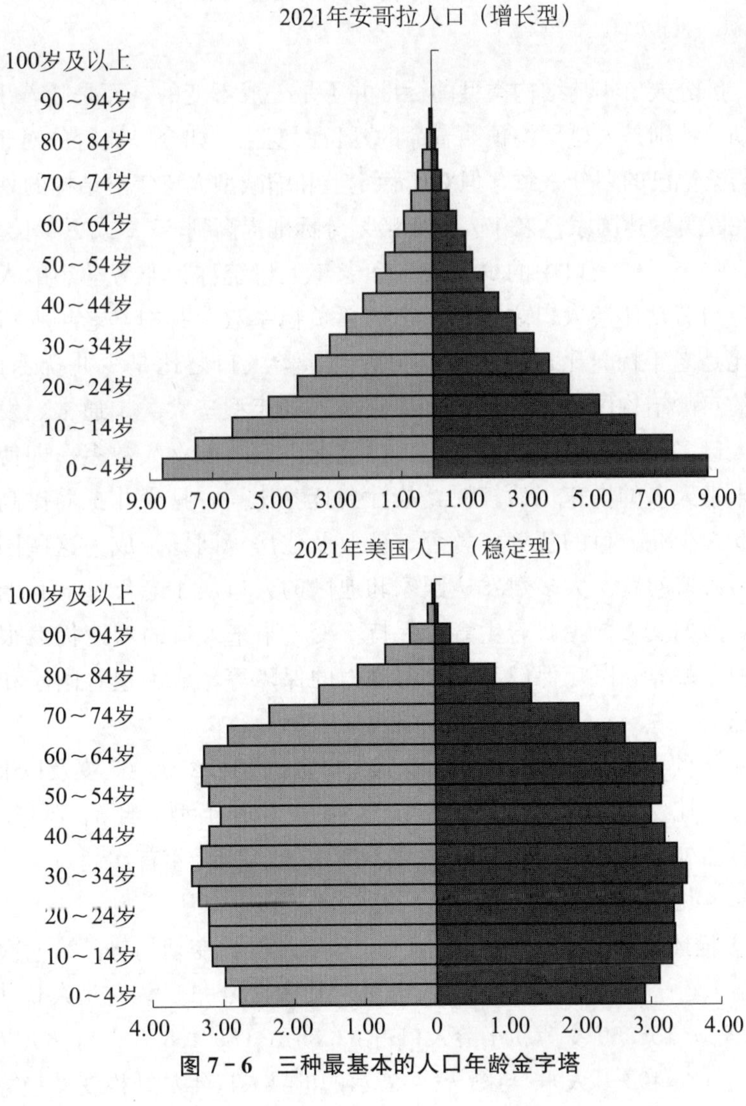

图7-6　三种最基本的人口年龄金字塔

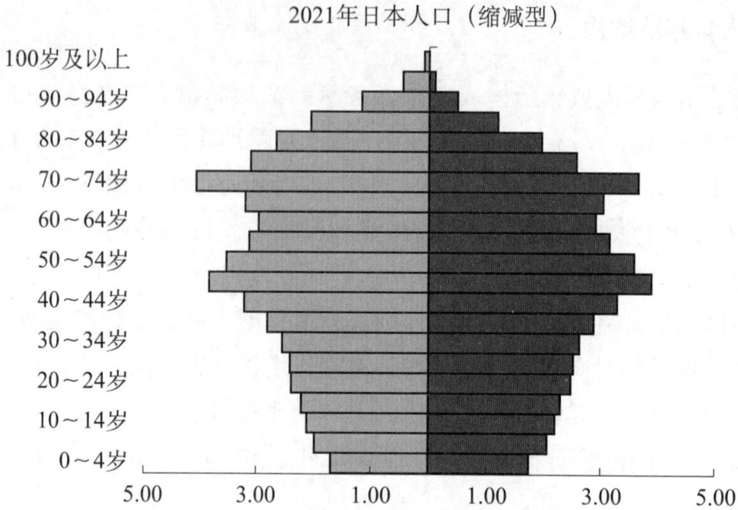

图 7－6　三种最基本的人口年龄金字塔（续）

资料来源：《世界人口展望 2022》。

但是，区分人口年龄结构类型的标准并不是一成不变的，而是随着出生率、死亡率的变动，特别是人口平均预期寿命的延长而变化。如今，流行的对于增长型人口的划分与桑德巴的划分一致，但对于稳定型和缩减型人口年龄结构的划分却以 60 岁为界，在欧美发达国家，老年人的年龄划分标准提高到 65 岁或更年长。

此外，一个国家人口中的少儿人口和老年人口统称为非劳动年龄人口，非劳动年龄人口与劳动年龄人口之比即人口的总负担系数。其中，老年人口与劳动年龄人口之比是老年抚养比，少儿人口与劳动年龄人口之比是少儿抚养比。据此，可将人口的年龄结构区分为年轻型、成年型和老年型三大类。通常，发展中国家和地区的人口多属年轻型，其少儿人口比重高，育龄妇女人数多，即使生育率保持不变，未来人口的增速仍然较快，故社会抚养比高，且少儿抚养比高于老年抚养比。因此，少儿人口的抚养、教育、就业及住房等问题，成为这些国家和地区面临的主要人口问题。大多数发达国家和地区的人口属于老年型，其老年人口比重较高，育龄妇女人数少，若生育率保持不变，未来人口的增速仍然很低，故老年人的照顾、赡养、医疗保健和未来劳动力的保障等，成为这些国家和地区的主要人口问题。

1950 年，世界人口中 0～14 岁的少儿人口占比 34.72％，65 岁及以上人口占比 5.13％，老少比为 14.78％，整体年龄结构属于成年型。此后 70 多年间，除 1950—1960 年外，65 岁及以上人口占比不断增加，2002 年首次超过 7％，2020 年增至 9.43％（见图 7－7）。

图 7－8 描述了 1953—2020 年中国人口年龄结构的变动趋势。第七次全国人口普查数据显示，全国总人口为 14.12 亿人，其中，0～14 岁少儿人口占 17.95％（25 338 万人），15～59 岁劳动年龄人口占 63.35％（89 438 万人），60 岁及以上人口占 18.7％（26 402 万人），与图 7－7 展示的世界人口年龄结构变动趋势具有明显

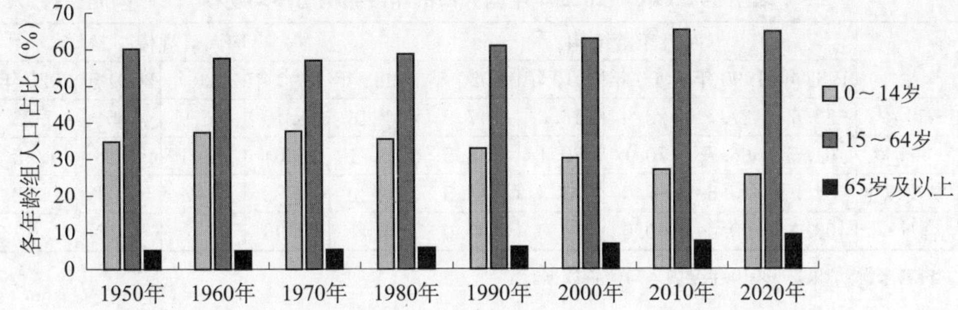

图 7-7　1950—2020 年世界人口年龄结构变动趋势

资料来源：《世界人口展望 2022》。

的一致性。另有统计资料显示，1982 年，65 岁及以上人口仅占全部人口的 4.9%，2010 年这一比例升至 8.87%，2020 年进一步升至 13.5%（19 064 万人）。

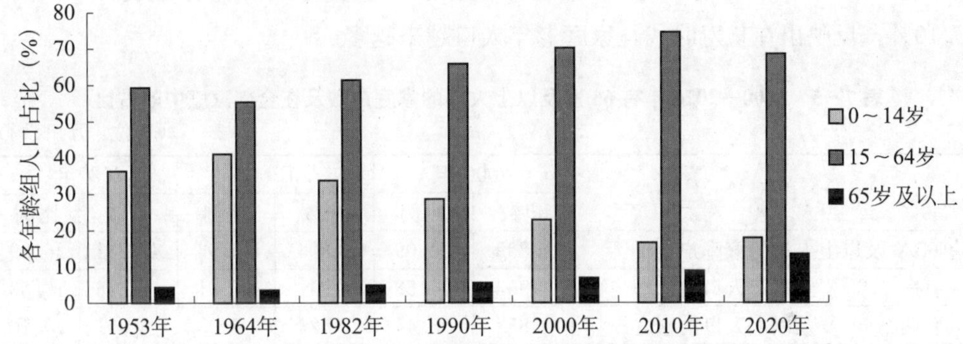

图 7-8　1953—2020 年中国人口年龄结构变动趋势

资料来源：1953—2020 年全国人口普查数据。

（二）有老家庭比例

宏观层面的人口年龄结构，由微观家庭年龄结构集合而成，折射出家庭层面老年人口数量的增加和老龄化程度的加深。新中国成立前，中国人的生育率高、子女数量多，人口平均预期寿命不到 40 岁，家中老年人口少、人口年龄结构较为年轻，"家有一老是个宝"。新中国成立后，特别是改革开放以来，随着医疗卫生条件的改善、社会福利制度的完善等，人口平均预期寿命大大提升，2021 年超过 78 岁，再加上生育率长期过低，家庭中老年人口的比重快速增长。

表 7-4 的数据显示，1982—2020 年间，中国的人口老龄化趋势与家庭年龄结构老化趋势齐头并进。1982 年，0～14 岁人口占比超过 1/3，65 岁及以上人口占比不足 5.0%。2010 年，0～14 岁人口占比降至 16.6%，65 岁及以上人口占比升至 13.3%。2020 年，0～14 岁人口占比进一步降至 17.9%，65 岁及以上人口占比进一步升至 13.5%。同期，家庭中 65 岁及以上老年人口数量由 1982 年的户均 0.22 人升至 2020 年的户均 0.32 人，0～14 岁人口数量则从 1982 年的户均 1.48 人降至 2020 年的户均 0.35 人。

表 7-4 1982—2020 年中国人口的年龄结构与户均规模 （单位：%、人）

	人口年龄结构					户均人口规模				
	1982 年	1990 年	2000 年	2010 年	2020 年	1982 年	1990 年	2000 年	2010 年	2020 年
0～14 岁	33.6	27.7	22.9	16.6	17.9	1.48	1.10	0.79	0.51	0.35
15～64 岁	61.5	66.7	70.1	70.1	68.5	2.71	2.64	2.41	2.18	1.45
65 岁及以上	4.9	5.6	7.0	13.3	13.5	0.22	0.22	0.24	0.41	0.32
合计	100.0	100.0	100.0	100.0	100.0	4.41	3.96	3.44	3.10	2.12

资料来源：1982—2010 年全国人口普查数据。

进入老龄化社会以来，家庭年龄结构老化的速度日渐加快。如表 7-5 所示，2000 年，有 65 岁及以上人口的家庭在全部家庭中的占比已经超过 1/5；在 21 世纪的第一个十年内，该比例增加了 1.84 个百分点，第二个十年则增加了 4.96 个百分点。2020 年，在全国 4.94 亿户家庭中，至少有一个 65 岁及以上人口的家庭为 1.33 亿户；有一个和有两个 65 岁及以上人口的家庭户占比分别为 16.63%、10.10%，反映出在长寿时代，家庭老年人口越来越多。

表 7-5 2000—2020 年有 65 岁及以上人口的家庭户数及在全部家庭中的占比

（单位：万户、%）

户数	2000 年		2010 年		2020 年	
	户数	比例	户数	比例	户数	比例
有 65 岁及以上人口的家庭户数	6 839	20.09	8 804	21.93	13 287	26.89
有一个 65 岁及以上人口的家庭户数	4 963	14.58	5 947	14.81	8 216	16.63
有两个 65 岁及以上人口的家庭户数	1 853	5.44	2 823	7.03	4 991	10.10
全国总户数	34 049	/	40 151	/	49 416	/

资料来源：2000—2020 年全国人口普查数据。

夫妻单住和三代同住一直是老年人的主要居住安排（见表 7-6）。自 1982 年以来，夫妻单住的比例大幅提高，从 1982 年的 13.70%升至 2020 年的 28.27%；尽管三代同住的比例从 1982 年的 47.20%降至 2020 年的 34.47%，但其依旧是老年人最主要的居住安排。三代同住比例的高位运行折射出，除结构性因素（如代际互惠需求）的作用外，子女数量减少使可裂解的核心家庭数量随之减少。

表 7-6 1982—2020 年 65 岁及以上人口的居住安排 （单位：%）

居住安排	1982 年	1990 年	2000 年	2010 年	2020 年
独住	12.20	9.60	9.60	12.50	12.32
夫妻单住	13.70	17.10	23.90	29.20	28.27
夫妻与未婚子女同住	6.90	6.60	5.00	3.60	5.15
单亲与未婚子女同住	4.60	3.80	3.10	2.30	1.69
与已婚子女同住	3.50	3.70	5.20	6.90	5.36
与孙辈同住	3.80	3.70	5.20	5.60	3.63
三代同住	47.20	47.40	41.10	32.80	34.47
其他	8.10	8.10	6.90	7.10	9.11

资料来源：1982—2020 年全国人口普查微观调查数据。

二、家庭性别结构

性别是人口最基本的自然属性之一。性别结构是指男性和女性人口在总人口中所占的比例，而该比例是否协调直接影响婚姻家庭的建立与发展。

性别比例相对均衡是自然选择的结果，即在自然选择条件下，人类基因塑造了总体相对均衡的生育性别概率，以保证人类繁衍的可持续性。但是，性别结构还受到政治、社会、文化、经济等因素，如出生人口性别比、战争、人口的地域流动、性别文化规制等的影响。性别结构也会反作用于人口安全、经济社会的可持续发展、婚姻制度、社会养老保障、社会稳定等宏观要素，以及个体生命历程的正常演进、家庭关系、家庭功能与家庭和谐等微观要素。

（一）总人口的性别结构

图 7-9 描述了自 1953 年以来中国人口性别结构的变动趋势。一个相对稳定的分布特征是，男性人口的规模始终超过女性人口。1953 年，男性约有 2.98 亿人，女性约有 2.77 亿人，两者在全国总人口中的占比分别为 51.82%、48.18%。2020 年，在全国总人口中，男性约有 7.23 亿人，占 51.24%；女性约有 6.88 亿人，占 48.76%。就性别比而言，在正常情况下，一个国家和地区总人口的性别结构大体上总是均衡的，虽然这种均衡状态可能因性别偏好所致的性别选择或其他外在原因而被打破。1953 年，中国人口的性别比为 107.56，2020 年中国人口的性别比降至 105.07，表明中国总人口的性别结构得到改善。

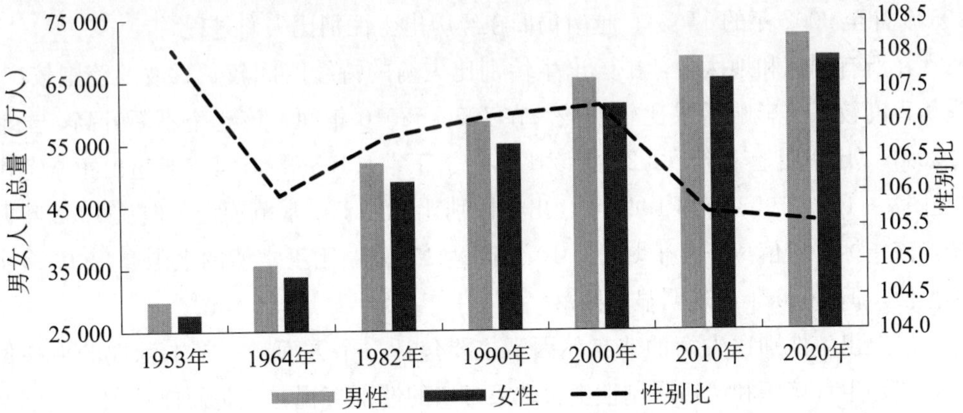

图 7-9　1953—2020 年男女人口总量及性别比的变动趋势

资料来源：1953—2020 年全国人口普查数据。

（二）出生人口性别比

出生人口性别比，简称出生性别比，是指一定时期（通常为一年）内，每 100 名出生女婴所对应的出生男婴总数，它是整个人口性别结构的起点和基础。出生性别比作为反映新生儿性别结构的指标，正常值范围为 102～107：100（即每 102～107 名男婴对应 100 名女婴），男婴略多于女婴。这是人类社会历经漫长岁月自然进化的结果，在不同时代、不同地区、不同人种中基本趋于一致。不过，因不同人种母体的促性腺激素水平的差异，黑人的出生性别比一直较低，白人的出生性别比高于黑人，而黄种人的出生性别比又略高于白人。①

但是，受人为因素的影响（如出生前对胎儿的性别选择），一些亚洲国家和地区的出生性别比超过了正常值范围的上限。就全球平均水平而言，《世界人口展望 2022》的数据显示，1950—2021 年间，除 1998—2007 年以外，出生性别比始终处于 104～107 的值域范围内，2021 年的出生性别比回落至 105.6。其中，亚洲的出生性别比具有波动大、持续偏高的特征：2000 年后出生性别比处于接近 110 的失衡水平，2021 年的出生性别比得到改善，降低至 107.6。非洲的出生性别比最低，1950—2021 年间的出生性别比始终处于 102～103 的值域范围内，2021 年的出生性别比为 102.9。欧洲、大洋洲、北美洲和南美洲的出生性别比一直稳定在 102～107 的正常水平。②

可见，全球出生性别比偏高主要是由亚洲偏高的出生性别比所致。自 20 世纪 80 年代开始，亚洲的人口转变呈现出一种新的趋势：一些国家和地区在生育率下降之时，出生性别比持续攀升。比如，1980—1995 年间，韩国的出生性别比从 106.4 升至 114.0；中国台湾地区的出生性别比则从 1980 年的 107.9 升至 1990 年的 114.5，中国大陆的出生性别比从 1980 年的 106.5 升至 2007 年的 117.5；阿塞拜疆的出生性别比从 1980 年的 105.5 升至 2007 年的 116.2；格鲁吉亚的出生性别比从 1980 年的 105.4 升至 2004 年的 109.9；亚美尼亚的出生性别比从 1980 年的 105.3 升至 2002 年的 116.4；越南仍旧在经历出生性别比失衡过程。

在所有国家和地区中，中国出生性别比失衡的持续时间较长，波及范围较广，失衡程度较深，影响后果比较严峻。在 1953—2010 年间，该比率不断升高，虽然 2020 年该比率明显下降，2021 年该比率趋于正常（108.3），但依旧超出正常范围（见图 7-10）。1953 年和 1964 年，出生性别比都处于正常范围内，但从 1982 年开始，该指标开始偏离正常值域，2010 年高达 118.1，比正常值的上限高出 10 多个单位值，但 2020 年出现明显的回落。

导致出生性别比失衡的非自然因素主要包括三个方面：一是本源性的男孩偏好，二是生育挤压和严格限制性生育政策带来的性别盲视，三是便捷的胎儿性别鉴定技术。中国的情况因 1980—2015 年施行的严格限制性生育政策而更为特殊：政策不仅带来生育挤压，而且暗含无意识的性别歧视或短视，故而中国出生性别比失

---

① JAMES W H. The human sex ratio. Part 2：a hypothesis and a program of research. Human biology，1987，59（6）.

② 联合国：世界人口展望 2022.（2022-11-10）[2024-07-07]. http：//finance. sina. com. cn/tech/roll/2022-11-10/doc-imqmmthc3971049. shtml.

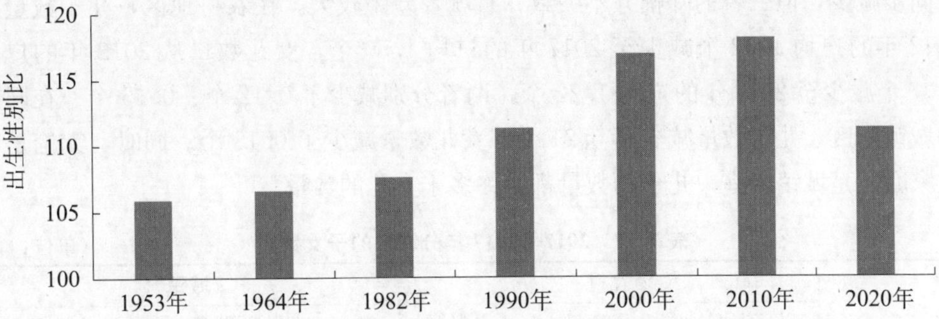

图 7-10　1953—2020 年中国出生人口性别比的变动趋势

资料来源：1953—2020 年全国人口普查数据。

衡的程度在各国家和地区中最深。尤其是中国的生育政策并非在全国统一推行严格的一孩政策，并且政策强度随时间而变化：在一般情况下，城市推行严格的一孩政策，农村推行“一孩半”政策（即第一个孩子是女儿的，在间隔 4～5 年后可以生育第二胎），还有些地区或民族推行更为宽松的政策。其中，“一孩半”政策被农村群众解读为让农民生儿子的政策。

中国通过推行生育政策来“控制人口数量，提高人口素质”，推动了经济社会的快速发展。生育政策的推行与经济社会的发展相叠加，降低了人们对子女数量的需求，提升了人们对子女质量的渴求。在具有男孩偏好的地区，性别被视为衡量孩子质量的指标之一。虽然社会发展改变了国人的生育数量观念，但传统的性别偏好仍在存续。惯习和传统使得子、女在家系传承中的功能有别，且这些惯习得到了“一孩半”生育政策的强化。人们（尤其是农民）的生存理性表明，少生尤其是生女孩就意味着传统难以承继，且在熟人社会中抬不起头。

因此，政策“控量”的超前性和“一孩半”政策的性别盲视性，既带来宏观层面出生性别比的失衡，也使家庭层面子女的性别结构发生改变。生育政策的刚性导致生育空间逼仄，对生儿子的追求使得除流女保男外别无他途。而农村有条件的两孩生育政策默许了男孩偏好，在政策允许范围内的性别选择成为可能，致使数量的刚性挤压、规则的性别短视与传统文化惯习的延续相联手，共同维系着男孩偏好。加之胎儿性别鉴定技术的可及性越来越强，故在“一孩半”生育政策实施地区，家庭子女性别结构严重失衡。[①] 当然，在三孩生育政策背景下，出生性别比回归正常水平指日可待。

如同年龄结构一样，宏观层面性别结构的失衡，是微观家庭层面儿子和女儿数量不均衡的必然结果。表 7-7 展示了 2012—2017 年分城乡的子女数量情况，从中可以发现，随着家庭生育数量的减少，儿子和女儿的数

【拓展阅读 7-1】　今天你上热搜了吗？中国超 2 亿人单身，“单身经济”撬动新风口

① 杨菊华．“一孩半”生育政策的社会性别与社会政策视角分析．妇女研究论丛，2009（3）．

量同步减少，但二者的降幅并不一致，且城乡差距较大。在农村地区，儿子数量从2012年的户均1.62个减少至2017年的户均1.50个，女儿数量从2012年的户均1.37个减少至2017年的户均1.22个，两者分别减少了0.12个、0.15个；在同期的城镇地区，儿子数量减少了0.21个，女儿数量减少了0.18个。同时，无论是农村家庭还是城镇家庭，儿子的数量都始终多于女儿的数量。

表7-7　2012—2017年分城乡的子女数量　（单位：个）

年份	农村			城镇		
	孩子数量	儿子数量	女儿数量	孩子数量	儿子数量	女儿数量
2012年	3.15	1.62	1.37	2.50	1.28	1.13
2013年	3.04	1.61	1.30	2.40	1.27	1.08
2015年	2.91	1.53	1.26	2.21	1.16	1.00
2017年	2.82	1.50	1.22	2.07	1.07	0.95

资料来源：2012—2017年中国综合社会调查数据。

第四节　家庭生命周期

家庭生命周期也称家庭生命历程，是指一个家庭形成、发展直至消亡的循环运动过程和变化规律。有学者认为，人类生命的周期需要有秩序地按照阶段发展，每个阶段都会有高原期，都要通过发展完成所要求的改变，成长和改变阶段之后是相对稳定的阶段，在这些阶段，各种变化得到巩固。同理，家庭也有生命周期：当孩子离开幼儿园或进入青春期，不是只有孩子需要学习适应新环境，整个家庭都必须重新调整适应。家庭生命周期概念的起源较早，其理论形成的标志是美国学者格利克于1947年发表的“The Family Cycle”一文[①]。此后，该理论被正式应用于家庭研究中，并于20世纪六七十年代风靡一时。

一、家庭生命周期

格利克把家庭生命周期划分为形成、扩展、稳定、收缩、空巢和解体六个阶段。表7-8展示了每一阶段起始与结束的人口事件。家庭生命周期与结婚、生育、养育、教育、迁移、衰老、赡养和死亡等生命事件息息相关，综合了人口学中占中心地位的结婚、生育、死亡多个要素，它们都是家庭生命这一完整链条中的不同环节。家庭生命周期理论把家庭和在家庭中生活的个体作为分析单位，将家庭成员及其关系作为一个整体进行研究。通过分析个体生命事件以及他们与其他家庭成员的

① GLICK P C. The family cycle. American sociological review，1947，12（2）.

关系，揭示家庭的特征与演变规律。

表 7-8　格利克的家庭生命周期

阶段	起始	结束
形成	结婚	第一个孩子出生
扩展	第一个孩子出生	最后一个孩子出生
稳定	最后一个孩子出生	第一个孩子离开父母
收缩	第一个孩子离开父母	最后一个孩子离开父母
空巢	最后一个孩子离开父母	配偶一方死亡
解体	配偶一方死亡	配偶另一方死亡

由于结婚、生育、死亡等人口过程都发生于家庭之中，对家庭生命周期的研究可对这些人口过程的形成机制有更深入的认识，可避免传统的人口学孤立地研究结婚、生育、死亡等人口过程的弊端。因此，通过该理论框架分析婚姻家庭现象，可强调婚姻和家庭随时间推移而发生的各种变化，解释家庭在不同时期的变迁，以说明家庭在不同发展阶段的各种任务和需求，从而使家庭生命周期在社会学、人类学、心理学乃至与家庭有关的法学研究中都具有独特的意义。比如，它有助于更好地解释家庭与家庭成员的收入、妇女就业、家庭成员之间的关系、家庭耐用消费品的需求，以及处于家庭生命周期不同阶段的成员的心理状态变化等。

二、家庭生命周期理论的起源与演变

（一）对家庭生命周期的早期研究

家庭生命周期理论萌芽于 20 世纪初英国学者朗特里（Benjamin Seebohm Rowntree）对英国家庭贫困问题的研究[①]；索罗金首次明确提出了“家庭生命周期”概念[②]；1936 年，卢米斯（Charles P. Loomis）对家庭生命周期进行了阶段划分，但此时，家庭生命周期理论尚处于初创阶段，概念界定尚不明晰，阶段划分也多以家庭子女状况为主要标准。此时，家庭生命周期主要被划分为四个阶段，但划分模式不同：

一是刚刚经济独立的夫妻家庭，有一（多）个子女的夫妻家庭，有一（多）个经济独立的子女的夫妻家庭，老年夫妻家庭。

二是学前子女家庭，小学子女家庭，中学子女家庭，成年子女家庭[③]。

---

① MURPHY P E，STAPLES W A. A modernized family life cycle. Journal of consumer research，1979，6（1）.

② SOROKIN P A，ZIMMERMAN C C，GALPIN C J. A systematic source book in rural sociology. Minneapolis：University of Minnesota Press，1931.

③ KIRKPATRICK E L，TOUGH R，COWLES W L. The life cycle of the farm family in relation to its standards of living and ability to provide. Madison，WI：University of Wisconsin Agriculture Experiment Station，Research Bulletin，No. 121.

三是无子女的夫妻家庭，有子女的夫妻家庭（最大孩不超过 14 岁），有成年子女的夫妻家庭（最大孩为 14～36 岁），老年夫妻家庭[①]。

（二）家庭生命周期理论的形成与发展

1942—1948 年，比奇洛、格利克、杜瓦尔等人不断完善家庭生命周期理论，该理论得到空前发展（见表 7-9），此时的划分标准或兼顾家庭子女状况与重大事件[②]，或聚焦家庭子女状况[③]或重大事件[④]，进一步夯实了家庭生命周期的划分基准。学者们也不断修正与完善该理论，更精细地区分家庭生命周期，提出了十大阶段二十四小阶段循环模型[⑤]、九阶段模型[⑥]、八阶段模型[⑦]以及十三阶段模型[⑧]等。

表 7-9　理论扩展时期的家庭生命周期七阶段模型

代表人物	比奇洛	格利克	杜瓦尔
年份	1942 年	1947 年	1948 年
阶段一	建立夫妻二人家庭	初婚	无子女阶段
阶段二	养育子女和子女学龄前阶段	第一个子女出生	扩展（从第一个子女出生到最后一个子女出生）
阶段三	子女上小学	最后一个子女出生	学龄阶段
阶段四	子女上中学	第一个子女结婚	稳定阶段（从最后一个子女出生到第一个子女离家）
阶段五	子女上大学	最后一个子女结婚	收缩阶段（从第一个子女离家到最后一个子女离家）
阶段六	重回夫妻二人家庭	夫妻一方死亡	老年夫妻相伴阶段
阶段七	夫妻退休家庭	夫妻另一方死亡	夫妻一方死亡

可见，虽然家庭生命周期是客观事实，多数家庭会经历类似的发展轨迹，但不同学者对家庭生命周期的划分标准、划分阶段、划分模式却差异甚大。总体而言，在 20 世纪 80 年代前，子女状况是划分家庭生命周期的主要凭依；此后，个体婚姻

---

① LOOMIS C P. The study of the life cycle of families. Rural sociology，1936，1（2）.

② BIGELOW H F. Money and marriage，in marriage and the family. Boston：Heath and Company，1942：382-386.

③ DUVALL E M. Family development. Philadelphia：J. B. Lippincott Company，1971：114-115.

④ GLICK P C. The family cycle. American sociological review，1947，12（2）.

⑤ RODGERS R H. Improvements in the construction and analysis of family life cycle categories：a thesis submitted to the faculty of the graduate school of the university of minnesota in partial fulfillment of the requirements for the degree of doctor of philosophy，1962.

⑥ WELLS W D，GUBAR G. Life cycle concept in marketing research. Journal of marketing research，1966，3（4）.

⑦ 同③116-117.

⑧ GILLY M C，ENIS B M. Recycling the family life cycle：a proposal for redefinition. Advances in consumer research，1982，9（1）.

形态（包括再婚、离婚）、子女数量、代际互动等也受到重视。[①] 比如，墨菲（Patrick E. Murphy）和斯特普尔斯（William A. Staples）以婚姻形态和子女状况为凭依，将家庭生命周期划分为五大阶段十二小阶段[②]；霍恩（Charlotte Hohn）以子女数量为划分家庭生命周期阶段的主要标准，提出应依据前一段婚姻的生育状况对再婚家庭进行细分，将家庭生命周期分为十二个阶段[③]；卡特（Betty Carter）和麦戈德里克（Monica McGoldrick）综合考量了个体与家庭生命周期、不同代际家庭的互动等要素，提出了家庭交际期、新家庭结合、儿童家庭、青少年家庭、扩大家庭、晚年家庭六个阶段[④]。

（三）家庭生命周期理论的局限与拓展

家庭生命周期理论是考察家庭发展变化的重要视角。但是，传统的家庭生命周期概念反映的是一种理想的道德化模式，深受古德的家庭现代化理论的影响，与社会的现实状况出入较大。在现代化进程中，很多地区的家庭并未像古德预测的那样直线发展。比如，一些亚洲国家和地区普遍存在主干家庭甚至联合家庭与核心家庭并存的情况；再加上婚姻的稳定性减弱，丁克家庭，因离婚或其他原因形成的单亲、继亲与隔代家庭等，都与传统的家庭生命周期理论反映出的理想化、道德化模式出入甚大，直接挑战了既往形成的家庭生命周期理论；格利克等人划分的家庭生命周期阶段更适用于生育率较高、婚姻较稳定的传统农业社会的核心家庭。在家庭变革时代，必须在契合现实的基础上对既往理论加以修正与完善。

以中国为例，在高生育率时代，人们成家较早，家庭形成时夫妻年纪较小，孩子序次出生，生育全过程持续时间较长，故家庭生命周期的扩展期和稳定期也较长，生育行为存续于女性的整个育龄期；加之人口平均预期寿命较短，空巢期和解体期也较短，家庭生命周期呈正态分布模式。但是，经济社会的发展和中国独有的限制性生育政策修正了这一自然模式：家庭形成的时间向后推移，多数女性在30岁前后便完成了生育子女的责任；子女数量的减少也缩短了抚育时间，家庭可在较短时间内完成子女的生育和抚养责任，由此大大缩减了扩展期和稳定期。若为数不多的子女离开父母家庭，只剩下亲代独自生活，空巢期就会提前到来。这些特点使家庭生命周期各阶段的时间维度呈现出由正态分布向右偏态分布的流变（见图7－11）。若是独生子女家庭，则其扩展期等于稳定期，且直接跳进空巢期；若是丁克家庭，甚至只有形成和解体两个阶段。

---

① HILL R. Life cycle stages for types of single parent families：of family development theory. Family relations，1986，35（1）.

② MURPHY P E，STAPLES W A. A modernized family life cycle. Journal of consumer research，1979，6（1）.

③ HOHN C. The family life cycle：needed extensions of the concept. //BONGARRTS J，BURCH T，WACHTER K. Family demography：methods and their application. Oxford：Oxford University Press：1987：65－80.

④ 卡特，麦戈德里克．成长中的家庭：家庭治疗师眼中的个人、家庭与社会．北京：世界图书出版公司，2007：1－20.

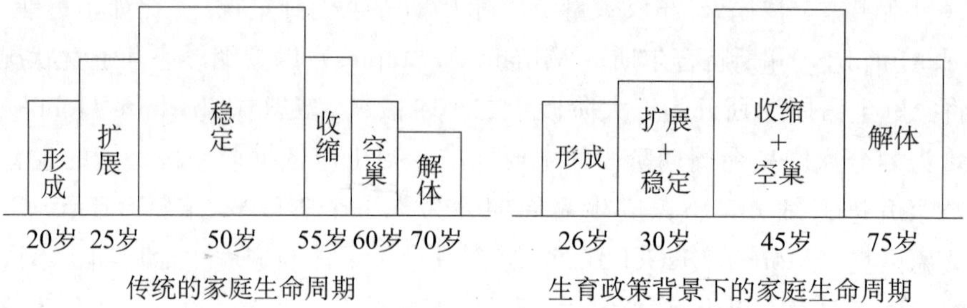

图 7－11　传统和生育政策背景下的家庭生命周期示意图

资料来源：杨菊华．生育政策与中国家庭的变迁．开放时代，2017（3）．

三、家庭生命周期理论的现实呈现①

本部分利用数据资料，刻画当前中国家庭生命周期的现状、变动趋势与主要特征。

（一）形成期

第五章已经介绍过，在“三化”进程中，家庭的形成期（结婚年龄）大大推迟。在中国，家庭的形成源于婚姻的缔结。原国家计划生育委员会组织实施的“全国千分之一人口生育率抽样调查”资料显示，女性平均初婚年龄由 1949 年的 18.57 岁升至 1960 年的 19.57 岁、1980 年的 23.05 岁。1982 年第三次全国人口普查资料显示，男性平均初婚年龄为 25.49 岁，女性平均初婚年龄为 22.80 岁，但男性 23 岁、女性 20 岁时初婚者居多。如前所述，中国人口的初婚年龄继续提高，2020 年登记结婚的人口的平均初婚年龄为 28.67 岁，其中，男性平均初婚年龄为 29.38 岁，女性平均初婚年龄为 27.95 岁。

（二）扩展期与稳定期

家庭形成期的推迟、先婚后育主流婚育关系的维持如同多米诺骨牌，直接影响后续生命周期各阶段的发展历程，家庭扩展期的起点随家庭形成期的推迟向后推移，初婚初育、初育终育的时间间隔都随之缩短，家庭扩展期快速收缩，并与稳定期高度交叠。

第一，初育年龄推迟，家庭扩展时间延后。因中国人的生育行为依旧多发生在婚姻关系存续期之内，故初育年龄与初婚年龄存在内在联动效应，初婚年龄推迟必然带来初育年龄的延后。20 世纪 80 年代早期，初育年龄为 23～25 岁；2017 年，平均初育年龄约为 27.26 岁。

第二，初婚初育间隔压缩，家庭扩展过程加快。或因婚龄推迟，或因同居导致

① 本部分的详细内容请参见：杨菊华．生命周期视角下的中国家庭转变研究．社会科学，2022（6）．

未婚先孕等，初婚初育间隔并未随初婚初育年龄推迟而加大，而是呈现压缩趋势：初婚初育间隔由 1950 年的 3.24 年降至 2016 年的 0.88 年。

第三，扩展期与稳定期交叠，家庭生命周期中段挤压。少育提前了终育年龄，家庭更早进入稳定期。若妇女终身只生育一孩，则终育年龄就是初育年龄，稳定期等于扩展期；若生育两孩，在一般情况下，初育终育间隔为 4～5 年。2018 年，在有两（多）个孩子的样本中，初育终育间隔仅为 5.8 年。分出生队列来看，20 世纪 50 年代后出生人口的生育事件多与生育政策的推行时间交叠，故独生子女多、子女数量少；1990 年后出生的人口多未完成生育，故初育终育间隔表现得更短（见表 7 - 10）。

表 7 - 10　终育年龄、初育终育平均间隔情况　（单位：岁、年）

	全部样本	有两个及以上孩子的样本
终育年龄	28.4	30.0
初育终育平均间隔	3.6	5.8
不同出生队列的初育终育平均间隔		
20 世纪 50 年代	5.8	6.7
20 世纪 60 年代	4.1	6.2
20 世纪 70 年代	3.6	5.5
20 世纪 80 年代	3.3	5.1
20 世纪 90 年代	2.8	3.1

（三）收缩期与空巢期

从第一个孩子搬离原生家庭开始，家庭就进入了收缩期。在 1980 年尤其是 1972 年前较高生育率的情境下，子女依次离开家庭，故家庭的收缩期渐次展开且持续时间较长。在现代化进程中，家庭子女数量减少，这必然带来收缩期的缩短和空巢期的提前。

第一，空巢年龄提前且出现年轻化趋势。在高生育率时代，空巢家庭一般发生在老年期；当下，子女会因外出学习而早早离家，亲代最迟会在最后一个孩子 17 岁左右就开始空巢生活，而空巢父母尚在中年。按“80 后”女性 25 岁/男性 27 岁的城镇平均初婚年龄、2 年的初婚初育间隔、独生子女 18 岁后离开原生家庭留亲代独自生活为空巢起始计算，亲代在 45～47 岁进入空巢期。由表 7 - 11 可知，当最后一个子女出生时，家庭户主的平均年龄随出生年代推移而降低。中国健康与营养调查数据显示，20 世纪 40 年代、50 年代、60 年代三个出生队列户主空巢的起点年龄分别为 57.5 岁、51.3 岁和 44.4 岁①。1980 年后组建的家庭，与 20 世纪 60 年代组建的家庭相比，进入空巢期的时间大约提前了 13 年，空巢家庭不再限于老年人口，中年夫妻空巢家庭成为常态。

第二，空巢存续期延长。空巢年龄提前与预期寿命提高，必然延长空巢的存续

① 吴帆．家庭生命周期结构：一个理论框架和基于 CHNS 的实证．学术研究，2012（9）.

时间。一方面，由于亲代大约在45岁后进入空巢期，因而他们通常会在空巢状态下生活15年才进入老龄阶段，空巢生活开始时间大约提前15年；另一方面，他们在步入老龄阶段后，空巢生活的时间比过去更长，相当一部分人约一半的生命时间生活于空巢家庭中。

表7-11　不同出生队列家庭事件发生时户主的平均年龄　（单位：岁）

家庭事件	20世纪50年代	20世纪60年代	20世纪70年代	20世纪80年代
结婚	22.4	22.9	23.3	23.4
第一个子女出生	22.6	24.6	24.8	25.1
最后一个子女出生	32.7	30.8	29.8	29.1

资料来源：中国家庭追踪调查（2018）。

第三，空巢家庭占比增长。2010年，处于收缩期和空巢期的家庭占全部家庭的45.6%①。20世纪80年代，空巢家庭占老年人家庭总数的10%，20世纪90年代这一比例升至30%，2000年升至42%，2013年升至近50%，数量破亿②。

（四）解体期

家庭解体主要有两条路径——丧偶（自然解体）与离婚（人为解体），这里仅关注前者。活得越久意味着家庭自然解体的起点越晚。1949年，中国平均预期寿命不足40岁；但随着经济社会的发展，平均预期寿命大大提升，在1960—1970年间几乎线性增长；2021年，中国居民的平均预期寿命达到78.2岁。这无疑会给家庭生命周期形态与存续时长带来巨大影响，当前家庭自然解体的速度更慢。如图7-12所示，有配偶的老年人口比例随着时间的推移持续上升，从1982年的54.13%升至2020年的75.21%。而且，无论是男性老年人还是女性老年人，变动模式都完全一致。在1982—2020年间，男性老年人的有配偶比例从69.00%升至83.23%，女性老年人的有配偶比例从41.25%升至67.74%，该变化趋势暗示着家庭解体期的后移与空巢期的延长，也凸显出女性人口的预期寿命长于男性人口。

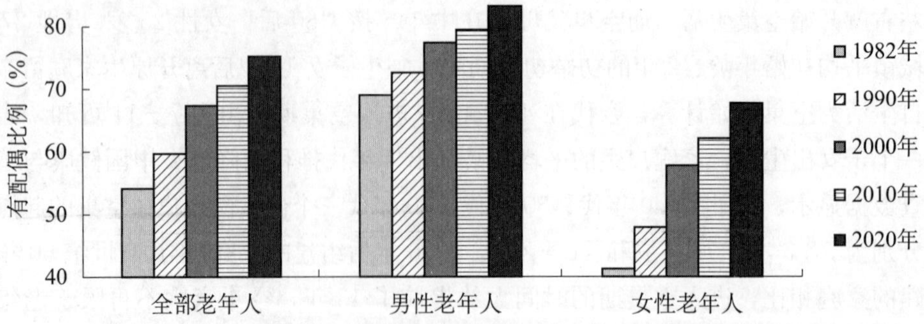

图7-12　1982—2020年60岁及以上老年人有配偶比例（单位：%）

资料来源：1982—2020年全国人口普查数据。

① 国家卫生和计划生育委员会．中国家庭发展报告：2014．北京：中国人口出版社，2014：11-12．

② 李晓宏．春节回谁家？．老年教育（长者家园），2013（3）．

本章要点

1. 在现代化进程中，家庭规模缩小、居住安排简单、代数减少是必然趋势。但是，家庭并未像美国学者古德预测的那样，完全核心化。

2. 当代中国家庭的基本特征是，家庭规模缩小，代数减少，年龄结构老化，性别结构失衡，家庭生命周期分布重心后移。家庭模式依旧简单，基于姻亲和血亲的家庭形式仍然是最主要的家庭形式。核心家庭在所有类型的家庭中的占比依旧最高；主干家庭的凝聚力和个体化家庭的分化力继续相持。

3. 家庭形态持续多样化。尽管主流家庭模式不会改变，但未来的家庭形态未必完全向核心家庭转变。这既是人们自由选择的结果，也是家庭规模小型化和家庭模式简单化的必然结果。

4. 中国家庭结构在变迁中延续，既直接受制于生育政策，也得到经济社会发展的加持，以及婚姻家庭观念的支撑。21世纪之前家庭子女数量的断崖式下降，主要是因计划生育政策的推行，此后家庭规模的缩小，既有政策的惯性效应，又有经济社会发展的助推。目前，虽然生育政策已经宽松，允许一对夫妇生育三个孩子，但家庭规模是否会有很大回升尚不可知，因为宏观层面的结构性要素与微观层面的家庭行为存在不兼容性。

5. 家庭结构存在很大的城乡差别。城市的家庭规模更小，但家庭结构更为复杂多样；农村的家庭规模可能稍大，但家庭结构由于人口流动而同样具有多样性。

基本概念

家庭结构　家庭规模　家庭类型　家庭代数　空巢家庭　丁克家庭　年龄结构　性别结构　家庭生命周期

复习思考题

1. 在现代化进程中，中国的家庭规模、家庭代数等结构性要素分别发生了怎样的变化？它们又展现出怎样的延续性？

2. 在家庭结构转变与延续的背后，经济、社会、文化、政策要素分别起到怎样的作用？

3. 中国家庭为何会从“多代同堂”向“小家庭”发展？经济、社会、政策、文化等因素如何影响家庭观念与家庭模式？

4. 结合古德的家庭现代化理论，分析中国家庭为何没有像家庭现代化理论预测的那样，向标准核心家庭演变。

5. 简述中国空巢家庭的主要特征，分析新型空巢特征的主要原因。

6. 中国家庭的年龄结构和性别结构分别发生了怎样的变化？其主要原因是什么？

7. 家庭生命周期主要有哪些不同的划分方法？划分依据主要是什么？请举例说明。

8. 与传统小农时代家庭的生命周期相比，当前中国家庭的生命周期发生了怎样的变化？请简述背后的原因。

阅读文献

1. 潘允康．婚姻家庭社会学．北京：北京大学出版社，2018.

2. PESANDO L M. Global family change：persistent diversity with development. Population and development review，2018，45（1）.

3. RAYMO J H，PARK H，XIE Y，et al. Marriage and family in East Asia：continuity and change. Annual review of sociology，2015，41（1）.

4. LI T，FAN W，SONG J. The household structure transition in China：1982—2015. Demography，2020，57（4）.

第八章

家庭关系

会桃花之芳园，序天伦之乐事。

——《春夜宴从弟桃花园序》，李白（唐）

小男供饵妇搓丝，溢榼香醪倒接䍦。
日出两竿鱼正食，一家欢笑在南池。

——《南池》，李郢（唐）

爱子心无尽，归家喜及辰。寒衣针线密，家信墨痕新。
见面怜清瘦，呼儿问苦辛。低徊愧人子，不敢叹风尘。

——《岁暮到家》，蒋士铨（清）

在中国传统文化中，无数诗文描述了舐犊情深、菽水承欢，执手相看、琴瑟和鸣，兄友弟恭、姊妹情意。李白与弟弟们相聚在桃花飘香的花园中，畅叙兄弟间快乐的往事，共享天伦之乐。在《南池》中，小男孩准备鱼饵，母亲搓丝准备做钓鱼线，父亲倒裹头巾，身旁满满一壶浊酒飘出浓浓的香气，一家人欢欢喜喜地在南池垂钓。《岁暮到家》一诗用朴素的语言，细腻地刻画了久别回家后母子相见时真挚而复杂的感情，神情话语，如见如闻。

亲密和谐的家庭关系是个体所向往与追求的。家庭关系是社会关系的一种，与一般性的社会关系既有相似之处，也有明显区别。“五服”“九族”“祖宗十八代”“六亲”“七大姑八大姨”等表述常见于相关文献中。认识和理解家庭关系，可以从宏观和微观两种角度切入。前者多从家庭制度出发看待家庭关系，以家庭成员的权力地位和平等程度确定家庭关系类型。后者侧重于对家庭成员之间具体关系的考察，特别关注日常沟通和冲突过程对家庭关系的影响。本章阐述中国家庭关系的特点、影响家庭关系的因素以及家庭关系的改变何以成为家庭制度变迁的标志等问题，在兼顾亲属网络的前提下，重点讨论亲子关系与夫妻关系，旨在让读者全面了解和重点掌握中国的家庭关系及其变迁，并能用所学知识分析当前家庭关系中的新现象和新问题。

第一节 家庭关系与亲属网络

第三章已较系统地介绍了初民社会的亲属制度，本章重点聚焦当前社会尤其是中国社会，兼及近现代以来具有全球意义的亲属网络与亲属关系。

一、家庭关系图谱

家庭关系是基于婚姻、血缘或收养而形成的一种社会关系，是指家庭成员在家庭中的不同地位和角色，以及由此产生的相互的权利和义务[①]。家庭关系既因婚姻、血缘而具有自然性质，也因法定权利和义务而具有社会性质。

（一）家庭关系的划分

第一，按照功能类别，可将家庭关系划分为五类：基于性别、年龄、生育水平发生的血缘性的社会生物学关系；家庭权利和义务分配下以家庭物质生活为基础的家庭经济关系；依据法律规定成员角色以及权利义务的法律关系；涉及家庭成员情感与义务的道德关系；调节家庭心理气质与情感的心理关系[②]。

第二，按照关系主体，可将家庭关系划分为夫妻关系、亲子关系、兄弟姐妹关系、祖孙关系、叔侄关系、婆媳关系、妯娌关系和姑嫂关系等。

第三，按照性质和状态，可将家庭关系划分为合作关系、平等关系、对抗关系和冲突关系[③]。

第四，按照关系发生的原因，可将家庭关系划分为姻亲关系（夫妻、婆媳、妯娌等）、血亲关系（亲子、兄弟姐妹等）和收养关系[④]。

第五，按照家庭成员所属世代层次，可将家庭关系划分为纵向关系和横向关系。纵向关系主要是指位于不同世代层次的家庭成员之间的关系，包括亲子关系、婆媳关系、翁婿关系、叔侄关系、祖孙关系等；横向关系是指同辈之间的关系，如夫妻关系、兄弟姐妹关系、妯娌关系、姑嫂关系等。

第六，按照生活事件，可将家庭关系划分为经济关系、情感关系、性关系、生育关系、赡养关系、事业关系、政治关系、道德伦理关系等。

---

① 潘允康．社会变迁中的家庭：家庭社会学．天津：天津社会科学院出版社，2002：160.

② 科瓦廖夫．家庭关系心理学．北京：教育科学出版社，1988：7－8.

③ 邓伟志，徐新．家庭社会学导论（第二版）．上海：上海大学出版社，2020：95.

④ 朱强．家庭社会学．武汉：华中科技大学出版社，2012：123.

（二）家庭关系丛

依据列维-斯特劳斯的亲属结构理论，婚姻关系的建立是家庭关系的起点。建立婚姻关系的个体都会带来大量的已有关系，这些“不在场的参与者”也是新家庭关系的重要组成部分，即家庭关系是一种“关系丛”。其中，最重要、最基础的关系就是由父母和子女构成的核心家庭基本关系[①]，即核心家庭是亲属制度的基本结构单位[②]。

亲属称谓是家庭关系丛的重要组成部分，是明确个体家庭角色与地位的手段；其亲属关系语词及其蕴含的亲属态度确保了家庭关系的维持和运作[③]。仅就直系亲属而言，亲属称谓就有高祖、曾祖、祖父、父亲、儿子、孙子等。在传统大家庭的框架中，以自己为核心，有如图 8－1 所示的家庭主要亲属谱系。

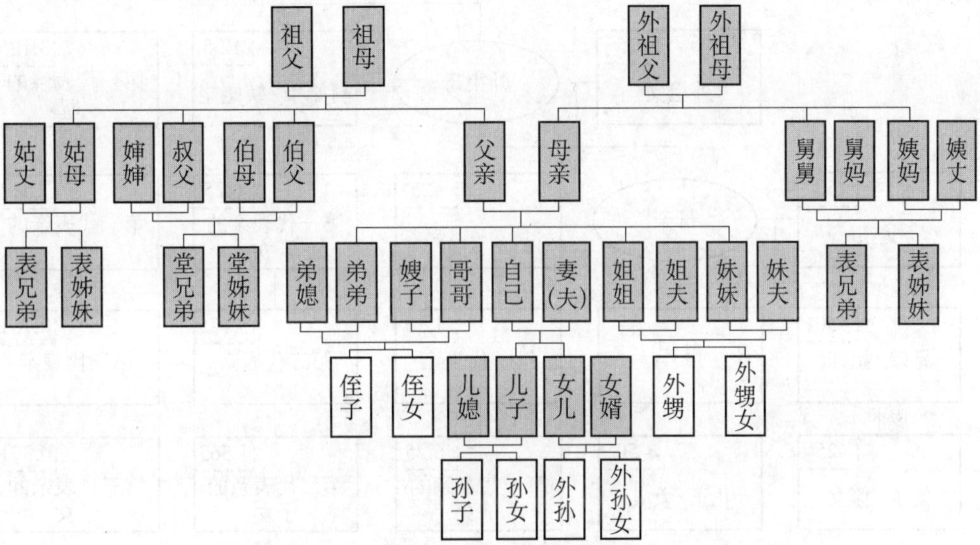

图 8－1　传统社会家庭主要亲属谱系示意图

家庭关系（丛）具有普适性，建立在自然规则之上[④]，只要有家庭就会有家庭关系，并在日常生活的实践中形成可以描述紧密关系的亲属称谓[⑤]。而且，不论社会性质、文化、制度如何，亲属关系网络都很复杂。如图 8－2 所示，若以自己为中心，则既有向上与向下的纵向关系，也有向左、向右延伸的横向关系，还有各种斜向的代际关系。

家庭关系（丛）也具有独特性。在传统中国，亲属关系不仅发生在同居共财的

---

① 弗思．人文类型·乡土中国．沈阳：辽宁人民出版社，2012：69.

② 拉德克利夫-布朗．原始社会结构与功能．北京：九州出版社，2007：85.

③ LÉVI-STRAUSS C. Structural analysis in linguistics and in anthropology//INNIS RE. Semiotics：an introductory anthology. Bloomington：Indiana University Press，1985：108－128.

④ MORGAN L H. Systems of consanguinity and affinity of the human family. Lincoln：University of Nebraska Press，1997：11.

⑤ SAHLINS M. What kinship is... and is not. Chicago：The University of Chicago Press，2013：73.

家庭成员之间，也发生在直系亲属与旁系亲属之间，故标示亲疏远近与权利义务的亲属称谓十分繁杂，核心是以父子为主的纵向代际关系，而横向的夫妻关系处于从属地位。在这种父系继嗣传统之下，父方的亲属关系以族谱等方式得以制度化，由母亲联结起来的姻亲关系只有基本的行为模式与权利义务关系，而缺乏祖坟、祠堂之类的符号标志体系。①

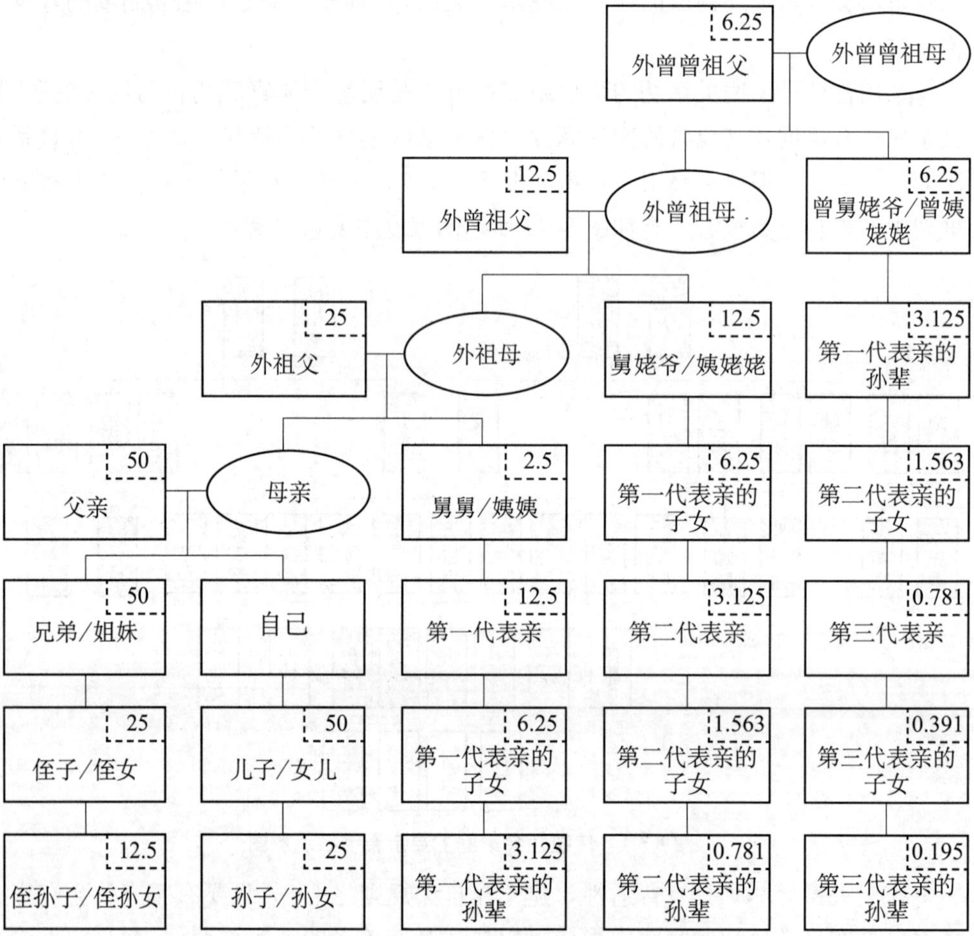

图 8-2 家庭关系网络示意图

注：(1) 该图以“自己”为中心，表示每个人与“自己”的关系，如“自己”的父亲、母亲、兄弟和姐妹等。(2) 图中的数字表示每个人与“自己”血缘关系的亲疏远近。数值越大，表示血缘关系越近。比如，父亲框格中的 50，表示自己基因的 50%来自父亲。

在强调个体主义的西方社会，虽然父系血亲关系是家庭关系的核心，但核心家庭成员才是家庭关系的主体。在由父亲/丈夫、母亲/妻子、孩子形成的家庭三角关系中，夫妻关系处于较重要位置。由此，两种不同文化背景下的亲属称谓也不同。在中文语境下，亲属称谓数量多，存在明显的血亲与姻亲之分；在英语语境中，核

① 刁统菊．亲属制度研究的另一路径：姻亲关系研究述评．西北民族研究，2009 (2).

心家庭以外的亲属称谓并不显示是父系亲属还是母系亲属。按照摩尔根对亲属称谓的分类，前者为苏丹制，后者为夏威夷制。①

二、家庭亲属关系网络

亲属关系实际上是基于生物性的血缘关系与社会规范制度而形成的一种社会关系网络，处于网络中不同节点的亲属具有不同的权利与义务，彼此的行为边界也不同。传统中国为标明家庭成员的亲疏远近、维持家庭关系的稳定性，形成了“九族”“五服”网络体系，构建了以父系继嗣为中轴的亲疏有别的亲属圈子，并在法律、礼教、服制等的交互作用下自我复制和制度化。

（一）“九族”与“五服”

“九族”最早见于《尚书·尧典》：“克明俊德，以亲九族；九族既睦，平章百姓；百姓昭明，协和万邦。”《左传》一书对之也有涉及：“务其三时，修其五教，亲其九族。”但两者的内涵并不相同：前者是指“氏族”，后者则是指宗法制度下的父系家庭。尽管“九族”制度历史悠久，但从汉代至今，人们对其内涵的理解并未达成一致。目前，人们对“九族”主要有以下两种理解：（1）以父宗为重的亲属范围——包括自高祖以下的男系后裔及其配偶——都属于本宗，称为“本宗九族”，即高祖→曾祖→祖父→父→己身→子→孙→曾孙→玄孙；（2）“九族”不局限于同姓亲属，还包括异姓亲属，即父族四（自己一族、出嫁的姑母及儿子、出嫁的姐妹及外甥、出嫁的女儿及外孙），母族三（外祖父一家、外祖母娘家、姨母及其儿子），妻族二（岳父一家、岳母娘家）。

“五服”是与“九族”紧密相关的丧服制度，源于西周宗法制，是指《仪礼·丧服》中制定的五等丧服，由重至轻分别是斩衰、齐衰、大功、小功、缌麻，以此来确定亲等关系，明确亲属间的民事法律责任。《尔雅·释亲》就对这种以服丧规制标明亲属远近的礼制有完整论述，通过整合亲属称谓，形成一套完备的亲属关系体系②，可服丧的家庭成员既包括宗亲，也包括姻亲或外亲。

“九族”与“五服”是中国传统亲属制度的礼法依据，与父权制、嫡长子继承制、宗族祭祀制等交叉作用，进一步维持、固化了宗法制度。在“五服”制度演变发展过程中，形成了以图解方式揭示丧服制度（包含亲属关系）的传统，而有据可考的两种图解方式为宗枝图与鸡笼图。③ 常见的宗枝图为菱形，以己身为中心，按“五服”制度外推，构成具有差序格局的亲属关系结构（见图 8－3）。

“九族”“五服”制以正尊一系为中轴，分为右上、左上、右下、左下四部分。

---

① 哈维兰．文化人类学（第 10 版）．上海：上海社会科学院出版社，2006：309－313．

② 冯汉骥．中国亲属称谓指南．上海：上海文艺出版社，1989：38．

③ 吴飞．五服图与古代中国的亲属制度．中国社会科学，2014（12）．

				高祖父母齐衰三月				
			族曾祖母姑在室缌麻，适人无服	曾祖父母齐衰三月	族曾祖父母缌麻			
		祖祖姑在室缌麻，适人无服	从祖祖姑在室小功，适人缌麻	祖父母齐衰不杖期	从祖祖父母小功	族祖父母缌麻		
	族姑在室缌麻，适人无服	从祖姑在室小功，适人缌麻	姑在室期，适人大功	父斩衰三年，母齐衰三年或期	世叔父母期	从祖父母小功	族父母缌麻	
族姊妹在室缌麻，适人无服	从祖姊妹在室小功，适人缌麻	从父姊妹在室大功，适人小功	姊妹在室期，适人大功	己身	昆弟期	从父昆弟大功	从祖昆弟小功	族昆弟缌麻
	从祖昆弟之女子子在室缌麻，适人无服	从父昆弟之女子子在室小功，适人缌麻	昆弟之女子子在室期，适人大功	长子斩衰三年，嫡妇大功，众子期，庶妇小功	昆弟之子期	从父昆弟之子小功	从祖昆弟之子缌麻	
		从父昆弟之孙女在室缌麻，适人无服	昆弟之孙女在室小功，适人缌麻	嫡孙期，庶孙大功，庶孙之妇缌麻，孙适人者小功	昆弟之孙小功	从父昆弟之孙缌麻		
			昆弟之曾孙女在室缌麻，适人无服	曾孙缌麻，曾孙妇无服	昆弟之曾孙缌麻			
				玄孙缌麻				

图 8-3 “五服”宗枝图

资料来源：龚端礼．五服图解·义解//续修四库全书：第 95 册．上海：上海古籍出版社，2003：112.

纵向和横向关系都有九族。“九族”“五服”中的个体归属于同一关系单位，但并不必然归属于同一生活单位。

（二）家庭网络

小农社会以家庭为中心形成社会关系，由家庭关系到家族关系、亲属关系、乡土关系，构成社会关系序列。其中，家族关系和亲属关系十分复杂，制约其他社会关系。费孝通对乡土社会的家族关系和亲属关系进行了区分，认为家族是以父系为宗形成的，男婚女嫁、以男为主、用男性计算世系，而亲属则由女方形成，是女子出嫁形成的婚姻关系，故在男方为家族关系，在女方为亲属关系，但本质上，二者是一回事。①

一般而言，亲属关系按血缘、姻缘分为血亲与姻亲两类，以自己为中心，通常包含五代，除父母、子女、祖父母（外祖父母）、孙子女（外孙子女）、亲兄弟姐妹

① 费孝通．乡土中国 生育制度 乡土重建．北京：商务印书馆，2015：293-294.

等彼此之间有直接血缘联系的直系亲属外，还有包括表亲、堂亲、伯伯、叔叔、姨母、侄、甥等平辈、长辈、晚辈在内的旁系血亲，以及自身配偶和与上述人员有婚姻关系的人形成的姻亲。从本质上看，这是血缘和地缘关系相结合的产物，由此发展起来的村落，社会关系藕断丝连，并依靠明确的辈分排列出有条不紊的社会关系秩序。[①]

王跃生以关系单位与生活单位为视角，分析了传统亲属范围的边界与功能，认为传统家庭主要可分为同宗之家、服亲之家、同祖之家、同父之家和夫妇之家五种基本类型，从上到下具有涵盖关系（见图 8-4）[②]。这与帕森斯的“洋葱式”家庭关系结构相似，二者都强调彼此间的关系纽带随社会距离的增加而弱化。但二者对居于核心位置的家庭类型的理解不同：帕森斯认为，居于核心位置的家庭是夫妇主导的核心家庭；而王跃生则主张，居于核心位置的家庭由个人的核心家庭、个人与父母以及兄弟姐妹组成的家庭构成[③]。

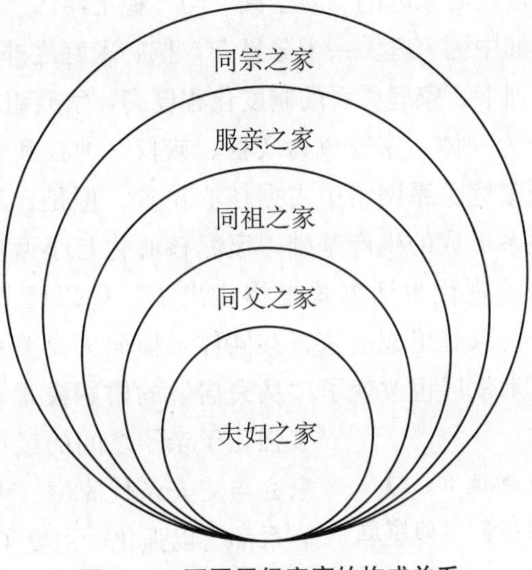

图 8-4　不同层级家庭的构成关系

资料来源：王跃生．家和家人的范围、层级和功能分析．开放时代，2020（2）．

自 20 世纪 70 年代以来，中国的家庭结构、家庭关系发生了深刻变化[④]。小农社会庞大的亲属关系网络已经解体，直系亲属和旁系亲属关系减少，亲属关系网络大大弱化。

从核心家庭发展的角度来看，亲属关系网络承载着个体家庭的生存与扩展两大类功能[⑤]。在传统社会中，无论是对同宗之家的贫者、弱者直接的生活救助，还是在婚育、丧葬、科考等人生大事方面的帮扶，宗族都被视为维持家庭成员基本生

① 刘应杰．中国农村社会的家族和亲属．社会学研究，1988（5）．
② 王跃生．家和家人的范围、层级和功能分析．开放时代，2020（2）．
③ 切尔．家庭生活的社会学．北京：中华书局，2005：46-47.
④ 彭希哲，胡湛．当代中国家庭变迁与家庭政策重构．中国社会科学，2015（12）．
⑤ 王跃生．个体家庭生存和发展承载体分析：基于中国历史和现实．江苏社会科学，2019（4）．

活、帮助个体实现自我发展的有效支撑。

在现代社会，亲属关系网络依然是个体家庭应对外部风险的重要支持体系。核心家庭甚至大家庭成员之间在经济上互助，在生活上互相支持，在情感上互相安抚[1]，生相亲爱、死相哀痛。实际上，在个体化趋势下，社会风险日益增多但社会保障制度尚不完善，家庭并不能完全独立，而是在彼此之间建立起了一种互补关系。[2] 为更好地抵御外部社会风险，若干核心家庭会以血亲或姻亲为基础形成一种扩大的婚姻家庭关系网络，构成小于传统宗族范围的新“家庭网络”或家庭联盟[3]。

家庭网络有三种组成方式：一是由以三代以内旁系血亲为核心成员的家庭组成；二是由亲代核心家庭与若干子代核心家庭构成；三是由基于婚姻关系或族谱认定的宗族关系确立。以血亲或姻亲为基础的家庭网络并不以构建生活共同体为目的，各核心家庭在居住、财产与生活方式上都互不相扰；各核心家庭保持交往，成为彼此稳固的社会支持来源。[4] 可见，家庭网络作为一种扩大的家庭形式，是宗族关系衰弱甚至消失阶段核心家庭的“安全阀”与“稳定器”。

总体而言，传统的中国家庭关系十分复杂，核心家庭之外还有家族和宗族。在法律与礼教的双重规训下，家庭关系的制度化程度高，宗族组织和国家组织、宗法等级和政治等级都合为一体，家庭成为政权、族权、神权和夫权的统一载体，父系的亲子关系在整个家庭关系网络中占据核心位置。但是，现代化和工业化进程深刻地改变了家庭关系形成的生产基础，家庭核心化与小型化使得家庭关系网络大大萎缩，世代分居的现代生活方式也构建出了一种以赡养和继承关系为基础的，由亲代家庭与子代家庭组成的家庭共同体，横向夫妻关系的地位上升。社会流动性增强与现代技术发展也改变了“从夫居”的婚姻模式，独生子女政策进一步强化了亲子之间的经济和情感交流，核心家庭与丈夫亲代家庭、妻子亲代家庭之间的联系都得以强化，由妻子联结起来的“外亲”在核心家庭的家庭关系网络中的重要性不断增强。[5]

【拓展阅读 8-1】
《红楼梦》中的家庭关系

三、家庭关系的本质特征

家庭关系是社会关系的一种。任何一种社会关系都有内在的根据，其成员间联系的依据不同、方式有别，构成不同关系。比如，邻里关系以住地为根据，同事关系以职场为依据，家庭关系则以婚姻为起点、以血缘为纽带：以婚姻关系为纽带的

---

① 潘允康．家庭网和现代家庭生活方式．社会学研究，1988（2）.

② 潘允康，林南．中国城市现代家庭模式．社会学研究，1987（3）.

③ 邓伟志，徐新．家庭社会学导论（第二版）．上海：上海大学出版社，2020：236.

④ 同③.

⑤ 王跃生．个体家庭、网络家庭和亲属圈家庭分析：历史与现实相结合的视角．开放时代，2010（4）.

人互称姻亲，由婚姻关系派生；以血缘关系为纽带的人互称血亲，由亲子关系派生。家庭关系久远而普遍，从一开始就具有历史性，起初是唯一的社会关系。而且，尽管在历史发展过程中出现了许多新的社会关系，但很多关系或消失或改变了形态，只有家庭关系比较完整地保留了其基本形态和内核。“我们是一家人”这种日常表述，就意味着家庭成员之间频繁、直接、全面的人际互动；因此，与其他社会关系相比，家庭关系更密切、更深刻，家庭成员之间全面合作与互动，除血缘与姻缘关系外，家庭成员之间还具有经济上的相互利益关系、事业上的志同道合关系、政治上的相互利害关系、日常生活中的频繁交往和共处关系，以及情感上的深刻联系。家庭关系主要有以下几个特点。

(一) 家庭关系形成的前提是人的实践活动

人是全部社会关系的本质和基础。家庭关系的形成基础是人与人的关系。家庭关系的形成是以人的实践活动为前提的，家庭中的个人是家庭关系的基础。在任何时代，个人都会在各种社会关系的制约下通过物质生产、生儿育女等活动形成一种生活共同体，并在此过程中形成一种比一般社会关系更为密切和深厚的家庭关系，这种关系以婚姻为起点，以血缘为纽带，以代际为层次。

(二) 家庭关系具有多样性

任何社会都会通过道德、习俗、法律等形式，控制家庭关系，故家庭关系的法治化与规范化程度较高[①]——持有类似的价值观念，遵守共同的法律与制度规范，但思想认识与实践活动选择并不必然相同。因此，在个体层面，家庭关系的形式和内容有极其繁复的层次差异。基于不同维度，可将家庭关系划分为如表 8-1 所示的几类。

表 8-1　家庭关系类型

维度	类型
情感	友好型、疏离型、矛盾型
功能	社交型、情感交换型、互相支持型
空间距离与互动	紧密型、礼貌型、互助型、疏远型

(三) 家庭关系具有历史性

家庭关系总是与历史实践活动联系在一起，而实践活动的历史性决定了不同历史条件下的家庭关系具有不同的内涵和制度。在小农时代，亲子关系是家庭关系的中心，父为子纲；夫妻关系次于亲子关系，且夫为妻纲。工业革命后，亲子关系与夫妻关系并重成为家庭关系发展的主要趋势。而且，在现代化进程中，家庭关系大

① 潘允康．社会变迁中的家庭：家庭社会学．天津：天津社会科学院出版社，2002：163.

大简化，传统社会常见的连襟、妯娌、姑嫂关系日渐少见，夫妻、亲子、祖孙等成为主要的家庭和社会角色。家庭成员对各自应扮演的家庭角色及其行为规范、行为模式更为明确，但很少能体验到主干家庭与联合家庭复杂且丰富的网络化人际关系。

（四）家庭关系具有结构化特性

家庭关系通过个人行动进行再生产，在不同时空环境中存在类似的社会实践，不仅具有功能主义所言的系统结构，而且存在一种结构化和制度化的特性。比如，小农社会强调同居共财、共同生产劳动等，现代社会家庭成员之间的全面合作、频繁交往、情感粘连、经济互助、生理满足等，都是家庭关系结构化和制度化的表征。这些实践活动以更高的概率出现于家庭成员之间，生儿育女、赡养老人等在传统社会就已经存在的行动模式仍然稳定。

（五）家庭关系具有等级性

家庭成员间的等级观念、等级制度与社会生产关系相关。家庭关系中的父系家长制是封建社会亲疏、等级和世袭政治制度之源，形成了宗族之内以男系血缘为基础，采取嫡长子继承制，有严格的家族规约，主从贵贱分明，以及“男主外、女主内”的伦理文化架构，构成了一种区分父系母系的内外亲疏、长幼辈分和上贵下贱、男尊女卑的家庭等级秩序和道德规范。因此，“三纲五常”规范下的家庭关系实际上就是一种权力关系：“父为子纲”强调了父亲对子女具有天然的、基于血统或宗法伦理的权力；“夫为妻纲”则强调了丈夫对妻子拥有一种以父权制度为支撑的统治权。

这种等级性也表现在血亲、姻亲的本质属性上，延续至今的血亲称谓和姻亲称谓直接区分了家庭成员的亲疏远近，由血缘关系联结的家庭成员在财产继承、权利义务划分等方面都有优先地位。尽管在现代化过程中，妻子的原生家庭在亲属体系中的重要性增强，在法律层面男女享有共同的继承权与赡养义务，但家庭等级这种结构性观念是一种相对稳定的“恒常”状态①，并未发生根本性变革，在农村地区日常生活和行动中尤其如此②，重男轻女、丧服差异、父系与母系亲属的称谓差异等都普遍存在。

四、家庭关系的影响要素

家庭关系虽然总体稳定，但是也总在变化。家庭关系变化具有如下三个特征。（1）种类的沿革：由繁复到简单，从多轴多系向双轴少系和单轴并重转化。（2）实

① 杨善华，孙飞宇．“社会底蕴”：田野经验与思考．社会，2015，35（1）．
② 张文军．知变又知常：观念是如何转型的?：基于浙东屿村婚育观念的考察．社会，2021，41（2）．

质的沿革：由主从型向平权型方向发展。代际关系由尊老转向重小，由重反哺向接力-反哺并重流变；夫妻关系趋于简单、平等，稳定系数遭遇动摇。（3）模式的沿革：由权利和义务不平等向平等化发展。

影响家庭变化的因素包括微观的家庭内部要素和宏观的外部社会因素。

（一）家庭内部要素

第一，家庭规模。家庭成员数量越多，家庭关系就越复杂。家庭规模决定了一个家庭成员双向互动关系的数量和互动关系的交叉状况。家庭关系可通过以下公式计算：

$$家庭关系=\frac{N^2-N}{2}$$

其中，N 表示家庭人口数。以该公式推算，六口之家存在 15 种关系，四口之家存在 6 种关系，三口之家则仅存在 3 种关系。

第二，家庭代数。一个家庭有几代人，决定了它具有怎样的家庭形式或居住安排，在日常生活中具有怎样的权利、义务，需要发挥何种功能，需要保持何种交往模式与频率，等等，这些都直接作用于家庭关系（见图 8-5）。

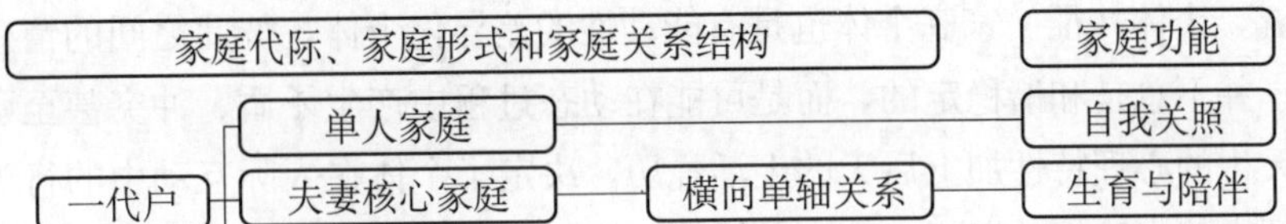

图 8-5　家庭外在结构与内在结构关系

第三，家庭类型或居住安排。家庭类型决定了家庭网络是单轴关系、双轴关系还是多轴关系。其中，夫妻对数尤为重要。《周易·序卦》有言：“有天地，然后有万物；有万物，然后有男女；有男女，然后有夫妇；有夫妇，然后有父子；有父子，然后有君臣。”在小农时代，虽然父子关系是家庭关系的主轴，但夫妻关系仍是家庭内部小群体的中心。从社会组织的角度来看，无论是传统社会的宗族、家族，还是现代社会的核心家庭、主干家庭与联合家庭，家庭成员都会依据身份、生活偏好、经济利益等在家庭内部形成更小的共同体，建构独特的行为规范并为实现某一目标开展行动。相互关联的家庭亚群体会因观念、经济利益、分配等发生冲突，甚至形成对抗性的关系，进而影响家庭的稳定性。有多对夫妻的联合家庭更可能产生家庭冲突，如婆媳矛盾、妯娌不和。

第四，空间距离与居住条件。在不同类型的家庭中，共居成员的生存发展具有明显差异，需要不断调适家庭成员之间的关系。空间距离决定了家庭成员交往的方式与频率。“远亲不如近邻。”在小农社会中，限于交通和通信技术，离开原生家庭所在地之人与原生家庭的联系几乎断裂，只能在新环境中通过婚姻与生产建立新的家庭关系。在工业化和城镇化进程中，人口流动性增强，家庭成员的空间距离扩大，传统大家庭开始分解，核心家庭内部的关系得以增强。① 当下，虽然技术的快速发展使个体可在空间距离较远的情况下维持与其他家庭成员的联系，但是因缺乏日常生活的直接互动，彼此间的关联程度有所减弱。居住条件也是影响家庭关系的重要因素，独立的空间有助于家庭关系的改善。

第五，个体特征。家庭个体也是有能动性的差异化个体，彼此之间的情感互动与利益共享并不总是和谐稳定的，而是可能在动态过程中产生矛盾、冲突甚至引发关系破裂。天生的心理特性加上后天的生活经历，决定了个体在人际互动中的行为特征以及对互动中他人回报的期望，而这种回报与期望之间可能存在差距；差距的累积则会放大彼此之间的矛盾，进而给家庭关系带来破坏性影响。当然，若家庭成员在日常接触中相互理解、彼此包容，则个体差异反而可能增强家庭关系的紧密度。

第六，个体对家庭的归属感。家庭是个体最初始的社会生活共同体。个体天然归属于某一家庭，但不必然由此在家庭生活中获得身份认同，对家庭产生归属感。在社会学中，身份认同是指基于主体同一性和客体差异性的认知②，故个体不会因血缘或姻缘关系而自然而然地形成家庭身份认同，也不会因之自然而然地和他人建立包含关心、认同、喜爱和依恋等在内的情感联结③。有家庭归属感的个体会以家庭集体利益为重，主动承担责任，彼此理解、互为一体④，即使家庭成员的流动性增强，家庭关系依然紧密⑤。相反，个体若无法形成家庭归属感，就难以与其他家庭成员建立起一种强关系，这会弱化家庭的凝聚力。

---

① 艾略特．家庭：变革还是继续？．北京：中国人民大学出版社，1992：38.

② JENKINS R. Categorization：identity，social process and epistemology. Current sociology，2000，48 (3).

③ MASLOW A H. A theory of human motivation. Psychological review，1943，50 (4).

④ CHEN X P，WASTI S A，TRIANDIS H C. When does group norm or group identity predict cooperation in a public goods dilemma?：the moderating effects of idiocentrism and allocentrism. International journal of intercultural relations，2007，31 (2).

⑤ 上野千鹤子．近代家庭的形成和终结．北京：商务印书馆，2004：4-6.

（二）家庭外部因素

家庭始终嵌入社会制度中，受社会环境的影响。

第一，社会生产方式。小农社会的生产方式是自给自足的自然经济，男性家长是家庭劳动的组织者和财产的占有者，在家庭中享有统治地位和绝对的权威，家庭其他成员必须服从他的安排。这就是“家长制”式的家庭关系，强调夫妻有别、亲子尊卑。不过，在社会生产关系演变过程中，个体不仅突破了从原始社会到前工业社会延续了上千年的人身依附关系与等级观念，也实现了从“依附性”到“独立性”的转变。自由的认知观念以及市场经济中平等主体的契约原则、信用原则和实物原则等，都渗透到家庭关系中，家庭成员成为互动的独立个人，要求平等、自主、公正、公平。不过，当前的家庭关系与小农时代的家庭关系虽然有别，但也有相似性，尤其是不同世代的等级关系还普遍存在。

第二，社会制度规范。家庭关系受社会制度的控制较多、规范化程度较高。社会制度是指在一定历史条件下形成的社会活动和社会关系的规范体系[①]，包括政治、政策、法律和宗教等正式制度和约定俗成的风俗习惯等非正式制度。就正式制度而言，在传统社会，国家可严格管控家庭关系，如君臣的政治规范对家庭关系的渗透，使得父辈对子代的严格管控拥有合法性基础。新中国成立后，法律和政策变迁对家庭关系演变的影响同样突出，如《婚姻法》从根本上改变了宗法社会关涉家庭关系的法律规定，生育政策直接改变了中国的家庭结构，进而作用于家庭关系。同理，在一些特殊时期，家庭关系还会受到政治因素的影响。非正式制度对家庭关系的影响相对隐秘与稳固。鸦片战争后，重塑社会家庭观念的力量除社会生产方式外，还有先进知识分子对西方婚姻家庭思潮的宣传与解读，人们开始追求平等、自由和民主，形成于“父母之命、媒妁之言”的婚姻减少，长辈的权威开始下降。随着商品经济的发展，婚姻的契约关系取代了伦理关系，推动家庭关系从传统走向现代、从“伦理”走向“法理”，新的婚姻家庭风俗习惯开始形成。但是，新的婚姻家庭规范并非完全不同于传统的新事物，而是部分旧规范与新观念在新时代融合的产物。

第二节　亲子关系

婚姻的意义在于建立社会结构中的基本三角。夫妻关系不仅是男女间的两性关系，还是共同对儿女负责的合作关系。婚姻契约同时缔结了两种相互关联的社会关系——夫妻关系和亲子关系；孩子与父母同时发生联系，形成社会结构三角中的一角。亲子关系是稳定夫妻关系的重要元素，是最重要的家庭关系。传统中国社会强调“父慈子孝”“严父慈母”，但这些认知都随社会的变迁而嬗变。

---

① 吴忠观．人口科学辞典．成都：西南财经大学出版社，1997：161－162.

一、亲子关系的类型

第三章已介绍过，梅因在《古代法》中推测，在古代社会，“最年长的父辈——最年长的尊亲属——是家庭的绝对统治者……亲子具有这样较高的资格，就是终有一天他本身也要成为一个族长”；“在大多数的希腊国家中，以及在罗马，长期存在着一系列上升集团的遗迹……其基本的集团是因共同从属于最高的男性尊属亲而结合在一起的‘家族’”①。

进入小农社会后，中国与西方社会因地域、自然资源等不同，生产方式和文明观念都呈现出不同的走向，但父系家庭的男性尤其是嫡长子具有优先继承权却是共通的准则，家庭系统中的权力以世代、年龄和性别为基础进行分配，祖父或父亲拥有家庭的最高权力，生儿育女和传宗接代是家庭的首要任务。

工业革命后，中国与西方社会的婚姻家庭观念和行为差异日渐扩大：西方家庭更重视夫妻关系，中国家庭依旧最重视亲子关系。虽然随着现代社会的发展，这种以男性为轴心的权力结构发生动摇，但亲代（尤其是父亲）在家庭权力中的地位并无实质性改变，亲子之间仍强调长幼有序、尊长爱幼。换言之，在现代化过程中，代际交换与支持并未减弱②，代际团结和家庭凝聚力依旧具有强大的力量。

但是，也要看到，在现代化进程中，代际关系出现了深刻变化。不同学者采用不同的标准对代际关系类型进行了划分，折射出社会变迁对家庭关系的复杂影响。

第一，代际关系可被划分为紧密型、亲密有间型、义务型、超脱型和疏远型等类型，其中又以亲密有间型最为普遍③。

第二，基于结构、联系、情感、认同、功能和规范六个领域，代际关系可以被分为亲和性（亲近和认同）、机会结构（子代和亲代的居住安排与日常联系）和功能性交换（相互帮助等工具性支持）三个元维度④。

第三，西方家庭代际关系研究更关注家庭成员之间的情感纽带以及代际的和洽、冲突与矛盾⑤。中国台湾地区的学者在家庭代际关系研究中，提出了社交型、

---

① 梅因．古代法．北京：商务印书馆，1959：82－85.

② CHERLIN A J. Goode's world revolution and family patterns：a reconsideration at fifty years. Population and development review，2012，38（4）. SELTZER J A，BIANCHI S M. Demographic change and parent-child relationships in adulthood. Annual review of sociology，2013，39（1）. SWARTZ T T. Intergenerational family relations in adulthood：patterns，variations，and implications in the contemporary United States. Annual review of sociology，2009，35（1）.

③ BENGTSON V L，SCHRADER S S. Parent-child relations//MANGEN D J，PETERSON W A. Research instruments in social gerontology：social roles and social participation. MN：University of Minnesota Press，1982：115－186. BENGTSON V L，ROBERTS R E L. Intergenerational solidarity in aging families：an example of formal theory construction. Journal of marriage and family，1991，53（4）.

④ SILVERSTEIN M，BENGTSON V L. Intergenerational solidarity and the structure of adult child-parent relationships in American families. American journal of sociology，1997，103（2）.

⑤ 石金群．当代西方家庭代际关系研究的理论新转向．国外社会科学，2015（2）.

紧密型、规范型、亲密-遥远型和疏离型五种类型[①]。

二、近代以来中国亲子关系的演化

在过去百余年间，中国社会经历了翻天覆地的大变革，亲子关系也在剧烈的社会变革中发生了深刻变化。

（一）旧民主主义革命时期

鸦片战争后，中国的广大知识分子开始探索救亡图存之路，对社会制度的全面反思就是一种尝试。思想革命、政治革命、教育变化和妇女解放等革命思想催生了社会对家庭关系认识的转变，年青一代也萌生了反抗长辈的意识，亲代的权威开始受到挑战。但是，当时的观念变革主要集中在知识分子群体中，充斥于整个社会的等级观念与封建压迫关系制约了亲子关系在形式与实质上的变革，故该时期的父子关系仍在家庭关系中占据核心位置，年长男性对其他家庭成员具有绝对的掌控权，年长者与年青一代之间仍是一种不平等、不自由的人际关系。

（二）新民主主义革命时期

五四运动后，众多知识分子的共识是，对私人生活、社会伦理进行社会改造是救亡图存的重要手段，反抗父权成为青年男女参与革命的重要动力[②]。在这一时期，改造家庭的核心是"民主化"，主张以民主集中制度取代家长专制制度，在家庭的经济生产中建立民主合作关系，由此"在家庭内部关系上渐渐形成一种民主的关系。这种新式家庭与旧式封建家庭纠纷重重的情形相反，是充满了团结、和谐、尊长敬老、勤劳互助、人兴财旺的幸福空气的"[③]。此时，专制、压迫的封建糟粕被扬弃，正向、积极的传统伦理被保留，代际关系仍在家庭关系中占重要地位。

（三）新中国成立初期

新中国成立初期，集体化、新《婚姻法》、政治运动与国家政策等自上而下的力量从多个方面改变了中国社会，国家领导下的集体生活为个体发展创造了家庭之外的新社会空间[④]，对家庭关系产生了显著的影响。但是，传统的家庭结构与家庭观念以一种结构化的形式稳定存在于新的社会结构中，故此时的亲子关系兼具"传统"与"现代"特性。此时，年长者的家庭支配地位降低[⑤]，但由于经济结构依旧

---

① YI C，LIN J. Types of relations between adult children and elderly parents in Taiwan：mechanisms accounting for various relational types. Journal of comparative family studies，2009，40（2）.

② 宋少鹏，周蕾．土地革命时期中国共产党对农村妇女解放理论的开创与发展．浙江学刊，2008（6）.

③ 孙晓忠，高明．延安乡村建设资料（一）．上海：上海大学出版社，2012：442.

④ PARISH W，WHYTE M K. Village and family in contemporary China. Chicago：University of Chicago Press，1978：180.

⑤ 王跃生．新中国成立以来家庭代际关系的调整、矫正和维系：以制度为视角．中国高校社会科学，2019（4）.

以农业为主，人们的地域流动和社会流动性很低，不同世代依旧普遍同居、共爨、共财，传宗接代和发展生产仍是代际关系的重点，父子关系依旧是主导的家庭关系[①]。此时的亲子关系是一种半平权模式，家庭等级观念以及由此而形成的长辈本位仍被社会认同，父母是家庭事务的主要决策人[②]。

（四）改革开放后

第一，代际关系由尊老转向重小。在中国，家庭变迁与严格限制性生育政策的推行同步。伴随着生育政策的长期施行，“控量”“提质”成为许多家庭尤其是城市家庭的育儿原则，向下的亲子关系成为家庭关系的重中之重。子女数量减少进一步提升了子女的珍贵性，受教育时间的延长加长了父母对子女的抚育时间，子女对家庭资源的需求也更为多元，故父母对子女的控制性以一种全新的方式存在于新的社会生活之中。

第二，代际互动的交换性增强。当前，成年子女多选择另立门户。出于亲情和获得未来日常生活照护与精神供养的考量，祖辈会用当前的付出（如养育孙辈）来换取自己年老时成年子女的赡养[③]，延续传统的反哺模式。然而，现在的反哺模式虽然与传统的类似，但反哺的强弱却在变化：以“我”为中心，上行的亲子关系被忽视，而下行的亲子关系却得到前所未有的重视（见图 8－6）。过去，父抚养“我”、“我”赡养父，“我”抚养子、子赡养“我”；但今天，“我”会不会像过去那样赡养父，子能不能像过去那样赡养“我”，都具有很大的不确定性。虽然反哺模式依旧“恒常”，且接力模式并未最终完成，但的确出现了接力-反哺并重模式，且该模式的重心向下。

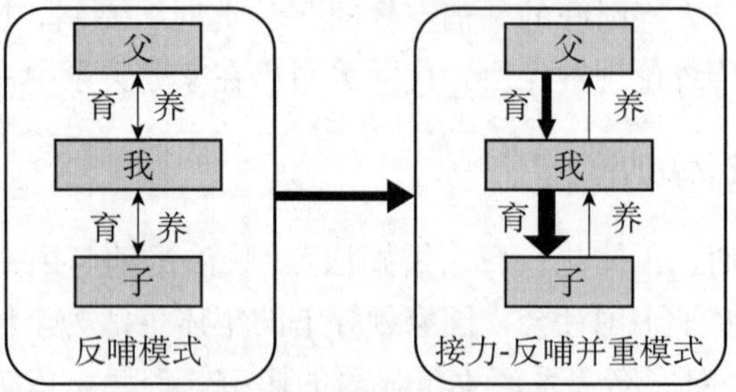

图 8－6　代际关系重心模式变化示意图

第三，亲子关系疏离。无论是过去还是现在，中国亲子关系的主要特点之一都是缺乏适当的心理和空间距离。传统的家庭隐私具有一种等级性的不对称性——父母可从子女那里直接获得信息，子女却不能自由地获得父母的信息。但是，随着家

① 王跃生．中国家庭代际关系内容及其时期差异：历史与现实相结合的考察．中国社会科学院研究生院学报，2011（3）．

② 叶文振，林擎国．我国家庭关系模式演变及其现代化的研究．厦门大学学报（哲学社会科学版），1995（3）．

③ 王跃生．中国家庭代际关系的理论分析．人口研究，2008（4）．

庭成员自我意识的增强，子代更注重个人的隐私和独立性，保持边界感成为家庭成员互动交往的重要原则。虽然子女仍不能随便获得父母的信息，但父母获得子女（尤其是成年子女）信息的难度也在加大，子代空间和身体两个维度的隐私都得到尊重。再加上居住方式的改变、代际空间距离的扩大、公共物品的侵入、子代从小就形成了自己的朋友圈等，亲子关系反而疏远了。

第四，代沟问题进一步凸显。改革开放后，国家力量部分地退出私人生活领域，人口流动性增强，集体结构对个体的约束力减弱，加上商品生产与消费主义对私人生活的巨大冲击，社会观念从集体主义向个人主义过渡。其间，个体更关注自身的利益，容易忽略公共生活或对他人的义务与责任①，由此带来代际冲突。代沟主要有四种来源。一是年龄：年轻人思维活跃，敢于打破陈规陋习，有“初生牛犊不怕虎”的开创精神，但这可能会被年长者视为“越轨行为”“嘴上无毛，办事不牢”，是缺乏经验、不够沉着冷静的表现；而年轻人会认为年长者古板保守、缺乏进取心、因循守旧。二是伦理道德观：年长者更可能遵循父为子纲、夫为妻纲的传统伦理道德观，认为结婚生子是人生大事，注重家庭的和谐与稳定，强调兄弟姐妹之间互帮互助；而年轻人更可能“为自己生活”，认为是否结婚生子是一种人生选择。三是成长环境：不同世代的出生和成长环境不同，生活体验不一，故思想价值观念、对生活的态度和行事方式都不一样。四是社会地位：中国家庭追求“青出于蓝而胜于蓝”，父辈会为子代的未来投入大量的时间、精力与金钱，故子代的经济社会地位通常会超过父辈，他们看问题的方式也通常与父辈不同；而以长为尊的传统伦理规范也可能导致代际矛盾。

【拓展阅读 8－2】 新家庭主义

三、亲子关系的现实呈现

不同历史阶段的亲子关系会在内外因素的共同作用下呈现出不同的特征，并随时间推移而不断改变。当前中国社会的亲子关系具有如下特征。

（一）亲子关系的制度规范

亲子关系一是依靠生育而确立的血亲关系，二是依据法律形成的拟血制关系，后者既包括再婚家庭的继父母与继子女关系，也包括通过合法收养建立的父母与子女关系。无论是哪一种情形，现代法律——如《婚姻法》《中华人民共和国老年人权益保障法》——都明确规定了亲子之间的权利和义务。

除正式的法律制度外，现代社会的道德伦理和风俗习惯等非正式规范仍发挥作

① 阎云翔．私人生活的变革：一个中国村庄里的爱情、家庭与亲密关系：1949—1999. 上海：上海书店出版社，2006：261.

用，为个体践行亲子关系提供了依据。比如，亲子之间具有抚养-赡养关系仍是一种社会共识，亲代仍然必须满足子代在成长发展过程中所需的物质资源，为子代创造良好的教育环境，确保其身心健康成长；同理，在亲代有需要之时，子代仍应给亲代提供经济供养、日常生活照料以及心理情感慰藉。虽然祭祀与丧葬礼仪都已简化，但当亲代离世之时，子代还是要为其举办葬礼，并在清明节、祭日等特殊时点为其祭扫等，若子代先于亲代离世，亲代也需为其处理相关事宜。不抚养子女的父母或不赡养父母的子女都会受到舆论的谴责和法律的制裁。

（二）亲子关系的现代践行方式

家庭现代化理论预测，随着现代化进程的深入，扩展的亲属关系纽带将不断弱化，代际的凝聚力也会削弱。然而，尽管家庭结构大大简化，但亲子关系并未如家庭现代化理论预测的那样出现松散，父-子-孙三代之间始终保持密切的联动。

比如，代际同住现象仍较普遍。2015 年，至少和一个已婚子女同住的城市父母占 37.2%，22.9%的亲子邻近居住，亦有 24%的父母和子女独立居住在同一城市[①]；独生子女与父母同住的比例约占 1/3[②]。与中小城市相比，大城市青年婚后与父母同住的比例明显更高[③]。如上一章所言，三代直系家庭占比依旧较高，在队列上呈现出先下降后上升的 U 形趋势[④]。

又如，代际的情感联结与互动依旧紧密。互联网技术的发展与智能手机、电脑等终端硬件的普及，极大地促进了处于空间区隔状态的亲子之间的沟通交流，从而确保了父母与成年子女在情感慰藉与精神支持方面的连续性与稳定性。尽管网络交流不及面对面的交流有效，且长辈还面临数字鸿沟等问题，但它无疑给不在场的亲子的交流提供了便利。

此外，代际的抚养与赡养关系仍很密切，这既是亲子关系赖以存续的重要基础，也是其核心呈现。相关内容将在“家庭功能”一章进行详细描述。

第三节　夫妻关系

夫妻关系是男女基于合法婚姻结成的配偶关系，是其他家庭人际关系产生的基

---

① 吴帆，冯丽琴．中国城市居民代际居住安排：一项基于 CHARLS 的拓展研究．杭州师范大学学报（社会科学版），2020，42（3）.

② 风笑天．“空巢”养老?：城市第一代独生子女父母的居住方式及其启示．深圳大学学报（人文社会科学版），2020，37（4）.

③ 风笑天．家安何处：当代城市青年的居住理想与居住现实．南京大学学报（哲学·人文科学·社会科学版），2011，48（1）.

④ 李婷，宋健，成天异．中国三代直系家庭变迁：年龄、时期、队列视角的观察．人口学刊，2020，42（3）.

础和前提，是一种最重要的横向家庭关系。在小农社会，夫妻一体是以妻子丧失人格独立、依附于丈夫为前提的。在现代社会，夫妻关系发生了深刻变化：夫妻人格平等、独立，夫妻关系是两个不同质的人在人类自身生产生活过程中形成的矛盾统一体。

一、传统社会的夫妻关系

传统社会，在父权家长制（包括夫权）以及家庭共有财产制度下，除家长以外的家庭成员都处于无权状态，无法独自与家庭以外的人建立关系、参与公共事务；而“夫为妻纲”又在父权之外给妇女加上了一道夫权的枷锁，推崇男尊女卑、男强女弱。除遵守“三从四德”的行为规范、缺乏婚姻自由的权利外，传统婚姻对妇女的压迫还体现在诸多婚俗中，如寡妇守节[①]、“童养媳”制度与贞操观念等，形成了另一种剥削与压迫[②]。

进入近代社会后，对传统婚姻家庭制度的批判日渐深入，妇女解放思潮开始萌芽。新文化运动后，妇女解放的呼声越来越多，对传统婚姻制度的批判也更系统化：广大知识分子从盲婚哑嫁、“父母之命、媒妁之言”，到早婚，再到烦琐婚俗，对传统婚姻制度进行了全面的剖析与批判，离婚现象逐渐增多，征婚消息偶见报端。报纸刊物、戏剧艺术等的宣传使得“个性解放”“男女平等”“婚姻自由”的观念在全社会引起了深入探讨，赋予了公众婚姻自主、恋爱自由等时代内涵。

早期的思想启蒙只在部分人群中催生了对婚姻平等、自由的追求，而在漫长的封建社会中形成并固化的“男尊女卑”“三从四德”观念与包办婚姻、“童养媳”等婚姻形式并无根本改变，“夫为妻纲”的男性统治仍处处可见。比如，《中国妇女运动历史资料（1937—1945）》中记录：“边区（特别是鄂中几县）妇女和男子同样参加生产劳动，如锄草、割麦、插秧、车水、打柴等，然而家庭经济的支出，最后决定权仍由丈夫作主。”[③] 又如，《罗琼文集》中写道：“农家如此艰难的生活，再加上重男轻女思想尚占支配地位，妇女生活更是难以想象。经常能够吃麦细粥的人，已经是天之骄子；肉腥荤菜，在她们是终年不能到口的。”[④] 再如，《淮北抗日根据地史料选辑：第 3 辑第 1 册》亦有记载：“此地妇女除了担负奴隶般的劳动外，还要受婆婆、丈夫的气，尤以童养媳和娘家穷而无人的妇女，因打骂受气，而愿意离家庭者颇不少。”[⑤]

① 康有为．大同书．上海：上海古籍出版社，2014：113.

② 怀璋．邹平婚姻问题中之两大弊害及其改进私议：买卖婚姻及早婚．乡村建设，1935（16－17）.

③ 中华全国妇女联合会妇女运动历史研究室．中国妇女运动历史资料（1937—1945）．北京：中国妇女出版社，1991：512.

④ 罗琼．罗琼文集．北京：中国妇女出版社，2000：238.

⑤ 内部资料，作者为豫皖苏鲁边区党史办公室和安徽省档案馆，成书于 1984 年。

针对革命根据地存在的实际问题，中国共产党的边区政府以苏维埃政府的婚姻条例为基础，颁布了一系列施政纲领和婚姻条例，将妇女解放纳入阶级革命的范围，在法律上规定了婚姻自由，实行一夫一妻制，男女平等，并注意保护妇女。这种自上而下的政治革命在践行婚姻条例的过程中发挥了重要作用，新兴的政治团体成为颠覆乡村既有社会体系、实现妇女解放的重要力量①，并在实际工作中逐渐调整政策与方针，成功确立了婚姻自主的基本原则，也为新中国成立后的婚姻变革奠定了法律基础。

总之，在传统社会，夫妻关系是男尊女卑的，对丈夫的人身依附使妇女的家庭地位十分卑微，她们唯一能品尝权力滋味的途径是生儿娶媳当婆婆，用儿媳更为卑微的家庭地位满足自己翻身作主的心理。家庭纵向关系的稳定和延续是封建社会的价值观念和道德法律，也是家庭的最高原则；家庭横向关系的发展必须服从纵向关系的利益。这种约束和控制酿成了许多家庭悲剧，如刘兰芝与焦仲卿、陆游与唐婉等的婚姻悲剧。

二、现代社会关于夫妻关系的法律规范

新中国对婚姻制度的改革和对夫妻关系的改造始于1950年《婚姻法》②。同时，中央政府实行了一系列有助于提高妇女地位的措施，父权衰弱、亲权式微，夫妻在人身关系和财产关系等方面都日趋平等，夫妻关系由原来的单向被动型转变为双向互动型和平等型，由夫权变为夫妻平权。

1950年《婚姻法》共有27条，从结婚、夫妻间的权利和义务、父母子女间的关系、离婚、离婚后子女的抚养和教育、离婚后的财产和生活等方面，规定了婚姻的基本原则和要求，其主要目的是“全国范围进行土地改革的同时，进一步肃清封建残余和建立新的社会生活”③。1950年《婚姻法》蕴含的自由平等、保障人权的现代思想，意味着建设新的婚姻制度、新的社会生活和社会道德的事业有了良好开端。

法律上规定的婚姻自由是现代婚姻制度的核心，妇女摆脱了在家庭中的无权地位④。妻子通过经济独立和法律规定的权利，有可能在家庭中拥有与丈夫平等的权利。家庭权力出现了多元化的格局，主从型的家庭关系开始向平权型的家庭关系转

① 黄文治．“娜拉走后怎样”：妇女解放、婚姻自由及阶级革命：以鄂豫皖苏区为中心的历史考察(1922—1932)．开放时代，2013(4)．

② 中华人民共和国婚姻法．[2024-07-07]．https：//www.pkulaw.com/chl/1d3157c46da80f68bdfb.html?keyword=%E4%B8%AD%E5%8D%8E%E4%BA%BA%E6%B0%91%E5%85%B1%E5%92%8C%E5%9B%BD%E5%A9%9A%E5%A7%BB%E6%B3%95%20%EF%BC%88%EF%BC%91%EF%BC%99%EF%BC%95%EF%BC%90%E5%B9%B4%EF%BC%89%EF%BC%8E&way=listView.

③ 中国妇女管理干部学院．中央人民政府政务院《关于检查婚姻法执行情况的指示》(1951年9月26日)//中国妇女运动文献资料汇编(1949—1983)：第2册．北京：中国妇女出版社，1988：121．

④ 张志永．婚姻制度从传统到现代的过渡．北京：中国社会科学出版社，2006：114-115．

变，父系父权的家庭制度在城市中逐渐瓦解。

1980 年《婚姻法》扩充至 37 条内容，与夫妻关系相关的新增内容主要有以下两个方面。一是明确规定了夫妻二人与各自原生家庭之间的关系，规定“登记结婚后，根据男女双方约定，女方可以成为男方家庭的成员，男方也可以成为女方家庭的成员”。这进一步从社会关系层面，明确了夫妻之间是一种平等的关系，无论是在婆家还是在娘家，妻子与丈夫的家庭地位都是平等的。二是进一步完善了离婚制度，规定“如感情确已破裂，调解无效，应准予离婚”，明确了离婚条件与离婚自由，保障了个体追求高质量情感婚姻的基本权益以及婚姻自由与夫妻平等。

2001 年《婚姻法（修正）》进一步完善了夫妻关系的相关内容。其在总则中明确规定，“禁止重婚。禁止有配偶者与他人同居”，“夫妻应当互相忠实，互相尊重”，并第一次将“禁止家庭暴力”写入法律条文之中。同时，它还对夫妻财产关系做出了更明确的规定，避免在离婚过程中出现一方隐藏、转移、变卖及毁损夫妻共同财产，或试图通过伪造债务而侵占另一方的财产等情况。这一修正有助于有效保护夫妻双方的财产权。

2021 年实施的《民法典》对结婚、离婚以及夫妻共同财产等内容进行了重要修订①。在结婚方面，删除了禁止结婚规定中的“患有医学上认为不应当结婚的疾病”条件，进一步保障了公民的婚姻自由权。在离婚方面，第一千零七十七条规定，“自婚姻登记机关收到离婚登记申请之日起三十日内，任何一方不愿意离婚的，可以向婚姻登记机关撤回离婚登记申请”，虽然离婚冷静期制度给冲动离婚的夫妻提供了回旋的余地，社会舆论却更多地关注到离婚冷静期制度在客观上对个体婚姻自由的限制。同时，第一千零七十九条增加了“经人民法院判决不准离婚后，双方又分居满一年，一方再次提起离婚诉讼的，应当准予离婚”的规定，这让诉讼离婚变得更加容易。为保障夫妻双方的财产权，《民法典》第一千零六十六条规定在婚姻存续期也可以分割财产，第一千零八十七条规定“协议不成的，由人民法院根据财产的具体情况，按照照顾子女、女方和无过错方权益的原则判决”，并且要依法保护“夫或者妻在家庭土地承包经营中享有的权益等”。可见，《民法典》对夫妻双方的财产平等权利做出了实质性的规定。

三、夫妻关系的多重性

夫妻关系包含多个维度，如角色分工（性别关系）、财产继承（经济关系）、道德情感（思想关系）等，它们都是夫妻权力（政治关系）的重要支撑，意味着夫妻相互之间的影响力和支配力，以及对其他家庭成员的影响力和支配力。在小农时代，“男主外、女主内”的性别分工，带来女性的依附性，形成“夫主妻从”的权

① 中华人民共和国民法典.（2020-06-01）[2024-07-07]. https://www.gov.cn/xinwen/2020-06/01/content_5516649.htm.

力格局，这种权力格局通行于全世界的传统家庭之中，父权、夫权是其突出特点。工业革命后，机械化大生产改变了社会生产方式，女性开始走出家庭，参加社会劳动，逐渐在经济上独立自主，这为夫妻在家庭生活中的权力平等奠定了物质基础。下面简要介绍性别角色关系、财产关系与其他关系。

（一）性别角色关系

性别角色关系是指两性的家庭和社会分工。这种关系在不同的经济社会制度和生产方式中有不同的内容和表现，但在所有社会中，都存在普遍适用于丈夫、妻子性别角色的分工规则，成为维系夫权或削弱夫权的手段。小农社会“男主外、女主内”，女性的家庭和社会角色主要是生儿育女、贤妻良母、相夫教子，男性的主要角色是在外打拼、养家糊口，由此使得妻子在婚姻生活的各方面必须依赖丈夫，婚姻成为压抑女性的重要制度。在现代社会，“男主外”的传统已经被打破，且越来越多的男性也参与家务劳动——当然，公共领域和私人领域的性别分工依旧残留了浓厚的传统因素，如男性依旧主要“主外”。

性别角色变迁成为夫妻关系流变的重要前提。新中国成立后，基于社会生产发展与国家建设的需要，国家号召更多女性走出家门，参加社会生产劳动，包含托儿所、幼儿园和公共食堂等在内的社会服务体系为女性从事社会生产创造了良好的环境，此后国家又在政策上将女性的就业制度化，在一定程度上保障了她们的劳动权益。女性的社会参与既打开了她们的眼界，赋予了她们供养自己的机会和能力，也涵育了她们的自尊、自信、自立、自强精神；反过来，经济独立逐渐终结了她们在过去几千年长期依赖丈夫供养的历史，提升了女性在家庭中的话语权（包括财产权、孩子的姓名权，以及个体和家庭事务决策权），夫妻的家庭权利和义务越来越趋于平等。不过，此时的家庭关系仍被纵向关系支配，家庭成员间仍未消除等级观念以及年龄、性别和辈分等之间的不平等，在劳动分工、婚育安排等方面还遗留了家长制特色。

改革开放后，夫妻性别角色在原来的基础上进一步变化。女性的社会参与更为充分，经济地位持续上升，社会的性别、婚姻与家庭观念持续改变，个体观念由“为他人而活”转向“过属于自己的生活”。[①] 这些逐渐推动形成了一种更加平等的现代型夫妻关系：日常生活互尊人格，家庭事务相互协商，事业发展彼此扶持。夫妻享有相对平等的地位，共同协商决定家庭事务、“一老一小”相关事宜和日常家庭责任的分担等。当然，因女性始终是生育责任的承担主体，所以她们既要承担育儿责任与家庭事务，也要扮演好新时代职业女性的角色，在工作和家庭之间“两班倒”，常常面临工作与家庭责任的张力。这既可能是在制度、结构、文化三种机制的作用下，女性人生规划与自我选择的结果[②]，也可能是有迫不得已的原因。

---

① 贝克，贝克-格恩斯海姆．个体化．北京：北京大学出版社，2011：62.

② 吴小英．主妇化的兴衰：来自个体化视角的阐释．南京社会科学，2014（2）.

（二）财产关系

财产关系是夫妻权力关系的重要维度。法律认定的夫妻财产关系包括三个方面：一是夫妻财产制，即夫妻的婚前财产、婚姻关系存续期所获财产的归属和管理制度；二是夫妻有要求对方扶养的权利；三是夫妻间有相互继承遗产的权利。具体来说，夫妻财产制具有多样性：

一是统一财产制。它以夫妻一体主义为理论依据，认为夫妻婚后财产应互为吸收——实际上是妻子的人格和婚前与婚后所得财产均为丈夫所吸收，由丈夫统一占有、支配和管理，妻子只保留婚姻关系终止时对这项财产的返还请求权。这种始于罗马法、行于古代社会的财产关系，是夫权制的产物，表现出明显的夫妻不平等。

二是联合财产制。它与统一财产制形式不同，但本质相同。在这种制度下，婚后，夫妻财产归各自所有，但又须联合在一起，由丈夫管理，丈夫对妻子的财产有使用权、收益权，甚至有无须妻子同意的管理处置权，故财产独立性只是形式上的，实际上是用管理权代替了所有权，妻子财产权有名无实。资本主义初期的瑞士、德国采用此制度。

三是分别财产制。它以夫妻别体主义为理论依据，认为夫妻是一种独立对等的关系，双方应有人格和财产的独立性。夫妻的婚前婚后财产归各自所有，由夫妻各自管理、收益和处理。不仅夫妻各自经营的产业归个人所有，工资、投资所得、个人所购买的住房也归个人所有。现代的英国、美国、加拿大、新西兰等资本主义国家，均采用分别财产制。

四是共同财产制。夫妻双方将各自财产的全部或一部分合并为共同财产，由夫妻共同所有、管理和使用，在婚姻关系终止时依法进行分割。

传统中国奉行夫妻一体主义，实行统一财产制，妻子完全依附于丈夫，对家庭财产缺乏管理权、支配权、继承权。虽然民国时期的法律在形式上承认了妻子的财产权，但妻子对家庭财产依然没有管理权。新中国成立后，财产制强调夫妻婚后所得财产在财产归属与管理上的共有性，以法定共同财产制为主体，以约定财产制为补充。

（三）其他关系

第一，道德关系。它是指夫妻关系的伦理要素，是在一定道德规范和行为准则约束下的夫妻交往关系。在小农时代，夫妻道德规范是男主女从、夫唱妇随。基督教《新约全书》规定："你们做妻子的，当顺服自己的丈夫，如同顺服主，因为丈夫是妻子的头，如同基督是教会的头。他又是教会全体的救主，教会怎样顺服基督，妻子也要怎样凡事顺服丈夫。"在现代社会，道德关系服从平等原则，夫妻平等也日益成为夫妻之间的道德准则。

第二，思想关系。它是指夫妻关系的思想要素或观念要素，包括世界观、人生观、价值观的交流、碰撞，而价值观的交流、碰撞最贴近现实生活。小农时代的价值体系以集体主义为核心取向，个体融入家庭整体中，个人的需要和利益服从于家庭的需要和利益。现代社会价值体系的核心是主体意识。在此价值观的支配下，个人主义逐渐替代集体主义和“家庭至上原则”，成为夫妻关系价值取向的主导方面。

第三，情感关系。它是指夫妻关系的心理要素，与思想关系一起，共同构成夫妻精神生活的交往关系。小农时代的夫妻情感表达含蓄、隐秘且内敛。在现代社会，爱情成为个人生活的精神追求，故在夫妻生活中由从属地位上升到主要地位，成为婚姻的基础。

四、家庭暴力

家庭是一种社会组织和复杂的系统，家庭关系中既有父慈子孝、兄友弟恭的和谐美景，也有亲子反目、兄弟阋墙的矛盾冲突。家庭暴力是指发生在家庭关系中的所有暴力行为，是一种普遍存在的社会现象。家庭暴力并非一种隐私或不可外扬的家务事，而是法律禁止的侵权行为，是对个体免于遭受暴力和生命安全权利的剥夺。

（一）家庭暴力的类型

按照侵犯受害者权利类型划分，家庭暴力可分为身体暴力（躯体暴力）、情感暴力（心理暴力、冷暴力）、性暴力和经济控制[①]。按照受害者类型划分，家庭暴力可分为亲密关系暴力、代际暴力、兄弟姐妹之间的暴力等。在恋爱双方之间发生的暴力通常被称为“约会暴力”。[②]

亲密关系暴力不仅包括男性对女性的暴力，即女性是受害者，也包括女性对男性的暴力（尤其是冷暴力），男性是受害者。换言之，“暴力”是一种双向行为。代际暴力多指长辈针对晚辈（尤其是 18 岁以下人群）的暴力行为，通常包括父母或其他监护人对儿童的忽视或虐待，童婚、早婚或强迫婚姻中对儿童的暴力行为，等等[③]。代际暴力还包括在家庭关系中对老年人实施的不恰当的，并给老年人带来伤害或不幸的行为。它包括对老年人的身体暴力、情感暴力（如忽视与漠视）、性暴力等。家庭成员对老年人实行经济和物质虐待也是一种针对老年人的暴力行为。[④]兄弟姐妹之间的暴力是指同辈之间的暴力行为。

世界卫生组织调查显示，全球范围内超过 1/4（27%）的已婚、有性伴侣的妇女（15～49 岁）在一生中经历过其亲密伴侣的身体或性暴力。各国家和地区的妇女遭遇家庭暴力的比例不一，“最不发达国家”的家庭暴力发生比例高达 37%，这

---

① 蒋月．我国反家庭暴力法适用效果评析：以 2016—2018 年人民法院民事判决书为样本．中华女子学院学报，2019，31（3）．

② 世界暴力与卫生报告．北京：人民卫生出版社，2002：3-4．

③ 世界卫生组织．针对儿童的暴力行为．（2019-06-07）[2020-05-06]．https：//www.who.int/zh/news-room/fact-sheets/detail/violence-against-children．

④ 改进关于两性问题的数据统计工作：测量妇女遭受暴力行为侵害的程度．[2024-07-07]．https：//www.unescap.org/sites/default/files/pre—ods/CST1—4C.pdf．

些国家主要分布于美拉尼西亚、密克罗尼西亚和波利尼西亚等地；南亚（35%）和撒哈拉以南非洲（33%）地区次之；而欧洲的四个分区（16%～23%）、中亚（18%）、东亚（20%）和东南亚（21%），以及澳大利亚和新西兰（23%）等地的家庭暴力的发生率较低。[①] 此外，全球范围内38%～40%的谋杀妇女案件系由亲密伴侣所为。

（二）家庭暴力的生成逻辑

从生物学与成长环境来看，家庭暴力可归因于个人的生理与社会化过程、家庭环境（如“代际暴力传递”）等；从社会文化视角来看，家庭暴力行为的“合理化”关涉家庭成员之间的权力关系。下面简要分析夫妻之间家庭暴力产生的原因。

第一，通过控制和统治女性身体而实现父权统治。从本质上讲，“打老婆”既是性别关系不平等的表现，也具有表意性符号意义，经由男性对女性身体的暴力行为达到父权统治的目的。施暴者认为，男人应是一家之主，当其自尊和男性至上的观念、地位受到挑战时，往往会通过暴力行为在肉体上统治妻子。在文化传承中，表意性符号具有重要作用。被打妻子常常认为是自己破坏了男尊女卑、男强女弱的关系格局，视丈夫的施暴行为为一种表意性符号，即通过施暴行为告知受害者，施暴者有权控制她们的身体，由此对被破坏的传统两性关系进行重建。[②]

第二，夫妻权力关系的不平等。遭受家庭暴力的妻子对家庭暴力的普遍反应可分为三个阶段：一是愤怒、委屈与绝望，难以理解丈夫的行为。二是开始反思并试图理解丈夫的施暴行为，寻找该行为的理由及其对婚姻的意义。很多被打妻子可能表面上不原谅丈夫，但内心深处不断试图理解丈夫的行为，反思施暴行为的合理性。三是原谅丈夫的行为，以致家庭暴力可能成为日常生活的一部分或是解决似乎无法解决的夫妻矛盾的手段。[③] 然而，家庭暴力折射出的是夫妻不对等的权力关系，包括权威性资源和配置性资源[④]权力的不对等，女性在夫妻权力关系中处于弱势。家庭暴力被女性主义认为是男性统治和压迫女性的典型表现。

第三，性别不平等再生产的结构二重性。家庭暴力之源在于：（1）社会性别机制，即在男性占主导地位的社会性别体系中，男性对女性的强权、歧视和控制；（2）阶级阶层机制，即占有更多社会资源、居于更高位置、拥有更多权利、处于更高阶级或阶层的丈夫对妻子的歧视；（3）社会-个人互动机制，即将男性优势地位合理化、固定化的社会制度、文化、秩序对女性的社会性暴力[⑤]。这种不平等的两

---

① Violence against women prevalence estimates 2018.（2021-03-09）[2022-09-19]. https://www.who.int/publications/i/item/9789240022256.

② 佟新．不平等性别关系的生产与再生产：对中国家庭暴力的分析．社会学研究，2000（1）.

③ 同②.

④ 吉登斯．社会的构成：结构化理论大纲．北京：生活·读书·新知三联书店，1998：52-53.

⑤ 王金玲．配偶暴力：多种权力机制的一种运作．中共宁波市委党校学报，2002（3）.

性关系通过受害者对施虐行为合理化的解释而不断再生产：受害者对施虐行为合理化的解释缘于现有性别不平等结构带来的女性资源的相对缺乏，同时，在“共同知识”下具有的“反思性”又导致她们“社会实践上的连续性”，即导致暴力行为的循环往复①。

（三）家庭暴力的危害

第一，危害身体健康。家庭暴力会对受害者造成躯体损伤，带来性及生殖健康问题，并对受害者的健康产生长期影响②。

第二，危害心理健康。家庭暴力可能导致受害者产生认知障碍，或产生抑郁、焦虑等不良情绪障碍，还可能造成创伤后应激障碍等心理疾病③；反过来，它可能使受害者产生反社会心理，扭曲其价值观念，甚至使之成为下一个施暴者，进而可能形成崇尚暴力、蔑视法律的不良社会风气。

第三，影响社会稳定。家庭暴力加大了个体风险行为（酗酒、吸毒、自杀和自虐等）的发生概率，进而威胁正常的社会秩序与安全，不利于社会和谐与稳定④。

第四，造成社会负担。对家庭暴力受害者的身体与精神损伤的治疗与处理会消耗大量的医疗和社会资源。就医、治疗及其他保健工作产生的直接成本，以及劳动力丧失、残疾、生活质量下降以及未成年人死亡、司法系统运作和其他相关机构运行带来的间接成本，都是巨大的财政和社会负担。⑤

【拓展阅读 8－3】“国际反家庭暴力日”，法官教你如何应对家庭暴力

《中华人民共和国反家庭暴力法》《中华人民共和国宪法》《中华人民共和国刑法》《中华人民共和国民法典》《中华人民共和国未成年人保护法》《中华人民共和国妇女权益保障法》《中华人民共和国老年人权益保障法》等法律，分别从人权、未成年人保护、弱势群体保护等角度，对反对家庭暴力做出了明确规定。

第四节　其他亲属关系

如前所述，家庭亲属关系十分复杂，除亲子关系和夫妻关系外，还存在横向的

---

① 佟新．不平等性别关系的生产与再生产：对中国家庭暴力的分析．社会学研究，2000（1）．

② 世界暴力与卫生报告．北京：人民卫生出版社，2002：81－82．

③ 同②82．

④ 刘衍玲，廖方新，郑凯，等．家庭暴力代际传递：类型、理论和影响因素．重庆大学学报（社会科学版），2016，22（6）．

⑤ 同②82－83．

兄弟姐妹关系、妯娌关系与姑嫂关系，纵向的婆媳关系、祖孙关系，等等。下面简单介绍兄弟姐妹关系、妯娌关系与姑嫂关系、婆媳关系、祖孙关系、堂亲与表亲等关系。

一、兄弟姐妹关系

兄弟姐妹关系是一种具有近亲血缘的长期关系，兄弟姐妹之间具有有条件的相互帮助、扶养的义务。因年龄差异带来长幼有序，故传统家庭伦理强调“兄友弟恭”。不过，兄弟姐妹间的亲疏远近较易受到外部因素的影响，交往频率与感情深浅会随日常生活和互动情境而变化。

与亲子关系和夫妻关系相比，婚姻家庭变迁对兄弟姐妹关系的影响更为明显。在高生育率阶段，家庭中同一世代的成员较多、规模较大，且堂亲、表亲也很多，关系比较复杂。出于家庭生产的需要，兄弟姐妹之间的日常互动也较多，家庭的经济基础更牢固，彼此间的感情更深、联系更为紧密。但是，在低生育率时代，个体的兄弟姐妹数量减少，兄弟姐妹关系变得更为简单。

二、妯娌关系与姑嫂关系

妯娌关系与姑嫂关系都是从兄弟姐妹关系与夫妻关系延伸出来的一种家庭关系。前者是同一（大）家庭中兄弟妻子之间的统称，如果亲代有两（多）个儿子且都结了婚，儿媳之间就互为妯娌；后者则是妻子与丈夫的姐妹之间的关系。由此来看，互为妯娌的两个人和互为姑嫂的两个人一般都没有血缘关系，共同生活的经济基础也相对薄弱。具有这种关系的个体一般来自不同家庭，生活环境与生活经历可能存在明显差异，故妯娌、姑嫂之间容易产生矛盾和冲突，妯娌关系与姑嫂关系是家庭关系中比较难处理的一类关系。

家庭生育数量的减少直接减少了妯娌关系与姑嫂关系。尤其是双方都是独生子女的夫妻，因丈夫并无兄弟姐妹，故妻子也不会有妯娌关系与姑嫂关系（但是，如果妻子自己有兄弟，那她也会有姑嫂关系）；若丈夫的父辈也没有兄弟姐妹，丈夫没有堂亲兄弟姐妹，则妻子自然不会有堂亲妯娌与姑嫂关系。因此，家庭规模小型化和结构核心化趋势，不仅仅降低了家庭同辈成员之间的亲密度，甚至可能使部分亲属关系随之消失。

三、婆媳关系

婆媳关系是一种特殊的家庭关系：它既非婚姻关系，亦无血缘联系，而是以婚姻（和血缘）为中介而结成的纵向代际关系，亲子关系和夫妻关系是婆媳关系的基础。婆媳关系的建立以稳定的家庭三角被打破为开端：如前所述，子女出生使丈夫与妻子的合作关系有了一个支撑点，但儿子娶妻成家则意味着形成了另一个家庭三角，原有的家庭三角的完整性必然受到损伤①，没有血缘关系与感情基础的婆媳关系自然十分脆弱②。

无论是传统社会还是现代社会，婆媳之间都既有一致的利益，也会因家庭事务的管理权、支配权等方面的分歧而产生矛盾和冲突。实际上，婆媳身份的特殊性，使得婆媳关系成为各类家庭关系中最难处理的一种关系。因此，要发展良好的婆媳关系，婆婆与儿媳在家庭事务方面应当平等协商；无论婆婆与儿媳谁在家庭权力中处于主导地位，双方都需要学会谅解对方、体贴对方，站在对方的立场上思考问题，要时刻意识到双方是平等的；在私人事务中，双方必须注意“边界感”，不能过多干涉对方；在日常生活中，双方还要注意消除心理隔阂。不过，与婆媳关系类似的翁媳关系，却要容易处理得多。

四、祖孙关系

祖孙关系是指祖父母与孙子女、外祖父母与外孙子女之间的关系，是一种以亲子关系和夫妻关系为基础形成的具有血缘关系的纵向隔代关系。（外）祖父母与（外）孙子女之间也有法律规定的权利与义务。《民法典》第一千零七十四条规定：有负担能力的祖父母、外祖父母，对于父母已经死亡或者父母无力抚养的未成年孙子女、外孙子女，有抚养的义务。有负担能力的孙子女、外孙子女，对于子女已经死亡或者子女无力赡养的祖父母、外祖父母，有赡养的义务。

从传统家庭到现代家庭，祖辈与孙辈的家庭角色发生了颠覆性变化，二者关系也发生了相应的改变。传统的祖孙关系主要是一种权威型关系，祖辈在祖孙关系中始终占据主导地位，孙辈更多的是服从，尤其是在处理家庭事务或家庭与家庭之间的关系时，孙辈不可忤逆祖辈。在现代家庭中，祖辈与孙辈之间更趋向于情感型联系，祖辈隔代照料孙辈的现象十分普遍，祖孙关系在日常互动中变得更为紧密、更趋向情感型。

五、堂亲与表亲

堂亲是一种基于血缘关系形成的旁系亲属关系，同属这一亲属关系的成员一般都有相同的姓氏；表亲是一种基于血缘关系与姻缘关系形成的旁系亲属关系，同属这一亲属关系的成员并不一定属于同族，故未必同姓。

无论是堂亲还是表亲，都包含着纵横两种关系。例如，一名男性与父亲的堂哥形成的是堂叔侄关系，与叔叔家的儿子形成的是堂兄弟关系，与姑姑家比自己大的

① 费孝通．乡土中国 生育制度 乡土重建．武汉：长江文艺出版社，2019：196-200.

② 刘应杰．解开婆媳关系的结．社会，1996（12）.

女儿形成的是表姐弟关系，等等。在现代社会，堂亲与表亲有两个重要变化：第一，家庭现代化简化了亲属关系，不同世代的人所拥有的堂亲和表亲数量存在明显差别，尤其是家庭中有多代独生子女的，堂亲与表亲数量更少。第二，从侧重堂亲转变为堂亲与表亲并重。在传统社会中，父系亲属被视为关系更亲近的亲属，表亲则是外族亲属，因此，堂亲始终被认为是关系更紧密的亲属关系。但是，随着社会的发展，表亲也不再被视为外族亲属，个体与两类亲属的亲密程度取决于日常生活中的互动状况。

本章要点

1. 家庭关系是最初始、最重要的社会关系，具有自然和社会双重属性，可分为纵向和横向两种类型。亲子关系是最重要的纵向关系；夫妻关系和兄弟姐妹关系是最重要的横向关系。常见的其他家庭关系还有婆媳关系、祖孙关系、姑嫂关系、妯娌关系、堂亲关系与表亲关系等。

2. 传统中国家庭重视血亲关系，家庭亲属关系网络十分复杂，核心家庭之外还有家族和宗族。在法律与礼教的双重规训下，家庭关系的制度化程度高，家庭成为政权、族权、神权和夫权的统一载体。

3. 家庭关系形成以人的实践活动为前提，具有多样性、历史性、结构化和等级性等特征，受到家庭规模、家庭代数、家庭类型或居住安排、空间距离与居住条件、个体特征、个体对家庭的归属感等家庭内部要素以及社会生产方式、社会制度规范等家庭外部因素的影响。

4. 文明社会以来，中国的家庭关系比较稳定，但随着西方生产方式与社会思潮的传入，家庭父权制受到冲击。新中国成立后，自上而下的国家力量与政治运动推动着家庭关系的流变。改革开放以降，个体意识进一步觉醒，家庭关系向新家庭主义方向发展：亲子关系的重要性并未降低，而是形成了更为紧密的互助互惠关系，夫妻关系的重要性上升且更为平等。亲属关系的规模大大缩小，结构大大简化，种类大大萎缩。

5. 现代社会注重婚姻质量，重视夫妻感情，夫妻关系不再是代际关系的附属品。亲子关系也更为平等。夫妻关系与亲子关系双轴并重成为家庭关系的显著特征。

6. 婚姻缔结仍是家庭形成的起点，故夫妻关系的变动仍会影响家庭结构：可能因离婚而产生单亲家庭，因再婚而带来重组家庭，因生育减少而影响家庭规模和模式，等等。反过来，家庭规模的缩小和模式的简化也会反作用于夫妻关系。

7. 家庭居住安排的变化使得夫妻不必面对复杂的家庭关系，有助于减少家庭矛盾，维持夫妻感情。感情与尊重成为夫妻互动的基础，夫妻的家庭地位更为平等。

8. 家庭成员之间的角色冲突仍难以避免，家庭矛盾累积引发冲突的事件仍屡见不鲜，夫妻矛盾难以解决所致的离婚现象也有增多，再婚后的重新适应、继父母与继子女的关系处理、单亲家庭子女养育等问题使得家庭关系呈现出复杂化的特点。

基本概念

家庭关系　家庭关系丛　家庭网络　亲属关系　亲子关系　夫妻关系　家庭暴力

复习思考题

1. 家庭关系的本质与特征是什么？
2. 家庭关系的影响因素有哪些？
3. 请简述亲子关系的演变历程。
4. 请简述夫妻关系的演变历程。
5. 请结合上一章的家庭结构转变，分析家庭关系尤其是夫妻关系嬗变的原因。
6. 家庭暴力在家庭中一直普遍存在。请结合“婚姻家庭社会学理论与方法”一章中介绍的“冲突论”“女权主义论”等理论，分析家庭暴力产生与延续的原因。

阅读文献

1. 埃什尔曼．家庭导论．北京：中国社会科学出版社，1991.
2. 赫特尔．变动中的家庭：跨文化的透视．杭州：浙江人民出版社，1988.
3. 刘汶蓉．活在心上：转型期的家庭代际关系与孝道实践．上海：上海人民出版社，2021.
4. 沈奕斐．谁在你家：中国“个体家庭”的选择．上海：上海三联书店，2019.
5. 佟新．不平等性别关系的生产与再生产：对中国家庭暴力的分析．社会学研究，2000 (1).
6. 诺克斯，沙赫特．情爱关系中的选择：婚姻家庭社会学入门．北京：北京大学出版社，2009.

第九章

家庭功能

> 茅檐低小，溪上青青草。醉里吴音相媚好，白发谁家翁媪？
> 大儿锄豆溪东，中儿正织鸡笼。最喜小儿无赖，溪头卧剥莲蓬。
>
> ——《清平乐·村居》，辛弃疾（宋）
>
> 昼出耘田夜绩麻，村庄儿女各当家。
> 童孙未解供耕织，也傍桑阴学种瓜。
>
> ——《夏日田园杂兴·其七》，范成大（宋）

两首诗词均用清新的风格和细腻的笔调，描写了农村初夏时节的劳动气氛。虽劳作辛苦，但诗词读起来妙趣横生，一家人、两（三）代人之间的天伦之乐跃然纸上，直击千年后读者的心灵；诗词中所有家庭成员都不得闲、各司其事的劳动景象，亦跃然纸上。且不说长辈与年轻人，就是不会耕织的“小儿”与“童孙”，也耳濡目染，或“卧剥莲蓬”，或“傍桑阴学种瓜”，生动地表现出家庭作为一个“生产合作者”“生活共同体”的本质特征。这样的田园画面在今天却发生了很大变化。

结构功能主义理论认为，任何社会制度都是针对某种社会需求而产生的；家庭作为一种社会制度，同样具有满足家庭成员和社会的需求的功能。家庭功能亦称家庭职能，是指家庭在家庭成员扶助、人口繁衍、人类社会发展等方面所起的作用，是家庭对于自身和整体社会的功用和效能。家庭必须履行和发挥各方面的作用，满足个体从出生到死亡的全部需求。同理，人类社会这个庞大系统由一个个微小的家庭构成；而维系社会正常运行的基础性要素，就是家庭功能的有效实施。任何一类其他的社会组织，都不可能像家庭这样起到全方位作用。本章在兼顾主要家庭功能之时，突出其中的社会再生产、人口再生产、抚育与赡养功能；讨论城乡家庭功能的沿革和家庭功能的现状，指出家庭功能在经济社会现代化影响下可能的变迁方向以及这种变迁反过来对经济社会与制度文化的意义。

第一节　家庭功能及其变迁

家庭是社会制度的基础与核心，多样化的家庭功能是家庭正常运行、社会不断发展的前提。不过，与家庭结构和家庭关系有较为清晰的内涵和外延不同，某些家庭功能并无清晰边界。概而言之，家庭功能涉及生物性（如性需求的满足、人口的繁衍、养老育幼等）、经济性（如物质生产、分配、交换和消费等）、社会文化性（如儿童社会化和家庭成员的相互教化、社会习俗与宗教传承等）、情感娱乐性（如心理慰藉、安全需要、儿童游戏和家庭成员的闲暇生活）、政治性（如“家国同构”、家庭作为一个“小型政府”和家长的权力）等多个维度。家庭的政治与宗教功能，往往是通过家庭教化和家庭对其他功能的履行而实现的。

一、家庭功能概述

家庭内部的功能构造能够使家庭长久存续，满足个体需求，实现家庭对人类生存和社会发展的作用。日本家庭社会学家森冈清美称，家庭为追求福利的初级团体，承担着多个方面的功能。①

（一）家庭功能的分类

家庭功能是家庭内部整体氛围的体现，反映出代际关系、夫妻关系、兄弟姐妹关系的质量，既是家庭内部人际互动的良好效标，也是综合反映家庭环境质量的指标。

家庭功能可区分为核心功能、主要功能和派生功能三大类，且以前两类为主。家庭的核心功能是指与一定的生产方式相适应，体现着一定社会的家庭制度和家庭本质的功能。它主要包括人口再生产（生育）和社会再生产（经济）两大类，二者都是家庭和社会赖以存续的基础。

家庭的主要功能是指在家庭生命周期的不同阶段，回应家庭组织者的主要诉求，并随之而变化的功能，包括子女教化、长辈赡养、家庭成员之间的情感慰藉与休闲娱乐等方面，是家庭成员与社会更好地发展的重要凭依。

家庭的派生功能主要是指家庭在宗教、娱乐和保障方面的作用。它与主要功能之间的边界并不十分清晰，二者有交叉叠合之处。

家庭功能的正常和良性履行，是一个家庭维持常态化运行和社会维持正常运转的基础与前提条件，完好的家庭功能的发挥，有利于子女获得稳定的人格特质和健

① 邓伟志，徐新．家庭社会学导论（第二版）．上海：上海大学出版社，2020：57.

康的心理特征，有助于增进夫妻感情和家庭成员之间的密切联系，有助于促进家庭与社会的和谐、稳定与发展。

相反，若家庭不能很好地履行家庭功能，则会导致问题家庭的产生，如产生“向心型失功能家庭”和“离心型失功能家庭”。前者是指家庭边界过于僵硬，与外界缺乏必要的、多样性的联系，父母总替子女做主，家庭成员难以体验或表达个性，也缺乏有效的沟通，家庭氛围压抑。后者是指家庭边界过于模糊，家庭成员之间的交往、沟通和支持较少，父母常常威胁甚至惩罚子女，家庭成员之间存在很强的竞争关系，甚至可能表达敌意。无论是哪种情形，家庭成员之间的亲密度都会受到影响，使疏离感增强，且成年家庭成员即使有需要，也很少返回家庭寻求帮助；个体的生活满意度、心理幸福感、自信心等都可能较低。这样的家庭往往会产生更多的矛盾和冲突，引发一系列社会问题。

（二）家庭功能与社会变迁

家庭功能是历史的产物，成熟于农业社会之后，并随社会的变迁而变化。决定家庭功能及其变化的因素有很多，既包括经济结构、文化规制、公共政策、人口发展的规律性等宏观要素，也包括家庭结构、家庭关系、家庭成员生存与发展的基本诉求，以及婚姻家庭观念等微观家庭内部要素。家庭制度更替既是与家庭诸多内在功能相互适应的结果，也是与其他社会制度和组织的关系发生转移的必然。由于这些因素总是处于变动之中，故家庭功能总是在进行调整与变化。

在小农时代，家庭是一个自给自足的微型社会单元，承担着从人的孕育到进入坟墓的各项职责：既是生活单位，又是生产单位，还是教化单位和供养单位。为满足家庭成员方方面面的需求，家庭进行物质、人口和精神财富的生产与再生产，承担育幼、养老、教育、医疗的主要支出和风险。随着工业革命的蔓延、城镇化和现代化的不断推进、第三产业的兴起、现代社会的急剧变迁与发展、家庭结构的变化等，传统家庭功能的存在方式及实践活动都已经并继续发生嬗变，许多家庭功能实现了社会化。尤其是在过去的半个多世纪中，家庭功能的执行主体、执行方式、执行重心发生转移，执行时间和执行空间产生变化，社会化保育、教育、养老、医疗卫生等事业的发展，以及相关福利保障制度的建立，在一定程度上接替了部分家庭功能，或由家庭和社会来共同承担原来仅由家庭承担的部分功能。在衣食住行的诸多方面，需求的满足都不必由家庭亲力亲为，而是可以通过市场购买来实现。这些都意味着现代家庭的功能出现了许多新元素。

比如，有些家庭功能随着经济社会的发展而增强或减弱，有些家庭功能渐行消失，还有些家庭功能得到重生或新生。人口再生产、社会再生产等核心功能与长辈赡养等主要功能都大大弱化，或为现代化大生产所取代，或为公共社会组织所部分取代而发生转移；消费、情感慰藉和照料功能虽有变化，但本质依旧，特别是作为一个情感单位，家庭内部的亲密关系得到加强。实际上，经济、教育、宗教和安全保护等方面的个人社会生活需求的满足，正日益脱离原来曾属于家庭功能的私有范围。不过，尽管家庭功能受制于社会的性质，且不同的社会形态催生了不同的家庭功能，但在人类家庭产生后的任何时代与任何社会中，许多功能是共通的、基本的、共有的。

中国家庭及其功能也经历了类似的转变。在过去70多年中，经济变革和社会发展带来了家庭功能的深刻转变。新中国成立后，国家逐渐建立了与社会主义现代化建设相适应的公共托儿和养老服务体系，家庭的社会支持网络不断扩大。社区、单位、政府、各种社会组织的介入等，使得家庭支持系统越来越多样化，给传统家庭功能带来进一步的影响。改革开放后，农村家庭联产承包责任制的推行，使得家庭在20世纪70年代末再次成为中国农村最基本的经济和社会单元；在城镇，随着单位制的解体，个体由过去的“单位人”重新成为“家庭人”，除国家承担的有限的保障外，抚育和赡养责任仍主要由家庭承担，家庭成员间的传统互助模式仍是应对外部风险的基本手段，新中国成立后前30年集体化时期外化的部分家庭功能重回家庭。

然而，生育政策的宽松化调整、整体经济社会结构的全面转型、现代科学技术革命等，都独立或联合冲击着家庭功能与模式，网络信息技术广泛地渗透进人际交往、习惯养成和文化传承等传统的家庭功能领域，改变着家庭成员之间的交往和互助方式，使家庭关系突破了物理空间的限制，拉近了家庭成员之间的距离，在增强家庭凝聚力的同时，也可能使家庭面临极大的脆弱性。

（三）家庭功能与家庭结构和家庭关系

家庭功能与家庭结构和家庭关系一道，构成家庭的三大核心要素，故家庭功能与家庭结构和家庭关系有着内在的、密切的联系，它们彼此影响、彼此支持。

“家庭结构”一章已系统介绍了家庭生命周期及其变化。在农业社会，家庭是最基本的社会生产单位，家庭成员在农业生产与家庭事务上分工合作；再加上死亡率高，故家庭形态多为主干家庭甚至是联合大家庭，以便保证家庭的经济生产活动得以顺利进行，进而维持家庭的延续与发展。但是，进入工业社会后，死亡率的降低、机械化大生产、横向与纵向的社会流动等，带来了家庭结构的转型。虽然家庭生命周期的基本演进轨迹依旧，但其阶段性特征却得到了重构。

将家庭功能与家庭生命周期结合起来综合考虑，并对农业社会与工业社会进行比较就会发现，与家庭生命周期变动相伴生的是家庭功能的嬗变（见图9-1）。在低生育率背景下，家庭生命周期的多个阶段发生简化叠合，一些曾经延续多个阶段的功能被压缩在一个阶段甚至消失。换言之，进入工业社会后，家庭所能发挥的功能大大简化：生产功能消失、生育功能弱化。但是，无论是在小农社会还是在工业社会，家庭的情感慰藉功能、消费功能都基本保持不变。

不过，也要看到，当前家庭生育功能的削弱，起初是因为严格限制性的生育政策，且政策效应在21世纪后又得到了经济社会发展的支撑。在三孩生育政策实施甚至将来自主生育的情境下，家庭生命周期与家庭的生育和抚育功能可能会再次发生变化。

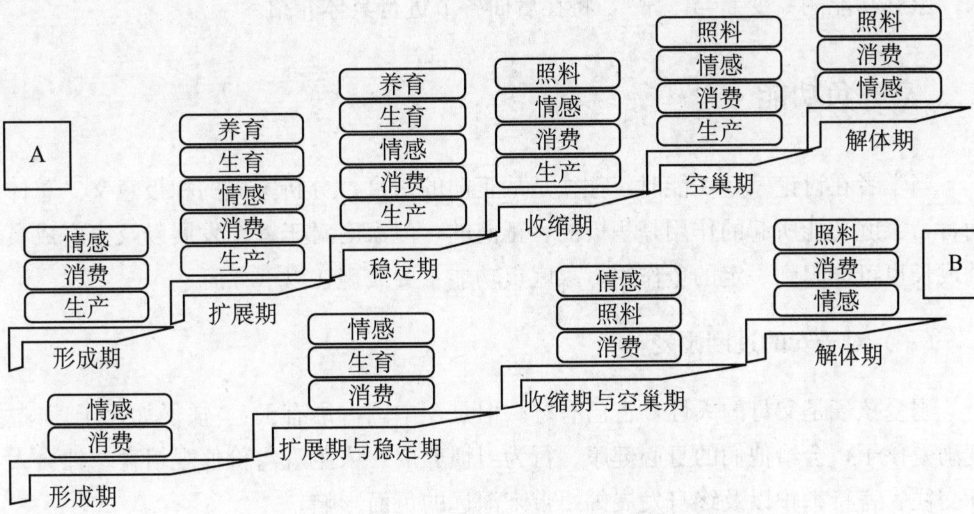

图 9-1　传统社会与现代社会的家庭生命周期和家庭功能

注：A＝传统社会；B＝现代社会。

就与家庭关系的联系来看，以代际关系为例，农业社会亲子关系的维系，除得益于人伦文化的“孝”之外，也得益于家庭代际和代内的交换功能：亲代抚养子代，子代赡养和报答亲代（见图 9-2）。代际交换必须长期稳定进行，代际关系才能得以长期保持。[①] 也就是说，亲子之间不仅发生抚养与赡养，还需基于此而进行互助与互惠，否则代际关系就会减弱[②]。然而，在从农业生产方式向机械化大生产方式转型的过程中，基于交换功能的代际关系受到冲击。

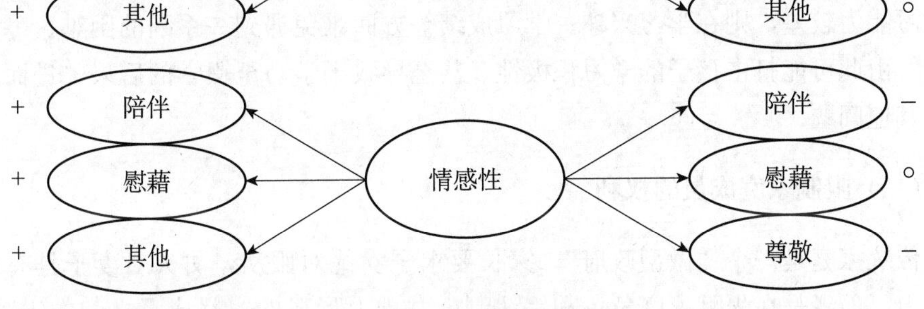

图 9-2　家庭功能示意图

① 阎云翔．私人生活的变革：一个中国村庄里的爱情、家庭与亲密关系：1949—1999．上海：上海书店出版社，2009：197．

② 王跃生．中国家庭代际关系的理论分析．人口研究，2008（4）．

家庭功能的“变”与“常”，将在后面各节进行具体介绍。

二、家庭负功能

当学者在讨论家庭功能时，往往是从正向的角度，分析家庭的积极意义。总体而言，家庭功能所起的作用是积极的、正向的，但家庭对于社会发展以及家庭成员的成长也可能起到一定的负作用。家庭负功能主要表现在以下方面。

（一）对子女的过度溺爱

溺爱孩子是父母的天性，古已有之。但是，中国古语有云：“惯子如杀子。”过度溺爱孩子，会给他们的身心健康、行为习惯养成、人生观与价值观培育、社会人际交往、言行举止以及终身发展等，带来深远的负面影响。

第一，过度溺爱会剥夺孩子的内在爱心，使之养成过分自我中心化的心态。在独生子女时代，孩子可能从出生之日起，就成了全家主要甚至是唯一中心，受到全方位的关注。其后果是，孩子可能只知道接受他人对自己的宠爱，而不知道什么叫爱、如何去爱他人，即孩子内心缺乏对他人的爱心与尊敬。进而，孩子也难以学会与他人建立、发展友好且长久的联系。

第二，过度溺爱可能导致孩子的价值观混乱。在过度溺爱的环境下成长的孩子，因为在不同社会化场域接受的信息有所不同，故其人生观、价值观、世界观可能得不到正确的濡染、熏陶与引导。在家庭中，孩子可能自由任性，但在社会中，他又不得不遵守必要的社会规范，由此难免形成混乱的价值观。一旦走上社会，他们就可能面临一系列的观念与行为问题，在一些重要的原则问题上与外在的规范存在矛盾与冲突。

第三，过度溺爱可能使孩子缺乏主动学习的动力与能力。学习能力是个体最主要的能力之一；学习能力强的孩子往往更自信，有更强的自我效能感。然而，过度溺爱可能会抑制孩子自我学习的潜能，还可能让孩子丧失学习的动机与意愿。孩子若学习能力较差，则在学习兴趣、学习成绩等方面难免遇到一系列的困难、障碍和挫折，由此可能打击孩子的学习积极性，甚至导致厌学乃至辍学的后果，进而带来很多其他问题。

（二）限制家庭成员的权利

传统家庭是一个“微型政府”，家长要求子女绝对服从，丈夫对妻子具有绝对的权力。前者是在先赋家庭角色和宗法制度基础上形成的家庭成员之间的不平等；后者是在宗法制度约束下的性别不平等。

在小农时代，家庭成员的重大事项多由集体决定，结果亦由集体共同承担——实则由家长负责；在现代社会，个体拥有更多的自主权，个人事务多由自己决定，结果也由自己承担。不过，在西方国家与中国社会，家庭集体与个体成员之间的关系依然有所不同。自由主义思想在西方社会发端较早，推动了决定家庭事项的现代模式；中国则是两种模式的混合，子女往往坚持现代模式，父母则希望实行传统模式。

不过也要看到，随着现代化进程的推进，过度功利的个人主义思潮在中国广泛传播，部分人忽视了尊重他人同等权利的义务，比如：有的子女希望自己决定自己的事情，但结果则希望由父母承担；也有父母希望替子女做决定，但结果却让子女承受。传统与现代模式都因社会环境与时代发展而异，但无论何种模式，都要平衡权利与义务，否则必然会造成代际和代内冲突，甚至可能酿成家庭悲剧。

（三）剥夺家庭成员的隐私

隐私并不等同于个人的秘密，隐私也不代表隐瞒。隐私权主要体现为一个自然人支配自己活动空间和意志的权利。家庭中任何有行为意识的个体都具有隐私权，且受到法律的保护。但是，家庭往往成为失去个体隐私权的第一场所，这主要发生于亲子之间、夫妻之间。《中华人民共和国未成年人保护法》第六十三条规定：“任何组织或者个人不得隐匿、毁弃、非法删除未成年人的信件、日记、电子邮件或者其他网络通讯内容。”父母无权拆阅子女的日记等私人物品，也不得隐匿、毁弃子女的私人物品。但是，很多家长不以为然，以“为了孩子好”为理由而忽视孩子的隐私权。但是，孩子也会长大，也会有自己的思想并成为一个独立的个体，其隐私理应得到尊重和保护。

在家庭关系中，夫妻之间也有隐私。“结发为夫妻，恩爱两不疑”，彼此信任对一段婚姻来说十分重要，所谓“二人同心，其利断金”，只有真正信任彼此，心往一处想、力往一处使，才能把日子过好。但是，凡事过犹不及，有些人把夫妻同心理解为，夫妻之间不能有一点隐私，任何信息都必须共享。然而，任何亲密关系都必须有人际交往界线。夫妻是彼此独立的个体，他们有权决定是否对除自己以外的人公开隐私，决定自己正常的社会活动和实现自己的合理意愿，否则可能会恶化夫妻关系，甚至招致夫妻关系的解体。

无论是亲子还是夫妻，都是个体在社会群体中的社会属性，但在考虑其社会属性之前，首先要定义其自然属性，那就是“人”。每个人都有保护自己隐私的权利，亲子和夫妻也不例外。彼此之间完全透明、没有任何隐私，反而可能造成亲子、夫妻关系的紧张和矛盾冲突。尊重一定的隐私是稳定家庭关系的润滑剂。

（四）家务分工的性别不平等

小农时代的社会和家庭分工模式是“男主外、女主内”。工业革命后，该模式受到很大的冲击。女性开始突破家庭内外的界线，参与社会生产，实现经济独立，公共领域的性别平等取得了巨大进展。但是，在家庭领域，虽然男性参与了更多的家务劳动，但女性仍然承担主要的家庭责任；即便丈夫赋闲在家，他们也可能希望通过少干家务来维持自己的形象或男性气质。因此，无论是西方国家还是中国，私人领域的“性别革命”都呈现出“停滞不前”的特点。关于“家务分工”，将在“性别与家庭”一章进行详细介绍。

这种不平等也体现在孩子身上：与同年龄组的男孩相比，10～15 岁的女孩每周花在家务劳动上的时间多一个小时①。这主要是因为，通过与父母和其他家庭成员的日常互动，孩子们学会了如何“做”性别。在双亲家庭中，性别不平等通过孩子模仿父母的性别分工行为实现代际传递。此外，城乡性别规范的差异，使女孩和男孩模仿父母的方式也有明显区别。在非双亲家庭中，家务分工受到父系等级制的严格约束，儿童尤其是女孩对家务劳动的贡献被视为缺失女性家庭成员和男性家庭成员家务劳动贡献不足的重要补充。②

孩子早年经历的家庭性别不平等的再生产对其发展有着深远的影响。从短期来看，性别化的家务劳动分工影响了他们对其他活动，比如教育、社交以及休闲娱乐等的参与程度。从长远来看，童年时期形成的性别意识形态及行为，与后期性别操演和工作、家庭期望密不可分，而性别化的“代际转嫁”，反过来使得孩子成为消化这一后果不可或缺的重要环节。

三、家庭功能的流变

无论是全球还是中国社会，家庭功能都发生了深刻变化甚至转向。本部分利用宏观数据，概括、描述全球家庭功能变迁的总体态势。中国家庭功能的变迁，将在后面三节分别进行更详细的介绍。

（一）生产功能大大弱化

在现代社会，很多家庭已不再履行传统意义上的生产功能。家庭的生产功能已经为社会化大工厂、大农场等机构所取代；家庭的交换功能也为社会化统筹所替代；家庭的分配功能发生异化，消费功能大大增强；家庭已大体演变为成员共同居住、生活的消费单位。如图 9-3 所示，最近 30 多年来，部分 OECD 国家的劳动参与率始终保持高位，多在 60%以上。其中，作为发展中国家的智利的劳动参与率也在 50%以上。这说明，社会化大生产已经取代了家庭生产成为财富增长的主要驱动力，生产性的经济功能已逐渐从家庭内部走向社会。

（二）生育功能极大萎缩

生育是家庭和社会存续的基础和前提，而生育的前置条件是未避孕的性生活。

① HU Y. Gender and children's housework time in China：examining behavior modeling in context. Journal of marriage and family，2015，77（5）.

② HU Y. Patriarchal hierarchy?：gender，children's housework time，and family structure in post-reform China. Chinese sociological review，2018，50（3）.

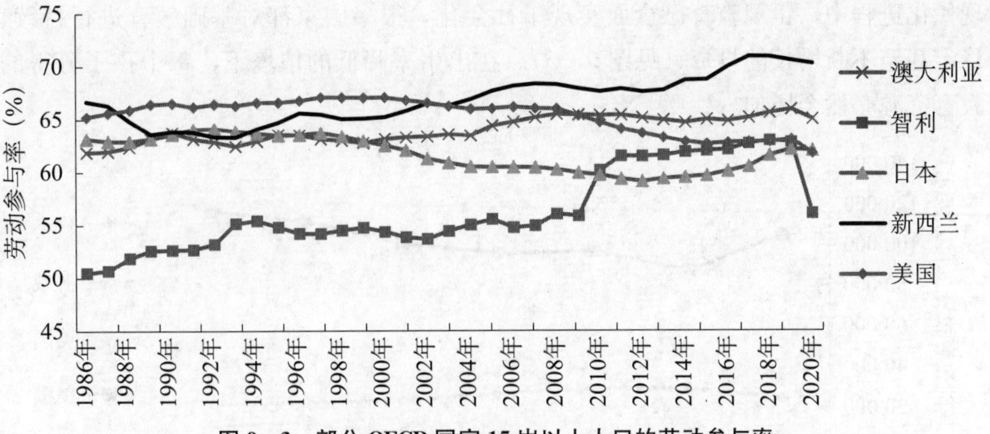

图 9－3　部分 OECD 国家 15 岁以上人口的劳动参与率

资料来源：OECD 官方网站（https：//www. oecd. org/）。

但是，避孕技术的发展，使得婚姻—家庭—性—生育这一前后相继的链条发生断裂，一方面是婚外性关系日渐普遍，另一方面是生育率大大降低。在 19 世纪，美国妇女平均生育 7 个孩子；但如图 9－4 所示，到 20 世纪 70 年代中期，她们仅平均生育 2.1 个孩子。在 20 世纪 50 年代，中国的总和生育率超过 6 孩；而受计划生育政策的影响以及生育观念转变的加持，从 20 世纪 70 年代开始，该指标出现断崖式下滑，并于 20 世纪末降至更替水平以下。

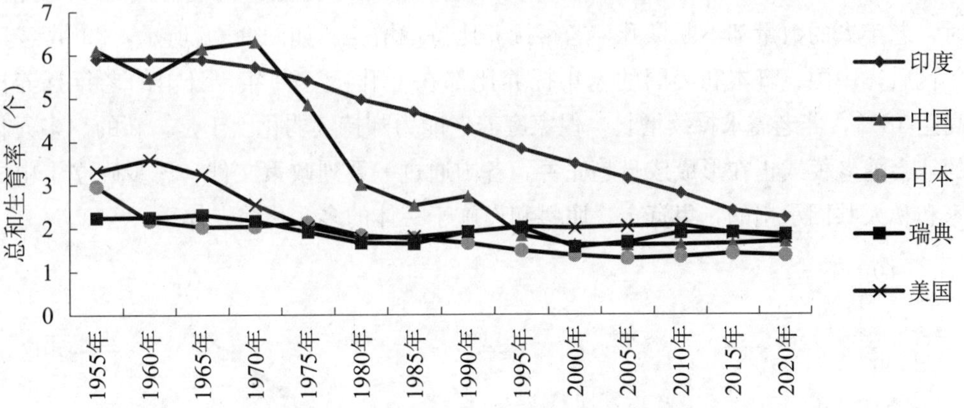

图 9－4　部分国家总和生育率变动趋势

资料来源：《世界人口展望 2022》。

（三）教化功能发生异化

现代社会的一个特点是，社会分工日益专业化。一方面，婴幼儿可以由社会机构或家庭保姆协助保育；另一方面，教师代替家长对孩子进行正规教育。不过，家庭在孩子养育和社会教化方面的责任并未减轻。在低生育率背景下，无论是出于利他目的还是功利性目的，家庭都将大部分资源投到为数不多的孩子身上，过度育儿之风盛行，养育行为严重异化。同时，家庭对于孩子习得社会文化规范、形成价值观念依旧具有潜移默化的作用，能帮助孩子完成最初的社会化。不过，在工业化、现代化进程中，正规教育已全面实现了社会化，很多国家都对基础教育进行持续、稳定甚至不断增长的投资（见图 9-5）。在出生率降低的情境下，每个孩子分得的教育资源必然会增加。

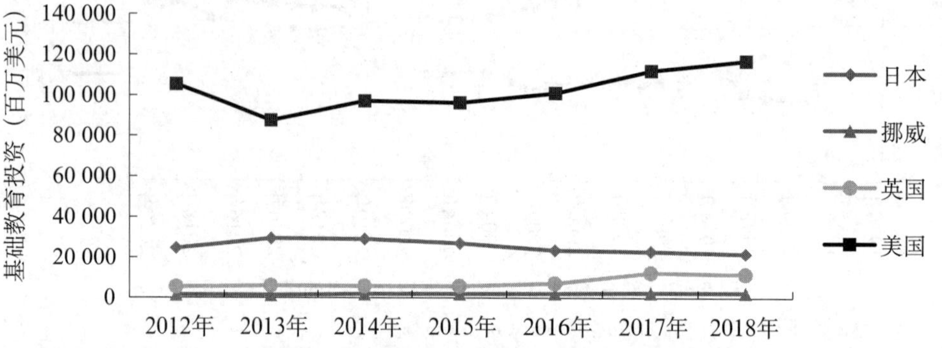

图 9-5 部分国家基础教育投资变动趋势

资料来源：OECD 官方网站（https：//www. oecd. org/）。

(四) 赡养功能出现转移

在小农时代，老年人在社会中享有较高的社会地位和权威，国家在法律上也确认了家庭（即子女和近亲属）对老年人的赡养责任。但是，随着工业化和城镇化的推进，子女数量减少，且都进入劳动力市场，很难承担全部的赡养责任；与此同时，老年人的数量却不断攀升，老年抚养比持续增长。如图 9-6 所示，20 世纪 50 年代后，中国、日本和美国的老年抚养比都在上升。2020 年，日本的老年抚养比高达 48%，养老需求持续增长，但家庭养老能力却持续弱化。于是，新的、多元化的社会养老模式正在形成或日趋完善。各国通过一系列政策文件，逐步确立了由国家和私人共同承担的，集资金、照料和设施于一体的多元化养老体系。

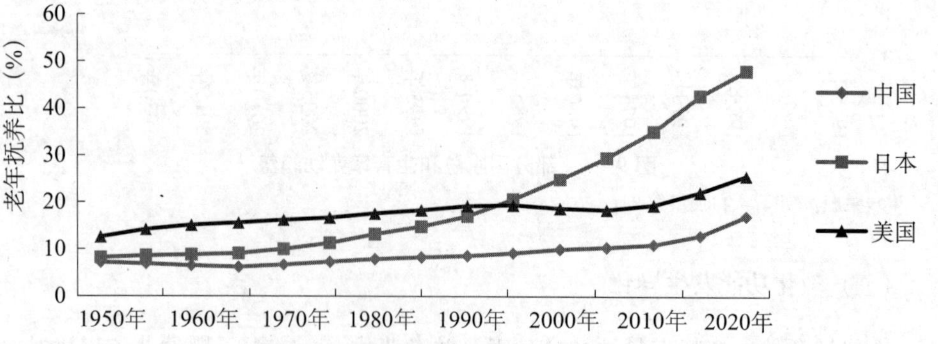

图 9-6 部分国家老年抚养比变动趋势

资料来源：《世界人口展望 2022》。

图 9-7 展示了 2020 年部分国家分性别的养老金对退休前工资的替代率。由此可见，除中国外，其他国家的养老金替代率在性别间并无太大差距。丹麦养老金替代率最高，达到 80%；即便是比例最低的澳大利亚，养老金替代率也约为 30%。

就此而言，老年人的经济独立性在现代社会有了很大程度的提高，他们多可通过养老金来满足晚年生活的经济需要。

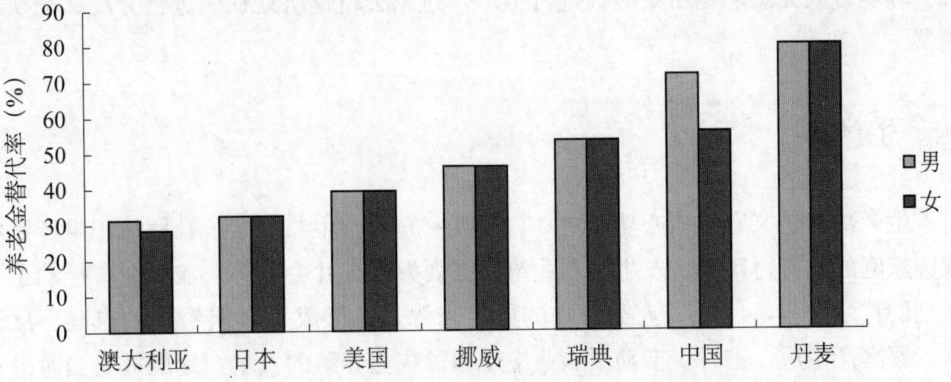

图 9－7　部分国家 2020 年分性别养老金替代率

资料来源：OECD 官方网站（https：//www. oecd. org/）。

此外，其他派生性的家庭功能（如社会保护和危机应对功能、休闲娱乐功能、情感慰藉功能、政治与宗教功能）也都发生了重大变化。总之，虽然在现代社会，少数家庭功能得以强化，但绝大多数家庭功能在弱化，有些家庭功能出现异化，家庭功能的重心发生转移。尽管如此，席尔瓦（Elizabeth Silva）和斯马特（Carol Smart）认为："在家庭定义不断发生变化的情况下，仍然有一些基本核心是不变的，家庭是一种对资源、照顾、责任和义务的共享。什么是家庭与家庭是干什么的有着本质的联系。"① 除生产功能外，情爱性爱、抚育赡养、社会教化、情感慰藉等传统功能依然主要由家庭承担。

下面将对家庭功能做进一步阐述。除广义上的分析外，也会就中国家庭功能的"常"和"变"进行具体且有针对性的讨论。

第二节　经济合作

在小农时代，家庭的首要功能之一是经济功能。家庭是自给自足的生产和消费单位，无需银行、商店和工厂。家庭的核心经济功能是家庭内在因素对社会物质生产的能动作用，包括生产、分配、交换、消费等范畴，主要满足家庭成员衣食住行等基本生活需要，既是家庭及其成员赖以生存的物质基础，也是其他家庭功能得以实现的物质前提。同时，家庭的物质资料生产也是社会生产的最基本构成，给社会创造了丰富的物质财富；其消费也是社会消费的最基本要素，推动扩大了社会再生

① SILVA E，SMART C. The new family? . London：Sage Publications，1999：7.

产。发挥好家庭的经济功能，可以给个体、家庭和社会带来正向效应，增强家庭成员的经济和心理福祉。当然，家庭经济功能的发挥，受制于社会的生产方式和其他社会环境；人无法超越所处时代进行生产，亦无法超越所处社会进行分配、交换或消费。

一、生产

生产功能是家庭的核心功能之一。人类家庭的产生与原始公社解体、生产资料成为家庭的私有财产同步发生。农业革命被视为人类社会的第一次革命，推动了一系列的技术进步，保证了人类食物的稳定来源，也形成了对偶婚式的家庭。反过来，家庭产生后，进一步推动了农业生产和畜牧业养殖的发展，家庭成为当时最重要甚至是唯一的生产组织单位。正是因为家庭成员不断从事物质资料和消费资料的生产，人类社会才得以不断演进和发展。

作为最基本的独立经济组织，家庭既是生产资料的占有单位、生产劳动的组织单位，也是劳动产品的分配和交换单位，负责组织家庭成员从事物质生产及其他经济活动。恩格斯在《家庭、私有制和国家的起源》中，深刻地剖析了人类家庭产生、发展、演进的历史，认为有了私有制和父权制才有了一夫一妻制家庭[①]。直到工业革命前，家庭都一直既是生活单位，也是生产单位。“男耕女织”的社会分工模式，也折射出传统家庭是作为经济生产单位而存在的。

然而，随着大工业的出现和城市化的发展，一家一户式的家庭生产被打破，家庭结构、家庭成员地位发生改变，家庭在组织生产中的作用越来越小，农业生产在家庭经济中的地位越来越低，生产功能逐渐从家庭中分离出来而实现社会化。在这样的生产模式下，没有家庭可以成为一个独立的生产单位。

20 世纪后，一些社会主义国家实行公社制度，试图取代传统的家庭生产功能。公有化或公社制度最早可追溯到英国空想社会主义者欧文（Robert Owen）的理论与实践。他提出联合劳动、联合消费、联合保存财产和特权均等原则，试图消除阶级差别。人们共同生产，生产资料公有，但生活资料私有。欧文在公社的规模、结构、成员关系、权力运作等方面，都提出了理想的规划。公社实行义务劳动和计划生产，成员“各尽所能”、按需分配，无货币和交换关系。欧文甚至带领子女和少数信徒到美国的印第安纳州进行实践，但不久便宣告失败。

新中国也从 1958 年开始实行人民公社制度，把生产功能从家庭转移到社会，农村地区传统家庭的生产功能基本丧失。人民公社既是生产组织，也是基层政权。改革开放后，人民公社制度逐渐解体，1984 年后为乡镇基层政府组织所取代。

1978 年，中国在农村地区推行家庭联产承包责任制，恢复了家庭的生产功能，家庭重新成为基本的农业生产单位——或一家一户式地进行小规模经营，或大规模

① 马克思，恩格斯．马克思恩格斯选集：第 4 卷．北京：人民出版社，2012：63－67.

地进行个体家庭农场式经营。也有很多家庭将经营权交给村集体、农业生产合作社或进行其他形式的经营，家庭依旧是农业生产单位，生产不同种类的农副产品等物质资料，并在生产过程中消耗种子、肥料等生产资料。这在很大程度上激活了家庭的生产活力，推动了农村地区经济社会的快速发展，这反过来又推动了家庭的变迁。

不过，当下农村地区的家庭经济生产，并非传统家庭经济功能的简单回归。它已不再限于农业，甚至已主要不是农业生产，而是纳入了很多新的生产内容，包括家庭作坊、家庭手工业、家庭商品生产等，生产性和消费性的生产范围大大扩展。其主要特点如下：一是很多农村家庭已不再从事农业生产；二是即便从事农业生产，也与传统男耕女织、自给自足式的生产方式很不相同；三是仅靠家庭生产，已无法满足家庭成员生存与发展的基本需求。

总体而言，工业化社会以来，尤其是在由工业化所促成的城镇化、现代化、信息化社会，家庭经济功能的主要方面——生产性已经被大大削弱。如今，家庭的生产职能越来越社会化，小农时代单一的家庭生产功能逐步向多种经营、集约化和产业化过渡，家庭生产功能的发挥越来越离不开社会的协调和支持。

二、资源分配与交换

家庭资源分配与交换是指物质财富和时间在家庭成员之间的分配与交换。分配过程是否合理，不仅直接关系到家庭成员的获得感、安全感与幸福感，也影响家庭成员之间的关系以及家庭的和谐与稳定。

家庭资源分配与交换包含经济和时间两个维度。时间是家庭生产和再生产的一项重要资源。时间交换多发生于夫妻之间，是两者协商选择的结果。家庭的时间分配是否合理或符合社会规范，直接影响家庭关系和家庭生活质量。在小农时代，家庭分工坚持“男主外、女主内”，女性的时间和精力主要投入家庭内部，男性的时间和精力则主要投入家庭外部，男性养家糊口，女性则扮演“管家婆”的角色。

在现代社会，女性的社会参与保证了她们的经济独立性和资源拥有与消费的自主权，进而改变了女性在家庭中的从属和依赖地位，越来越多的夫妻双方需要共同“主内”和“主外”。共同投入是一种建立在信任基础上的时间分配，在西方伴侣式家庭出现之前就已经有了类似的合作，夫妻共同参与家庭资源的分配，且家庭的各类资源在两性之间、代与代之间更为平衡地分配。

在中国，家庭资源分配按照一定的原则进行。在小农社会，资源分配具有浓厚的集体主义色彩，尊崇儒家强调的“尊老爱幼”文化观念和长幼有序的训条。在宗族文化的熏陶下，老年人享有最高的权威和尊严，操持家族的大小事务。他们既掌握资源分配的话语权，也享受子代的日常性问候与请安，以及其他经济资源和照护资源。幼儿也是家庭的中心，但因家庭经济发展水平落后，每个幼儿能够享受到的抚育资源比较有限，故资源分配往往向男性幼儿倾斜。在现代社会，家庭规模小型化和独生子女普遍化，造成了家庭重心的下移，第三代日益成为家庭关注的焦点，“子女优先”和“子女偏重”的观念左右着家庭资源的分配，家庭的经济资源和家长（尤其是母亲）的时间资源都主要倾注于孩子身上，长辈甚至会为了孩子的利益而牺牲自己的福祉。

三、消费

消费是社会再生产过程中的一个重要环节，也是最终环节。家庭消费是指家庭成员对各种物质产品、精神产品、社会服务等的实际消耗，可分为生产性消费和个人日常生活消费。家庭消费受社会生产方式和生活方式的制约，与经济社会发展水平和家庭购买力相适应。在现代社会，家庭的消费功能得到很大发展。家庭的收入水平、人口数量、消费观念，以及社会物质资料的丰富程度等，共同决定了家庭的消费水平、消费模式、消费层次。

（一）家庭消费的主要目的与层次

家庭对生活资料的消费是对最终产品的消费，这种消费是社会生产的归宿。家庭的生活消费水平高，有助于丰富家庭的精神生活，达成以下三个目的。

第一，维持现有劳动力的生产。个体只有保证最起码的物质资料消费，才能生存与发展。劳动力生产和再生产需要不断消费物质资料；而对物质资料的消费，有助于提升生产者的劳动生产率，实现家庭生产和消费的统一。

第二，促进劳动力的再生产。劳动力再生产是指劳动者劳动能力的维持、恢复和再补充。由于劳动力在生产中消耗了体力和脑力，只有通过适当的休息和消费（包括吃、穿、住、用等方面的需要），其劳动能力才能得以恢复。因此，消费是恢复劳动能力和劳动力再生产必不可少的条件。

第三，培养家庭未来的劳动力。在当前社会，未成年人的消费尤其是教育等人力资本方面的消费是家庭消费的最重要构成。消费的目的中既有利他主义的因素，也包括培育未来家庭劳动力的劳动能力。提升（未来）劳动力的技能水平，是家庭长期发展能力建设的需要。

家庭消费具有美国学者马斯洛（Abraham H. Maslow）提出的需求层次理论特征：首先必须满足家庭的生存需要，然后满足家庭的享受和发展需要，即消费由日常生活的生存型向发展型、质量型转变，消费结构也随消费层次的提高而日趋多样化。家庭消费水平和消费方式对个人素质的发展影响较大。人的身体素质、心理素质、文化素质、生活方式等，与饮食起居、体育锻炼、医疗卫生条件，以及家庭的精神消费、教育投资等都直接相关。

（二）家庭消费的时代变迁

家庭消费内容、消费水平、消费结构、消费模式、消费手段等，都折射出一个时代的生活方式和社会特征。在小农经济时代，家庭生产成果的大部分用于消费，用于交换或再生产的剩余产品不多。进入工业社会后，家庭作为社会消费单位的功能越发明显，消费形式由自给自足转变为以货币交换为主。一方面，社会为家庭提供了各种可供消费的物质、精神产品和社会服务；另一方面，依旧存续的家庭生产也给社会提供了可供他人消费的物品。家庭的消费需求还对社会生产提出要求，社会需要据此开展生产。可见，家庭既给社会带来物质财富，其生产与消费也会影响社会生产。下面以中国为例，分析消费的时代变迁。

第一，计划经济时代的家庭消费。新中国成立后的前30年，国家采取了一系列方针政策，重新分配物质生产资料。这不仅提高了社会财富的利用率，也改善了普通老百姓的生活，抑制了社会的两极分化。在“高积累、低消费”的政策下，生产、分配与消费都由国家统一调配，计划消费的范围在总体上也持续扩大。就家庭消费而言，据上海市商业一局系统的统计，1972年凭证供应的日用工业品多达87种，人们普遍过着有保障但不富裕的生活；到1978年，全国居民的食品支出在总消费支出中的比例高达近60%。

第二，改革开放后的家庭消费。在国家推行家庭联产承包责任制的早期，家庭对物质资料的消费几起几落。起初，家庭对大型农业机械的消费减少，1980年前后，汽车、拖拉机等产品严重滞销；但在1982—1984年间，专业户的发展使得汽车、拖拉机等产品供不应求；不过，从1985年开始，专业户对汽车、拖拉机等产品的消费又急剧减少，再度造成这类产品的滞销。就家庭日常消费来看，经济的发展、收入的增长极大地改善了居民的消费能力，城乡居民逐渐全部脱贫，消费水平也从温饱步入小康。

一是消费水平和消费层次不断提高。收入是消费的基础，家庭的消费行为受到家庭经济支付能力的限制。随着家庭收入水平的不断提高，家庭的消费能力也不断增强。20世纪90年代后，各类家用电器、住房、轿车、娱乐服务、教育服务、文化服务、化妆品、美容服务和品牌服装等，成为基本日常消费品。在信息社会，各类数字化电子产品也成为家庭日常消费支出的重要构成。如图9-8所示，自2013年起，中国居民年人均消费支出均在1万元以上，且随着人均可支配收入的增加而增长。2020年前，居民消费占收入的比重都超过了70%，但2020年出现明显下滑，这可能是受新冠病毒感染疫情的影响，旅游消费支出缩减。

二是消费结构趋于合理。消费结构变化的一个突出表现是，用于衣食住行等生存型物品的消费支出比重大幅下降，而用于休闲娱乐的享受型或奢侈型消费，用于学习、培训或自我实现的发展型消费比重持续上升，投资消费也明显增多。如图9-9所示，自2013年开始，中国居民年人均消费总量逐渐上升，虽然“吃”“住”消费仍然是消费主体，但恩格尔系数自2013年后持续下降，2019年降至28.2%。2020年有所回升，但如前所述，这可能出于疫情影响了消费总量和消费结构之故。

三是消费模式更加多样、更为理性。随着收入分配差异以及贫富差距的拉大，

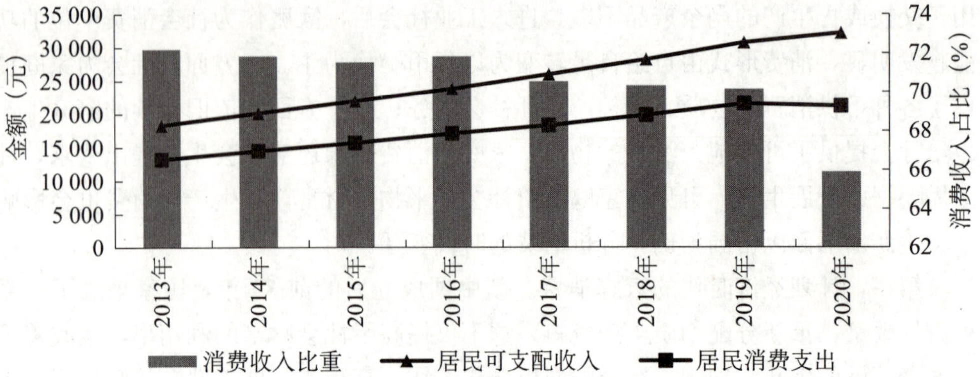

图 9-8 居民年人均收入与消费支出

注：居民可支配收入是指居民可用于最终消费支出和储蓄的总和，即居民可用于自由支配的收入，既包括现金收入，也包括实物收入。按照收入的来源，居民可支配收入包括工资性收入、经营净收入、财产净收入和转移净收入。居民消费支出是指居民用于满足家庭日常生活消费需要的全部支出，既包括现金消费支出，也包括实物消费支出。居民消费支出包括食品烟酒、衣着、居住、生活用品及服务、交通通信、教育文化娱乐、医疗保健以及其他用品及服务八大类。

资料来源：国家统计局官方网站（https：//data. stats. gov. cn/）。

单一的消费方式逐渐消失，人们的消费心理日趋成熟，消费行为更为理性，多数家庭能从自身的经济实力出发，认清自己的消费能力，调整消费心理和行为，量入为出。在家庭收入和消费的管理方面，通过记录家庭的经济流水账，有利于把握家庭的收支状况，便于家庭有计划地安排支出，使日常生活条理化；家政管理者也能够根据家庭收支情况的特点，适时调整家庭经济计划，提高家庭的经济效益，达到家庭经济安排的优化配置和收支平衡。

【拓展阅读 9-1】 智能马桶、洗碗机、电竞椅成为年轻消费者的家庭必需品

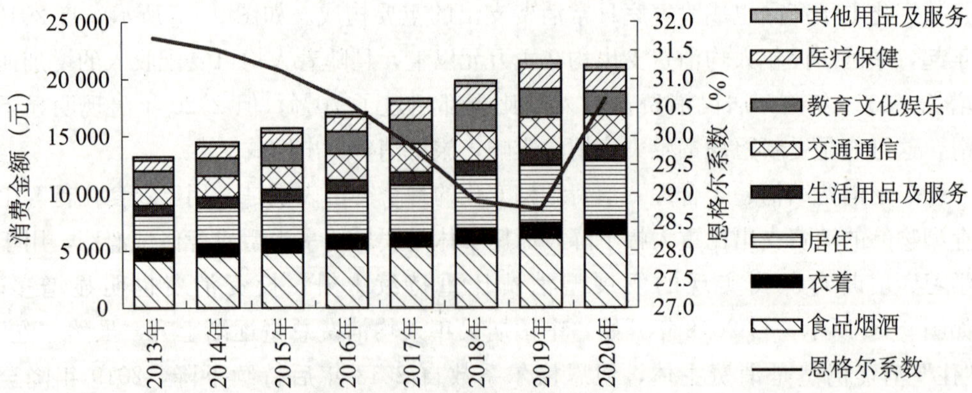

图 9-9 居民消费结构变化

资料来源：国家统计局官方网站（https：//data. stats. gov. cn/）。

第三节　生育与赡养

生儿育女、繁衍后代既是生物物种具有的本能和天性，也是一类重要的社会再生产功能。在文明社会以来的大部分时间内，家庭一直都是生儿育女、繁衍后代最基本且唯一合法的单位。两性通过婚姻而结成合法的性伙伴，实现生儿育女、代际继替，保障家庭、种族与社会的绵续。家庭的生育功能也一直是所有朝代经济社会发展的工具：政府总会基于现实情境，凭借国家机器的强大力量及其所拥有的经济、社会和政治资源，影响甚至控制人们的生育行为，使生育不再仅仅是家庭的私事，而是具有了社会性。同时，家庭承担对家庭成员从摇篮到坟墓的全程服务。个体在结婚后若生育，通常会经历如图 9－10 所示的各个生命发展阶段。

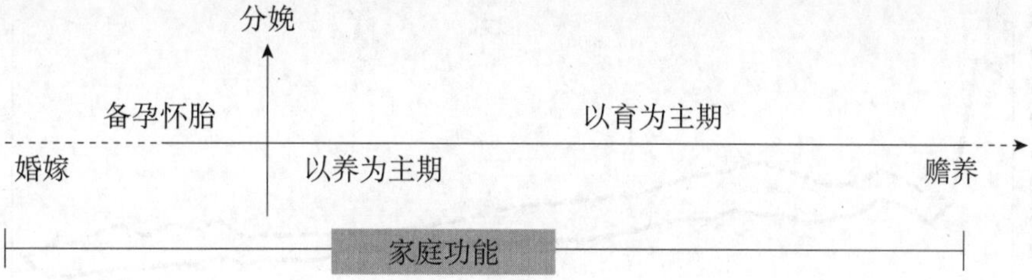

图 9－10　家庭功能的全程性

一、生育功能

生育功能是家庭内在因素对社会的作用。迄今为止，性生活与生育等行为密切相关，也是履行生育功能的基本前提。性作为人的生理本能，为一定的道德与法律制度所规范。一方面，家庭通过确立婚姻、双系抚育等一系列制度来保证生育功能的实现，通过人口繁衍来保障社会的延续，形成人类社会赖以存续的前提条件。另一方面，当必要时，社会也会通过文化和技术手段，对生育行为予以调控。无论是鼓励生育还是控制生育，家庭都是这一功能的唯一承担者。

怀孕生子是人的生物本能。虽然男性的生殖时间较长，但女性的生殖时间大约介于 15～49 岁，即介于月经初潮之后和更年期到来之前。在自然情况下，按单胎最大限度算，女性终身约可诞下 37 个孩子，但实际情况却不然。生殖期内的女性每月排出一颗成熟的卵子，34 年间约会排出 408 颗卵子，即约有 408 次受孕机会。假设女性 20 岁结婚，且婚姻一直稳定，则约有 29 年的时间怀孕，共有 348 次受孕机会。按十月怀胎、有约一年的哺育时间计算，两个孩子需间隔 2 年，则其约可诞下 15 个孩子。

在小农时代，出生率和死亡率都很高，人口平均预期寿命较短。这种人口发展规律构成传统宗法制度和“多子多福”信仰的重要基础。不过，在进入工业社会后，婴幼儿死亡率和孕产妇死亡率大大降低，社会对人口的需求也随之降低。家庭生育功能的衰弱表现为家庭子女数量的断崖式减少。如前面章节所言，2020 年，中国的总和生育率仅为 1.3，家庭规模仅为 2.62 人。在西方社会，子女数量减少既是个人和家庭自行选择的结果，也是现代化进程的自然结果。在中国，20 世纪 80 年代后子女数量持续且稳定下降是限制性生育政策推行的结果；但随着时间的推移，社会转型对家庭生育行为所起的作用更大。

个体家庭子女数量的减少，汇聚成宏观层面生育水平的持续降低。图 9－11 描述了中国的总和生育率与粗出生率的变动趋势。1953 年，中国的总和生育率超过 6，粗出生率为 37‰；1982 年，总和生育率降至 2.8，粗出生率降至 22.3‰；2010 年，它们分别为 1.18 和 11.9‰；2020 年，总和生育率仅为 1.3，粗出生率为 8.52‰。同时，也要看到，在严格限制性生育政策推行期间，生育行为出现了异化，家庭对生儿子的追求，使得出生人口性别比长期失衡（详见下一章）。

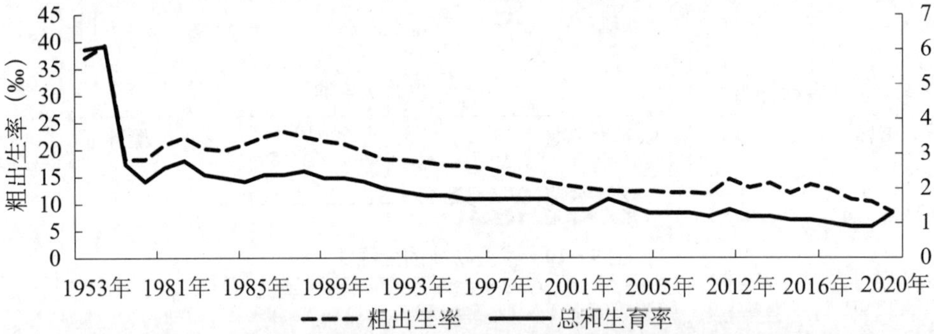

图 9－11　1953—2020 年中国的总和生育率和粗出生率的变动趋势

资料来源：《人口与就业统计年鉴》。

二、抚育与教化

人类的思想、语言、文字和知识通过家庭潜移默化地传递给后代，故家庭既要保障子女基本的衣食住行，也要教导子女掌握社会生存的基本技能。中国历来非常重视家庭教育。虽然在现代化转型过程中，正规教育已经完全社会化，但这并不意味着家庭教育功能的衰弱，家庭教育以被异化的方式而存在。随着知识经济时代的来临，知识智力已成为资本的象征，家庭对子女教育更为重视。而子女数量的减少，大大缩短了家庭的扩展期，亲代可以将更多的时间、精力和经济资源投注到为数不多的子代身上。从这个意义上看，家庭的知识教育和社会教化功能都可能得到强化。

（一）抚育功能的性别化

抚育包括生活照护和生活常识、生活能力、思想品德、身体训练等方面的濡化，以及为家庭成员提供身心保护。中国的抚育方式深受宗法制度的制约，具有浓厚的集体主义色彩。

当子女出生后，家庭必须承担抚养和初始的教育功能。婴幼儿缺乏独自生存和适应环境的能力，需要家庭给予衣食住行等多方面的照护；随着他们的成长，家庭需要教给他们基本的谋生技能，教会他们适应环境以及独立生存的本领。教育不仅对于婴幼儿和儿童十分重要，对于青少年和成人而言也不可或缺。

从性别的角度看，当前家庭的抚育功能通常是通过“双系抚育”的形式来实现的。虽然双系抚育不能直接用两性的生殖能力来解释，但双系抚育的发生还是基于男女有别的事实。虽然两性差异是生物事实，但男女之别不仅是生物性的差别，也是社会性的差别。性别分工是社会基于两性的生理特质与差别安排出来的分工体系，而并不是由男女生理和心理差别天然地引起他们所做工作的不同。这种分工有明确的边界，甚至两方互不相犯，如乡谚所言“男做女工，一世无功”。在性别分工模式下，生活单位必须由男女合作组成，这样才能负担起全部的抚育责任，由此构成“双系抚育”特征。在现代社会，一个完整的抚育团体也必须包括两性的合作，两性分工和抚育相结合才能发生长期性的男女结合，由此更好地满足孩子全盘性的生活与教育所需。

【拓展阅读 9-2】　生理抚育的单系性

（二）抚育功能的异化

在低生育率背景下，家庭将对孩子数量的追求转化为对质量的苛求。这可能带来两方面的结果。一方面，生育政策极大地改善了家庭的经济环境，少子化降低了家庭各类资源的稀释程度，加强了家庭的抚育功能。由此，亲代可在子代身上投入更多的资源，实现“少生优生”和“优生优育”。实际上，生育政策（以及经济社会的发展）通过“控量”，既在微观方面改善了家庭的抚育环境，也带来了宏观方面的“人口红利”，间接地推动了子女福祉的快速提升。①

另一方面，少子化降低了家庭以子女为保障的可能性，子女的不可替代性和珍贵性提升，进而提高了父母对子女的期望，推动养育模式从“散养”转向“精养”，导致育儿焦虑和过度育儿之风。特别是在城市地区，为获得“最好”的子女健康和教育水平，抚育功能出现异化。在有 15 岁以下子女的父母中，90%以上希望子女接受高等教育，38%的城市父母希望子女读研究生，农村父母的这一比例也达到 24%②。这种期望带来了过高的子女养育成本：虽然不同研究得出的结论差异甚大，但子女养育经济成本的不断攀升却是事实：20 世纪 90 年代后，家庭教育支出以年均 29.3%的速度增长，明显快于家庭收入和 GDP 的增速，扩展性教育支出的增速尤其快。28.1%

---

① 杨菊华．生育政策与中国家庭的变迁．开放时代，2017（3）．

② 国家卫生和计划生育委员会．中国家庭发展报告：2014．北京：中国人口出版社，2014：139．

的家长认为，培养孩子可“不计成本”；57.4%的家长相信，教育投入是为了“不让孩子输在起跑线上”；19.4%的家长坚信，“高投入才能有高回报”；38.3%的家长表示，可为孩子获得更好的教育而“适度负债”[①]。而这些成本还未计算抚育的时间成本和由此而带来的机会成本、工资成本。

【拓展阅读9-3】小托育纳入大规划 350万托位如何完成

（三）教化功能分化

人类的成熟涵盖生理成熟和社会成熟两个方面。个体社会化是指一个人通过学习群体文化、掌握一定的知识和本领，适应社会环境并能独立生存，以及努力承担社会角色、自觉遵守与维护社会秩序、养成顺应时代的价值观念和行为方式的过程。家庭对儿童的社会化教育包括学习生活知识、学习社会规范、培养性格情操、协调人际关系、指导生活选择等各个方面。社会教化功能从来都不是由家庭独立承担的，托儿所、幼儿园、学校等机构的发展，削弱了家庭的教化功能，使这一功能逐步走向社会化；但是，家庭始终是人们社会化的第一场所，亲代是子代最早也是最重要的社会化老师。

第一，基本生活技能的教化。初始社会化发生在生命早期，虽时间较短，却是整个社会化的基础。童年期是个体社会化的关键期。在有意或无意间，孩子跟随父母和其他家庭成员习得语言、日常生活能力、社会行为和技巧，以及对对错的理解和辨识等。随着他们的成长，面对日新月异的科学技术、异彩纷呈的日常生活，他们对基本生活技能的需求也更加多样化，而这些技能却并非由社会组织系统教授的，故家庭显得愈加重要和不可替代。然而，在低生育率时代，家庭教化往往更重视书本知识，而不是书本之外的生存技能和品德涵养。如前所述，传统中国的亲子关系本就十分紧密，当下的亲代对子代更是关爱有加、无微不至。这是把“双刃剑”，有利有弊：它既使子代获得了更多的资源和照顾，也在很大程度上剥夺了子代学习和实践基本生活技能的机会，不利于子代独立人格的养成，以及独立生活能力和适应能力的涵育。

第二，基本社会规范的养成。社会人必须具备恰当的社会价值观念，遵守一定的行为规范和道德准则。家庭这个初级群体，也是教化子代行为规范和价值观念的第一场所。子代与亲代、祖辈及同辈群体发生最初的社会互动；初级网络的规范也是子代最初接触的社会规范。同样，家庭结构简化使亲代的言行成为子代主要的参照，子代通过学习、模仿并逐渐内化亲代的需要、态度、价值观和情感，形成自己的行为方式和价值取向。但是，亲代对子代的过分娇宠和溺爱，不仅不利于教会子代适应社会的行为规范，而且可能使子代养成任性、懒惰、自我中心的性格。另外，亲代的言行举止和教化内容可能与社会机构教育的内容相互矛盾，使子代无所适从，达不到更好地教化子代的目的，甚至可能导致子代的行为失范，引发社会问题。

---

① 李松涛，潘圆．教育消费何去何从．环球市场信息导报，2014（12）．

第三，社会角色适应的培养。家庭本身就是一个网络，每个家庭成员都是一个角色集，承载了多种角色身份。对尚处于社会化阶段的未成年人而言，他们在家庭场域中的角色表演形成了日后在社会上扮演复杂多样的角色的启蒙经验。由于父母与子女间的亲情关系，家庭对儿童的社会化教育具有自然性。家庭教育寓于日常生活之中，具有潜移默化的作用。孩子从出生之日起就因为家庭的种族、阶级、宗教、地域等特征而具有一种先赋性的角色设定，这也会对其以后的社会化产生重要影响。但是，如前面的章节所言，家庭规模的小型化和家庭结构的简单化，极大地简化了曾经十分复杂的家庭人际关系，核心家庭中的个体在家庭中的角色体验较主干家庭和联合家庭大为减少。同时，社会流动也削弱了家庭在形塑子女社会角色过程中的作用。

三、长辈赡养

由自然和社会属性所致，老年人需要更多的经济和非经济支持；帮助年老体衰、失去劳动能力的长辈安享晚年，也是家庭的一项主要功能。家庭养老包括经济供养、安慰陪伴和生活照护三大方面。

家庭养老具有深厚的历史根源。在小农经济生产方式之下，家庭生活与生产功能合二为一，故家庭养老成为世界各国最根本、最主要、最普遍的养老方式。在现代社会，家庭的养老功能亦尚未消失，家庭养老中的交互的亲情是社会组织或机构养老所无法比拟的。实际上，当前的养老制度设计依旧强调家庭养老——如上海、北京分别推行的“9073”“9064”模式，90％是家庭养老，另外7％或6％属于社区居家养老。

不过，工业化和现代化进程的确侵蚀了家庭养老的传统，动摇了家庭的养老基础，弱化了家庭的赡养功能。发达国家普遍实行了社会保障制度，老年人的收入和医疗保障基本上由社会提供，且大部分生活服务由社会各类专业部门或志愿组织来承担。同理，中国悠久的家庭养老传统和丰富的家庭养老经验也深受冲击，家庭结构的变迁使得老年人口完全依赖子女或其他家庭成员赡养越来越不现实。[①] 然而，底部和顶部同时老龄化使中国快速步入老龄社会，养老需求与供给呈现出前所未有的张力。

为控制人口过快增长，中国推行了严格的计划生育政策，这不仅异化了家庭的生育功能，也增加了家庭的养老风险。政策催生了独生子女家庭等高养老风险、高养老脆弱性家庭。夫妻生育早期出现的失独风险可通过补偿性生育解决，在生育晚期乃至生育期结束后出现的失独风险则难以弥补。对很多人来讲，失去孩子就失去了主要的养老保障及情感依托。计划生育家庭奖扶政策和独生子女家庭特别救助政策既无法帮助父母规避风险，也难以弥补丧子的损失。一旦意外发生，家庭（尤其是丧偶老年人家庭）的养老功能就基本丧失了。即便一切安好，一对独生子女夫

① 周莹，梁鸿．中国农村流动劳动力养老保障制度模式设计．市场与人口分析，2006（4）.

妻，或需抚养4个甚至更多的老年人，养老负担也很沉重。

（一）经济供养

经济供养是家庭养老的第一个维度。我国传统社会是一个“生于斯，死于斯”的经验社会，世代定居是常态，迁移是变态。老年人凭借丰富的生活经验形成了特殊的“长老权力”，并通过礼法的等级秩序加以约束。人们主要通过子女赡养保障其老年生活，“养儿防老”是生儿育女的重要原因。

改革开放后，成年子女的职业和地域流动改善了家庭的经济福利，从理论上看，这会提高家庭对长辈的经济支持能力，且在一定程度上可能通过雇用劳动力来缓解对长辈亲身照料的不足。而实际情况是，在低生育率时代，每个孩子的养育成本随子女数量的降低而增加，家庭养育孩子的经济压力加大，绝大部分家庭面临抚养和赡养的双重负担和压力，出现“两头沉”的局面。同时，由于社会和家庭资源总是（相对）不足，资源在家庭成员中分配不均。孩子稀少且珍贵，家庭代际重心下移，表现出“尊老不足，爱幼有余”的特点①，包括老年人在内的家庭成员自觉或不自觉地将孩子的需求和利益置于其他成员之上，出现赡养与抚育之间的矛盾，牺牲老年人福利以满足孩子的需求是十分常见的家庭策略，经济和非经济“啃老”现象十分普遍，故对老年人的经济供养非但不会增加，反而可能削弱。

如图9-12所示，家庭其他成员供养、劳动收入和离退休金是目前我国老年人生活的主要来源，但在2005—2020年间，老年人的生活来源发生了重要变化，尽管“养儿防老”仍是主流，但随着养老资本的变化、家庭结构的小型化以及人口流动，子女赡养并非老年人唯一的养老依靠，依靠家庭其他成员供养的比例在这15年间下降了约15个百分点。而且，越来越多的老年人更愿意依靠自己攒钱或通过养老金来保障晚年生活，依靠离退休金的老年人比例上升了约13个百分点。

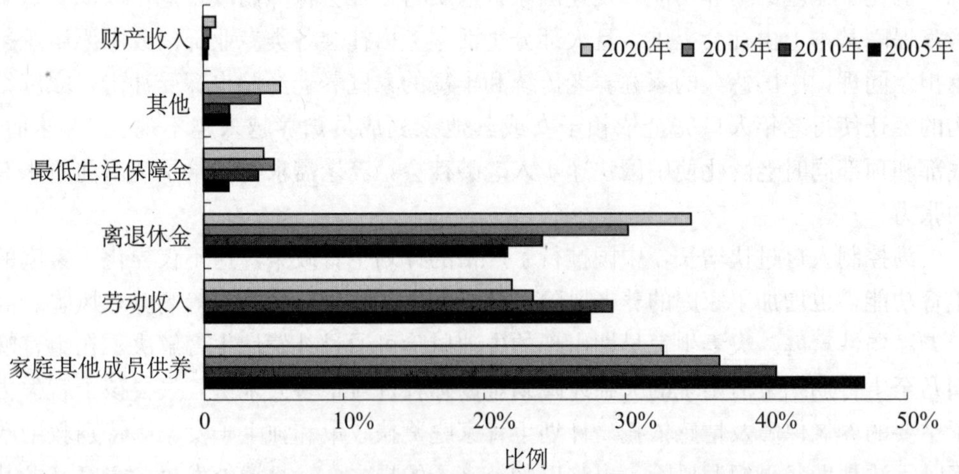

图9-12 2005—2020年老年人的主要生活来源

资料来源：2005年、2015年全国1%人口抽样调查数据；2010年、2020年全国人口普查数据。

① 王树新，马金．人口老龄化过程中的代际关系新走向．人口与经济，2002（4）.

（二）安慰陪伴

亲情关怀与日常照料往往需要家庭成员在时间上的同步性和在空间上的协整性（即共居）。尽管家庭的核心化和网络化并不意味着代际、同辈联系减少，但子女数量的减少和空间的远隔都使亲子面对面的交流越来越少，陪伴功能受损，情感支持欠缺。[①] 故此，传统意义上的照料和共享天伦难以实现，空巢期老年人的情感更难有依托，家庭的安慰陪伴功能更加弱化。

中国历史上以多子多福、子孙满堂的大家庭为荣，子孙同堂、兄弟不分的联合家庭、扩大家庭被认为是繁荣幸福的象征。我国尊老、敬老、养老的优良传统正是通过大家庭的居住方式体现出来的。随着城镇化的发展、生育率的下降、家庭观念的变化以及老年人公共福利政策的推行，老年人独居、仅与配偶同住的比例不断上升，与成年子女同住的比例逐渐下降。同时，成年子女的外出使农村地区出现了不少仅有老年人的"空巢"家庭。[②] 如图 9－13 所示，2000 年第五次全国人口普查时，单身老人户和空巢夫妻户分别仅约占 2.3%；2010 年，该比例明显上升；至 2020 年，两者的比例分别达到 6.1%和 5.7%，凸显出代际分居已经成为现有老年人的一种重要的居住方式。

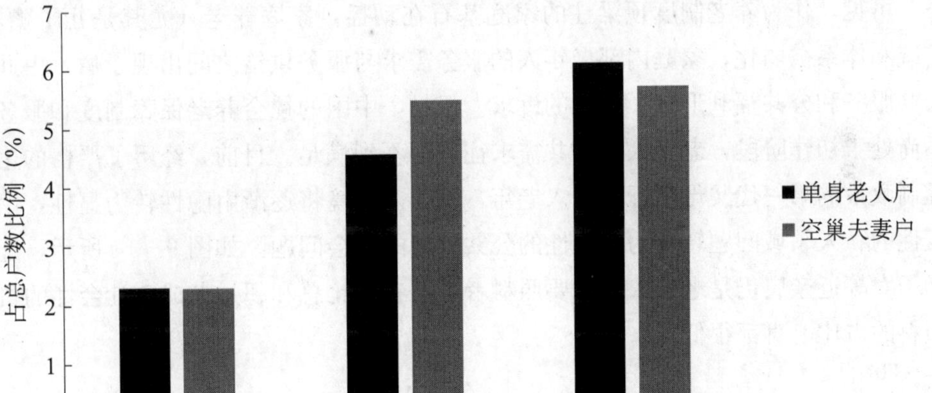

图 9－13　2000—2020 年 65 岁及以上老年人居住方式

资料来源：全国人口普查数据。

"传统共居"模式的改变（即代际分居）可能会在一定程度上削弱家庭的安慰陪伴功能。不过，在数字技术高度发达的信息时代，空间距离带来的不便可能会大大降

① 伍海霞．中国农村网络家庭中养老支持的趋势与变迁：来自七省调查的发现．中国农业大学学报（社会科学版），2016，33（1）．

② 杨菊华，姜向群，陈志光．老年社会贫困影响因素的定量和定性分析．人口学刊，2010（4）．

低，虚拟空间的代际互动同样能给亲代提供所需的人文关怀、心理宽解、精神慰藉。

（三）生活照护

在小农社会，个体仅靠农业生产难以独立抵御生存风险，故以血缘关系为纽带的族群部落形成生活共同体。家庭为生产、生活的基本单位，这种私有制经济为家庭的生活照护提供了制度基础；而在以儒家孝道为核心的中国，社会更强调家庭成员的责任伦理，这为家庭代际照护提供了文化基础；“男主外、女主内”的家庭分工为家庭养老提供了人力基础——换言之，传统社会的经济形态、社会伦理和家庭结构保证了家庭照料的资源供给和服务实现，家庭照料成为传统社会老年生活的关键支柱。[①] 但是，这种分工模式是以牺牲女性的经济独立为前提的。

少子化、老龄化和大规模的人口流动，降低了家庭的非经济支持能力，父母年老之后缺少能照料生活的后辈。一方面，平均预期寿命的延长产生了更多期待、等待、需要照料的老年人；另一方面，家庭生育功能受损，使得家庭养老的承担者规模急剧萎缩，人手资源全面稀释，供养资源减少，供养能力下降。同时，人口流动或代际居住空间的分离拉大了亲子之间的空间距离，降低了子女照料父母的便利性，增大了生活互助和养老责任履行的难度；即便父母和子女都有强烈的“和合共生”的意愿，子女往往也力不从心。

可见，作为养老制度顶梁柱的家庭基石在动摇，家庭养老（尤其是儿子赡养）传统和体系被弱化，家庭内部老年人的服务需求与服务供给之间出现矛盾，由此对公共服务和公共福利形成了更大的诉求。但是，中国的社会养老保障制度和服务体系尚处于初建阶段，老年人的公共需求往往得不到满足。目前，经历了严格的生育控制政策的第一代父母已开始步入老年，其养老困境将逐渐由隐性转为显性，由偶发性的私人领域问题转变为普遍性的公共领域的社会问题。如图 9-14 所示，配偶和子女等近亲属仍是老年人的主要照料者，两者占比总和超过九成，社会性的机构照料的占比一直都很低。

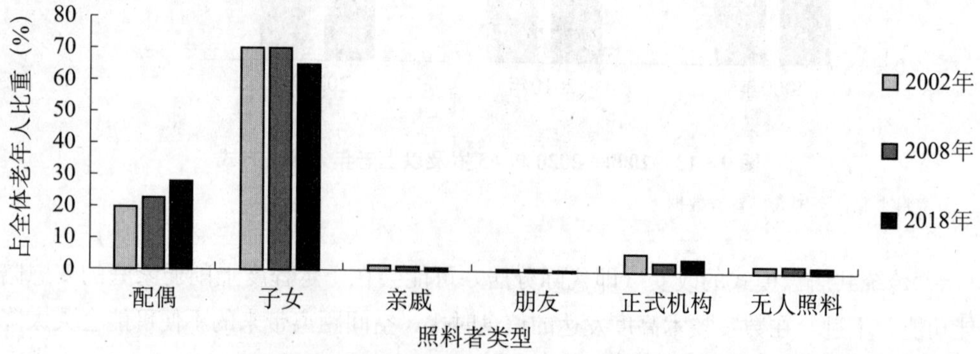

图 9-14　老年人照料主要承担者

资料来源：中国老年健康调查（CLHLS）2002 年、2008 年、2018 年数据。

① 郭林，谌基东．中国老年照护的嬗变、逻辑与制度完善．学术研究，2021（7）．

可见，在家庭养老面临严峻挑战的背景下，家庭还是会通过调适自己的行为来践行家庭的赡养功能。不过，制度缺失或滞后效应与家庭层次供给不足的矛盾相互交织，加重了家庭及其成员对现状的不适应；独生子女因其唯一性和无可替代性而面临更大的养老负担。在当下和未来，传统意义上的养老将发生分化和瓦解，养老越来越具有社会意义，养老功能在家庭与社会之间转移、互补将是必然的趋势。

【拓展阅读 9-4】 探索智慧养老新模式 中国移动实现四大养老场景落地

第四节 其他派生功能

家庭既是其成员交流互动的第一场所，也是家庭成员进行情感联系、制定与落实家庭规则、沟通家事、应对外部事件与变故的有效组织。家庭成员之间彼此关心、相互陪伴，共同支撑起一个家、一个民族、一个国家。

一、政治与宗教功能

传统社会的家庭是一个维系、传递政治权力和地位的宗法系统。作为社会的基点和核心，家庭曾经承担了大部分的社会功能，“家是最小国，国是最大家”，“家国同构”是进入文明社会后中国的基本政体格局。国家通过家庭族权、父权、夫权来实现社会统治与治理，即以家庭父权制实现、巩固和维护集体父权制、国家父权制。在现代社会，“家国同构”的特点并未发生本质的变化，家国之间边界的清晰程度通常因国家的需要而定。虽然变化还不彻底，但通过族权、父权、夫权统治来实现国家统治的本质特征却受到了现代化的巨大冲击，发生了深刻的变化。

与此相关的是，家庭的部分社会保护功能也被取代。社会保险、国家医疗保险、医疗补助、失业补贴以及其他各种社会保障立法，部分地取代了传统家庭的保护功能。自 19 世纪中叶开始，尤其是 20 世纪 30 年代后，欧洲国家逐步建立了与劳动力市场相匹配的现代社会保障制度；同样，新中国成立后，各种社会保障制度逐渐建立，社会开始部分地承担原来由家庭承担的养老、医疗和救助等功能。

传统家庭的政治功能往往与其宗教价值连为一体，家庭也是一个基本的宗教单位。如第三章所述，史前时代家庭的形成、演化与发展与原始宗教密切相关，家庭是传承宗教信仰的第一场域。在原始社会，氏族、部落的管理与治理往往通过宗教仪式来实现。各类神职人员承担着满足宗教需求的功能；宗教信仰在家庭中传承和传播，家庭成员往往拥有同样的宗教信仰，家庭的宗教活动曾是凝聚家庭的重要手段。但是，在由传统社会向现代社会转型变迁的过程中，家庭的宗教功能也发生了很大变化。专门的宗教场所和专业的宗教传播人员，使得宗教开始与家庭生活分离并逐渐社会化，家庭在宗教领域的影响力逐渐减弱，个人具有宗教上的自主性。宗教增强家庭凝聚力的作用也大大弱化。

二、情感慰藉功能

每一个体都是有血有肉的人，再理性的人也有感性的一面，有情感交流的需要。每个人都既需要他人的陪伴、关心与关爱，也需要有可以倾诉的对象，需要快乐时有人分享，忧愁时有人分担，迷惘时有人开解，不安时有人安抚。实际上，个体各种心理状态的形成、个性的发展、情感的激起与宣泄、品德和情操的锤炼、爱心的涵育和表现以及精神的安慰和寄托都离不开家庭。

情感慰藉功能是指家庭对其成员情感诉求的满足，是家庭精神生活的重要组成部分；情感交流的密切程度是家庭生活幸福与否的标志。情感的日常慰藉可以维持家庭的整体性。家庭是情感陪伴的主要源泉。对儿童来说，缺少父母的关爱会导致智力、情感、行为等方面的发展受到损伤；对成人而言，没有配偶、子女、父母的情感关怀、陪伴和抚慰，他们的生产效率、生活品质、人生意义和价值也都会受到伤害。

情感慰藉作为家庭的一项柔性功能，在今天也部分地为社会性服务所取代：娱乐业和影视业的发展，以及电话、电影、电视、数字技术的普及与繁荣，增添了许多新的娱乐方式与休闲模式，使得家庭集体娱乐的作用大减。这看似改变了家庭的休闲娱乐方式，实则减少了家庭成员相互陪伴、彼此慰藉的时间和诉求。不过，在家庭愈加私人化、愈发成为隐秘性的生活领域之时，在家庭规模小型化和居住安排网络化、分散化，以及人口大规模流动给原有熟人社会带来巨大冲击的情境下，家庭更是陌生人社会中个体情感的皈依，家庭成员在情感上相互支持、在心理上相互依赖依旧十分重要。

三、休闲娱乐功能

休闲娱乐的社会化是现代社会的特征之一。罗伯茨（Ken Roberts）等认为，休闲社会的来临，不仅是指闲暇时间总量的增加，而且包括人的基本价值观念的变化和对待生活与工作的态度的变化。当代社会的人们越来越重视闲暇生活的安排，闲暇的价值日益突出。①

家庭是个人休闲娱乐的主要场所和组织单元。休闲娱乐既是家庭闲暇生活的表

① 邓伟志，徐新．家庭社会学导论（第二版）．上海：上海大学出版社，2020（12）．

现，也是现代家庭生活的重要组成部分。闲暇时间的长度和利用模式，是家庭精神文明建设的重要内容，也折射出一个家庭的生活水准与质量。

休闲娱乐古已有之，与一定历史时期的政治、经济、文化、道德、伦理水平密不可分，受制于经济社会发展水平和物质生活条件。休闲娱乐活动变迁凸显出一个时代文化形式的变迁。在小农时代，人们为了生计，可能并无明确的闲暇概念。亲戚间来往走动、邻里间闲话家常等构成主要的闲暇生活模式；城乡的各种集市、年节或季节性的庙会、各类茶馆等，在很大程度上发挥了休闲娱乐的功能。随着经济社会的发展和生活条件的改善，休闲娱乐逐渐从单一型向多向型转变，内容日渐丰富，从事休闲之人或家庭越来越多，休闲娱乐活动开始具有多重效用，家庭的这一功能日益增强。家庭的休闲娱乐功能具有以下功用。

一是消除疲劳，满足消遣、娱乐、享受之需。单纯的休息和适度的休闲活动（如文化体育活动、各种游戏、外出旅行等），都是重要的闲暇项目，有助于调节体能的压力和智力的损耗，缓解甚至消除工作和家庭事务引发的疲劳，储蓄新的能量。毫无疑问，消除疲惫，获取物质、生理上的享乐是最初始、最基本的休闲娱乐功能。

二是收获认同，获得精神慰藉。休闲发端于物质文明，物质文明为人类提供了闲情逸致。在物质生活基本得到满足，社会精神产品的生产、分配、交换、消费得到一定发展的情况下，人们的精神生活诉求更为凸显。满足人们对文化欣赏、文化创造、文化建构的高端诉求，有助于个体身心和意志的全面发展。休闲也能反映出时代风貌，是经济社会发展与变革的缩影。古代经济社会地位较高之人对休闲十分讲究，并赋予其浓厚的文化内涵，形成了独具一格的文化，如收藏字画、篆刻临帖、弈棋鼓琴、栽花养鱼等，均是不同的休闲方式。

三是发展个性，增长知识。闲暇时间是供人们自由支配的时间，而休闲作为一种生活方式，可通过各种活动满足精神之需、完善个性、体现个性，实现自我发展。随着个人主体意识的不断增强，闲暇模式也从传统的“被动型”“观赏型”向“主动型”“参与型”转变。人们可根据爱好、习惯、个人意愿、价值取向等，选择适合自己的闲暇模式，合理安排时间。个体可通过休闲活动，结识朋友，拓展社群，彼此切磋，学习新的知识与技能。在家庭中，休闲娱乐活动是教育子女、培养家庭成员个性、启迪智慧、陶冶情趣、实现家庭成员社会化与再社会化的一种路径。孩子通过亲子之间、兄弟姐妹之间的游戏习得知识、学会表达、学习与人交流与沟通的技巧、平复不安的情绪等。对成人而言，家庭娱乐亦可放松心情、调节情绪、调剂生活、增加乐趣，保持或改善身心健康水平。

四是营造良好的家庭氛围，协调家庭人际关系。开展休闲娱乐活动，有助于增进家庭成员之间的感情。亲子互动作为调节亲子关系的桥梁和纽带，具有非常重要的意义；夫妻之间有关家庭事务的分歧、矛盾的化解都需要沟通，而休闲娱乐活动则为解决矛盾、增进夫妻感情提供了一个良好的渠道。

但是，在当下社会，家庭的休闲娱乐功能大大消减。娱乐场所的多样化、娱乐内容的丰富性等，都使得家庭不再是个体休闲娱乐的唯一场所，甚至不是主要场所。在信息网络社会，即便休闲娱乐活动在家庭内发生，也多不是在家庭成员之间而是个体在虚拟空间中进行。儿童和成人都可能沉湎于网络游戏，从而挤压家庭成员之间的正常互动，不利于其成长。

家庭曾是双重生产、福利、教化的初元单位，涵盖与其成员基本生存和不断发展有关的一切问题。但是，工业化、城镇化和现代化进程，严格限制性生育政策，经济社会的发展及文化变迁，引发了家庭千年未有之大变局，家庭从一个内向的、自给自足的社会单元演变为必须与社会联动方能更好地实现家庭功能的单位。在家庭功能转向前，绝大多数家庭可以实现继替，家庭经济自给自足，并能满足家庭成员基本生存、情感慰藉、休闲娱乐、抚育教化与赡养照护等诉求。当前，家庭的人口再生产功能极度弱化，其他功能逐渐失去内向特征，转向私人-公共领域的联合，且很多传统功能的承担为外在机构或技术所替代：怀孕可借助新的医疗技术，生老病死教均有机构辅助，即便是情感慰藉、休闲娱乐等，也多通过外在场域或手段来实现，家庭功能严重外化。

当然，部分家庭功能的外移或社会化并不表示家庭重要性的丧失，更非家庭衰落的依据。同时，存留的家庭功能照旧稳定。尽管传统家庭功能的执行主体、执行方式和执行地点呈现出多元化趋势，执行中心还会继续转移或调整，家庭功能模式和质量需求会在新形势下产生新的特点，但是，在可见的未来，家庭的性、情、生、抚育、赡养等基本功能不会被其他社会组织完全替代，情感慰藉和经济供养功能亦然。家庭功能不会因为成员较少、家庭结构变动而消失；相反，它将与其他社会组织一起，共同实现对子女的抚育和教化（包括知识、技能和社会化等多方面的教化），继续履行对长者的经济供养、安慰陪伴和生活照护。

本章要点

1. 家庭功能是指家庭在家庭成员扶助、人口繁衍、人类社会发展等方面所起的作用，是家庭对于自身和整体社会的功用和效能。

2. 家庭功能不是单一的，而是多方面的。在小农社会，它能满足家庭成员的各种需求，这是其他任何一个社会组织都无法比拟的。家庭是社会制度的基础与核心，多样化的家庭功能是家庭正常运行、社会不断发展的基础和前提。

3. 家庭功能可区分为核心功能、主要功能和派生功能三大类，且以前两类为主。核心功能主要是指人口再生产（生育）和社会再生产（经济）功能，二者是家庭和社会赖以存续的基础；主要功能是指子女教化、父母赡养、家庭成员之间的情感慰藉与休闲娱乐等功能；派生功能是指家庭在宗教、娱乐和保障等方面的作用。

4. 在任何时代和任何社会，家庭功能的正常履行都是一个家庭维持常态化运行和整体社会维持正常运转的基础。

5. 家庭功能除了正向的一面外，也有负向的一面，比如：对子女的过度溺爱、限制家庭成员的权利、剥夺家庭成员的隐私以及家务分工的性别不平等等。

6. 随着社会的发展和家庭结构的转型，从全球来看，家庭功能发生了深刻转变：生产功能大大弱化，生育功能极大萎缩，教化功能发生异化，赡养功能出现转移，等等。

7. 在现代化进程中，中国的家庭功能也出现转向，即从内向转向内外并重。家庭曾经是组织生产、消费和分配的经济单位，但进入工业社会后，家庭的经济生产功能大大萎缩，同时，作为人口再生产单元的家庭，其人口繁衍功能大大弱化，家庭的休闲娱乐功能也发生分化。

8. 在家庭结构转变方面，一方面是抚育功能的异化，“恩往下流”、过度育儿成为普遍的社会风气；另一方面是越来越多的长者需要赡养尤其是长期照护，智慧养老或可能成为未来应对养老问题的一个出口。

基本概念

家庭核心功能　家庭主要功能　家庭派生功能　向心型失功能家庭　离心型失功能家庭　社会再生产功能　人口再生产功能　家庭养老

复习思考题

1. 什么是家庭的核心功能、主要功能与派生功能？
2. 家庭主要有哪些负功能？家庭为什么会有负功能？
3. 请分别简述家庭核心功能、主要功能、派生功能的转向及其特征。
4. 家庭功能的转向与家庭结构转型、家庭关系转轨之间存在怎样的关系？
5. 对于当前中国社会普遍存在的过度育儿现象，请基于你自己的观察与体验，阐述其基本特点，分析其产生的原因。
6. 面对当前家庭养老的困境，你认为智慧养老能替代家庭成员的作用吗？

阅读文献

1. 邓伟志，徐新．家庭社会学导论（第二版）．上海：上海大学出版社，2020.

2. 潘允康．家庭社会学．北京：中国审计出版社，2002.

3. 许伟，叶闽慎，李静萍，覃国慈．智能养老服务研究．武汉：湖北人民出版社，2020.

4. HU Y. Gender and children's housework time in China：examining behavior modeling in context. Journal of marriage and family，2015，77（5）.

5. HU Y. Patriarchal hierarchy?：gender，children's housework time，and family structure in post-reform China. Chinese sociological review，2018，50（3）.

第十章

性别与家庭

天尊地卑，乾坤定矣。卑高以陈，贵贱位矣。动静有常，刚柔断矣。……乾道成男，坤道成女。

——《周易·系辞》

阿爷无大儿，木兰无长兄。愿为市鞍马，从此替爷征。东市买骏马，西市买鞍鞯。南市买辔头，北市买长鞭。旦辞爷娘去，暮宿黄河边。不闻爷娘唤女声，但闻黄河流水鸣溅溅。……万里赴戎机，关山度若飞。朔气传金柝，寒光照铁衣。将军百战死，壮士十年归。……爷娘闻女来，出郭相扶将。阿姊闻妹来，当户理红妆。小弟闻姊来，磨刀霍霍向猪羊。

——《木兰辞》

《周易·系辞》认为：日月运行、寒暑继替，皆自然规律。它把男女两性比附自然，强调天人感应，男为乾、为君、为父、为阳、为刚、为上……女为坤、为后、为母、为阴、为柔、为下……两者非此即彼，为黑白两极，分别对应阳刚与阴柔、主体与客体、理智与感情、心灵与肉体等，为两性尊卑贵贱、上下高低，以及"夫为妻纲"和家庭父权制背书。

《木兰辞》这首人们耳熟能详的长篇叙事诗和传奇故事，与《孔雀东南飞》合称"乐府双璧"。《孔雀东南飞》控诉了封建礼教残酷无情地棒打鸳鸯、有情人难成眷属的悲剧；而《木兰辞》在热烈赞扬木兰保家卫国的热情和英勇无畏的精神之时，也表现出女儿代父从军、巾帼不让须眉的优秀品质，以及代与代之间、兄弟姐妹之间相亲相爱的家庭之乐。

男性和女性组成家庭，形成社会。社会形塑了个体的性别观念、性别角色和基于此的家庭与社会分工，与公共领域和私人领域的父权制度、性别偏好互为因果。换言之，性别制度与家庭制度相辅相成，性别研究与家庭研究相互交叉与融通，且在很多议题上，二者实难区分。前面章节已介绍了性别与家庭关系的相关理论、婚姻家庭过程中的性别议题，本章将以生命历程理论框架为线索，突出时间要素与社会情境要素，利用三个具体案例，分析公共领域和私人领域性别与家庭的关系及其流变，旨在培育读者整体的眼光、联系的思维、动态的视角。

第一节 生命历程视角下的性别与家庭

一、性别与父权制

性别（sex，即生理性别）属于自然属性的范畴，通常指解剖学意义上的男女。相对生理性别而言，社会性别（gender）是以文化为基础、以符号为特征判断的性别，它表达了由语言、社会交流、符号和教育等文化因素构成的判断一个人性别的社会标准。社会性别是社会和文化赋予男性气质和女性气质的种种意义。社会性别既非“自然”的，亦非永恒的，而是人为建构的，是随社会的发展而变化的，与家庭父权制和集体父权制密切相关。

父权制（patriarchy，又名父权体制、父系家长制、男权制），是指男性在家庭和社会生活中享有支配地位与特权，女性则处于劣势与服从的地位。在父权制的社会中，在政治、经济、法律、宗教、文化、军事等公共领域以及日常生活等私人领域，所有权威的位置都留给男性。父权制包括家庭父权制（私人领域）和集体父权制（公共领域）两大类。

迄今为止，全球多数文化都存在过且大多至今仍然存在父权制，它是一种跨文化、跨时代现象。

父权制是一种由男性统治、男性认同、男性中心、男性主体构成的社会制度，将男性身体和生活模式视为正式和理想的社会组织形式，是以男性为中心的权力运作形式，是一种系统的、结构化的、不公正的男性统治女性的制度。父权制包括这样一些制度（如政策、实践、地位、机构、角色和期望）和行为，它们为男性授予特权（较高的身份、价值和特权）。这些制度和行为构成了性别主义的概念框架，后者又反过来维护前者，将前者合理化。父权制的核心是对男性特权的维护和将其合理化。

父权制最初是基于私人领域的家庭体系，后扩张至公共领域，是用来定义在两性关系和社会权利关系中女性处于屈从与依赖地位、男性拥有主导及支配特权的一整套制度秩序、系统和文化体系。在私人领域，男系具有绝对的权威，拥有对家庭事务的决定权及资源分配权。女系往往缺乏或仅有微弱的话语权，她们“在家从父，出嫁从夫，夫死从子”，在家庭中处于依附地位；在不同生命阶段，她们的生命价值与人生意义都依托于家庭中的男性而存在与实现，家庭是她们生活的全部，离开夫家的女性不仅仅在经济上难以自给自足，更失去了其生命价值实现的依托。父权制的权力结构压缩了女性的权力空间，女性在家庭中的地位很低。在公共领域，父权制的社会也必然是一个男性认同、男权统治、男系中心的社会。男性掌控着社会上绝大多数的权威位置，支配着公共领域的资源分配及机会获得，掌控着方方面面的权力。女性长期以来的弱者地位正是公、私领域父权文化形塑的结果。父权制既界定了私人空间，制约着家庭界限之内的观念与行为，也定义了公共空间的社会规范和性别角色。

父系血统继承制、父系财产继承制及从夫居制既取决于父权制，也承载着父权制，它们之间是唇齿、皮毛的关系。父系血统继承制（patrilineality 或 patrilineal descent）是指按照父系确定血统。只有男性才谓之“后”，才可以延续姓氏、传宗接代、维持或扩大家族的影响力；与此相对应的是男性的宗教功能，即送终送葬、祭祀祖先。父系财产继承制（patrimony 或 patrimonial inheritance）规定，只有儿子才可以合法地继承生产性财产；女儿一旦出嫁，就被否定、剥夺继承权，只能以嫁妆或遗产方式获得可移动物品；无儿之人的财产在其死后将落于外人之手。从夫居制支撑着父系继承制。它是按父系血缘关系构建的居住安排，即女性婚后移居夫家；她们的子女也继承该传统——儿子娶媳妇、女儿嫁出门，形成以男系为中心的婚姻嫁娶模式。在这种制度下，自结婚之日起，女性与娘家之间就主要是情感联系，而不再有实质性的权利和义务关系；她们过往的社会关系、亲友支持也随着与娘家距离的拉大而减弱，她们在很多方面必须从头开始，面临更大的家庭和社会压力，缺乏安全感。这些都将女性置于社会、政治、经济、心理方面的从属、依附和劣势地位。在陌生的情境下，女性往往需要通过生儿子来建立或巩固家庭地位。

父权制是男性凭借性别及与他人的血缘关系确立的男性统治，是确立男尊女卑的意识形态和保护男性普遍优先权的性别关系秩序。在现代社会，父权制也被泛指一切不平等的社会制度。作为一种统治形式，它并不意味着男性是“统治者”、女性是“被统治”的，而是男女双方均受到这种统治形式的限制。

二、性别关系的时空与情境

性别不平等的潜在矛盾可被还原为相对生物人而言的社会人口和社会流动两个方面，即不平等状况与不平等原因机制——后者即决定男性和女性社会位置的一系列过程因素。本部分引入一个三维理论框架来解读性别不平等的原因。

（一）时间

时间即生命历程，它是指个体一生中先后扮演的角色和经历的事件。生命历程理论作为一种社会科学分析范式，旨在探讨剧烈的社会变迁对个人生活的显著影响。该理论着重从一生去看发展，关注时间选择、社会情境、人生经历、过程意义等，注重“社会规定”性（即生命历程中的角色和事件是由社会建构的）和“年龄层级”性（即同一事件是否发生在关键时期对个体的意义完全不同），寻找个体与社会的结合点，强调个人生物意义与社会意义的结合。它认为，人在社会化过程中既受到个人经历和特征的影响，也受到社会情境的制约；个人经历的生命事件是其成长过程的一部分，是更宏观的社会力量和社会结构的产物。该理论主要包括一定时空中的生活、主观能动性、相互联系的生活与生活的时间性四个基本原理。

（二）空间

空间包括私人领域（私域）和公共领域（公域）。在此将公域定义为家庭以外的社会生活场域，包括双重含义：一是实际的物理地点，二是与该地点有关的政策、制度、文化、事务等。私域与公域相对应，被界定为私人化的、家庭的、家族的决策、活动与行为。私域与公域既有区别又有联系，共同构成人们的生活世界。

公共与私人、集体与个体、国与家等公域与私域概念虽有绝对的地理界限，但社会分界模糊。在某种意义上，“公”与“私”的利益有机联系、有效统一，在中国尤其如此。中国虽已出现公域与私域分化的趋向，但更多体现在形式上。公共权力运作有时会受私人关系支配，侵入私人生活空间，并在一定程度上介入、影响私域活动和行为；反过来，私域行为也会作用于公域的政策、制度、法律制定与推行，并传承、延续或改变文化惯习。

（三）情境

情境是指一系列包括宏观层面和家庭层面的文化惯习、政治制度、公共政策、经济结构等的个体生活的背景因素。在具有深厚传统的社会情境中，文化惯习制约政治制度构建、公共政策制定与推行、经济结构格局以及公域和私域资源、机会、权力的分配，而其他种种因素反过来或维系或阻碍文化惯习的传承或变迁。

三、性别-家庭的三维理论

上面分别介绍了时间、空间、情境的主要内容。这三个看似独立的因素有内在的关联。公域与私域的情境因素横截生命历程，共同作用于两性关系。图 10－1 是整合时间、空间、情境形成的三维理论框架。

它在时间维度上将个体的生命周期和社会时间按照年龄层级的时序划分为四大阶段：婴幼儿期（学前期）、青少儿期（学龄期）、成人期（包括成人前期和成人后期）及老年期（衰老期）。

（一）婴幼儿期（0～5 岁）

婴幼儿期包括婴儿、幼儿两个生命时期。这两个生命时期的影响因素基本相同，即包括公共政策、技术条件、经济制约及其互动在内的父权制。在婴幼儿期，个体的主观能动性几乎为零，其生命权、生存权和生活质量的保障在很大程度上取决于社会制度、文化惯习、历史情境。父权制以及受其影响的相关公共政策使两性婴幼儿的生存权及享受健康生活的权利存在一定差异。

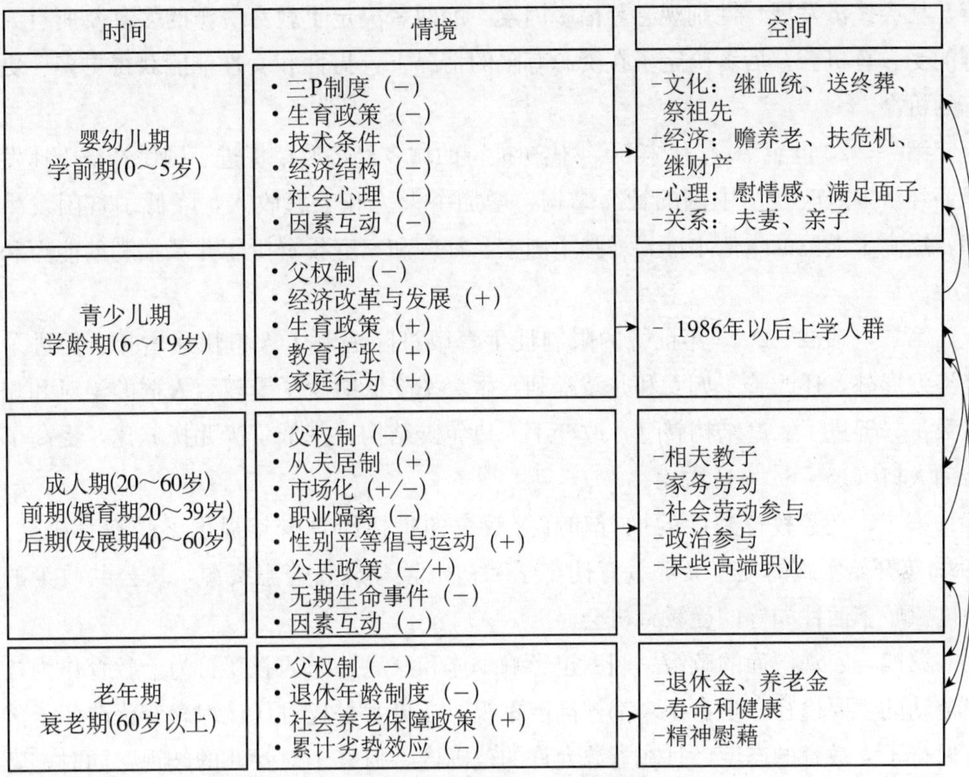

图 10-1 两性关系的三维性

注："−"表示加大性别差异，"+"表示促进性别平等。

资料来源：杨菊华．时间、空间、情境：中国性别平等问题的三维性．妇女研究论丛，2010（6）.

第一，父权制使性别在中国有时被当成一种特殊资源。虽然性别资源本身固定且不可再生，但它却可以带来种种活性的、可持续的资源。目前，社会经济的多元化和人口流动的频繁化导致对男性劳动力的需求越来越弱，社会保障和养老保险制度也日渐完善。孩子的经济、保障等传统效用在社会转型时期被削弱，但非物化的心理效用在上升。在父权制下，儿子和女儿带给父母的心理慰藉与感受大不相同。偏好儿子是工具理性和情感理性共同作用的结果，拥有儿子是刚性需求。

第二，这种在文化、制度、经济、心理等多重因素交织情境中构建的刚性需求受到生育政策的强化。

第三，虽然这一阶段属于私人领域，但男强女弱的价值观却由公共领域事件决定。个体始终是社会群体中的一分子，其生活轨迹受制于他人的生活轨迹，且受到他人生命历程中事件的影响，先期公共领域内政策与制度的不协调会导致后期生命阶段两性地位的不平等。

（二）青少儿期（6～19 岁）

青少儿期是接受教育的人生阶段。在这一阶段，个体的选择性、主观能动性较弱，其活动空间主要局限于私人领域和教育机构，其生命轨迹的变迁更多取决于父母的选择。然而，谁能接受教育却不完全是私人领域之事，而是受制于公共教育政策、社会经济发展、性别观念等诸多因素。前两者决定了教育资源的多寡及所有人群的受教育机会，后者决定了在资源有限的情况下，男性和女性谁能获得更多、更好的机会。

第一，20 世纪 70 年代末 80 年代初推行的城乡经济改革促进了国民经济飞速发展。经济发展改变了中国的社会结构，增加了人均和家庭收入，降低了贫困发生率，提高了人民的生活水准，增强了国家、社区和家庭投资少年儿童福利的能力和实力。

第二，1982—2015 年推行的限制性生育政策除遏制了人口快速增长、促进了经济发展外，还改善了妇女和儿童福利。生育率降低减少了受教育人群的绝对和相对数量，促进了家庭结构转型，改变了人口年龄结构，降低了少儿抚养比，提高了劳动人口（15～64 岁）占比。

第三，义务教育制度的推行和高等教育的扩招给青少年提供了受教育机会。1986 年开始实施的九年义务教育使小学和初中教育成为普惠资源，从公共政策的角度赋予了两性同等的受教育机会。

第四，宏观层面的政策、制度也影响个体和家庭层面的教育行为。教育作为社会流动的主要途径，自古至今都被高度重视。在男女平权时代，理念变化改变了父母对待子女教育的态度，且在资源允许的范围内，摒弃了对女儿的歧视。同时，青少年的主观能动性进一步增强，女性为了在未来社会获得良好的经济社会地位而努力学习，其受教育机会得到明显改善。

所有这些变化都对父权制起到抗衡作用，父权制对受教育机会和教育成就的性别差异的影响大大减弱；相反，上述因素及其互动促成了私域内“儿行女也行”以及公域内“所有孩子均行且均应该”的教育理念，有助于推动两性的受教育机会向平等的方向发展。

（三）成人期（20～60 岁）

在该阶段，两性逐渐不再扮演接受者的社会角色，开始承担新的社会义务和责任，成为社会财富和家庭财富的主要创造者。成人期可进一步分为前期（即婚育期，20～39 岁）和后期（即发展期，40～60 岁）。前者通常与婚姻缔结、后代繁衍、职业建立等生命事件相关联；后者则是前者的延续，主要是个体职业的发展和家庭的空巢。此时，个体同时扮演多个不同甚至相互矛盾和冲突的社会角色，两性关系更为复杂，很难用“平等”或“不平等”的概念简单概括。

成人期的影响因素更为复杂，主要包括：（1）父权制和从夫居制的政治文化均不利于促进两性平等。（2）性别平等倡导活动以及旨在改善女性地位、促进性别平等的公共政策，对父权制具有一定的抗衡作用，但该抗衡既不敌传统文化制度，也不敌经济改革引起的市场化。（3）市场化给女性提供了更多的就业机会，有利于女性的平等劳动参与，但市场化过程中也存在许多不利于性别平等的元素，身负社会和家庭双重责任的女性需要与主要从事社会劳动的男性竞争。(4) 先期生命历程中经历的事件会在此时泛起涟漪；他人后期生命历程中的事件同样会映射到该年龄组的女性身上。(5) 上述种种因素的互动也会作用于两性关系，使得在公私两个领域的两性关系格局相互影响。虽然男性和女性都参与社会劳动，但职场的性别区隔依旧十分明显。男性被认为是天生的从政好手，且善于从事某些地位更高的工作；女性的角色依旧主要是相夫教子或从事某些“适合”女性的工作。

第一，私域的两性关系。文化惯习、公共政策和法律条例建构性别的基本方法是将人区分为男性与女性，并划分严格的公域与私域作为其对应的活动空间。传统的性别分工观念认为，女性生殖与抚育的生理特性决定了女性适合私域，男性因其理性与勇猛的社会属性而更适合政治、经济、法律、军事等公域。尽管当前女性拥有更多的时间和精力参与社会劳动，且中国经济社会变革为她们创造了劳动参与机会，但以性别为基础的家庭和社会分工依旧将私域主要留给了女性。

第二，公域的两性关系。生命历程理论认为，从微观到宏观层面都存在“公共生命历程”的制定者和调控者。在个体层面，调控者是父母、教师、雇主、配偶、子女；在中观层面，调控者是学校、工作单位；在宏观层面，调控者是国家、政府、制度、习俗。根据既定规范，人们知道自己该做什么、不该做什么，知道各种行为是否合适，社会秩序也因而得以稳定、持续或变迁。近 40 年发生的重大社会历史事件、推行的公共政策、个体先期生命轨迹的变化、文化观念的变迁等都促使女性的生命历程发生变化。其中，立法机构通过对结婚这一生命转变进行标准化界定，将个人的生命阶段变为社会公共事件的一部分，使之成为“公共生命历程”。

如今，女性推迟了初婚和初育年龄，减少了生育数量，提前了生育终结期，缩短了繁衍后代、完成人口再生产任务的时间，使生育周期从过去占据生命历程的一半降至 10 年左右。虽然这些行为属于个体选择，但它们折射了制度的建立、社会的变迁和教育的改善，也给予了女性更多时间和精力突破私域的局限。

在劳动参与方面，男性和女性被分配到不同的劳动力市场。初级市场具有工作报酬高、工作环境好、升迁机会多、就业稳定等优势，属于垄断的寡头控制类型市场；次级市场则相反。两种市场吸纳不同的人群，形成明显区隔。尽管两性的工作能力相似，但在类似的职场中，他们往往工作类型不同，提拔和升迁的机会有差异。

政治是一种稀缺资源，长期以来一直为男性所掌管、把持，女性基本不可及、不可得、不想得、不愿得。“不可及”“不可得”是因为囿于传统的范式规定、现行的制度政策、偏低的职业成就；“不想得”“不愿得”则源自家庭和个体对社会规定角色的认同。在宏观层面，社会角色的规定性制约着女性的政治参与。中国传统的儒家政治文化给两性划定了各自的社会角色和期望。为提高女性的参政水平，政府规定基层女性干部的比例不能低于某个百分点，但有的时候下限却变成了上限，构成了女性参政的“玻璃天花板”。可见，政策本身承载了较浓厚的父权制、父系继承制、从夫居制色彩及性别角色观念。

（四）老年期（60岁以上）

生命历程理论强调先期和后期生命轨迹中两性差异的关联。随着年岁增长和身体机能衰退，个体的身份和角色也会相应发生变化，而这些变化（如从在职到退休、从在婚到丧偶）对男性和女性产生的作用不同。女性一生中受到的压迫或歧视，先期生命历程中的职业和收入资源不足，在家庭角色、社会地位等方面付出与回报不相称等都在老年时期集中体现出来，故老年女性在社会、经济、心理等方面遭遇更多的问题，处于更为弱势的地位。

女性先于男性退休的规定将保护女性转化成了对女性平等就业、平等取得劳动报酬的一种限制和反作用。这主要是因为，退休年龄差异降低了部分女性的经济福利水平。根据制度规定，要想获得满额退休金需要工作至少30年或35年。由于男性法定退休年龄比女性晚，故男性更容易获得满额退休金，而提前退休的老年女性可能遭遇很大的经济损失。

第二节　出生性别比

如“家庭结构”一章所言，出生性别比是一个简单的人口学指标，反映了新生儿的性别结构，通常是指一年内，每100名出生女婴所对应的出生男婴总数，其正常范围是每102～107名男婴对应100名女婴。虽然出生的活产男婴多于女婴，但由于男婴和男性青少年的死亡率高于同龄女性，因此至结婚年龄时男女数量将大致相等，形成均衡的性别结构。长期观察结果显示，在未受干预的自然生育状态下，不同时期、不同地区、不同种族的出生性别比相对稳定。出生性别比对正常范围的任何较大程度的偏离都暗示着某种形式的人为干预，也都将产生不利的经济社会后果，成为一个综合性的社会问题。中国出生性别比失衡已延续了约40年，带来的影响是全程性、全局性、长远性和深刻性的。

一、亚洲部分国家和地区的出生性别比

从全球视角来看，但凡处在拥有男孩偏好的情境中且该偏好恰恰又遇上生育转变和经济社会转型的话，出生性别比失衡似乎就是一个不可避免的问题。图10-2描述了1980—2021年韩国、中国、越南、印度、亚美尼亚和阿塞拜疆出生性别比的变动趋势。由图可知，在41年间，这些国家出生性别比的变化波动较大，都或先或后地出现了性别失衡问题，经历了由出生性别比正常到失衡再到回落的过程，其中，中国出生性别比失衡的程度最深、时间最长、范围最广。

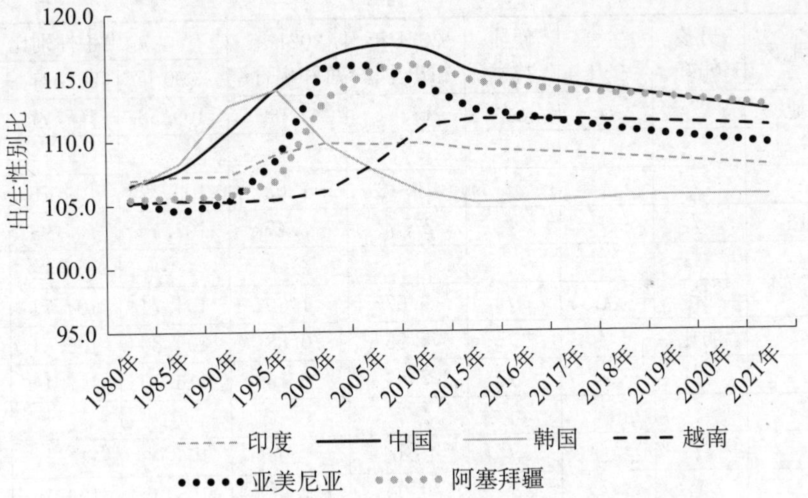

图 10-2 1980—2021 年部分亚洲国家出生性别比变动趋势

资料来源：《世界人口展望 2022》。

中国和他国的实践经验一致表明，出生性别比失衡并非中国独有的问题，而是诸多有着男孩偏好、处于生育转型时期的国家和地区共同遭遇的问题。虽然不同国家和地区有自己独特的经济、社会、文化背景，但学者们达成的共识是，出生性别比失衡缘于三类要素：男孩偏好、生育挤压、便捷技术。表 10-1 展示了部分亚洲国家对以上三类要素的具备情况、2021 年的粗出生率和总和生育率，以及 2000—2021 年出生性别比变动情况。结合图 10-2 可知，出生性别比失衡的国家和地区的一个共性是，它们都具有或曾经有过较强的男孩偏好。相反，没有明显男孩偏好的日本，即便生育水平远远低于中国、胎儿性别鉴定技术超过中国，出生性别比也未失衡，从而表明男孩偏好是出生性别比失衡的一个必要条件。当然，如前所述，若没有快速的生育转变，即便具有性别偏好，出生性别比失衡的速度也不会如此之快，失衡的程度也不会如此之深。虽不尽然，但更替水平的生育率似乎是一个临界点，加上男孩偏好，使得出生性别比失衡在所难免。可见，生育挤压构成出生性别比失衡的另一个必要条件。同理，若无便捷的胎儿性别鉴定技术，即便有强烈的男孩偏好、生育挤压，出生性别比也不会如此失衡，因为人们必须寻求代价更大的方法获得理想的子女性别结构。换言之，便捷技术既非出生性别比失衡的必要条件，亦非其充分条件；其作用主要是将事后解决的问题提到了事前解决。

表 10-1 2000—2021 年部分亚洲国家和地区三类要素及出生性别比情况

（单位：‰、个）

国家和地区	男孩偏好	生育挤压	便捷技术	2021 年粗出生率	2021 年总和生育率	出生性别比		
						2000 年	2010 年	2021 年
西亚								
亚美尼亚	√	√	√	12.05	1.58	115.95	114.26	109.66
阿塞拜疆	√	√	√	12.33	1.66	113.32	116.03	112.65

续表

国家和地区	男孩偏好	生育挤压	便捷技术	2021年粗出生率	2021年总和生育率	出生性别比		
						2000年	2010年	2021年
格鲁吉亚	√	√	√	13.41	2.08	109.58	107.77	106.73
南亚								
印度	√	√	√	16.42	2.03	109.82	109.78	107.94
巴基斯坦	√	√	√	27.52	3.47	107.40	105.98	104.85
东亚								
日本	无	无	√	6.57	1.30	104.74	104.71	104.96
韩国	弱化	√	√	5.58	0.88	109.80	105.81	105.64
中国	√	√	√	7.63	1.16	116.50	117.14	112.30
东南亚								
越南	√	√	√	15.01	1.94	106.03	111.17	111.04
泰国	无	√	√	9.00	1.33	105.98	106.19	106.23

资料来源：《世界人口展望2022》。

自20世纪80年代以来，受严格生育控制政策的影响，中国表现出了出生性别比加速失衡的特点。表10－2展现了1990—2020年中国部分省（自治区、直辖市）出生性别比的变动情况。1990年，只有西藏、青海、新疆、宁夏、上海的出生性别比处于正常区间内。2000年，仅有青海、新疆、贵州的出生性别比处于正常水平。2010年，仅有新疆的出生性别比尚不失衡。2020年，虽然全面两孩政策已经施行了4年，具有严格性或性别盲视性的生育政策已经退出了历史舞台，且部分省（自治区、直辖市）的出生性别比已回归正常范围（如山西、内蒙古、吉林、黑龙江、宁夏、新疆），但更多省（自治区、直辖市）的出生性别比依旧失衡，江西、海南、福建、广东、广西、湖南、湖北的出生性别比均超过115，安徽的出生性别比也接近115。尽管各省（自治区、直辖市）因经济发展水平、文化动因以及生育政策等不同而有所差异，但多呈现出了中国出生性别比失衡的重要事实。通过进一步分析可知，父权制、男孩偏好的氛围更为浓厚之地，出生性别比往往更为失衡，且失衡的时间更长。

表10－2　1990—2020年中国部分省（自治区、直辖市）出生性别比（女＝100）

地区	1990年	2000年	2010年	2020年	地区	1990年	2000年	2010年	2020年
全国	111.45	119.92	121.21	112.28	河南	116.21	130.30	127.64	111.04
北京	107.49	114.58	112.15	110.06	湖北	109.56	128.02	123.94	115.28
天津	110.14	112.97	114.59	108.36	湖南	110.25	126.92	125.78	116.91
河北	112.49	118.46	118.71	108.60	广东	111.99	137.76	129.49	117.52
山西	109.64	112.75	113.07	102.94	广西	116.91	128.80	122.00	115.97
内蒙古	108.35	108.48	108.87	105.60	海南	114.86	135.04	129.43	120.55
辽宁	110.16	112.17	112.91	107.15	重庆	—	115.80	113.80	107.51
吉林	108.67	109.87	115.67	104.06	四川	111.96	116.37	112.98	111.45
黑龙江	107.30	107.52	115.10	105.51	贵州	101.24	105.37	126.20	113.59
上海	104.83	115.51	111.49	109.12	云南	107.42	110.57	113.61	107.25

续表

地区	1990年	2000年	2010年	2020年	地区	1990年	2000年	2010年	2020年
江苏	114.93	120.19	121.38	110.73	西藏	103.22	97.43	100.08	101.14
浙江	117.64	113.11	118.36	110.82	陕西	111.35	125.15	116.10	108.51
安徽	110.87	130.76	131.07	114.54	甘肃	110.82	119.35	124.79	108.41
福建	110.29	120.26	125.71	120.10	青海	104.36	103.52	112.69	110.63
江西	110.82	138.01	128.27	122.73	宁夏	106.96	107.99	114.36	105.67
山东	115.12	113.49	124.28	112.52	新疆	104.63	106.65	105.56	105.89

资料来源：1990—2020年全国人口普查长表数据。

总体而言，男孩偏好是本源性要素，生育挤压是催化性要素，便捷技术是可行性要素。没有男孩偏好，其他两类要素不会发挥作用；没有生育挤压，男孩偏好可通过多生子女来满足；没有便捷技术，男孩偏好将通过其他方式来满足。中国出生性别比失衡及失衡程度的条件如表10-3所示。

表10-3　中国出生性别比失衡及失衡程度的条件

男孩偏好	政策挤压	政策的性别短视	便捷技术	出生性别比
√	√	√	√	极度失衡（超过115）
√	√	无	√	严重失衡（110～115）
√	√	√	不便捷	失衡；女婴漏报、溺弃女婴等
√	√	无	不便捷	失衡
无	√	—	√	正常
无	无	—	√	正常

注：表中“√”表示条件具备；“—”表示关系不明显。表中的关系发生在经济转轨、社会转型、人口转变的宏观环境之中。

二、男孩偏好及其形成机制

男孩偏好是指生育前后，人们对男孩有着强烈的期望和偏好。该偏好源于且反作用于父权制。父权制依据人的生理性别差异，对男女两性做出泾渭分明的二元划分，进而形成不同的社会性别模式和刻板印象，及男优女劣、男强女弱、男尊女卑的双重社会格局。作为一种跨时空、跨领域的制度建构，父权制通过风俗习惯和民间话语，通过规范化的概念和独特的文化符号，通过规定两性在政治、文化、经济等公共领域和私人领域不同的功用对男性和女性进行界定，赋予了男孩比女孩更高的价值，促成了人们对生育男孩的追求，形成了重男轻女的传统生育文化。不过，这种生育文化不仅是意识形态层面的主观建构，也成为父权制运作、维系的载体与策略，与主体的生存需求、安全需求、社会需求和自我实现需求相互支持。

第一，生存需求。在父权制下，男孩偏好可能源于家庭对男性劳动力的需求，即家庭生存的最基本要求。传统中国的生产方式以小农经济为主。在从夫居制的家庭体系中，男耕女织，自给自足，男性是家庭劳动力的主要来源，是家族经济活动的主要承担者。然而，新中国成立后，土地政策和新经济制度的实施使小农经济失去了生存土壤，女性的社会劳动参与受到鼓励，女性的经济社会地位得以改善，从而解构了家庭对男性劳动力的刚性需求。同时，城镇化进程的加快大大减弱了儿子在家庭劳动生产方面的作用。但是，这并不表示生存需求对男孩偏好的影响已经不再。自改革开放以来，农村地区实行的家庭联产承包责任制恢复了以自给自足的体力劳动为特征的小农经济，重新凸显了男性劳动力在家庭农业劳动中的作用，并强化了儿子在家庭生产中的效用，由此奠定了出生性别比失衡的基础——不过，这一情况目前有了根本性的改变。

第二，安全需求。(1) 母亲的人身安全。出生性别比失衡反映出，两性之间达成了一种共识和默契，即建立在共同歧视女胎基础之上的对胎儿性别的选择。在以男权文化为尊的社会化过程中，女性在观念上接受、认同了男强女弱的价值取向，并将生育儿子作为一种应对现实的策略。无儿的母亲可能遭遇其他家庭成员的嫌弃甚至暴力对待，或在人前抬不起头，甚至遭人辱骂。(2) 长者的保障安全。家庭作为家族成员生存的一个稳固载体，对赡养老年人来说不仅具有很大的方便性和可行性，而且成本低廉，还可增强家庭凝聚力。在从夫居的婚居模式下，只有儿子才能更好地满足老年人的诸多安全需求。(3) 家庭财产安全。父系财产继承制规定，只有男性才可合法地继承生产性财产，无儿之人的财产在死后将旁落他人。(4) 家庭土地保障安全。家庭父权制也扩展到集体和单位的资源分配中，形成单位父权制或集体父权制。在家庭联产承包责任制的经济制度下，为了在集体土地分配时不“吃亏”，人们就必须生养儿子。

第三，社会需求。如获得稳定的社会地位，受到尊重，得到肯定，被人信赖，等等。(1) 母亲地位。男娶女嫁、以男系为中心的婚姻嫁娶模式建构了不同居住制度下女性在家庭、家族中的地位和家庭权力结构。在一个陌生的情境中，女性往往需要通过生儿子来宣告自己的存在，得到家庭族人的认可，建立或巩固自己在家庭和亲属关系、邻里关系中的地位。(2) 情感慰藉。在男娶女嫁的婚姻模式下，因与父母同住或邻近居住，故儿子更容易察觉并满足父母的生活需求，分享其喜、怒、哀、乐，且娶媳妇为家庭带来新人，家庭人气更为兴旺，父母也可以得到更多的心理安慰。(3) 家庭势力。家庭对内有较强的凝聚力，对外则具有排异性。家庭男系血统成员的多寡与家庭在村落中的势力正向相关，势力大则其成员可获得较多的经济、政治和社会利益。如农民在发生利益矛盾与冲突时，主要依据“势”进行协调和解决，势力大，在村民选举中获胜的机会较大，社会支持网络也较大。总之，男孩是家庭势力的明显标示，可聚集成众，非但不会因成婚而离散，反而还因娶妻生子而壮大家庭势力。

第四，自我实现需求。继嗣制度是父权文化的重要保障。如果说安全需求和社会需求主要涉及理性的话，姓氏传承则事关价值取向，它跨越了社会阶层和城乡界线，融入了人们的情感血液中，成为日常社会生活的一部分，成为天经地义、理所当然之事，故而更具刚性和难以动摇。儒家学说以仁孝为本，后继有人最为孝。而只有有儿子才谓有“后”，才可延续姓氏、传递家族香火；没有儿子则上对不起祖宗，下对不起后世。送终送葬、祭祀祖先是人们慎终追远的具体体现。“死者为大”，亲人死别、送终送葬是家庭的重大事件，对死者和生者都具有重要意义，既触及人的情感最深处，也涉及社会普遍认可的安葬风习。只有儿子或其他男性成员才有资格张罗后事，举旗打幡，覆盖黄土，主持祭祀，烧香供奉。

因此，为满足男孩偏好，人们不惜流产女胎，或遗弃、送养、忽视女婴。男孩偏好似是私人领域的生育选择，但折射出的是两性在整个生命历程中，在公共领域和私人领域受到的差别性对待，反映了女性的权利贫困。这些差异驱动父母保男流女，造成了出生性别比的严重失衡。不过，随着城镇化进程的快速推进和社会保障制度的不断完善，在教育水平大大提高、非农就业机会大大改善的情境下，家庭男性成员的经济、保障等传统的工具性效用在下降，而非物化的心理效用在上升，且女性也成为家庭经济的重要贡献者，母亲的地位不再完全由生养儿子来决定，由此极大地减弱了男孩偏好，出生性别比也由此降低。

三、出生性别比失衡对家庭的影响

出生性别比是人口性别结构的起点，将会影响未来不同年龄组和总人群的性别结构。该比例一旦失常就难以逆转，其后果具有多维性且与其他现象交织在一起，纵贯个体的整个生命历程，横穿各级社会组织单元。它不仅直接导致婴幼儿人口的性别比异常，还会影响婚龄人口、传递到老年人口，使整个人口的性别结构失衡，对社会生活产生全方位、多层次、异常深刻和极其久远的影响。

出生性别比失衡是性别文化规制的折射，是家庭和集体父权制的产物；反过来，它也对家庭和社会产生重大影响。

第一，改变传统的家庭形式。两性比例失衡可能造成或增加多种非传统的家庭形式，包括非意愿性男性单人家庭、早婚家庭、“老夫少妻”家庭、残缺家庭、“童养媳”家庭或“未婚母亲”家庭、同性恋家庭等等。家庭形式的变化将从根本上影响个体生命轨迹的正常运行，也会阻碍家庭基本功能的正常发挥。

第二，破坏家庭的生、育、养功能。传统的家庭功能包括生育、养育、养老、规避风险等，而出生性别比失衡会对各项传统的家庭功能产生影响。比如，出生性别比升高造成男多女少，导致婚姻挤压，使相当一部分男性找不到配偶，无法组建家庭，从而限制家庭生育功能的正常发挥。又如，婚姻挤压使人们因找不到合适的配偶而拖延婚期，错过在最优婚育年龄结婚、生育，也可能使配偶之间的年龄差距过大，不利于优生优育。同时，婚姻挤压可能造成的婚外恋或夫妻离婚，不仅仅给成人的心灵带来伤害，更使相当一部分少年儿童失去父爱、母爱或生活在不和睦的家庭之中，性格变得冷漠、忧郁和偏执，身心健康受到不利影响。[1] 出生性别比失

---

① 陈友华．出生性别比偏高的原因、后果及治理对策研究：以南京市为例．石家庄学院学报，2007（5）.

衡对女孩的成长可能尤其不利：由于小家庭多数只有男孩，大家庭多数同时有女孩和男孩，大家庭在进行资源分配时可能存在性别差异，女孩的教育、福利更容易受限。此外，性别失衡将使拐卖现象重新抬头，在女性数量严重缺乏的背景下，被拐卖女童数量增多或将成为此类犯罪的一个新特征。再如，人口老龄化和出生性别比失衡是当前人口年龄结构和性别结构不合理的两个突出问题，如果失衡的人口年龄结构和性别结构交织在一起，那么社会震荡将会加剧。一方面，“多出”的男性难以承担赡养父母的责任和义务。未来，由于单身中年男性的剧增，社会上会不可避免地出现越来越多的单身男性家庭。由于他们多是社会竞争中的失败者，经济并不宽裕，因此其对父母和个人的养老保障存在巨大挑战。另一方面，21 世纪中叶，大量的男性“光棍”将进入老年。他们无伴侣扶持、无子女赡养，精神无所寄托，将可能成为物质和精神的双重贫困者，构成未来中国规模庞大的贫困单身老年人队伍——尤其是在农村和边远地区。研究表明，未婚老年人发生贫困的比例在所有老年人中是最高的——城市地区达到 37%，农村地区高达 44%①。未婚贫困老年人对社会的依赖性增强，加重了社会的养老负担；同时，他们也可能滋生对社会的不满情绪，危及社会稳定。

第三，增大家庭不稳定风险。婚龄期两性比例的失调容易引发婚外恋、拐卖妇女、强迫婚姻、买卖婚姻、重婚、嫖娼、强奸、通奸、性侵犯等社会现象。这除了会阻碍家庭的生育和抚育功能的正常发挥外，也将增大家庭不稳定的风险系数，不利于家庭的稳定与和谐发展。当社会上有一大批适婚人群游离于正常婚姻家庭生活之外时，婚外恋、婚外性关系、非婚生育等现象的出现就不可避免，这对一夫一妻制的传统家庭形成一股外来的冲击力，其结果是导致离婚率持续上升、残缺家庭增多，从而破坏传统家庭的稳定。

家庭是社会的细胞，家庭稳定是社会稳定的基础，若家庭不稳定，社会就难以稳定。婚姻家庭关系的失衡将直接影响到众多个体及其家庭的生活状态，从而不利于社会的稳定与有序运行。比如，它可能威胁人口健康、增大人口死亡风险。人口统计数据证明，婚姻对健康起到一定的保护作用，已婚有配偶者比终身不婚者的死亡率低；此外，婚姻的缺失或不稳定可能驱使非意愿性独身群体寻求非传统的性行为。同时，在男多女少的情况下，一些出于生理原因不适宜婚配的女性因女性数量短缺而进入婚姻，既不利于人口健康，也使得部分人难以摆脱弱势群体的地位，阻碍社会的垂直流动。又如，性别失衡可能阻碍经济的正常运行，导致社会需求、消费结构的变化，弱化经济活力。再如，性别失衡可能增大政府和社会的养老压力：存在大量的男性“光棍”老年人无疑将家庭养老的责任转嫁给了政府和社会，从而增大了社会养老的经济负担。此外，性别失衡还可能威胁社会治安，增大社会支持的压力，对社会需求和公共政策形成挑战，增加犯罪，造成社会的不稳定。

可见，出生性别比失衡不仅可能改变个体的生命轨迹，削弱家庭的基本功能，而

---

① 乔晓春，张恺悌，孙陆军．中国老年贫困人口特征分析．人口学刊，2006 (4).

且可能影响到社会的和谐与稳定。总之，虽然两性比例失衡对家庭的影响可能属于“私生活”领域，但其后果却远远超出了家庭的私人界线。家庭是社会的基本细胞，家庭不稳定将动摇社会稳定的基石，家庭不和谐将使和谐社会建设成为一纸空谈。

第三节　家务分工

中国传统的性别关系是以男权为基础的男强女弱和男外女内的格局，这种性别关系格局延续了数千年，直到 1949 年才有所改变。新中国成立后，中国共产党以实现男女平等为社会革命的目标之一，打破了数千年来中国社会以男权为中心的家庭结构，实现了对宗法社会的重大改造。但是，根深蒂固的男强女弱、男尊女卑、重男轻女的性别关系和文化传统根植于日常生活中，“男主外、女主内”的家务分工就是一个典型案例。

一、家务的类型

家庭权力分配和家务劳动分工一直是包括中国研究者在内的大多数社会科学研究者用来衡量妻子家庭地位的主要变量或指标。“男主外、女主内”的家庭和社会分工模式是文明社会以来的主要形式。“主内”即主持家庭事务（家务）。家务因其结构可分为传统的女性家务和传统的男性家务两大类。在西方，换灯泡、维修电路、搬运重物、洗车或修车、修水管、清倒垃圾、银行付账、维修房屋等多由男性承担。这些家务虽无报酬，但多有弹性和非日常性，可视男性自己的日程而定。相对于西方，中国男性家务的范围比较模糊。

按照家务的具体内容，女性家务又可细分为日常家务和育儿事务。买菜、做饭、打扫卫生、洗衣服等日常家务是家务的主体，孕育、生产、喂养、照料与教育等育儿事务是家务的重要构成。二者之间亦有区别：前者是终身家务，性别界限模糊，技术替代性较强，且多给人带来负面感受。后者虽非终身家务，但劳动强度和密度超过日常家务，女性在某些方面（如哺乳）具有生理束缚性，不仅技术难以替代，且科学育儿观念的普及使育儿主体不得不投入更多的时间和精力；但与此同时，育儿可给育儿主体带来心理和精神上的愉悦与成就感，故育儿行为交织着正负双重情感体验，在望子成龙、望女成凤的中国尤其如此。

迄今为止，家务分工的性别不平等是全球的共性问题。与丈夫相比，妻子承担更多重复性、琐碎化的日常家务，其中做饭与打扫卫生最耗时费力。相对于男性家务，无论是伴随终身的日常家务，还是仅持续一段时间的育儿事务，都须定时定点完成，劳动时间长且密集，育儿负担重且压力大。此外，科技创新带来辅助性家务产品更新，使得男性家务的类别减少，而女性家务的负担并未有明显改善。

随着家务分工的性别差异研究不断深入，研究者关注到了体力劳动之外的家务，即“家庭管理”事务。米德尔（Helen J. Mederer）的研究显示，女性多负责家庭管理事务，而男性仅在管理汽车、家庭维修和修剪草坪三个方面付出更多劳动。因此，家庭管理事务可能比仅仅完成任务表现出更复杂的性别不平等。[①] 即女性可能在家务中付出更多的精神投入，如预测家庭成员的需求、制定家务标准等[②]。

李（Yun-Suk Lee）与韦特（Linda J. Waite）将体力劳动之外的家务定义为“不做家务时对家务劳动进行思考”的脑力劳动，并发现，丈夫和妻子每周即使不做家务，也会花2～3个小时思考家务，其中，妻子每周花在这种脑力劳动上的时间比丈夫多1个小时，家务劳动的性别差异不仅表现在体力劳动中，也表现在脑力劳动中[③]。奥佛（Shira Offer）和施奈德（Barbara Schneider）在测量两性在家庭中的多任务处理时加入了脑力劳动内容，将其定义为“与工作和家庭成员相关的各种想法”，如协调日程等。研究表明，相比于男性，家庭中的多任务处理对女性来说更消极，即心理压力更大。[④]

尽管诸多研究都提及了体力劳动之外的情感或脑力劳动，但其概念与界限依旧非常模糊。为此，戴明戈（Allison Daminger）提出了“认知家务劳动”的概念[⑤]。认知家务劳动包括家庭膳食、子女照料、清洁/洗衣、后勤/日程安排、财务账单、社交、购物/采购、房屋/汽车维护和旅游/休闲九类家务活动（如表10-4所示）。可见，认知家务劳动的范围非常广泛，既包括较为简单的工作，如家庭膳食，亦包括后勤/日程安排等烦琐的工作。

表10-4 认知家务劳动的内容

内容	具体案例
家庭膳食	做什么食物；确保食物供应
子女照料	选择托儿所；制定睡眠或用餐时间表
清洁/洗衣	何时更换床单/毛巾；协调保姆工作
后勤/日程安排	维护家庭日程安排；解决日程冲突
财务账单	按时支付水电费/银行贷款；分配资产
社交	挑选聚会礼品；协调聚会日期
购物/采购	预先考虑购买项目；选择品牌/型号
房屋/汽车维护	识别维修项目；聘请维修人员
旅游/休闲	计划度假行程；安排假期娱乐活动

资料来源：DAMINGER A. The cognitive dimension of household labor. American sociological review, 2019, 84 (4).

① MEDERER H J. Division of labor in two-earner homes: task accomplishment versus household management as critical variables in perceptions about family work. Journal of marriage and family, 1993, 55 (1).

② BASS B C. Preparing for parenthood?: gender, aspirations, and the reproduction of labor market inequality. Gender and society, 2015, 29 (3).

③ LEE Y-S, WAITE L J. Husbands' and wives' time spent on housework: a comparison of measures. Journal of marriage and family, 2005, 67 (2).

④ OFFER S, SCHNEIDER B. Revisiting the gender gap in time-use patterns: multitasking and well-being among mothers and fathers in dual-earner families. American sociological review, 2011, 76 (6).

⑤ DAMINGER A. The cognitive dimension of household labor. American sociological review, 2019, 84 (4).

认知家务劳动可分为预测、识别、决策和监控四个步骤（见图 10 - 3）。其中，预测工作需要预先认识到即将到来的需求、潜在的问题或机会。一旦有需要，识别工作便开始运作，个体或夫妻制定满足需求的方案。决策工作主要是个体或夫妻做出选择的过程。监控工作即监测后续的行动，以确保完成任务、满足预期。上述四个步骤通常按顺序展开，但如果新的内容需要重新进行之前的工作，那么它还具有一定的迭代性。

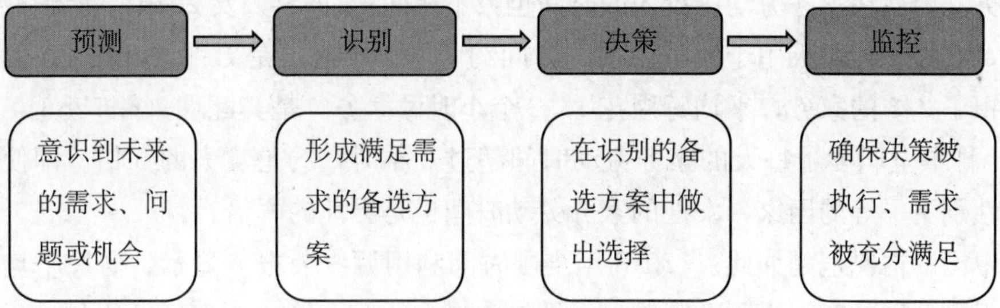

图 10 - 3　认知家务劳动的步骤

资料来源：DAMINGER A. The cognitive dimension of household labor. American sociological review, 2019, 84 (4).

认知家务劳动具有三个特征：一是隐秘性，人们往往看得见体力劳动付出，却难以洞见隐性的认知劳动付出。二是认知家务劳动通常被固化至思维模式中，在潜意识中发展，劳动者本身也容易忽视其存在。这也决定了认知家务劳动难识别、难评估的特性。三是认知家务劳动通常是抽象、分散的，劳动者的贡献很难被认可，而这会影响其完成任务的成就感。认知家务劳动还极易突破空间或时间边界，渗透到家庭领域之外，进而可能影响劳动者的就业、休闲时间。研究者还发现，女性比男性承担了更沉重的认知家务劳动负荷，在预测和监控工作方面居于主导地位；识别和决策工作的性别协作性更强。

家务分工既是夫妻权力关系的体现，也反过来作用于夫妻权力分配，在家庭微观环境中足以造成社会分化和社会地位不平等。在父权制的笼罩下，性别分工把在公共领域内有报酬的劳动视为劳动、事业，认为是好的、值得向往和追求的；但社会普遍不认同主要由女性承担的、无报酬的家务活动的价值。

二、家务分工的历史流变

（1）前工业革命时期的家庭：家庭为经济生产单位，自给自足。

（2）工业革命之后的家庭：男性被卷入工厂生产活动，女性操持家务。性别角色出现明显分化（男性——“breadwinner”；女性——“homemaker”）。

（3）20 世纪七八十年代：家务分工模式发生变化，女性开始减少家务贡献，而男性开始增加家务贡献。女性进入劳动力市场，其家庭经济角色的重要性凸显；同时，女性仍从事更多的家务劳动——“second shift”。

（4）20世纪90年代以来：女性做家务的时间持续减少，而男性实际做家务的时间自1985年以来几乎没有增加，这被称为“停滞的革命”（stalled revolution）。[①]

从家务分工的演变历程来看，在任何历史时期，女性都遭受家务劳动领域的不平等。如今，尽管女性参与社会劳动的能力不断增加，但家务分工的不平等依旧凸显，女性逐渐由“单肩挑”角色变为“双肩挑”角色，并且在各个国家和地区均如此。

男女两性在家务劳动中投入的时间也大不相同。《世界妇女2020：趋势和数据》显示，女性平均每天用于家务劳动的时间约为4.2小时，是男性的3倍[②]。美国女性承担了2/3的家务，平均每周花13.2个小时做家务，是其配偶（6.6小时）的2倍[③]。日本全职妻子每天的家务劳动时间超过3小时，约是丈夫的5倍。即使在挪威等性别更平等的国家，女性的家务劳动时间也是男性的两倍。[④]

中国的情况也是如此。《2018年全国时间利用调查公报》显示，居民平均每天用于无酬劳动的时间为162分钟，女性约为男性的2.5倍[⑤]；与2008年相比，男性的家务劳动时间有所减少，女性的则略微增加[⑥]。中国妇女社会地位调查数据也显示，女性的家务劳动时间始终长于男性：2020年，已婚女性每天的家务劳动时间约为120分钟；在业女性工作日的平均家务劳动时间为154分钟，约为男性的2倍[⑦]。尽管家务分工的性别差距有所减小，但若综合考虑工作和家务劳动时间，女性的劳动负担更为沉重[⑧]。

上述家务劳动时间或包括或不包括育儿时间。专门探讨育儿性别差异的研究表明，女性投入的育儿时间远超男性。2010年第三期和2020年第四期中国妇女社会地位调查数据分别显示，75.9%的女性承担了大部分或全部育儿责任[⑨]，女性平均每天花在照料/辅导/接送孩子和照料老人/病人上的时间为136分钟。《2018年全国时间利用调查公报》显示，女性平均每天照料与陪伴孩子的时间约为53分钟，且25～34岁女性投入的时间更多，而男性仅约17分钟；与2008年相比，两性投入的时间均有所增加——2008年男性约投入11分钟，女性约投入31分钟。而且，无论

---

① 霍克希尔德．职场妈妈不下班：第二轮班与未完成的家庭革命．北京：生活·读书·新知三联书店，2021：24-35.

② 联合国世界妇女报告：各国在北京世妇会上的承诺总体尚未兑现．（2020-10-28）[2022-09-30]. http：//www.cnwomen.com.cn/2020/10/28/99211269.html.

③ FUWA M，COHEN P N. Housework and social policy. Social science research，2007，36（2）.

④ https：//www.weforum.org/。

⑤ 2018年全国时间利用调查公报.（2019-01-25）[2024-07-07]. https：//www.gov.cn/xinwen/2019-01/25/content_5361065.htm.

⑥ 2008年时间利用调查资料汇编．（2014-07-01）[2024-07-07]. https：//www.stats.gov.cn/zt_18555/ztsj/2008sjly/.

⑦ 第四期中国妇女社会地位调查主要数据情况．（2021-12-27） [2024-07-07]. http：//paper.cnwomen.com.cn/html/2021-12/27/nw.D110000zgfnb_20211227_1-4.htm.

⑧ 杨菊华．时间利用的性别差异：1990～2010年的变动趋势与特点分析．人口与经济，2014（5）.

⑨ 许琪．女性受教育程度对育儿分工的影响：基于第三期中国妇女社会地位调查数据的实证研究．妇女研究论丛，2021（6）.

女性是否在业，其家务劳动和情感劳动时间都随孩子年龄的降低和数量的增加而递增。①

女性工作-家庭"双肩挑""两班倒"的责任格局，最能体现私人领域的性别平等状况②，进而折射出根深蒂固的性别文化规制③。在现代社会中，除地理空间的分界外，社会生活已很难划分出绝对的私人领域和公共领域，两个领域的事件与行为彼此交叠与渗透，相互增益与掣肘。女性的家务劳动投入必然限制其社会劳动参与。传统的性别刻板印象和母职文化，迫使女性在职场的全过程都需缴纳"性别"与"母职"重税④，故已育女性的就业率既低于男性，也低于未育女性⑤。研究显示，84%的雇主选择雇佣未育女性，仅有47%的雇主愿意雇佣已育女性；已育女性在招聘中被录用的概率比未育女性低21%⑥。第四期中国妇女社会地位调查显示，在不在业人群中，39.08%的女性是因生儿育女，而仅4.25%的男性承担主要育儿责任。第三期中国妇女社会地位调查结果也显示，虽然超过六成的父亲很少照顾孩子，但若是两个孩子的父亲，其家务劳动时间也更长，更易遭遇育儿-工作的平衡压力甚至困境。

三、性别化家务分工的原因

家务分工研究肇始于20世纪60年代，经过半个多世纪的发展，积累了丰富的研究成果。既往研究多围绕资源、文化符号等视角来展开。

（一）资源论

吉登斯（Anthony Giddens）认为，在权力的生成过程中有两种资源类型，一是权威性资源（authoritative resources），二是配置性资源（allocative resources）⑦。权威性资源是权力生成过程中所需要的非物质资源；配置性资源是权力生成过程中所需要的物质资源，包括自然环境与人工物质产品。

资源也可以被区分为绝对资源和相对资源。在家务分工上，相对资源理论认为，结构性资源（教育、职业和收入）影响夫妻之间的协商能力，家务分工是夫妻

① 张琪，初立明．养育孩子会使女性家务劳动时间增加多少?：家务劳动时间细分的视角．人口与经济，2020（5）.

② 杨菊华．传续与策略：1990—2010年中国家务分工的性别差异．学术研究，2014（2）.

③ GOLDSCHEIDER F，BERNHARDT E，LAPPEGARD T. The gender revolution：a framework for understanding changing family and demographic behavior. Population and development review，2015，41（2）.

④ 杨菊华．"性别-母职双重赋税"与劳动力市场参与的性别差异．人口研究，2019，43（1）．

⑤ STAFF J，MORTIMER J. Explaining the motherhood wage penalty during the early occupational career. Demography，2012，49（1）．庄渝霞．母职惩罚理论及其对女性职业地位的解释：理论进展、路径后果及制度安排．国外社会科学，2020（5）.

⑥ CORRELL S J，BENARD S，PAIK I. Getting a job：is there a motherhood penalty?．American journal of sociology，2007，112（5）.

⑦ 吉登斯．社会的构成：结构化理论大纲．北京：生活·读书·新知三联书店，1998：52-53.

双方基于各自拥有的资源进行博弈的结果。拥有更多相对资源（如教育、收入等）的一方也拥有更高的议价能力，进而选择做更少的家务。[①] 该理论假定夫妻之间教育水平更高、职业声望更好、收入更多的一方的协商能力更强，做家务的时间更短[②]。妻子由于经济上依赖丈夫而成为家务劳动的主要承担者，即经济依赖越强，其议价能力越低，承担的家务劳动越多。因此，如果夫妻之间的收入差距逐步缩小，那么家务分工也会趋向平等化。[③]

（二）时间可及性解释

家庭成员的时间可被划分为工作时间、家庭内部工作时间和休闲时间三个部分[④]。时间可及性解释认为，家庭是一个理性行动单位，夫妻的家务分工取决于双方在工作时间上的理性安排，是双方时间协商的结果[⑤]。在绝对时间一定的情况下，工作时间越长，家务劳动时间会因受到挤压而越短。因此，夫妻双方会根据效用最大化原则决定家务和工作分工，而处于劳动力市场劣势地位的女性会在工作中投入更少的时间，将更多的时间放在家庭中，以达到家庭总体收益的最大化。[⑥]

（三）资源交换论

该理论认为，妻子因收入、职业地位低于丈夫，在经济上对丈夫具有依赖性，而不得不多承担家务；丈夫因在家庭中较重要的“抚养”地位和较强的社会交往能力，被赋予较大的家庭决策权。也就是说，妻子以承担更多的家务劳动，换取丈夫的经济支持；丈夫通过对家庭的经济贡献，换取妻子的家务劳动。

（四）文化规范论

这一理论认为，在夫妻“交换”或“女性依赖”的背后，是男权文化的影响。传统性别分工造成了男主女从的意识，一些职业女性即使有经济收入也可能无法自由支配。同时，传统的性别分工赋予男女就业不同的意义，男性就业往往被视为养家，而女性就业则被认为部分为了自己[⑦]，这阻碍了女性将其经济资源有效地转化为权力。但是，不管是对权力偏向静态的剖析还是对家庭中夫妻互动过程的考察，

---

① BRINES J. Economic dependency，gender，and the division of labor at home. American journal of sociology，1994，100（3）.

② 杨菊华．从家务分工看私人空间的性别界限．妇女研究论丛，2006（5）.

③ BIANCHI S M，MILKIE M A，SAYER L C，ROBINSON J P. Is anyone doing the housework?：trends in the gender division of household labor. Social forces，2000，79（1）.

④ BECKER G S. A theory of the allocation of time. The economic journal，1965，75（299）.

⑤ SHELTON B A，JOHN D. The division of household labor. Annual review of sociology，1996（22）.

⑥ BECKER G S. Human capital，effort，and the sexual division of labor. Journal of labor economics，1985，3（1）.

⑦ 左际平．从多元视角分析中国城市的夫妻不平等．妇女研究论丛，2002（1）.

其实质都在于，“都持一种物化的权力观，将权力视为一种可以交换的实体或是影响他人的努力”，从而导致了对“决策”的实际强调和依赖，“忽视了现代家庭生活中大量与决策无关的权力表现形式”。家庭权力并不是由资源交换或文化规范导致的结果或份额，它总是以一种关系、事件的流动性形态出现在家庭中，协调或决定家庭中格局的变化。①

（五）性别角色理论

该理论将相对资源理论和时间可及性解释所忽视的性别社会文化意涵纳入考虑之中，关注个体在婚姻和家庭中的性别角色定位。该理论认为，男孩和女孩在社会化过程中逐渐吸纳约定俗成的文化传统，生成适合各自性别角色的观念，最终影响他们的家务行为。性别意识形态是关于社会中男女的适当角色、权利和责任的相关态度。② 传统意识形态强调夫妻双方明确的性别分工（例如：丈夫负责工作，妻子负责家务劳动），平等意识形态强调更加平等的家务分工。传统性别角色观念越淡漠，家务分工越平等③。

（六）生命周期论

家庭生命周期的阶段不同，面临的任务不同，对家务的需求和供给也有所不同。在子女出生前、出生后，家庭对家务劳动具有不同的需求。家务劳动也因家庭成员的年龄和性别而异。虽然所有子女（尤其是学前子女）都会增加母亲的家务量，但学前子女或增加或不增加父亲的家务量。同时，少年或成年居家子女（尤其是女儿）可以帮助父母分担家务，减少父母的家务劳动时间。同样，与已婚子女同住或邻近居住的父母也会分担力所能及的家务，减少已婚子女及其配偶的家务量。④

第四节　女儿赡养

个体在进入老龄生命阶段后，各方面的情况都会逐渐发生变化：在社会层面，逐渐退出劳动力市场，收入明显减少；在身体层面，劳动能力与生活自理能力逐渐退化甚至丧失，高龄阶段甚至可能同时面临失能与失智的风险，日常生活需要他人的安排与照护；在心理层面，因年事越高，与社会脱离的程度越深，故情感上对家庭成员的依赖程度更深；此外，人在日常生活中，难免会遇到这样或那样的突发性

---

① 郑丹丹，杨善华．夫妻关系“定势”与权力策略．社会学研究，2003（4）．

② KROSKA A. Gender ideology and gender role ideology//RITZER G. Blackwell encyclopedia of sociology. Malden，MA：Blackwell，2007：1867－1869.

③ 杨菊华．从家务分工看私人空间的性别界限．妇女研究论丛，2006（5）．

④ 同③.

危机，老年人尤其如此，需要即刻性的帮扶。因此，长辈赡养涉及四个维度：经济保障、日常生活安排与长期照护、心理/精神慰藉以及危机保障。在不同时代与社会，赡养制度、赡养秩序都关涉代际关系、性别关系与家庭功能。迄今为止，家庭一直是老年人获取养老资源的最主要甚至是唯一场域，“养儿防老”是父权制的重要制度安排，受制于代际伦理与“孝道”责任。“孝有三：大孝尊亲，其次弗辱，其下能养。”“孝”的最高层次是尊敬父母，赡养父母就是儿子孝行的体现。但是，在社会化大生产时期，在婚姻家庭转变的背景下，以“养儿防老”为核心的“情境”和“情理”[①] 制度安排发生动摇，现代社会的家庭养老正从“单系制”向“双系制”转化。

一、单系继承与女儿的娘家脱嵌

如“家庭功能”一章所述，与西方家庭甲代抚育乙代、乙代抚育丙代这种自上而下的“接力模式”不同，传统中国社会的代际关系不是一种单向度的关系，而是表现为一种互动和互惠模式，以“反哺”“反馈”为特征：父辈抚育子代、子代赡养父辈。

但是，“反哺”的主体并不包括所有子女，而主要是儿子。在父权制、父系继承制、从夫居制的背景下，“养儿防老”既是中国社会传承千年的习俗，也是众多朝代的律法规定；直到清末民初，赡养责任主体的范围才扩大到女儿、兄弟姐妹甚至女婿。然而，直到当下，虽然实践性赡养关系赋予了女儿与儿子几乎相同的赡养责任或义务，但父系家族的代际传承规范和秩序并未因此发生根本性、实质性改变，女儿无论是出钱还是出力都不被认为是正式赡养，她们也没有对等的财产权利。[②] 儿媳依旧是父母生活起居安排、日常照料、情感慰藉、危机保障的第一和理所当然的责任人。

在单系养老秩序的背后，是父系继承制和从夫居制。

第一，父系继承制。父系继承包括血统继承（如姓氏）和财产继承。在这种制度下，儿子继承宗祧与父母的财产，故相应承担对父母的赡养责任和义务。在父权制之下，女儿终究是靠不住的——女儿再贴心，也终归要嫁与他人，照料公婆，“嫁出去的女儿，泼出去的水”。因此，自结婚之日起，女性与娘家之间就主要是情感联系，而没有实质性或刚性的养老责任与义务；女儿多仅在逢年过节时看望父母，不定期地给父母一些零花钱。如今，虽然情况发生了很大改变，但只要家庭中有儿子，那么儿子与儿媳依然是养老的责任主体，父母对儿子的经济依赖性极高。儿子被视为农村父母存储且不会发生“通胀”的“养老金”（即便实际情况并非如

---

① 许烺光．宗族·种姓·俱乐部．北京：华夏出版社，1990：63-85.

② 唐灿，马春华，石金群．女儿赡养的伦理与公平：浙东农村家庭代际关系的性别考察．社会学研究，2009，24（6）.

此）。没有儿子的家庭多以“招赘婚”的形式来满足养老需求。“招赘婚”是一种特例，主要是出于女方没有兄弟或男方家庭（和个人）条件较差而难以娶妻之故，目的也在于延续女方的宗祧、继承女方的财产，是一种变相的父系继承制。女儿也会照料父母，但这并非约定俗成的制度性安排，而是取决于女儿（和女婿）的孝心。因此，只有女儿的老年人可能遇到诸多不便、陷入贫困境地；儿子才是（预期的）最安全的保障。

第二，从夫居制。文明社会以来的婚姻形态主要是“嫁娶式”婚姻和“招赘式”婚姻，二者分别构成“从夫居”和“从妻居”的婚居模式。前者一直占据绝对核心地位，男娶女嫁意味着“娶女进门”和“女儿出嫁”。女性与配偶在小家庭中的关系，镶嵌在她与父系家庭中公婆的关系和母系家庭中父母的关系之中。作为连接原生家庭与次生（或新生）家庭的节点，出嫁女既是娘家的女儿，也是婆家的儿媳，拥有双重身份。[①] 出嫁后，她们的身份凭借丈夫的家庭而确定下来，“在我们这种父系、父居和父权的社会里，女子的生命史和男子有很大的差别：她们一生有两个时期，一是从父时期，一是从夫时期”[②]。嫁娶式婚姻和从夫居婚居模式对儿子和女儿的养老责任进行了明确规定，原生家庭的养老是儿子应尽的义务，赡养婆家父母是出嫁女的责任，故嫁入夫家的女性须把对公婆的赡养责任和义务置于首位并加以履行，否则就会受到社会制度或风俗的强烈谴责。这一制度安排使得女儿与原生家庭父母的联系多仅出于血缘情感，限于探亲时的关心和慰藉；即使女儿有照顾的意愿，也常常心有余而力不足。换言之，观念的束缚、从夫居的婚居模式与空间距离，拉远了女儿与原生家庭父母之间的距离，束缚了女儿赡养的情感表达，降低了女儿赡养的实现可能。

可见，在父母赡养方面，女儿的责任既非“应然”的，更非“刚性”的；儿子作为“必须”的责任承担者，理所当然地享有继承和占有父辈财产的权利，且这种继承权利因与“延续香火”联系起来而得以绵延。

二、从“单系偏重”向“双系并存”的演化

进入现代社会后，女儿赡养具有以下三种模态：

第一，在家族制度和乡规民约层面，儿女有别的单系继嗣原则和家族等级制度依旧牢固，在由此带来的代际交换关系上，儿女在权利和义务方面的一致性依然存留：儿子既负有赡养义务也拥有财产继承权利；女儿虽被剥夺了财产继承权利，但也免除了赡养父母的责任和义务。

第二，在法律层面，20 世纪二三十年代颁布的《中华民国民法》和 1950 年出

① 李永萍．家庭政治视角下的农村“女儿养老”及其形成机制．南京农业大学学报（社会科学版），2021，21（1）．

② 费孝通．乡土中国 生育制度 乡土重建．武汉：长江文艺出版社，2019：234．

台的中华人民共和国第一部法律——《婚姻法》，都废除了父系家长制，代之以对平权亲属关系的强调，规定了女儿与儿子享有平等的家庭财产继承资格和同等的“扶养”或“赡养”义务，在法理上鼓励、支持女儿赡养原生家庭父母。

第三，在社会实践层面，女儿赡养先有其“实”再有其“名”，即在新中国成立之前尤其是社会变革时期，女儿赡养早已存在，它是对社会现象的总结，而非被建构的概念。对女儿而言，权利与义务之间的对等关系被打破。一方面，父系继承制没有变化，女儿仍然不能平等地获得财产继承权——比如，儿子即便没有赡养父母，也可能自然而然地继承父辈财产，而女儿的财产继承以赡养为前提，且该规则被女性内化与认同。另一方面，家庭变迁使传统的赡养方式难以为继，（独生）女儿必须参与到对原生家庭父母的赡养之中，其实际的工具性价值大大增强。

女儿赡养是现代化的产物，与工业化、城镇化进程密切相关。在人口转变、地域流动、经济社会发展等因素的综合推动下，儿子赡养的功能下降，女儿在赡养中开始发挥越来越重要的作用①，父母赡养从“单系偏重”向“双系并存”方向发展，儿女双全户家庭养老的双系化特征持续增强，儿女都是赡养父母的主体，女儿在赡养父母方面的作用愈发重要②。

故此，女儿赡养经历了从完全被忽略到深受关注的变化。既有研究主要从经济支持（给钱）和时间支持（照料与关心）两个角度来展开，从经济支持、生活照顾和精神慰藉三个方面进行研究，且研究对象多集中于农村家庭。研究显示，“儿子出钱、女儿出力”的合力赡养模式比较普遍③，且女儿赡养常常出于利他动机④而非传统建构起来的规范，往往是一种在“孝道”传统驱动下的自发性选择，没有明显的“交换动机”⑤。

然而，女儿赡养残留着封建的尾巴。女儿赡养多非主动行为，而是在压力下的被动卷入，且具有兜底性：一般在父母丧失劳动能力尤其是自理能力后，女儿才会给父母提供支持；女性若有兄弟，经济支持多由兄弟姐妹均摊，时间支持采取轮流方式⑥。因此，尽管女儿一样参与赡养父母，但儿子和女儿赡养基于不同的伦理基础、面对不同的养老压力：儿子赡养依旧被视为基于伦理责任的内在规定，是一种刚性的责任；女儿赡养则多被视为基于血缘情感和良心，是一种软性的约束。故女

---

① 朱明宝，杨云彦．农村家庭养老模式变迁与低生育水平强化：来自湖北省宜昌市的经验证据．中国人口科学，2016（3）．

② 张翠娥，杨政怡．名实的分离与融合：农村女儿养老的现状与未来：基于山东省武城县的数据分析．妇女研究论丛，2015（1）．

③ 许琪．儿子养老还是女儿养老?：基于家庭内部的比较分析．社会，2015，35（4）．

④ 成志刚，卢婷．乡土社会中家庭养老格局的嬗变：女儿养老的“崛起”：基于场域理论视角的个案剖析．湖南社会科学，2021（4）．

⑤ 钟涨宝，杨威．原生家庭偏好、现代性与农村女儿家庭养老：基于湖北省红安县的实证分析．学习与实践，2017（4）．

⑥ 李永萍．家庭政治视角下的农村“女儿养老”及其形成机制．南京农业大学学报（社会科学版），2021，21（1）．

儿赡养在赡养方式、赡养时间和赡养规则上都不同于儿子赡养①，其赡养参与以不影响自己家庭的再生产为前提，在经济支持上兼顾夫家、自家和兄弟家的利益和感受，尽力而为，以表孝心②。而且，女儿赡养多是一种基于子女性别结构的现实策略选择，即只有当没有儿子时，老年人才倾向于让女儿来赡养③。可见，子女性别结构转变带来儿子赡养传统的危机，将女儿卷入对原生家庭父母的赡养中，塑造了转型期“共同赡养、儿女有别”的新型养老秩序④。

三、社会变迁与女儿赡养

改革开放以来，由于生育政策的推行，工业化、城镇化、现代化进程的快速推进，生育数量减少、子女地域和社会流动步伐加快、老龄化程度持续攀升等，婚姻家庭发生了深刻转变，很多年长父母只有女儿而没有儿子，传统的嫁娶式婚姻和从夫居婚居模式面临巨大挑战。

（一）生产与生活方式的变革

父权制的一个重要支撑基础是小农经济结构。这样的经济结构把个体和家庭固定在土地上，地域流动和社会流动的概率都很低，从而使得建立在从夫居制基础上的单系赡养成为可能。在工业化进程中，社会化大生产把人们从土地上解放出来，社会变迁始终向着城镇化与现代化的方向发展。大规模的人口地域流动，改变了旧有的生产方式、生活方式，人们逃离了附着于土地、生于斯长于斯老于斯的生活模式，家庭也不再围绕农业安排生产活动。

生产生活方式的变革始于城镇，并对农村的生产生活方式产生示范效应。改革开放尤其是21世纪后，农村人进入城镇，摆脱了农业劳动，脱离了农民身份，变成了城市居民或新市民。同时，农村土地的确权与流转制度，持续改变着农村的经济与社会结构。劳动力市场的开放化、交通运输的便捷化、通信成本的低廉化、生活商品的丰富化、社会服务的易获得化、社会保障的扩大化等，使得变革由城市覆盖农村。所有这一切，都在改变农村人口的生产方式与生活模式。尽管不同地区农村的婚姻家庭转变还处于不同的水平，但农业生产的“老龄化”特征十分明显，年轻人一旦条件具备，就多“逃离”农村、农业与农民身份。这不仅增强了他们的现代性，而且拉大了通婚半径⑤，形成了新居制、类新居制、“两头婚”；加上城镇化

---

① 朱安新，高熔．“养儿防老”还是“养女防老”?：中国老年人主观意愿分析．妇女研究论丛，2016 (4).

② 苏运勋．女儿养老：双系家庭转型视角下的探讨．兰州学刊，2022 (10)．

③ 同①.

④ 望超凡，甘颖．农村家庭变迁与女儿养老．华南农业大学学报（社会科学版），2019，18 (2).

⑤ 杨国才，杨金东．社会性别视角下女儿养老研究．云南民族大学学报（哲学社会科学版），2013，30 (1).

带来大规模的征地拆迁、农村宅基地和住房的商品化与货币化等，共同挑战了从夫居婚居模式的绝对主导地位，致使数千年不变的父权制出现裂解[①]。

（二）子女性别结构的变化

自20世纪70年代初期以来，“一个不少，两个正好，三个多了”的计划生育项目和严格的计划生育政策的实施，使中国经历了快速且深刻的家庭转变，2020年，中国的平均家庭户规模仅为2.62人，仅有独女的独生子女家庭在全部家庭中的占比较高，双女户家庭也占较大比例。中国家庭追踪调查数据显示，2020年，40岁及以上女性仅有独女的比例为10.11%，仅有独子的比例为21.96%，仅有双女的比例为5.56%。目前父母步入围老期和老年期的独生子女家庭多由严格的生育政策所致，但当前父母尚未步入围老期和老年期的独生子女家庭既可能与限制性的生育政策有关，也可能与经济社会发展带来的自我选择有关。无论如何，这都意味着，家庭的子女结构发生了重大变化。而且，在家庭子女数量大减之时，家庭老年人口的数量和占比大增。因此，家庭养老资源萎缩，“养儿防老”的实践受到巨大冲击，很多家庭已经无法延续由儿子赡养的传统。而且，在计划生育政策背景下，有两个或多个儿子的家庭很少，仅有一个儿子的家庭一般不会允许独子入赘女家，由此减少了可以入赘的男性数量，纯女户家庭难以通过入赘实现女儿赡养的男性化。

在这样的背景下，无论父母和女儿的意愿如何，女儿赡养都成为很多家庭的不二选择，由此形成了女儿赡养新秩序的合理性基础。实际上，女儿赡养最早开始于纯女户（独女或双女）家庭：在“招赘婚”或“过继”难以实现的情境下，纯女户家庭除女儿赡养外别无选择，由此激起了女儿赡养之风，形成了新型的“单系化”养老模式。

（三）子女赡养能力的消长

一方面，养老成本的提升，弱化了儿子赡养的能力。在城镇化过程中，“一老一小”的赡养与抚育成本持续攀升，儿子的赡养压力大大加剧。就经济成本而言，虽然老年人的日常生活开支可能低于年轻人，但他们的医疗花费随年龄增长而不成比例地上升。医学界流行的一种说法是，人一辈子的医疗费主要发生在生命后期，尤其是最后两年。就时间成本而言，老年人在生命的最后几年难免遭遇失能或失智，需要家人的长期护理。而如前所述，在城镇化进程中，子女因地域流动或社会流动而离开家乡，空间距离使得赡养父母的时间成本相应增加，赡养成为子女较大的负担。而且，“恩往下流”的新型代际关系意味着，家庭资源多向低幼孩子倾斜，这进一步收紧了家庭对于长辈的资源分配。对儿女双全家庭而言，女儿分担赡养责

---

① 金一虹．中国新农村性别结构变迁研究：流动的父权．南京：南京师范大学出版社，2015：555-562.

任，扩大了家庭养老责任配置的主体，可减轻儿子赡养的成本和压力。

另一方面，无论是女儿独自赡养，还是儿女双系赡养，都是新模式，其前提必然是女儿赡养能力的提升。小农经济的生产方式决定了女性的经济依附性。在新中国成立后的集体化时期，女性平等参与社会劳动，且其劳动以"工分"形式得到社会承认，其对家庭的价值与贡献显性化。在市场经济时代，工业化带来城镇化与现代化，丰富了职业体系和非农就业机会，加上公共教育的普及和女性受教育程度的巨大提升、大规模人口流动和打工经济的勃兴，涵育了女性的劳动技能和经济独立性，有越来越多女性可自由地以独立个体身份参与市场竞争，而非与男性一起作为有机整体参与家庭生产，成为经济独立者和家庭生计不可或缺的贡献者。故此，其社会地位和家庭地位大大提高，在新生家庭或夫家越来越享有居住、生产、消费方面的平等话语权或"当家作主权"。她们可更加自主地建构与原生家庭的关系，保持频繁交往与密集互动。经济地位的提高以及由此而带来的自我意识的增强、对作为女儿而非儿媳角色的强调，推动了女儿赡养的实现。①

（四）代际互惠模式的嬗变

儿子的反哺行为是一种出于对父辈财产进行继承的协商互惠式交换行为，比起女儿的赡养行为的单向性、无偿给予性与利他主义特点，儿子的赡养行为总是有利可图的②。而社会变迁带来的家庭变化和女性能力的提升，弱化了父系家庭代际互惠程度。虽然父母和公婆都可能给女性提供帮助（或增加负担），但父母是公婆难以比拟和替代的坚强可靠后盾，是夫妻感情的"底线"，而公婆则是可能消失的"附带品"。③ 为公婆养老尽孝属于人伦，但婆媳本身属于姻亲，在父系威权显著下降的情境下，儿媳是否孝顺婆婆在很大程度上取决于婆婆早年在儿媳生儿育女期间给儿媳提供的帮助。相反，在现代化进程中，母系家庭在已婚女性日常生活中的地位不断提升，女性与娘家人之间代际互惠的广度、深度都突破了小农时代的束缚。一个简单的例子是，越来越多的原生家庭父母而不是公婆参与到女性生儿育女的过程中，提供较长一段时间的子代和孙辈照料支持。

（五）性别观念的变迁

观念变迁包括亲代和子代两代人。从亲代来看，家庭养老中的男性偏好呈现明显下降趋势，老年人的养老期望从依靠儿子转变为依靠所有子女④，且女儿赡养作为一种新观念已得到很多农民的认同⑤，折射出新时代老年人思想观念的与时俱进。

---

① 吴元清，风笑天．论女儿养老与隔代养老的可能性：来自武汉市的调查．人口与经济，2002（5）．

② 唐灿，马春华，石金群．女儿赡养的伦理与公平：浙东农村家庭代际关系的性别考察．社会学研究，2009，24（6）．

③ 计迎春．马赛克家庭主义：从女儿养老看中国家庭制度变迁．二十一世纪，2020（4）．

④ 杨立雄，李星瑶．性别偏好的弱化与家庭养老的自适应：基于常州市农村的调查．江海学刊，2008（1）．

⑤ 张翠娥，杨政怡．分歧与妥协：农村女儿的分离式养老．人口与经济，2015（5）．

但是，如前所述，现阶段老年人期待女儿赡养的想法在很大程度上并非源于传统规范的变迁，而是家庭成员面对人口结构转变及养老成本压力进行互动和博弈的结果。

从子代来看，养儿防老这种“单系养老”观念在20世纪初就开始受到挑战。新中国大力倡导性别平等观念，“时代不同了，男女都一样”，两性的权利空间得以重构。在集体化时期，中国共产党在意识形态层面宣传“男女平等”“妇女顶起半边天”等观念，为性别平等奠定了舆论基础。改革开放后，严格生育政策倡导的“生男生女都一样，女儿也是传后人”“一个女儿一片天，老有所养享晚年”等性别平等口号遍布城乡，渐被中国人认同与接受。现代化进程也培育和强化了女性思想和观念层面的性别平等意识以及自由、独立、自主、自强精神，并在观念上改变了女性对男性的依赖。

总之，新中国成立后，自上而下的政治体制变革、技术发展带来的生产方式改变、关乎婚姻家庭的政策出台、快速传播的新观念与新思想等，带来了家庭性别关系结构、种类、观念等方面的变迁，重构了女性与原生家庭的关系，改变了传统“单系养老”的养老模式，补充了家庭养老资源，有助于缓解儿子的赡养压力，女儿赡养逐渐成为家庭的一种补充性甚至替代性养老模式。而且，女儿赡养在熟人社会具有很强的扩散效应，很容易成为一种社会共识。今天，女儿尤其是独女户和双女户家庭的女儿若不赡养父母，就可能会被视为“不孝”，面临较大的舆论和伦理压力。女儿与原生家庭的联系突破了过去的情感性范畴，染上了伦理性和工具性的色彩。作为一种新现象，女儿赡养在纯女户家庭中已很普遍，但在儿女双全尤其是农村儿女双全家庭中，还多是一种策略；在农村地区，因牵涉财产继承和土地权益，双系养老问题若处理不好，就可能给原生家庭与新生家庭的家庭关系和父母的福祉带来新的挑战与困境。

本章要点

1. 性别与家庭两个议题存在诸多交叉和相互包含之处，相互交融趋势明显。传统中国家庭的性别关系以父权、父系、父居的三P制度为基础。

2. 时间、空间、情境三维性生命周期理论是解释性别不平等的重要视角。三者内在联系紧密，公域与私域的情境因素横断生命历程，与生命历程的各个时点相切，共同作用于两性关系。

3. 传统的性别关系在当下社会主要表现为：在生命的起点，出生性别比长期失衡；在生命的中期，夫妻之间性别关系的延续与变迁；在生命的后期，儿子与女儿责任分担机制的调适。

4. 出生性别比是人口性别结构的起点，决定了一个国家或地区的人口性别结构状况。该指标取决于性别偏好、生育水平以及性别选择性人工流产行为。在生育转变过程中，有较强烈男孩偏好的国家或地区都遭遇过或仍在遭遇出生性别比失衡问题。

5. 家务分工不仅是家庭管理和社会分工的重要方面，也是夫妻/性别权力关系的呈现与机制。家务可分为女性家务和男性家务，女性家务又可细分为日常家务和育儿事务，是家务的主体。迄今为止，女性都是家务的主要承担者。

6. “养儿防老”是基本的父权制度安排。在小农社会，没有儿子的人需要通过过继来达到儿子赡养的目的。但是，在限制性的生育政策、经济社会的发展、婚姻家庭观念的转变等的影响下，很多家庭成为独女户、双女户，由此动摇了儿子单系赡养之基，养老由“单系赡养”变为“双系赡养”，女儿在家庭养老中的工具性效用大大提升，成为儿子赡养的补充甚至替代。

基本概念

父权制　父系血统继承制　父系财产继承制　从夫居制　出生性别比　家务分工　认知家务劳动　时间可及性　文化规范论　单系赡养　双系赡养

复习思考题

1. 请论述时间、空间、情境视域下的个体生命周期理论。
2. 请阐述集体父权制与家庭父权制之间的区别与勾连。
3. 试述出生性别比失衡与传统集体父权制和家庭父权制之间的关系。
4. 请阐述出生性别比失衡的社会影响。
5. 传统的社会分工与家庭分工主要有哪些理论解释？
6. 什么是“认知家务劳动”？家务分类的新视角对认识家庭分工有何帮助？
7. 请简述女儿赡养的意义与作用。“双系赡养”将成为未来家庭养老的主要模式吗？
8. 请论述女儿赡养背后的制度、结构与文化动因。

阅读文献

1. 高修娟．农村女儿养老问题研究综述．妇女研究论丛，2014（5）.

2. 金一虹．中国新农村性别结构变迁研究：流动的父权．南京：南京师范大学出版社，2015.

3. 张震，马茜．中国出生性别比转变的人口老龄化后果：前景与对策．人口研究，2022，46（1）.

4. DAMINGER A. The cognitive dimension of household labor. American sociological review，2019，84（4）.

5. DOMINGUEZ FOLGUERAS M. It's about gender：a critical review of the literature on the domestic division of work. Journal of family theory and review，2022，14（1）.

第十一章 工作与家庭

> 清江一曲抱村流，长夏江村事事幽。
> 自去自来堂上燕，相亲相近水中鸥。
> 老妻画纸为棋局，稚子敲针作钓钩。
> 多病所须惟药物，微躯此外更何求？
>
> ——《江村》，杜甫（唐）

在当今社会，作为人生养之基和发展之所的两个最重要场域，家庭与工作互不耽误、彼此增益是人们的基本诉求。在工业社会之前，社会分工的基本模式是“男主外、女主内”；随着工业化、城镇化、现代化进程的持续推进，特别是在女性全面参与社会劳动后，男女两性都既要工作也要生活，公共领域与私人领域之间的关系问题成为摆在两性面前的现实问题。出于种种原因，二者似是“鱼和熊掌”，常常只能二取其一，难以兼得。从 20 世纪 60 年代开始，工作与家庭、工作与生活、工作与休闲（统称为工作与家庭）的关系成为婚姻家庭社会学的一个重要研究话题，西方学者对工作与家庭的冲突、增益或平衡的理论、机制及结果等进行了持续的讨论。随着全面两孩生育政策的推行，国内婚姻家庭社会学研究者对工作与家庭的关系问题也给予了较大的关注。本章围绕工作与家庭的理论框架、二者之间的现实情境进行叙说，旨在让读者对家庭的社会性以及公共领域与私人领域的互动关系有更深的认识与了解。

第一节 概念与度量

工作是指个体在公共领域承担的活动或负责的事务，分为主要工作、兼职工作和季节性工作，或全职工作、半职工作、计时工作，等等。主要工作是指提供主要生活资料来源的工作。通常，每个人的工作与其职业或职位是相一致的。家庭是相对公共领域而言的私人领域，个体在其间生活、休闲、从事各种维持家庭生存发展的活动。无论是工作活动还是家庭活动，每个人都扮演不同的角色，都需要与他人共同完成。

一、核心概念

（一）角色

任何一个个体都会扮演多重角色，如儿子、父母、员工、领导、朋友、同事等，不同的角色有着不同的责任和义务。角色是人们对相互作用中处于一定地位的个体在特定情境下与其身份相称的期望的系统①，社会角色是指与人们的某种社会地位、身份相一致的一整套权利、义务的规范与行为方式②。角色之间和角色内部总存在着时间、空间上的张力或冲突，亦存在新旧角色或多重角色转换过程中的不适应。

（二）角色冲突

角色之间的对立和矛盾，主要是各种角色规范之间的对抗和无法协调。它具体表现为两种情形：一是角色内部冲突，即同一个人所扮演的多重角色的规范之间的相互抵触和矛盾。这种现象往往是由于角色扮演者的主观因素（如时间和精力）与外部社会角色规范的要求和期望不相吻合而产生的，又称作“角色紧张”。消除角色紧张的方法是，减少对多重角色扮演者的社会期望，使其逐渐达到心理平衡状态。二是角色外部冲突，即角色扮演者在按各自的角色规范行动时，不同角色的规范之间的相互抵触和矛盾。这种冲突除了源于社会心理和角色扮演者的个性特征外，主要根源是不同角色所代表的各种利益之间的矛盾和对立。角色冲突是社会交往中不可避免的现象。在社会规范许可的范围和限度内的角色冲突，对社会发展具有一定的推动作用，但过于激烈的角色冲突则会给社会和个人带来不利的影响甚至损害。

（三）角色理论

在公共领域和私人领域中，个体总在扮演多种不同的角色，如工作中的管理者、被管理者、决策者、领导者等，家庭中的母亲、女儿、家庭管理者等。客观上，时间和精力的限制，常常使得身兼数角的个体难以同时满足不同角色的要求，形成角色之间的张力；主观上，个体的差异性又会引发扮演同一角色之人的内心矛盾和混乱，角色间的冲突可转化为角色内的冲突，反之亦然。

角色张力在不同生命阶段的表现程度有别。比如，事业发展初期也正是生儿育

---

① THIBAUT J W，KELLEY H H. The social psychology of groups. New York：John Wiley and Sons，Inc.，1959.

② 郑杭生．社会学概论新修．5 版．北京：中国人民大学出版社，2019：161.

女的黄金阶段，但出于职位升迁、收入提升等职场发展的目的，个体往往面临职场要求过高、工作载荷过重等问题；反过来，附着在结婚生子之上的养儿育女等角色身份，也要求当事人对家庭有大量的投入，故此时二者之间的张力更大。同时，由于传统性别角色分工的影响，此时的女性更难以同时承担工作-家庭双重角色责任。

角色理论背后隐藏的是角色之间的资源平衡问题。资源稀缺假说认为，个体会消耗卷入角色中的心理和生理资源，进而最终削弱或损害个体的功能。根据角色理论，当个体的时间和精力有限时，不同角色的需求就会产生冲突。[①] 相反，资源加强假说主张，个体会从多重角色的卷入中获得积极的收益。这种收益可能会超过个体所消耗的心理和生理资源：在履行多重角色所要求的不同责任时，个体会相应增强自身的注意力和组织能力，从而提升工作效率。[②] 换言之，工作（家庭）领域的资源会增强家庭（工作）领域的心理功能，即除了彼此之间可能的负向影响外，它们的关系也可能是互利互惠、相互促进的。

（四）工作-家庭平衡或冲突

工作-家庭平衡是指个体对工作和家庭满意、工作和家庭职能良好、角色冲突最小化的心理状态。平衡是指个体在参与工作、家庭角色活动时都能得到满足。工作-家庭平衡主要包括三类平衡：时间平衡，即在工作和家庭中投入的时间相同；心理平衡，即在工作和家庭角色中投入的心理包含程度相同；满意平衡，即对工作和家庭的满意度相同。[③]

工作-家庭平衡主要依赖于人们在这两个领域的时间的均衡分配，也意味着不同社会角色和责任之间的平衡，即人们能够同时满足作为工作者和家庭照顾者的角色需要。

工作-家庭冲突、矛盾、对立、失衡等，都是指以工作为代表的公共领域和以家庭为代表的私人领域的角色之间在某些方面的不相容，亦即参与工作（家庭）角色活动因为参与家庭（工作）角色活动而变得更困难，二者难以协调兼顾，分为“工作干扰家庭的工作→家庭冲突”和“家庭干扰工作的家庭→工作冲突”。

二、工作-家庭关系

1980年，斯坦斯（Graham L. Staines）区分了有关工作-家庭关系的三种理论：分割理论、溢出理论和补偿理论。分割理论认为，工作-家庭是两个独立的维度，二者不存在相关性与可比性，彼此既不会相互影响，也不会相互冲突。溢出理论提

---

① SALZSTEIN A L，TING Y，SALZSTEIN G H. Work-family balance and job satisfaction：the impact of family-friendly policies on attitudes of federal government employees. Public administration review，2001，61（4）.

② RUDERMAN M N，OHLOTT P J，PANZER K，KING S N. Benefits of multiple roles for managerial women. Academy of management journal，2002，45（2）.

③ 何勤．国际比较视域下工作家庭平衡问题研究．中国人力资源开发，2014（3）.

出，人们不仅会将工作中积累的经验、行为、态度带进家庭生活中，也会将家庭生活中积累的角色、态度、经验带入工作中，二者之间会相互混淆，并分别产生积极的溢出和消极的溢出——前者即为工作-家庭平衡，后者即为工作-家庭冲突。补偿理论认为，工作-家庭关系是负向的，是一种时间和精力方面此增彼减的关系。

（一）工作-家庭关系研究视角的演变

工作-家庭关系问题的提出或对该问题的关注，最早可追溯到19世纪中叶，当时人们试图找到工作与休闲的平衡点[①]。20世纪60年代后期，英国学者开始使用“工作-生活平衡”概念，描述个人工作与私人生活之间的平衡状况。此后，工作-家庭关系研究视角经历了从冲突到增益或促进再到平衡三个阶段的演变。最初，基于现实生活和角色冲突论，学者从冲突视角来观察二者的关系，认为工作-家庭冲突就是角色冲突，即某一角色的要求给另一角色带来困难，具有工作对家庭和家庭对工作的双向性[②]。此后，研究视野逐渐拓展，开始关注二者之间的增益效应，认为一个角色的经验可能提升另一个角色的质量，角色之间除冲突外，也可能相互促进。在女性普遍进入公共场域、参与社会劳动后，工作与家庭的关系更成为西方学界普遍关注的重点学术和政策议题；女权主义公共政策的理论倡导，更强调彼此嵌入、相互作用和角色冲突最小化。

（二）工作-家庭的角色冲突与促进关系

工作-家庭平衡理论源于相互对立的两个假说，即“稀缺假说”和“加强假说”，故对于平衡的理解必然要与冲突和促进联系起来。弗罗内（Michael R. Frone）用一个四象限分类图阐明了工作与家庭之间的冲突或促进关系（见图11-1）[③]。

图11-1中的两个维度分别是工作、家庭角色相互影响的方向（工作对家庭和家庭对工作）和类型（冲突和促进）。低水平的角色冲突和高水平的角色促进都代表工作-家庭平衡，反之亦然，这表明冲突、平衡、促进是不可分割的。

冲突反映出个体在角色间体验到的不平衡，故早期的工作-家庭平衡理论也把冲突视为不平衡[④]，但冲突的反面未必是平衡。角色平衡的前提是个体对当期扮演的、活动性的角色的有效投入，即个体将其时间、精力等资源投入这些角色所要履行的相应义务中，是一种积极的角色平衡；若个体并不积极投入，那么角色间也不存在资源利用上的冲突，这时个体对多重角色的扮演就处于一种消极状态，而非一

---

① 本节的文献详见：杨菊华．边界与跨界：工作-家庭关系模式的变革．探索与争鸣，2018（10）.

② KAHN R L，WOLFE D M，QUINN R，et al. Organizational stress：studies in role conflict and ambiguity. American journal of sociology，1965，71（1）.

③ FRONE M R. Work-family balance//QUICK J C，TETRICK L E. Handbook of occupational health psychology. Washington，DC：American Psychological Association，2003：143-162.

④ CLARK S C. Work cultures and work/family balance. Journal of vocational behavior，2001，58（3）.

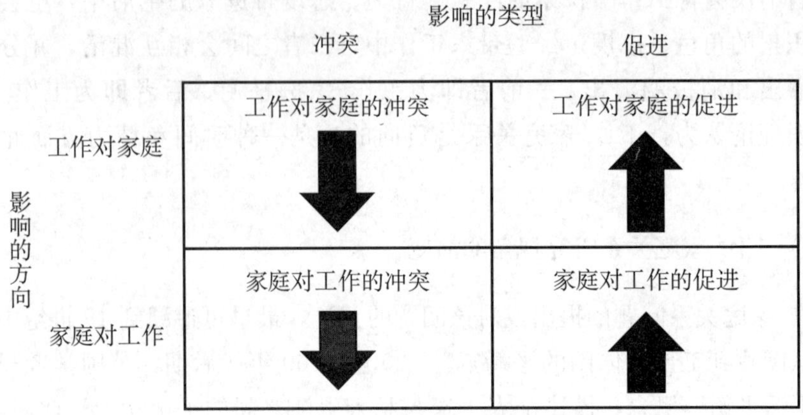

图 11-1　工作-家庭平衡维度

种真正的平衡[①]。因此，没有角色冲突不代表角色之间的关系是平衡的。

角色促进与角色平衡的关系可从以下方面来看。从主观平衡的角度来看，工作-家庭平衡意味着输入资源的均等和输出结果的均等。输入资源是指个人积极分配到所扮演的每个活动性角色的资源，如注意力、时间、卷入程度或承担的义务；输出结果是指在这种积极的资源分配状态下个体从角色扮演中体验到的满意感。工作-家庭促进强调个体从角色扮演中获益，而满意感正是这种获益给个体带来积极情绪体验的一个方面；当工作与家庭角色之间的增益最大化时，就可从主观上促进平衡所体验到的满意感。但是，在主观上，即便个体对工作-家庭的资源投入并不均等，只要个体觉得是平衡的，那么就是平衡的。在客观上，促进亦非平衡：客观平衡强调的是个体社会功能的执行情况，以工作和家庭领域职责的实现程度来判断个体是否达到了平衡，如从同事和家庭成员的反馈来判断个体是否承担起了相关的责任。换言之，满意感是个体自身对角色的体验，而非客观层面是否真正达到了角色期待。

可见，冲突可以是不平衡，但不冲突并不意味着平衡；促进不能完全代表平衡，而只是从主观层面反映出平衡的情绪体验；因为平衡伴随着角色之间相互促进带来的满意感，故平衡与促进也密切相关。工作-家庭冲突和促进是组成平衡的两个潜在维度，各维度又分为工作对家庭、家庭对工作两个方向。

三、工作-家庭关系的测量

工作-家庭平衡的一个重要问题是二者的边界。边界的模糊性、责任的渗透性、个体的主观性等都带来平衡测量的复杂性。目前，测量二者关系的方法主要有以下几种。

---

① MARKS S R，MACDERMID S M. Multiple roles and the self：a theory of role balance. Journal of marriage and family，1996，58（2）.

（一）多指标主观量表综合测量法

这是一种客观与主观相结合的度量方法①。它同时关注并计算工作-家庭平衡的直接测量值：工作时间、家事（即与家庭有关的一切事务）时间、时间平衡，以及工作与家庭满意度。

第一，工作时间。它通过受访者在繁忙与非繁忙季节每周工作的小时数，以及繁忙季节的周数来测量。将这些信息结合起来，得出一年中的工作总时数，然后除以 52，得出每周的平均工作时数。

第二，家事时间。它为受访者每周的家务和育儿时间的总和。因仅有不到 10%的受访者花时间照顾年迈的父母，故未将照顾老年人作为家事时间的衡量标准之一。

第三，时间平衡。它使用介于－1～1 的平衡系数进行度量。其零点是有意义的："0"标识时间平衡，意味着投入工作和家庭中的时间是相等的。正值表示用于工作的时间多于用于家庭的时间，代表工作对家庭的冲击；负值代表家庭对工作的冲击，即用于家庭的时间多于用于工作的时间。

第四，工作与家庭满意度。这类方法通常采用多个指标，以量表的形式（如从"强烈不同意"到"强烈同意"的五分量表）对这些指标进行综合分析，形成工作满意度或家庭满意度得分。零分代表平衡，标志着对工作和家庭的满意度相等，正值表示对工作的满意度超过对家庭的满意度，负值代表对家庭的满意度更高。

（二）直接询问受访者感知的方法

这是一种主观测量法，直接询问受访者对工作/事业与家庭之间关系的主观感受，如："人在青年时期通常面临'家庭'和'事业'两件大事，你目前在这两方面是否有冲突？"受访者从代表没有冲突、冲突很小、冲突较小、冲突较大和冲突严重的数字选项中进行选择；数值越大，表示遭遇的冲突程度越高。②

（三）工作-家庭正反向渗溢法

弗罗内根据对工作与家庭之间"冲突最小化、增益最大化"目标的理解，建议将工作-家庭冲突量表和促进量表结合起来测量平衡，把平衡分为四个维度：工作→家庭冲突、家庭→工作冲突、工作→家庭促进、家庭→工作促进。

阿里耶（Samuel Aryee）等强调工作与家庭之间的相互渗溢，每个方向均包括

---

① GREENHAUS J H，COLLINS K M，SHAW J D. The relation between work-family balance and quality of life. Journal of vocational behavior，2003，63 (3).

② 风笑天，乌静．在职青年"家庭-工作"冲突及其影响因素．北京青年研究，2014，23 (3).

积极渗溢和消极渗溢，故量表分为以下四个维度①：一是工作对家庭的消极渗溢，如“工作压力使你在家里变得很烦躁”；二是工作对家庭的积极渗溢，如“通过工作获得的技能对你处理家务事有所帮助”；三是家庭对工作的消极渗溢，如“家庭压力使你在工作时变得很烦躁”；四是家庭对工作的积极渗溢，如“家人对你的爱和尊重使你在工作时感到很自信”。每个维度下各有四个选项，采用五点计分，等级从“从未有过”到“经常如此”。这同样是从工作与家庭双向渗溢的角度来测量工作与家庭的平衡程度。

(四) 工作-家庭时间利用比较法

这种方法把个体一天的行为活动划分为七类——工作、学习、通勤、家务劳动、休闲、娱乐、睡觉，考察个体投入各类活动的时间。问题设置通常为：“请您仔细回忆一下，昨天您用于下列活动的时间分别是多少?”选项包括：有收入的工作/劳动/经营活动（含家庭手工/种植/养殖等）时间，学习（含专业培训和借助媒体的学习等）时间，工作/劳动/学习往返路途的通勤时间，家务劳动（含做饭、清洁、照顾家人、日常采购等）时间，休闲（如打牌、看电影、聊天等）时间，娱乐时间，以及睡觉（含午休）时间。通过探索个体时间的利用或分配模式，比较、分析工作-家庭时间利用的现状和变动趋势。进而，将工作时间与通勤时间进行合并，将休闲时间与娱乐时间予以合并，形成工作、学习、家务劳动、休闲、睡觉五类活动，分析、探讨受访者的时间利用的特点。②

第二节　工作-家庭关系的边界理论

边界理论是工作-家庭关系的基础性理论，而前面介绍的角色理论为工作-家庭界面相互作用的研究提供了理论基础。工作与家庭之间的任何一种关系，都涉及角色身份、角色期待与角色边界。

一、边界特征③

第一，工作与家庭之间存在物理、时间、心理三类边界。物理边界界定活动发生的地点：在单位工作、在家庭生活。时间边界界定活动发生的时间：在规定的

① ARYEE S，SRINIVAS E S，TAN H H. Rhythms of life：antecedents and outcomes of work-family balance in employed parents. Journal of applied psychology，2005，90（1）.

② 杨菊华 . 时间利用的性别差异：1990—2010 年的变动趋势与特点分析 . 人口与经济，2014（5）.

③ 本部分内容主要参考：杨菊华 . 边界与跨界：工作-家庭关系模式的变革 . 探索与争鸣，2018（10）.

时间上班、承担社会责任，在下班后回归家庭、履行私人职责。心理边界是个体的自我设定，用以判断在什么时间、什么地点做什么事情。前两类边界具有客观性、外部性、结构性和稳定性，具象且清晰；第三类边界相对模糊（因个体完全可能“身在曹营心在汉”），具有主观性、内在性、情感性和易变性。但是，在现实生活中，物理边界和时间边界也可能模糊，如在工作时处理家事，或在家中处理工作。

第二，工作与家庭之间的边界具有渗透性和灵活性两种属性。渗透性是指某种角色领域的元素进入其他角色领域的程度——下班后在家工作，上班时处理家事。灵活性是指为适应工作或家庭要求，对各自的边界进行调整。二者共同决定了工作-家庭的边界强度：强边界即指边界的渗透性和灵活性较差，工作或家庭活动均不易受到对方领域活动的渗透，也不易为适应其他领域角色的要求而进行调整；弱边界则具有高度的渗透性和灵活性，具有较大的退让空间。

第三，工作-家庭边界的强弱关系构成不同的工作-家庭关系模式的基础。渗透性和灵活性共同决定了工作-家庭关系的三种组合模式：一是工作或家庭某一边的边界强，另一边的边界弱，这样就形成了强边界和弱边界，强的一方必然对弱的一方形成挤压，带来工作对家庭的干涉或家庭对工作的干扰。二是双方的边界都弱，均具有高度的渗透性和灵活性，彼此都易让步和妥协，各自的角色更易相互侵入对方的领域，在工作与家庭之间形成重叠、模糊地带。三是双方的边界都强，都缺乏渗透性和灵活性，彼此难以让步与妥协，个体只能在各自的领域外寻求更多的资源以满足各自的角色要求，而一旦这种额外资源不可及、不可得，就会使个体产生超负荷感，带来个体心理认知和体力资源的巨大消耗。

第四，跨界行为是产生工作-家庭不同关系模式的前提。工作-家庭的张力是在边界跨越者与边界维护者的互动过程中产生的。边界跨越是指因同时扮演家人和员工两种角色，须在二者之间进行频繁转换，既可以是心理边界，也可以是物理边界和时间边界的渗透与跨越。当工作与家庭的角色要求均被满足时，二者处于平衡状态；而当工作与家庭的角色要求（一方或双方）无法被满足时，就可能出现二者间的矛盾与冲突。边界跨越者还常常需要与边界中的其他成员产生互动，当这种互动良性发生时，工作-家庭关系趋于平衡，反之则可能与边界维护者产生摩擦，进而引发工作与家庭间的矛盾与冲突。

二、边界效应

工作-家庭关系具有正向和负向双重属性和对偶互动性。双重属性即二者之间的关系既可以是平衡、相互促进、彼此增益的，也可能是失衡、相互矛盾，甚至彼此冲突的。两种属性都揭示个体所看重的不同角色身份的平衡或失衡感，以及由此带来的主观满意或不满意的体验。从方向性来看，工作-家庭关系并非单向关系，而是具有对偶互动性，既可从工作到家庭，也可从家庭到工作，故工作与家庭之间究竟呈现出一种怎样的关系，需要同时考虑工作对家庭的影响以及家庭对工作的渗透。

工作-家庭关系涉及空间的不共域性、时间的不共时性和心理的不共情性，即在某个特定的空间和时间，人们不能同时踏进两个领域。无论是行为还是意念，都寓于一定的时空维度中。维度边界必然带来边界意识，产生边界行为。

边界意识是以领域分化原则为基础的差别意识，强调工作与家庭领域的相对分离性和断裂性，以及由此形成的相对自主性和自律性。个体遵从各自领域的“游戏规则”和角色设定，不跨过边界对其他领域形成干涉，以免带来秩序的错位和混乱。实际上，边界意识起到一种自觉阻止领域之间相互僭越的作用。

边界行为是基于边界意识和角色要求做出的维持或跨越边界的具体行动。不论是工作还是家庭，只要处于不同的领域，扮演不同的角色，就必然会为不同的角色要求或角色期望所约束。当不同角色要求或角色期望发生冲突时，就必须进行权衡和选择，这就是边界行为。

边界行为引发边界效应。无论是边界的维持还是边界的跨越，都会带来边界效应。边界、边界意识的存在和边界行为的发生，就像一堵无形的墙，形成屏蔽效应，防止工作和家庭角色（过多地）相互流动和彼此渗溢。一方面，若人们完全按常规来扮演角色，不越界、不渗溢，则可能带来两方面的效应：当彼此无须渗溢时，可推动工作-家庭平衡；当彼此需要渗溢但边界的屏蔽性过强时，则可能引发二者关系的失衡。另一方面，当一方的要素跨界进入另一领域时，就会导致领域边界的位移，进而引发边界的模糊、边界的跨越乃至边界的重构，由此也会形成双重结果：当彼此实现良性渗入时，就会带来正向效应；而当这种互动具有压迫感和侵入感时，就会带来负向效应。

【拓展阅读 11-1】
居家办公，工作与生活如何兼顾？

三、边界效应的六种模式

从理论上看，可以把工作与家庭的关系比作一个矩阵，不同的组合构成了二者趋向平衡或趋向不平衡的多重关系（这里是从相对意义而非绝对意义上来考虑二者关系的）：工作→家庭冲突、工作→家庭促进、家庭→工作冲突、家庭→工作促进。进而，该矩阵可演化为工作-家庭关系的六种模式：各自安好型、彼此增益型、相互对抗型、双向模糊或单向退行型、舍家从业型和弃业从家型。前两种模式表示工作-家庭平衡，是鱼和熊掌兼而得之的理想状态；后四种模式表示工作-家庭失衡，更可能是多数人（在一段时期内）难以逃避的现实。

（一）各自安好型

这一模式是指工作-家庭边界（比较）明晰，边界跨越不明显，各自的责任比肩而立，互不相扰，亦不渗透和重叠（见图 11－2）。在这一模式下，工作归工作，家庭归家庭，双方相互尊重对方领域的角色和职责要求，维持良好的边界关系，履行各自领域的责任，并在意念和行为上不轻易涉入对方领域或涉入不深，故不会导致个体在对方领域常规性的失责，也不会引发其他不良后果。

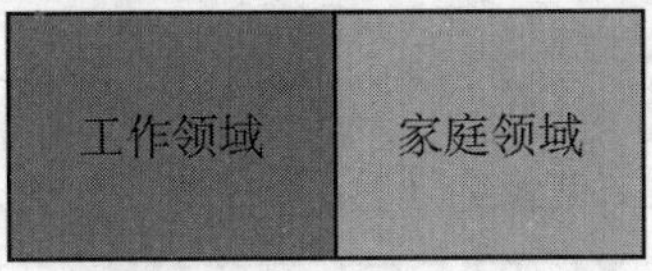

图 11－2　各自安好型

（二）彼此增益型

这一模式是指工作-家庭边界较弱，各自可渗透到对方领域，在有限的范围内自由流动，但对各自的责任不形成挤压效应，彼此也均未感觉到侵入感（见图 11－3）。当工作需占用更多时间时，家庭责任可做适度让步；而当家庭责任要求更高时，工作能提供适度的灵活性，形成增益性的互动关系。但是，其前提条件是，彼此领域的角色在模糊地带所占比重相当[①]，形成一个具有弹性的中间地带，带来中介效应，从而为边界两侧的责任提供缓冲机会，使得工作和家庭的边界融而不乱，主次有序，功能清晰。

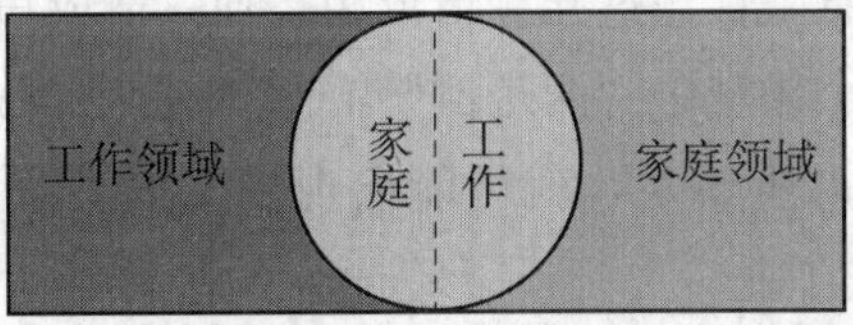

图 11－3　彼此增益型

图 11－4 展示了工作-家庭平衡的另一种形式。由于工作与家庭的不共域性、不共时性和不共情性，二者之间存在矛盾与冲突难以避免，但随着各种有利条件的提供，其距离从 d1 缩短为 d2，最后归于零。二者的关系演化轨迹未必呈线性模式，而可能出现拉锯式的反复；也基本不会是各自都做出一半的让步，而通常是根据实际情况，一方让步更大，另一方让步较小，但无论如何，都不足以影响到对方领域的责任履行和个体的心理安全。

（三）相互对抗型（或边界屏蔽）

强-强边界因缺乏灵活性和渗透性难以混融，故最易导致工作-家庭关系的失衡。个体不仅要维护好家庭和工作的边界，谨慎避免彼此的侵入与跨越，还要致力于追求鱼和熊掌兼得，试图扮演好工作和家庭领域的多重角色。若边界具有“双向

① 高中华，赵晨．工作家庭两不误为何这么难?：基于工作家庭边界理论的探讨．心理学报，2014，46 (4).

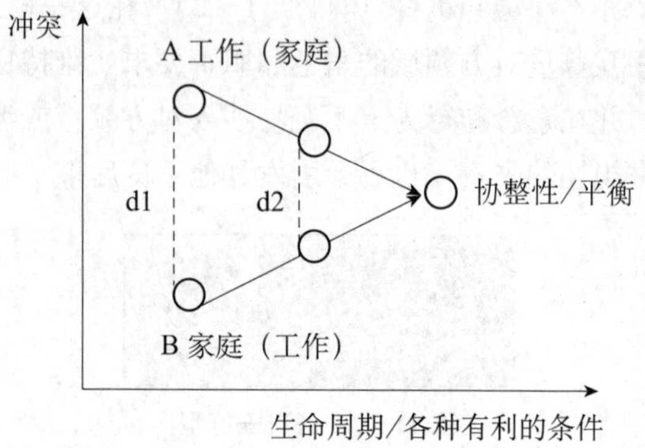

图 11－4　工作-家庭平衡模式

屏蔽效应”，工作与家庭就会相互对抗（见图 11－5）。

在现代社会，职场人士既要做好本职工作，又要承担家庭责任，处于双重压力之下。一方面，职场竞争愈演愈烈，工作角色的要求不断增强且标准越来越高，人们承担更多的工作指令和工作责任，工作压力和工作强度大。同时，个体人力资本的改善也提升了他们对未来职场发展的追求，为在职场站住脚、获得职位升迁和收入增加，进而达成向上流动的目的，人们无法在职场上做出让步，必须竭力做好工作。另一方面，家庭的要求也与日俱增①，个体必须承担起与角色相匹配的家庭责任，扮演好“好母亲”“好父亲”等角色，特别是履行好一个“好母亲”的职责。但是，因时间和精力的有限性，这几种情形相叠加，造成角色超荷或载荷过重，致使个体在工作与家庭两个领域中“两班倒”②，形成强大的张力。若个体平衡能力较差，而外部支持资源又严重不足，就可能出现最不如人意的结果，造成鱼和熊掌“双失”——丢了家也失了业。

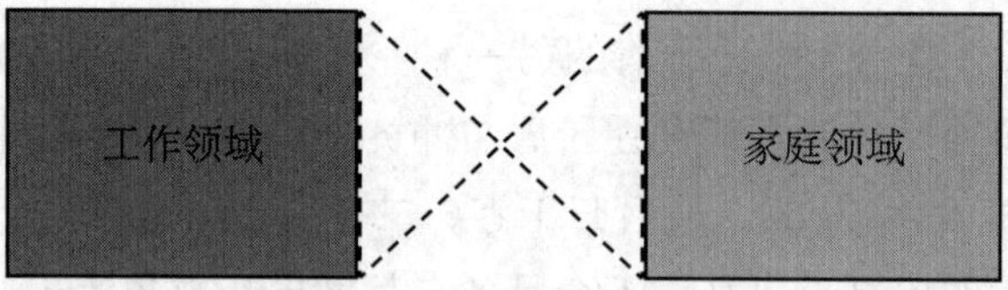

图 11－5　相互对抗型

（四）双向模糊或单向退行型

这一类型又可分为三种情况：一是若工作与家庭双向模糊，两个领域的元素彼此渗入过深，个体就可能无法看清或忽视另一领域的角色要求，分不清角色和责任的主次，失去对各自角色类型、责任、期望的准确把握与履行，因角色不清导致彼

① SCHAUBROECK J，COTTON J L，JENNINGS K R. Antecedents and consequences of role stress：a covariance structure analysis. Journal of organizational behavior，1989，10（1）.

② 霍克希尔德．职场妈妈不下班：第二轮班与未完成的家庭革命．北京：生活·读书·新知三联书店，2021：19－23.

此侵占，加剧角色冲突①。而角色的模糊性和混淆性也会形成工作与家庭的张力。人们在工作与家庭角色间互换时，常因紧急的工作要求而放弃预定的家庭安排，牺牲陪伴家人的时间、精力，或因紧迫的家庭事务而松懈工作甚至放弃工作追求，工作态度消极、工作行为敷衍。由此，双弱边界可能产生如图 11－6a 所示的负面结果②。

二是若工作的边界强、家庭的边界弱，就会造成因工作而压迫家庭责任，或身在家庭心在工作的状况。如图 11－6b 所示，在工作-家庭冲突较量中，家庭角色逐渐退行，家庭的空间领域、时间领域、心理领域等被工作侵占，进而给人带来挫败和焦虑等负面情感，使人难以履行好家庭责任。

三是若家庭的边界强、工作的边界弱，家庭也会给工作带来负向渗溢。特别是在婚育后，养育子女等家庭责任会给工作带来干扰③，影响职场发展，带来工作退行性行为：在心理层面，上班时间经常无法集中精力工作（非故意地打发时间或消极怠工），身在工作心在家庭；在行为层面，可能经常性迟到、普遍性缺勤，难以达到工作角色期待，进而外溢或延展到个体的工作业绩以及组织绩效中（见图 11－6c）。

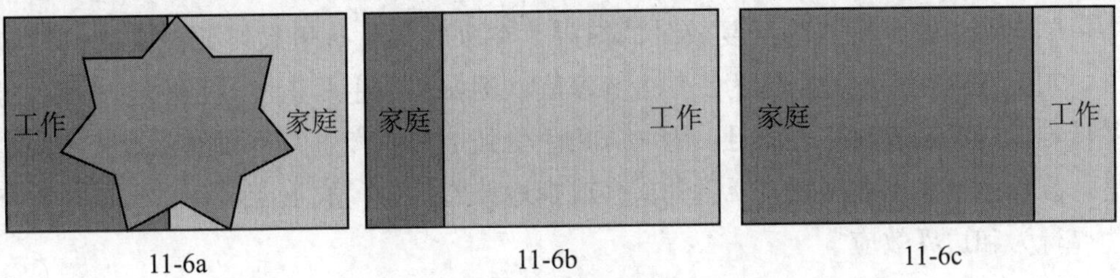

图 11－6　双向模糊或单向退行型

（五）舍家从业型

图 11－6b 的进一步发展可能带来舍家从业的结果（见图 11－7）。这一类型以工作为起点来考量工作与家庭的关系，关注工作对家庭的渗溢，由此可能驱动受迫者舍家从业——当工作与家庭难以兼顾时，受迫者放弃既有的适应技能和适应模式，退而求其次，以舍弃（部分）家庭角色责任的方法来应对眼前的情境，降低焦虑④。

---

① EYS M A，CARRON A V. Role ambiguity，task cohesion，and task self-efficacy. Small group research，2001，32（3）.

② 王永丽，张思琪．工作-家庭边界渗透对工作家庭平衡的作用效果研究．中国人力资源开发，2016（21）.

③ BOYAR S L，MAERTZ C P，MOSLEY D C，CARR J C. The impact of work/family demand on work-family conflict. Journal of managerial psychology，2008，23（3）. VOYDANOFF P. Work demands and work-to-family and family-to-work conflict：direct and indirect relationships. Journal of family issues，2005，26（6）.

④ GRANDEY A A，CROPANZANO R. The conservation of resources model applied to work-family conflict and strain. Journal of vocational behavior，1999，54（2）. GREENHAUS J H，PARASURAMAN S，COLLINS K M. Career involvement and family involvement as moderators of relationships between work-family conflict and withdrawal from a profession. Journal of occupational health psychology，2001，6（2）.

（六）弃业从家型

图 11-6c 的进一步发展可能带来弃业从家的结局。若长期难以达到工作-家庭关系的理想状态，行为和心理上无法有效调适，就会带来负向的边界行为效应，导致家庭对工作的极端负向渗溢，即为家庭而放弃工作（见图 11-8）。

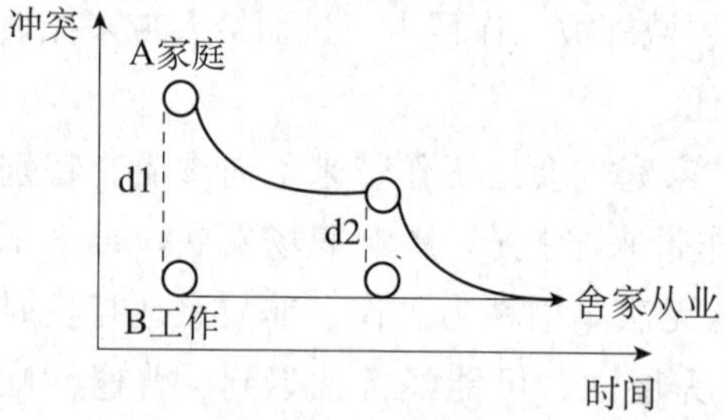

图 11-7　舍家从业型

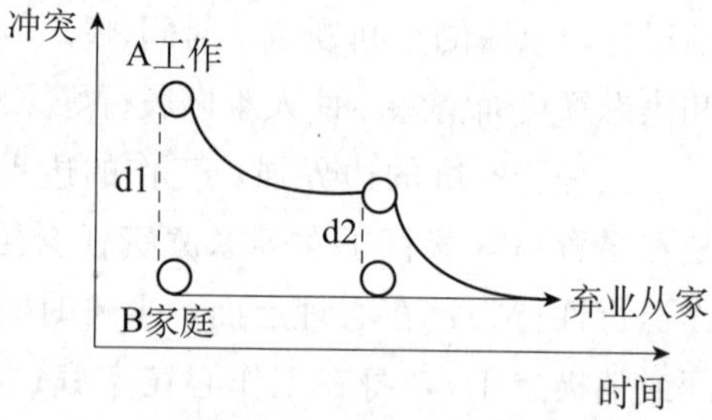

图 11-8　弃业从家型

工作-家庭的边界跨越当然不会像前面图形展示的那样整齐划一。在现实社会中，单向性的舍弃是双方反复较量的结果，在家庭角色抗争最终无能为力的情境下，才会大幅度甚至完全地为工作舍弃家庭（例如，不生两孩尤其是不生多孩，对父母难以尽孝）或反之。而且，因一方角色受到挤压而产生的负面情感效应也会给另一方角色带来不利影响，二者间或多或少地彼此抗争，故不能僵化、机械地看待边界行为和边界效应。

第三节　工作-家庭平衡的原因与机制

一、前因变量

根据领域相关性分类，影响工作-家庭冲突的前因变量可以分为与工作领域相关的前因变量、与家庭领域相关的前因变量以及与个体特征相关的前因变量三类[①]。

（一）与工作领域相关的前因变量

与工作领域相关的前因变量主要包括以下四个方面[②]。

第一，工作角色压力。这包括工作角色冲突、模糊、超负荷。相关研究表明，

---

① 吕峰，李文达．工作家庭关系研究理论综述及未来展望．中国劳动，2016（8）.

② MICHEL J S，Kotrba L M，MITCHELSON J K，CLARK M A，BALTES B B．Antecedents of work-family conflict：a meta-analytic review. Journal of organizational behavior，2011，32.

工作压力越大，个体工作与家庭的冲突感就会越强烈①。中国的实证研究表明，医生②、护士③、信息技术产业员工④等的工作压力与工作-家庭冲突呈正相关。

第二，工作角色卷入。这包括工作的时间长短、工作重心、工作心理需求、工作生理需求以及对工作的兴趣程度。工作时间长、工作负荷重会带来更大的工作-家庭矛盾。工作卷入程度越高，感知到的工作→家庭冲突和家庭→工作冲突就会越强烈。

第三，社会支持。这包括组织支持、正式与非正式的领导支持以及非正式的同事支持等。员工个体受到的支持与其工作-家庭冲突呈负相关。

第四，工作特征。任务的多样性，工作的自主性、控制感、自豪感，以及组织氛围的良好程度等，都会对工作-家庭关系产生影响。工作的创新性和可控性与工作-家庭冲突呈负相关。

（二）与家庭领域相关的前因变量

第一，家庭角色压力。家庭责任的超负荷、不同家庭角色之间的冲突和模糊性等（如家庭生活必须投入的时间，以及父母必须用来陪伴孩子的时间等）⑤，可能加剧工作-家庭冲突。

第二，家庭角色卷入。这包括个人对家庭生活的感兴趣程度、卷入程度以及家庭生活的重心。高度卷入家庭生活必然需要大量的时间、精力投入，由此可能激化工作-家庭冲突。

第三，家庭支持。这包括来自长辈、配偶和其他家庭成员的支持。积极的家庭支持有助于舒缓个体的压力，减轻工作-家庭冲突。

第四，家庭特征。不同的家庭结构（尤其是家庭生命周期）、家庭关系、家庭文化等，对个体的时间和精力付出提出不同的要求。比如，家庭中如果长者（尤其是健康状况不佳的长者）多、少儿多，则赡养和抚育责任重，工作与家庭之间可能发生关乎赡养与抚育行为的冲突。⑥ 已婚个体的工作-家庭冲突超过未婚个体，当夫妻都参与工作时，他们都会面临这一冲突困境。子女数量与个体感知到的工作-家

---

① EBY L T，CASPER W J，LOCKWOOD A，et al. Work and family research in IO/OB：content analysis and review of the literature（1980—2002）. Journal of vocational behavior，2005，66（1）.

② 周金花，徐倍，唐凯．工作压力、组织支持感对某公立三甲医院女医师工作-家庭平衡的影响．中国社会医学杂志，2020，37（6）．邱晶青，杨心玫，倪士光．深圳市医生工作家庭冲突与工作焦虑的关系：职业压力的中介作用．现代预防医学，2017，44（23）．

③ 杨田田，李小燕，余立平，等．工作-家庭冲突在护士工作压力与离职意愿关系中的中介作用．护理研究，2020，34（3）．

④ 孙艳丽，陈毅文，张玉婷．信息技术从业者工作压力与心理健康的关系．职业与健康，2021，37（5）．

⑤ MICHEL J S，KOTRBA L M，MITCHELSON J K，et al. Antecedents of work-family conflict：a meta-analytic review. Journal of organizational behavior，2011，32.

⑥ GREENHAUS J H，BEUTELL N J. Sources of conflict between work and family roles. Academy of management review，1985，10（1）.

庭冲突呈正相关①。

（三）与个体特征相关的前因变量

第一，人口与个性。这包括年龄、性别、婚姻状况等人口特征，以及内在动机、自我效能感、价值观等个性特征。年龄越大的人感知到的工作-家庭冲突越少；女性更容易感知到工作对家庭的冲突，而男性更容易感知到家庭对工作的冲突；已婚者比未婚者体验到的工作-家庭冲突更强烈。内在动机、自我效能感较强的个体，一般对工作的要求较高，故也会感受到更大的工作压力，进而承受较强的工作-家庭冲突；同理，价值观倾向于工作领域的人，也会将更多精力投入工作领域，从而可能减少对家庭领域的投入，反之亦然。

第二，生活事件。个人经历的负向生活事件越多，感受到的工作-家庭冲突越严重。负向生活事件可被视为一种日常生活风险，它的发生往往会打乱原有的工作和生活安排与节奏，需要人们付出更多的时间、精力和情感进行处理；人的时间和精力是有限的，当事情太多而时间和精力太少时，就会发生角色超荷与角色冲突。

第三，社会支持。有效和便捷的公共服务，有助于缓解工作-家庭冲突，生活事件对工作-家庭冲突的强化作用可通过社会支持而被部分地化解。②

二、结果变量

工作-家庭冲突对个体的工作领域和家庭领域产生的影响主要表现在以下四个方面：满意度、绩效、承诺和健康状况③。

（一）满意度

满意度包括工作（工作满意度、职业生涯满意度）和家庭（婚姻家庭满意度、生活满意度）两个领域空间。很多研究都验证了工作-家庭冲突对工作、婚姻、家庭的影响。比如，所有形式的工作-家庭冲突与工作和生活满意度之间存在一致的负相关关系，工作→家庭冲突更多地影响工作满意度，而家庭→工作冲突则与工作满意度的相关性较弱。④

（二）绩效

就工作与家庭的关系而言，绩效也包括工作和家庭这两个领域的绩效。一般认

---

① DEMEROUTI E, BAKKER A B, SCHAUFELI W B. Spillover and crossover of exhaustion and life satisfaction among dual-earner parents. Journal of vocational behavior, 2005, 67 (2).

② 龚紫钰．城市居民“工作-家庭平衡”及其影响因素研究．社会工作，2018 (3).

③ 吕峰，李文达．工作家庭关系研究理论综述及未来展望．中国劳动，2016 (8).

④ 同③.

为，工作→家庭冲突影响家庭绩效，家庭→工作冲突影响工作绩效。[①] 工作→家庭冲突、家庭→工作冲突与工作绩效显著负相关；家庭→工作冲突对工作绩效的影响显著强于工作→家庭冲突[②]。但是，也有研究表明，工作-家庭冲突与工作绩效之间并非简单的线性关系，而是呈倒U形关系：最佳的工作-家庭冲突水平，可使员工获得最佳的工作绩效[③]。对就业者而言，无论是来自家庭、职场还是其他方面的支持，都对工作绩效有显著的促进作用：比如，若酒店员工可感知到家庭的支持，便可有效提升其工作满意度和工作绩效[④]；同理，为女性员工提供资源，也有助于她们平衡家庭与工作责任，提升工作绩效[⑤]。

（三）承诺

承诺包括组织承诺、家庭情感承诺、职业承诺、退出行为等。研究表明，工作→家庭冲突和家庭→工作冲突都与工作承诺、家庭承诺呈负相关[⑥]。退出行为是工作或家庭承诺的反面，可区分为暂时性退出行为和永久性退出行为。前者包括迟到、早退、缺勤、对家庭不负责任等，后者包括离职、离婚等。工作-家庭冲突既影响暂时性退出行为，也影响永久性退出行为。[⑦] 家庭→工作冲突会导致个体退出工作，工作→家庭冲突会导致个体退出家庭[⑧]。不婚率和离婚率的持续攀升，则是对家庭承诺的退出。

（四）健康状况

按照世界卫生组织的定义，健康状况包括生理健康状况、心理健康状况与社会适应状况三个方面。具体而言，生理疾病、紧张、压力、沮丧、忧虑、倦怠、幸福感、满意度等，都是健康状况的测量指标。就与工作-家庭的关系而言，健康状况研究多关注个体体验到的压力以及心理健康问题。研究显示，家庭对工作的干扰、

---

① FRONE M R，RUSSELL M，COOPER M L. Antecedents and outcomes of work-family conflict：testing a model of the work-family interface. Journal of applied psychology，1992，77（1）.

② 陈耘，赵富强，罗奎，等．工作-家庭关系对工作绩效的影响：交叉观还是匹配观?：来自元分析的证据．中国人力资源开发，2017（12）.

③ 马丽，鲍红娟，万雪芬．线性还是非线性?：工作家庭双向冲突与工作绩效的关系研究．中国人力资源开发，2018，35（7）.

④ 熊伟，邱雅兰，邓海欣．酒店员工感知家庭支持与工作绩效的关系研究：一个有调节的中介模型．旅游论坛，2021，14（3）.

⑤ 陈晓暾，杨晓梅，任旭．家庭支持型主管行为对女性知识型员工工作绩效的影响：一个有调节的中介模型．南开管理评论，2020，23（4）.

⑥ ALLEN T D. Family-supportive work environments：the role of organizational perceptions. Journal of vocational behavior，2001，58（3）.

⑦ HAMMER L B，BAUER T N，GRANDEY A A. Work-family conflict and work-related withdrawal behaviors. Journal of business and psychology，2003，17（3）.

⑧ EBY L T，CASPER W J，LOCKWOOD A L，et al. Work and family research in IO/OB：content analysis and review of the literature（1980—2002）. Journal of vocational behavior，2005，66（1）.

工作对家庭的干扰是抑郁症状的重要预测因素①；家庭照料负担可能消耗个体的体力、精力，导致家庭与工作的冲突，最终使个体的心理健康状况随时间推移而恶化②；工作-家庭冲突对个体心理健康的影响还会躯体化③，产生或加剧失眠、精力不足或过度疲劳等生理病症④。

三、工作-家庭平衡的影响因素与机制

（一）促进因素、阻碍因素与支持条件

第一，促进因素。高绩效的工作实践（参与决策的机会、非正式培训、绩效工资和晋升机会）、时间弹性、家庭和睦等要素，都会对工作与家庭的平衡产生积极影响。

第二，阻碍因素。工作时间过长和非自愿性加班、同事关系较差、工作稳定性较差、家庭老少比较高、家庭氛围不够和睦等要素，都会降低个体平衡工作和家庭责任的能力。⑤

第三，支持条件。来自家人、工作场所和社会的支持，合理的就业时间安排等，有助于降低工作与家庭之间的矛盾冲突。

支持条件的主要作用是，可调节促进因素、阻碍因素对工作-家庭平衡的影响（见图 11－9）。⑥

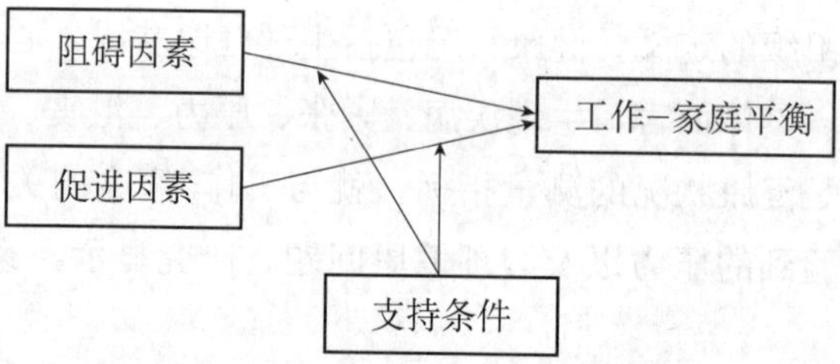

图 11－9 工作与家庭选择影响因素模型

---

① MOHAMED B E S，GHAITH R F A H，AHMED A E. Relationship between work-family conflict，sleep quality，and depressive symptoms among mental health nurses. Middle east current psychiatry，2022，29 (1).

② KAYAALP A，PAGE K J，ROSPENDA K M. Caregiver burden，work-family conflict，family-work conflict，and mental health of caregivers：a mediational longitudinal study. Work & stress，2021，35 (3).

③ ZURLO M C，VALLONE F，SMITH A P. Work-family conflict and psychophysical health conditions of nurses：gender differences and moderating variables. Japan journal of nursing science，2020，17 (3).

④ 何凯，叶晓燕，郭刚军，崔翱鸽．高校辅导员工作：家庭冲突、职业压力与睡眠质量的关系．中国健康心理学杂志，2022，30 (4).

⑤ BERG P，KALLEBERG A L，APPELAUM E. Balancing work and family：the role of high-commitment environments. Industrial relations，2003，42 (2).

⑥ 原晓惠，程熙鎔，于晓东．中小生意创业者工作家庭平衡影响因素研究．中国人力资源开发，2017 (1).

（二）工作满意度的中介作用

工作满意度与工作-家庭平衡的关系十分复杂，既可作为工作-家庭平衡的前因变量或结果变量，亦可作为第三变量影响二者的平衡。研究表明，家庭支持型主管行为可依次通过工作干扰家庭、工作满意度而影响离职倾向，且其中介效应具有显著性①。

（三）边界弹性的相关因素

第一，工作-家庭边界弹性能力和意愿的匹配，影响工作-家庭平衡。能力和意愿的交互，形成四种类型：高弹性能力-高弹性意愿、高弹性能力-低弹性意愿、低弹性能力-高弹性意愿、低弹性能力-低弹性意愿。这四种不同类型，对工作给家庭带来的冲突/促进或家庭给工作带来的冲突/促进的影响具有统计学意义上的显著差异。

（1）在工作领域，在“低弹性能力-高弹性意愿”组合中，个体体验到的冲突水平较高。其原因可能是，个体在面临家庭责任时，更倾向于暂停工作而满足家庭角色的需要。但是，若工作环境不能提供有效的资源支持，个体便会有更多的冲突体验。

在“高弹性能力-高弹性意愿”组合中，个体感知到的增益水平最高。这主要是因为，不仅个体愿意暂停工作去履行家庭职责，工作环境也能提供有效的角色转换资源，个体的这种能力与意愿的高度匹配有利于角色转换。因此，当外界提供的用于角色转换的资源较多且个体愿意进行角色转换时，就可能降低冲突程度，提高增益水平。

“高弹性能力”的个体，体验到的工作-家庭冲突弱于“低弹性能力”的个体，且“高弹性能力-高弹性意愿”组合与“低弹性能力-高弹性意愿”组合的工作-家庭冲突水平存在显著的统计学差异。这说明，当工作弹性能力处于高水平时，个体工作弹性意愿的高低对工作-家庭冲突水平影响不大；相反，当工作弹性意愿处于较高水平时，工作弹性能力的高低会显著影响个体的工作-家庭冲突水平。

（2）在家庭领域，在“低弹性能力-低弹性意愿”组合中，个体家庭给工作带来的冲突水平最高，家庭给工作带来的增益水平最低。当个体感到家庭不能提供角色转换的资源且个体进行角色转换的动机处于低水平时，其体验到的家庭冲突水平最高、增益水平最低。

家庭弹性能力的高低是家庭是否给工作带来冲突的关键影响因素，在个体愿意进行角色转换的前提下，外界提供角色转换所需的有效资源能显著降低家庭对工作的冲突水平，提升家庭对工作的增益水平。此处与工作领域存在差别，这可能是因

① 聂琦，谢煜．家庭支持型主管行为与离职倾向：工作-家庭冲突双向性和工作满意度的多重中介作用．中国人力资源开发，2018，35（1）．

为，“女性更倾向于为了家庭而放弃个人发展机会”[①]。

第二，工作-家庭边界渗透对二者平衡关系的影响因类别而异。研究表明，工作-家庭边界的渗透程度高，并不代表二者的冲突强；相反，有些类型的边界渗透会缓解工作-家庭冲突，甚至可能带来工作-家庭促进与增益。

从工作→家庭冲突来看，工作→家庭事件渗透与心理渗透越多，二者之间的冲突越强，但工作→家庭关系渗透越多，二者之间的冲突越弱；从工作→家庭促进来看，彼此事件渗透越多，工作→家庭促进越强。

从家庭→工作冲突来看，家庭→工作事件渗透越多，二者之间的冲突越强；从家庭→工作促进来看，家庭→工作事件渗透越多，二者之间的促进越弱，但家庭→工作心理渗透越多，则二者之间的促进越强。[②]

第三，工作-家庭边界的灵活性与个体偏好的灵活性共同影响工作-家庭的冲突与促进。

(1) 较高的家庭边界的灵活性与较高的个体对家庭边界偏好的灵活性的匹配，显著地降低了工作-家庭冲突水平，提升了工作-家庭促进水平。边界的“灵活性”意味着，个体拥有更多的自主权来分配时间，有利于个体的角色转换，从而提升边界控制感，降低工作-家庭责任的矛盾冲突。

(2) 有研究表明，工作边界的灵活性、偏好的匹配与工作-家庭冲突之间不存在显著关系，但与工作-家庭促进显著负相关[③]。亦有研究发现，当组织提供的工作-家庭边界管理环境和个体的工作-家庭边界管理偏好相匹配时，个体对于工作→家庭冲突和家庭→工作冲突的体验较少，即组织可通过提供满足员工偏好的资源，来减少员工面临的工作-家庭冲突[④]。

第四，组织支持可调节个体的边界弹性能力与工作-家庭平衡之间的关系。

(1) 个体的工作弹性能力与家庭弹性能力均能显著促进工作-家庭平衡。较高的边界弹性能力意味着，个体能合理掌控时间，有效避免不必要的精力耗费，提高工作效率，更好地兼顾生活。

(2) 组织支持在个体边界弹性能力与工作-家庭平衡之间起着调节作用。在工作弹性能力与工作-家庭平衡之间，组织支持起到正向增强作用；在家庭弹性能力与工作-家庭平衡之间，组织支持起到缓冲作用。[⑤]

---

① 李艳艳，杨蓓，王娟，等．已婚护士工作家庭平衡与边界弹性的关系．山东大学学报（医学版），2020，58（2）．

② 王永丽，张思琪．工作-家庭边界渗透对工作家庭平衡的作用效果研究．中国人力资源开发，2016（21）．

③ 贾西子，苏勇．个人-环境匹配理论视角下边界灵活性对工作-家庭冲突和增益的影响研究．中国人力资源开发，2020，37（6）．

④ 马丽，徐枞巍．基于个人-环境匹配理论的边界管理与工作家庭界面研究．南开管理评论，2011，14（5）．

⑤ 高骥，刘圕圕，林碧芳．组织支持感在护士边界弹性能力和工作家庭平衡间的调节作用．中华护理教育，2016，13（8）．

第五，工作弹性能力是领导-员工关系质量影响工作-家庭平衡的中介机制。工作弹性能力对领导-员工关系质量和工作-家庭平衡的中介作用表现在两个方面：工作自主性的中介作用、分享型工作氛围的中介作用。员工拥有的工作自主性越强，就越能把握和控制工作和家庭的时间安排，越能主动调节工作和家庭领域的精力分配，从而在协调两个领域所需的时间时更加灵活和富有弹性，进而使得双方的冲突最小化、双方的需求满足最大化。同时，员工所处的工作氛围越融洽、同事之间的感情越亲近，就越乐于分享家事和互相倾诉，从而有助于在家庭遇到困难时得到同事的建议和帮助，缓解个人的情绪压力，改善个人的工作-家庭平衡能力。①

（四）工作和家庭资源对工作-家庭关系的影响

第一，多重工作-家庭角色可通过角色之间的积极协同促进，改善工作-家庭平衡满意度。工作-家庭的支持性行为通过减少冲突、增加丰富性来提升工作-家庭平衡满意度。

第二，工作→家庭冲突、促进对工作-家庭平衡满意度的影响比家庭→工作冲突、促进的更大。研究表明，家庭→工作冲突、促进与工作-家庭平衡满意度的联系不强；工作中的资源是工作-家庭平衡或冲突的主要贡献者。②

（五）正念与工作-家庭平衡的关系

正念是心理学名词，意为有目的、有意识地关注、觉察当下的体验（身体感觉、知觉、情感状态、思想和意象）；它以一种非评判性的方式，培养出稳定的、非反应性的意识③。正念与心理困扰和社交焦虑呈负相关，与情绪状态的清晰度、情绪修复和关系满意度呈正相关。

第一，正念与工作-家庭平衡之间存在正向相关关系。其原因在于，正念的自我调节可使个人从扮演的角色中体验到满足感。

第二，正念与工作-家庭平衡的正相关关系，通过提高睡眠质量和活力来实现。正念特质越强的个体，越会体验到更高的睡眠质量和活力，从而提高工作-家庭平衡度。实证研究发现，这一中介效应主要通过睡眠质量实现，提高睡眠质量能减少工作与家庭的冲突、增进工作与家庭的彼此促进。因此，以睡眠质量为中介，正念对工作与家庭平衡起到促进作用。④

---

① 林雪莹，王永丽，郝雨洁，等．领导-成员交换对工作-家庭平衡的影响机制研究：工作弹性能力的中介作用及工作弹性意愿的调节作用．管理评论，2016，28（2）．

② WAYNE J H，MATTHEWS R，CRAWFORD W，CASPER W J. Predictors and processes of satisfaction with work-family balance：examining the role of personal，work，and family resources and conflict and enrichment. Human resource management，2019，59（1）.

③ CARMODY J，REED G，KRISTELLER J，MERRIAM P. Mindfulness，spirituality，and health-related symptoms. Journal of psychosomatic research，2008，64（4）.

④ ALLEN T D，KIBURZ K M. Trait mindfulness and work-family balance among working parents：the mediating effects of vitality and sleep quality. Journal of vocational behavior，2012，80（2）.

第四节　工作-家庭矛盾冲突的现实呈现

前面介绍了工作-家庭关系的相关理论，以及工作-家庭平衡或冲突的前因、结果与机制。在现实中，无论是从客观还是主观上，工作与家庭的矛盾冲突都是一种客观存在，在人生的某个阶段总是难以避免。个体层面的矛盾冲突也会渗透到宏观层面。本节从宏观和微观两个层面，来展示工作-家庭矛盾冲突的现实情境。

一、宏观层面

就业水平（尤其是女性的就业水平）和生育率是工作-家庭关系的核心指标。在过去几十年中，这两个指标都在不断下降。

（一）两性的就业率持续下降，但女性的降幅超过男性

新中国成立后，中国女性的就业率一直居于世界前列。然而，在市场化改革进程中，中国两性的就业率持续下降，且因工作-家庭责任难以兼顾等原因，女性的就业率降幅更大。2020 年，在中国全部就业人口中，女性占 40.76%，男性占 59.24%，二者相差近 20 个百分点。在女性群体内，就业率也持续降低：1990 年，女性就业人口占 16 岁及以上女性人口的 73.76%，2010 年这一比例降至 61.69%，2020 年这一比例仅为 48.06%（比男性低 20 个百分点），在过去 30 年间，女性就业率以年均 0.64 个百分点的速度降低，高于男性的 0.46 个百分点。这种现象可能与女性需要承担更多的家庭责任有关。女性作为党的机关、国家机关、群众团体和社会组织、企事业单位负责人的占比还较低，与教育相匹配的职业地位还有待改善。

女性就业率下降是一个全球趋势。2006—2021 年的《全球性别差距报告》（*Global Gender Gap Report*）显示，全球多国女性的就业率呈现下降态势，即便是性别最平等的国家，如冰岛[①]，也是如此。这是多重因素共同作用的结果。比如，受教育程度的提高，无疑会推迟人们进入劳动力市场的年龄，从而使得在分母一定的条件下，分子却在缩小。又如，这种下降可能也与就业统计的口径有关：当前的就业形态更为多样化，不是只有坐在办公室里才算是工作，故可能有很多不坐在办公室里却也在工作之人并未在统计“在业”人口时被覆盖进来。2020 年 7 月 6 日，人社部、国家市场监管总局、国家统计局三部门，正式向社会发布“区块链工程技术人员”“城市管理网格员”“互联网营销师”“信息安全测试员”“区块链应用操作员”

① 第一财经．2021 年全球性别差距报告：冰岛性别最平等，日本在 G7 国家中垫底．(2021-04-01)[2022-09-19]. https://new.qq.com/rain/a/20210401A02CGE00.

“在线学习服务师”“社群健康助理员”“老年人能力评估师”“增材制造设备操作员”等一批新职业，便是对此类情况的直观呼应（当然，并不是所有新的职业类型都未被纳入在业统计）。此外，该现象也与女性需要承担更多的家庭责任有关，婴幼儿养育的困境无疑也是重要的原因之一。

（二）生育率不断下降并持续低于更替水平

女性的劳动就业率以更快的速度下降，反过来是不是意味着生育率和子女数量会相应提升呢？其实不然。新中国成立以来，中国的出生人口经历了过山车式的变化。首先，新中国成立后的前十多年，社会刚从战乱中趋于平和与稳定，加上三年严重困难时期过后的补偿性生育，给出生人口的猛增创造了极好的条件或动力；其次，尽管时有波动，但中国在接下来的年代，经历了约 20 年出生人口的急剧下降；最后，在 1990 年有明显回升（主要由于三年严重困难时期过后的补偿性生育带来的效应——她们进入了育龄期）后，最近 30 多年的出生人口数量基本上在波动中趋于平稳，总体处于低位。1950 年，中国的出生人口约为 2 000 万人，1963 年猛增到2 954 万人，此后慢慢降低，1982 年仅为 2 238 万人，不过 1990 年又增加至 2 391 万人[①]。此后，2000 年、2010 年和 2020 年，中国的出生人口分别为 1 700 多万人、近 1 600 万人[②]和 1 200 多万人[③]；2021 年，中国的出生人口仅为 1 062 万人[④]。实际上，自 2017 年以来，中国的出生人口数量经历了“七连降”，2022 年和 2023 年，出生人口数量都低于死亡人口。

出生人口在很大程度上受制于人口的年龄结构，尤其是女性的年龄结构以及生育模式。新中国成立以来，育龄妇女数量持续增长，于 2008 年臻于顶峰，达到 37 949 万人。2010 年后，育龄妇女数量以年均五百多万人的规模减少，未来还将持续减少，育龄人口总量收缩会导致出生人口数量降低，加速人口负增长的速度。同时，生育水平持续走低，21 世纪以来的总和生育率都在 1.3 以下。

宏观层面就业率和生育率的双双降低，与个体层面日益严峻的工作和家庭的矛盾冲突密切相关。如何平衡工作与家庭，是近年来中国中产阶级女性、职业女性、全职妈妈等热议的话题，也是婚姻家庭社会学重点关注的议题。在女性受教育程度普遍提高、全面参与非农劳动且职场竞争越发激烈的宏观背景下，这一问题不是仅有中国女性面临的问题，而是全球职业女性或有就业意愿和职业发展意愿的女性所遭遇的共性问题。进而，这一问题也不是仅有女性面临的问题，实际上是两性面临的共性问题：当男性也参与育儿事务时，他们同样面临工作与家庭的平衡难题。通

---

① 国家统计局人口和社会科技统计司．中国人口统计年鉴 2002. 北京：中国统计出版社，2002：203.

② 中华人民共和国民政部．中国民政统计年鉴 2014. 北京：中国统计出版社，2014：139.

③ 王萍萍：人口总量保持增长 城镇化水平稳步提升．(2021 - 01 - 18) [2024 - 07 - 07]. http://www.ce.cn/xwzx/gnsz/gdxw/202201/18/t20220118_37264987.shtml.

④ 中华人民共和国 2021 年国民经济和社会发展统计公报．(2022 - 02 - 28) [2024 - 07 - 07]. https://www.sohu.com/a/526153898_267106.

常，男性的工作-家庭平衡问题不如女性的凸显，这主要是因为社会对他们的期待依旧停留在“外”上，但在新时代，在女性人力资本大大提升的时代，男性也被要求“从外而内”，回归家庭。

2013 年，脸书的首席运营官雪莉・桑德伯格（Sheryl Sandberg）出版了畅销书《向前一步》（*Lean In*），成立了“向前一步”组织，这不仅在当时引起了社会热议，而且成为鼓励女性更好地在职场施展雄心抱负、追逐梦想、敢于分享、敢做领导、永葆积极心态的“心灵鸡汤”。当然，她的成功故事不是每个人都能复制的，只适用于受教育程度较高、经济地位较高、有议价能力的女性。也就是说，它忽视了社会的结构问题、歧视和压迫、制度安排、社会政策等。2012 年，49 岁的安妮-玛丽・斯劳特（Anne-Marie Slaughter）开始在奥巴马政府担任国务院政策计划署主任，这是她梦想的机会。但两年之后，她决定离开这一职位，并在《大西洋月刊》上发表了《为什么女性仍然不能拥有一切》（“Why Women Still Can’t Have It All”）一文，反思自己的人生决定，对阻碍工作-家庭平衡的社会制度和文化障碍予以批判。她之所以决定辞职，一是因为她希望能够陪伴丈夫和两个正处在青春期的儿子，满足成长中孩子的需求；二是因为在完成高级别的政府工作时，她很难做到兼顾工作与家庭。可见，即便是身居高位且收入丰厚的女性，也很难兼顾工作与家庭。

【拓展阅读 11－2】
女性真的能实现事业与家庭“双丰收”吗？

二、微观层面

微观层面的工作-家庭关系，可以从家庭对工作的作用和工作对家庭的影响两个角度来看。

（一）家庭对工作的作用

育儿对就业的直接影响至少包括三个方面：是否就业、职场的连续性和职场回报。

第一，是否就业。实证研究表明，相较于男性，女性的就业门槛更高、就业率更低，且差距随时间而扩大。这一点，已然从前面的宏观数据中得到了印证。已育女性在就业方面更弱势，其就业率既低于男性，也低于未育女性。比如，在美国的某招聘实验研究中，84%的招聘者选择雇佣未育女性，而只有 47%的招聘者愿意雇佣已育女性；其他研究也表明，已育女性在招聘中被录用的概率比未育女性低 21%①。

① CORRELL S J, BENARD S, PAIK I. Getting a job: is there a motherhood penalty? . American journal of sociology, 2007, 112 (5) .

有调查显示，受访者认为用人单位不愿雇佣女性的首要原因在于生育[①]；59%的女大学生在求职应聘时被问及生育规划；即便学历和能力大同小异，女性的就业门槛依旧高于男性。2010年第三期中国妇女社会地位调查（下称“妇女地位调查”）资料表明，18～44岁在婚非农户籍人群中，男女两性从事有收入工作的比例分别为98.60%和69.60%，与2000年相比，两者的差距有所扩大。

在女性群体内部，婚姻和生育状况对女性的生育都有明显影响。从中国健康与营养调查数据来看，已育女性的在业比例的确呈现明显的下降态势。图11-10至少提供了三方面的信息。(1）已育女性的就业率随时间推移而降低，且孩子的年龄至关重要。1991年，无论孩子的年龄为何，已育女性的就业率都超过90%，但此后，除没有学前儿童的已育女性（她们就业率的波动相对较大）外，已育女性的在业比例持续降低，且孩子的年龄越小，已育女性的就业率越低。(2）在已育女性就业率总体趋降的同时，三类已育女性群体之间的差距不断扩大：1991年，三类已育女性群体就业率的差异甚小，但到2015年，有0～3岁孩子的已育女性的在业比例仅为50.30%，有3～6岁孩子的已育女性的在业比例为65.80%，处于最高位的无0～6岁孩子的已育女性的在业比例也仅为73.20%，但它与有0～3岁孩子的已育女性相比，就业率高出22.9个百分点。尽管这并未排除其他因素的干扰，但这个发现很有意义，即有0～3岁婴幼儿的确会给已育女性就业带来负向溢出效应——反过来也可以说，已育女性可能因生育、养育孩子而退出劳动力市场。(3）育儿服务的可及性或是已育女性就业水平的重要影响因素。

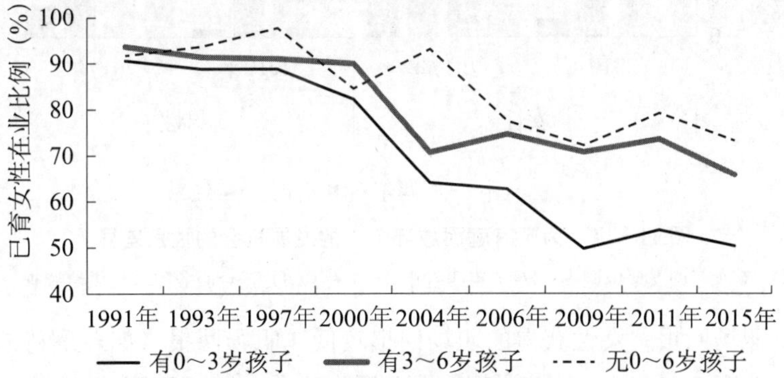

图11-10　1991—2015年分孩子年龄的已育女性在业比例

资料来源：1991—2015年中国健康与营养调查。

第二，职场的连续性。已育女性职业中断的比例更高。就业门槛高给有意愿进入职场或回归职场的女性尤其是已育女性设置了障碍，造成其职业中断或脱离职场的时间更长。在西方，很多女性在成为母亲后就离开劳动力市场，回归家庭（至少一段时间）；中国近年女性就业率快速下降，也与女性为了家庭而未进入职场或辞

---

① 魏一东．单位生育负担是歧视女性首因．人民日报，2013-12-05.

职成为全职妈妈有关。“舍业从家”与个人意愿和主动选择有关，但不能排除受迫选择的可能，背后的动因或许折射出“母职文化”① 的驱动。数据显示，女性若在聘用期间怀孕生育，往往被迫“自动”离职，这也是导致已育女性与未育女性之间就业率存在差异的原因之一。

“妇女地位调查”直接问及受访者职业中断或未就业的原因，结果发现，近七成未就业的城镇女性主要为了料理家务。在这群人中，主要为了照顾子女而未就业的比例又超过七成。职业连续性的中断，造成或加剧了两性人力资本积淀的差距。从工作中获取的技能和人力资本转化率等方面的差距也随职业中断时间的延长而拉大。男性在同一职业上的存续期随年龄的增长而延长，而女性（包括受过高等教育的女性）可能因生养子女而中断职业②，从而使她们丧失人力资本积淀的机会和优势。

就为了家庭而放弃个人的发展机会而言，在 25～35 岁（更可能有低龄且需要更多照料的子女），不同性别之间存在很大差异：女性从不为了家庭而放弃个人的发展机会的比例比男性低 8 个百分点（见图 11－11）。这表明，女性更可能因家庭而牺牲职场发展。这可能依旧与性别角色期待有关。

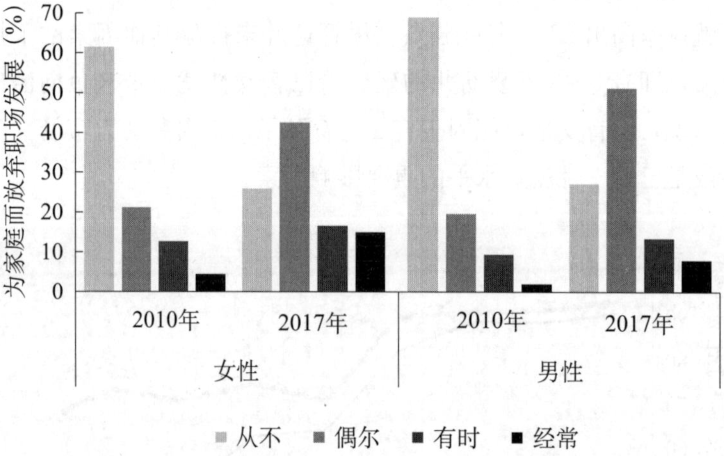

图 11－11 为了家庭而放弃个人的发展机会的性别差异

资料来源：2010 年妇女地位调查；2017 年四省市 0～3 岁婴幼儿托育服务需求与供给调查。

第三，职场回报。女性获得的职场回报较低，职场回报（如薪酬待遇）也存在明显的性别差距。2020 年《全球性别差距报告》称，除 OECD 国家外，薪酬的性别差距逐步扩大，而 OECD 国家薪酬性别差距缩小的速度却在变慢；2020 年，女性的收入仍比男性低 13.50％。2014 年《全球性别差距报告》称，经济领域的性别平等在 2095 年有望实现；而 2020 年的报告认为，要到 2277 年方有望实现经济

① HAVEMAN H A，BERESFORD L S. “If you're so smart，why aren't you the boss? ”：explaining the persistent vertical gender gap in management. The ANNALS of the American academy of political and social science，2012，639 (1).

② 同①.

领域的性别平等。《2016中国劳动力市场发展报告》也显示，城镇在业女性的平均工资收入约为男性的78%，女性管理者的收入为同职位男性的93.40%，6.70%的女性在工作中遭遇过同工不同酬的待遇。即便受教育程度和毕业院校类别相同，男毕业生的月薪也普遍高于女毕业生；在普通院校的本科毕业生中，女毕业生平均初职月薪仅为同类男毕业生的76%，后者的月薪甚至高于重点院校的本科女毕业生①。

生育可能提升已育男性的工资，形成与“母职惩罚”相对应的“父职收益”现象②。在美国，即便是相同职业，雇主给未育女性提供的年起薪区间超出已育女性11 000美元③；每生育一个孩子，已育女性的小时工资比未育女性约低5%④。中国的“母职惩罚”效应更大，已育女性的薪酬比未育女性少7%⑤。

“妇女地位调查”结果还显示，对于目前我国各级领导岗位上女性数量相对较少的现象，超过七成的18～44岁曾婚且有子女的非农就业女性认为，原因主要是女性家务负担重。具有同样特征的男性对该问题的回答在具体比例上与女性略有差别。也就是说，女性难以晋职晋升的最主要原因在于她们的家务负担过重，而不是她们不适合当领导（占比不足一成）。

（二）工作对家庭的影响

进入新时代以后，女性因受教育资源禀赋的改善而对自我发展更为重视。但是，如果女性需要在家庭生活或职场发展中二选一或对其中一个领域有所让步的话，那么部分女性可能选择放弃家庭生活而追求职场发展，当然也有女性会做出相反的选择。调查数据表明，在没有社会化托育服务支持的情况下，人们的确会因抚育压力、职业发展等原因而放弃生育。2016年原国家卫生计生委十城市家庭3岁以下婴幼儿托育服务需求调查数据显示，因为经济负担、太费精力和无人看护而不愿生育第二个子女的受访者比例分别占到74.70%、61.90%、60.80%。照料压力、养育成本、女性的职业发展，以及追求生活质量等因素共同作用，极大地限制了人们的生育意愿和生育行为。

2017年四省市0～3岁婴幼儿托育服务需求与供给调查结果也表明，育儿成本已几乎占到中国家庭平均收入的一半，教育支出是最主要的负担之一。限制人们的生育意愿和生育行为的因素包括养育孩子太费心、没人看孩子、影响工作与事业发

---

① 李春玲．“男孩危机”“剩女现象”与“女大学生就业难”：教育领域性别比例逆转带来的社会性挑战．妇女研究论丛，2016（2）.

② World development report 2012：gender equality and development．［2024－07－07］．https：//openknowledge. worldbank. org/entities/publication/51c285f6－0200－590c－97d3－95b937be3271.

③ ALOL D. Mothers face disadvantages in getting hired．（2005－08－04）［2015－12－15］．https：//news. cornell. edu/stories/2005/08/mothers-face-disadvantages-getting-hired-study-shows.

④ STAFF J，MORTIMER J. Explaining the motherhood wage penalty during the early occupational career. Demography，2012，49（1）.

⑤ 於嘉，谢宇．生育对我国女性工资率的影响．人口研究，2014，38（1）.

展等——尤其是没人看孩子和影响工作与事业发展。也就是说，婴幼儿照护，实际上是排在第一位的难题。

如图 11-12 所示，工作→家庭、家庭→工作的负向溢出存在明显的性别差异。2008 年，与母亲相比，进入家庭领域的父亲感到遭遇工作-家庭冲突的比例更高。如今的男性除被社会和家庭期待养家糊口外，也同样被期待进入家庭，分担家庭责任，但他们走进家庭、分担家务的时日较短，且多为不得已而为之，尚未形成新的社会规范，故可能感到压力更大。相比之下，女性的社会劳动参与是多数人的自我选择，已形成社会分工的"新常态"，故即便是女性本人，也可能视工作-家庭双重责任为理所当然，更能泰然处之。因此，即便男性承担的家庭和社会责任总和不如女性重，但他们可能更不适应"双肩挑""两班倒"的角色，故更可能感到公域与私域的矛盾冲突。

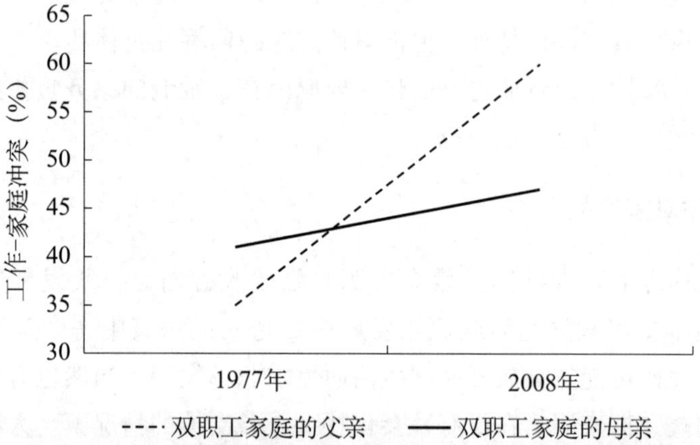

图 11-12　美国的父亲和母亲报告的工作-家庭冲突比例

资料来源：2008 年家庭和工作研究所"全国劳动力变化研究"；1977 年雇佣标准管理与雇佣质量调查；引自 Galinsky①。本图转引自 2015 Economic Report of the President（图 4.9，p. 168）②。

当工作与家庭之间发生矛盾时，与因家庭而牺牲工作的现象相比，因工作而牺牲家庭的现象更为普遍（见图 11-13）。显然，从 2002 年到 2010 年，家庭对工作的负面溢出效应有所降低，因工作而牺牲家庭的现象却有明显增长。究竟是选择牺牲家庭，还是牺牲工作？或者，更可能牺牲家庭或更可能牺牲工作，是否存在显著的性别差异？这的确是有意义且值得进一步深究的议题。

上述问题间接地凸显出两性尤其是女性工作与家庭的矛盾冲突，特别是工作对家庭的负向溢出效应。如图 11-14 所示，"妇女地位调查"结果显示，在 18～44 岁曾婚且有子女的非农就业者中，因工作太忙而很少顾家的现象在男性中更为普

---

① GALINSKY E. Times are changing: gender and generation in the workplace.（2011-02-27）[2020-07-07]. https://blog.shrm.org/trends/times-are-changing-gender-and-generation-in-the-workplace.

② 2015 economic report of the president. [2022-04-03]. https://obamawhitehouse.archives.gov/administration/eop/cea/economic-report-of-the-President/2015.

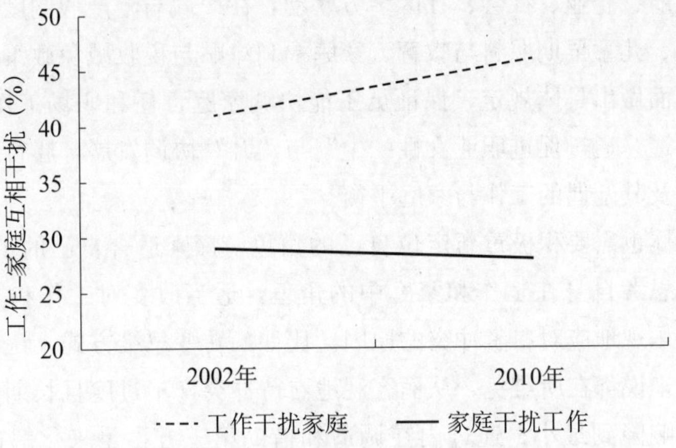

图 11-13 美国全职员工报告的工作-家庭互相干扰比例

资料来源：2015 economic report of the president.［2022-04-03］. https：//obamawhitehouse. archives. gov/administration/eop/cea/economic-report-of-the-President/2015.

遍——女性从未发生这种情况的比例高于男性，即便女性也在全职工作，她们也更少让工作责任完全影响其家庭责任。这与上面的结论是一致的，即女性更可能因家庭而牺牲职场发展，其背后的原因可能依旧与性别角色期待有关。2017 年的四省市调查还显示，在未就业的原因方面，女性因孩子之故的占比超过七成，而男性的这一占比不足三成，这也再一次说明，尽管两性都可能遭遇工作-家庭责任难以协调问题，但生儿育女给女性带来的职场负面冲击更大。

图 11-14 报告“因为工作太忙，很少管家里的事”的性别差异

如果说工作-家庭平衡是一个难题——对女性尤其是处于育龄期的女性而言更是如此，那么家庭友好政策可在推动工作-家庭关系趋向平衡方面起到积极的作用。为此，许多发达国家都推行了积极的家庭支持或家庭友好

【拓展阅读 11-3】
防范以“爱”为名的伤害 警惕脱离职场的风险

政策，通过政府、企业、社会、社区多方联动，在产假与陪产假制度、带薪和无薪家庭照顾休假、儿童早期照料与教育、家庭福利津贴与税收减免政策、家庭友好型工作安排等方面做出具体规定，保证员工能协调家庭责任和职场工作，缓解工作-家庭的负向渗透，通过促进职业女性“生”与“升”协调发展，履行企业的社会责任，推动女性及其配偶的工作与家庭平衡。

同时，个体也需要积极重新定位自己的角色，探索适合自己的工作-家庭平衡策略，冷静地思考自身在工作和家庭中的角色，适当改变对工作和家庭角色的认知，并积极和乐观地应对二者冲突的原因。比如，转变思维方式，认识到这种冲突可能对所有人来说都在所难免，从而客观地看待冲突，不过度且长期焦虑，将它对正常生活的影响降到最小；通过内在调适和借助第三方力量来化解冲突，避免工作-家庭冲突升级。当个体采取直接行动、寻求帮助和积极方式解决压力时，则能够有效缓解工作-家庭冲突。

配偶和家庭的支持也十分重要。夫妻对家庭事务的共担以及相互理解与支持能减弱个体感知的工作-家庭冲突，这种支持包括情感方面的关心、体贴，工具性的时间与精力方面的投入，等等。夫妻双方相互信任，并对在现实中遇到的工作-家庭冲突进行建设性沟通，也是有效的家庭策略。

本章要点

1. 工作-家庭关系问题是婚姻家庭社会学的重要话题，对工作-家庭关系的认识和研究经历了从冲突、增益或促进到平衡三个阶段的演变。

2. 工作-家庭关系的测量方法包括多指标主观量表综合测量法、直接询问受访者感知的方法、工作-家庭正反向渗溢法、工作-家庭时间利用比较法等。

3. 工作与家庭之间存在物理、时间、心理三类边界，工作-家庭边界的强弱关系构成了不同的工作-家庭关系模式的基础。

4. 各自安好型、彼此增益型、相互对抗型、双向模糊或单向退行型、舍家从业型和弃业从家型是工作-家庭关系的主要模式。前两种模式表示工作-家庭平衡，是鱼和熊掌兼而得之的理想状态；后四种模式表示工作-家庭失衡。

5. 工作-家庭平衡的前因变量包括角色压力、角色卷入、社会和家庭支持、工作和家庭特征、人口与个性、生活事件、社会支持等。它们有的促进、支持平衡，有的阻碍平衡，进而带来个体满意度、绩效与健康水平等方面的差异。

6. 工作-家庭平衡难题是一个全球性、全人群面临的共性问题。女性尤其是有低幼年龄子女的女性更容易受其影响。家庭友好政策可在推动工作-家庭关系趋向平衡方面起到积极的作用。

基本概念

角色冲突　角色理论　边界理论　边界效应　边界跨越者　边界维护者　工作-家庭平衡　工作-家庭失衡　工作-家庭冲突　母职惩罚　父职收益

复习思考题

1. 请阐述边界理论。

2. 请简述工作-家庭关系的六种模式。

3. 请简述工作-家庭平衡的前因变量与结果变量。

4. 请简述工作-家庭冲突的微观呈现。

5. 请论述母职惩罚的形成机理与理论命题。

6. 请结合个体生命周期理论，分析母职惩罚与父职收益差异形成的原因。

7. 工作与家庭之间的矛盾张力，对女性劳动力资源的开发利用、三孩生育政策效能可能产生怎样的影响？

8. 请阐述推动工作-家庭平衡的路径、机制与策略。

阅读文献

1. 房莉杰，陈慧玲．平衡工作与家庭：家庭生育支持政策的国际比较．人口学刊，2021，43（2）.

2. 杨菊华．为了生产与妇女解放：中国托育服务的百年历程．开放时代，2022（6）.

3. 诺克斯，沙赫特．情爱关系中的选择：婚姻家庭社会学入门．北京：北京大学出版社，2009.

4. GRONLUND A，OUN I. In search of family-friendly careers?：professional strategies，work conditions and gender differences in work-family conflict. Community work and family，2018，21（1）.

第十二章

技术与家庭

> 变革深入个人的生活层面后所引发的剧变会改变传统家庭结构，改变对两性关系的看法，也会改变老少之间的习俗关系，改变人们对金钱和成就的价值观，改变我们对工作、娱乐及教育的基本态度。这一切将在奇异、壮观但有着巨大冲击力的科学进步中完成。
>
> ——阿尔文·托夫勒（美）

概而言之，人类社会在经历了数百万年漫长的石器时代后，以时长依次快速递减的模式，相继走过了青铜时代、铁器时代、蒸汽时代和电气时代。每一次时代变革都是技术不断革新和新技术代替旧技术的过程。如今，以互联网为基础的信息技术的疾速发展，通过改变信息传播方式和重塑社会结构，将人类社会带入一个全新的历史时期。渗透于社会各层次、融浸于社会各组织单元、无处不在的信息技术，无疑也在信息革命的余波中，给家庭带来新的、持续不断的且可能是自进入文明社会以来最剧烈的冲击之一（另一次剧烈冲击是第一次工业革命），其影响是巨大且难以想象的。本章分析技术变迁与家庭之间的关系，旨在使读者理解不同技术变迁对家庭产生的影响，并且能够从现代技术变迁的视角思考家庭中的新变化、新特点。

第一节　技术革命与家庭转变

家庭的起源和历史上家庭的任何变动，都与技术的进步密切相关：磨光石器引发了农业技术革命，带来了剩余产品，进而催生了私有制，最终推动了家庭的产生和国家的起源。在全球化、信息化、网络化、数字化加速发展的时代，互联网技术以及由其引发的信息传播方式的变革，渗透到社会的方方面面，具有全程性、全局性、全面性的影响。家庭也深深地烙上了信息技术的印记。

一、人类历史上的三次技术革命

（一）农业革命

在经历了漫长岁月的采集狩猎后，人类约在公元前 13000 年开始从事农业生产，农业技术先后经历了刀耕火种、石器锄耕、铁犁牛耕、机械化大生产等阶段。春秋时期，冶铁技术日渐成熟，牛耕开始出现，并作为农具应用于农业生产。战国时期，牛耕得到普遍推广，农业生产由此开始走向集约化，世界范围内铁犁牛耕的耕作方式正式形成，成为古代农业社会的主要耕作方式。随后，农业生产工具在历朝历代不断改良创新，农耕技术也随时代推移而不断精进，宋元明清时期，以王祯的《农书》、徐光启的《农政全书》等为代表的农业古籍也陆续出现。

农业技术在数千年间不断发展，土地是最重要的生产资料，是农业生产的命脉，被社会各阶级、各阶层视为财富的象征。在封建社会，一方面，统治阶级和地主阶层长期兼并土地，形成“富者田连阡陌，贫者无立锥之地”的土地占有格局；而另一方面，广大社会底层为了维持基本生存，竭力保护自己为数不多的田产，借此形成了以家庭或家族为自保单位的私田占有格局，构成了中国古代小农经济的一大特点，即小土地分散式经营。这种以家庭或家族为单位的经营模式，实质上是将有限的土地置于封闭状态中，从家庭或家族内部寻找生存的途径，以男耕女织的生产方式解决衣、食等最基本的生活资料；在由一夫一妻组合成的家庭内部，依靠劳动满足自身生存必需的最低消费。① 在中国，该模式一直延续到 20 世纪初才开始嬗变；而农业耕作方式的真正变化，则发生在 20 世纪的最后 20 年。

（二）工业革命

迄今为止，人类经历了四次工业革命②。

第一，机械化革命，人类从农耕文明走向了工业文明。1760 年前后发生的第一次工业革命，将人类从铁器时代带入蒸汽时代，以蒸汽动力驱动的机械化大生产逐渐取代家庭作坊工场生产和小农经济生产。瓦特改良蒸汽机后，1765 年问世的珍妮纺纱机实现了生产的机械化，从而催生了车间、工厂等新型生产组织模式，大量农民与手工业者成为产业工人，机械化革命成就了英国“日不落帝国”的传奇。在工业化进程中，地域流动和职业转移逐渐把人们从家庭与土地彼此深嵌的关系中解脱出来；社会分工的进一步细化和技术的进一步发展，创造了更多的城市工作机会，帮助更多人摆脱了农耕和养殖业的生产生活，家庭手工业也渐行消失。家庭成员走出家庭，从农村进入城市，从农业转入工业，从农民变为市民，成为大工厂的

---

① 朱筱新．论中国古代小农经济的形成及特点．北京教育学院学报，2003（4）．

② 朱铎先，赵敏．机·智：从数字化车间走向智能制造．北京：机械工业出版社，2018：25．

雇佣劳动者。这些变化动摇了小农社会家庭长期较为稳定的格局基础，引发了家庭结构、功能和伦理关系的嬗变，成为文明社会家庭最大的一次变化，甚至可能是迄今为止最猛烈、最深刻、最深远的转变。

第二，电气化革命，工业社会进入快速发展时期。大约百年后，德国人西门子制成发电机，电力成为补充蒸汽并逐渐取代蒸汽进行机械化大生产的主动力；不久，以煤气和汽油为燃料的内燃机相继诞生；电灯、电车、内燃汽车、飞机等相继出现，人类步入第二次工业革命时代，即“电气时代”。电气时代到来的标志性事件是1870年美国辛辛那提屠宰场的自动化生产线建成，企业能够进行大批量、流水线式生产。此时，以福特汽车为代表，工业进入了大批量生产阶段。其间，科学技术带动了电信事业的发展；电话、无线电报均为迅速传递信息提供了极大便利，全球政治、文化和经济连接得以加强。随着电气化革命影响的普泛化，以家庭为中心的经济制度逐渐瓦解，家庭不再是社会生产的唯一或主要组织者。再加上避孕技术的传播，家庭结构、功能、关系都随之改变；部分传统家庭功能遭遇毁灭性的打击，新的家庭模式逐渐形成。

第三，信息化革命，人类进入信息生产传播的历史新阶段。约从20世纪70年代开始，美国推出可编程逻辑控制器（programmable logic controller，PLC），在世界范围内被广泛应用。此后，人类经历了以电子和信息技术、生产自动化等为标志的第三次工业革命。各种新技术取得突飞猛进的发展，人们的信息来源爆炸式扩展，获取途径也日益多样，从单一的纸质媒介或以纸媒为主，依次发展成收音机、广播、电视、各类智能移动设备交错为主、前后替代的新格局，如从相对被动的电视节目演变为新型有线和无线网络，实现了生活方式媒介化的多元模式。互联网毋庸置疑已成为迄今最高效的信息传播媒介。互联网技术是在计算机技术的基础上开发建立的一种数字信息技术，是指将两个或多个通信网络通过一定的方法，用一种或多种网络通信设备相互连接、构成更大的网络系统，从而达成不同网络用户便捷地进行信息交流、资源共享和其他活动等目的。其主要标志是数字智能化，促成万物互联。作为数字技术的应用场景，互联网推动了数字技术的传播和普及；而作为互联网的基础元素，数字技术为互联网提供了更多的功能和应用①。互联网的智能化、数字化、虚实结合化等，带来了信息和知识生产、传播、控制方式的革命。但是，互联网并未停留在媒介和信息传播层面，而是借助无线电与电信号（数字）传播信息、加工信息并对信息做出反应，影响现实事物的活动。互联网是地基，庞大的网络、保障信息安全的加密技术、处理大量信息的大数据、快速发展的计算机计算力，以及以信息数字化为主要特征的网络时代，是继农业革命和工业革命之后，人类历史上又一次伟大革命。

第四，智能化革命，人类进入第四次工业革命时期。目前正在经历的工业4.0，

---

① 故此，本章不对互联网、互联网技术/时代、数字技术/时代、信息时代/技术等概念做明确区分，而是通用这些概念。

是继蒸汽技术革命、电力技术革命、计算机及信息技术革命之后的又一次科技革命，通过赛博物理系统（cyber-physical systems，CPS）实现物理世界在数字世界的精确映射，打造“数字孪生”，推动物理实体与数字虚体之间的互联、互通、互操作，最终将智能机器、存储系统和生产设施融入整个生产系统中，人、机、料等能够相互独立地自动交换信息、触发动作和自主控制，实现一种智能的、高效的、个性化的、自组织的生产与服务方式，推动制造业向智能化转型。不过，无论是从时间上还是从技术上看，第四次工业革命与第三次工业革命之间并无明确的标志性划分，它也并非前三次工业革命的简单延续，而是在技术量变累积基础上的一次全新的革命。其主要标志是基于信息化的智能化，通过人工智能、虚拟现实、量子计算、大数据、云计算和机器人等，以及各项新技术的融合而促进生产方式的快速变化。① 由此，人类社会被带入了一个全新且未来尚不可知的时代。

综上所述，自 18 世纪中后期人类社会步入工业社会以来，人类的生产生活方式依次经历了“蒸汽时代”与“电气时代”，进入了“信息时代”，并在第四次工业革命的影响下朝以信息化为基础的“智能化时代”迅猛发展（见图 12－1）。

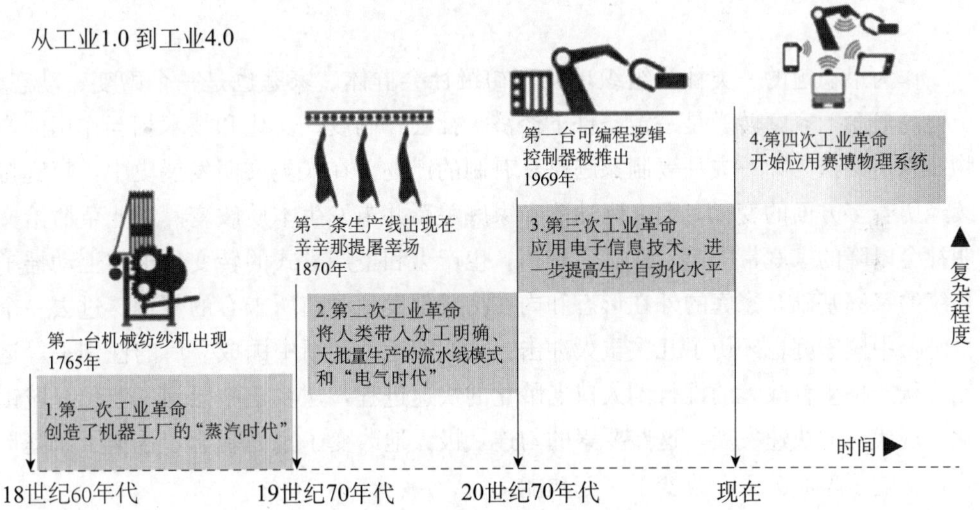

图 12－1　四次工业革命时间节点与主要特征

资料来源：HENNING K，WAHLSTER W，HELBIG J. Recommendations for implementing the strategic initiative INDUSTRIE 4.0. forschungsunion.［2022－02－23］. https：//en. acatech. de/publication/recommendations-for-implementing-the-strategic-initiative-industrie-4-0-final-report-of-the-industrie-4-0-working-group/.

1994 年，互联网已成为中国诸多行业不可或缺的重要生产工具。1995 年，北京市海淀区中关村路口树起了一座高大和具有标识意义的广告牌：“中国人离信息高速公路还有多远？向北一千五百米”。其口气之大、胆色之壮，顷刻间成就了中

① 施瓦布．第四次工业革命．北京：中信出版社，2016：3－9.

国的“信息高速公路”概念，也成为很多人对初期中国互联网的一个经典记忆。“信息高速公路”与互联网数字技术密切相关，是互联网技术众多特点的具象写照之一。

中共中央网络安全和信息化委员会办公室、中华人民共和国国家互联网信息办公室和中国互联网络信息中心联合发布的《第 50 次中国互联网络发展状况统计报告》将互联网应用区分为四个类别：一是基础应用类应用，包括即时通信、搜索引擎、网络新闻、在线办公；二是商务交易类应用，即网络购物、网络支付、在线旅行预定；三是网络娱乐类应用，包括网络游戏、网络视频、网络直播；四是公共服务类应用，包括网约车和在线医疗[①]。所有这些应用都与家庭密切相关。网络的即时性、共享性、平等性、互动性等技术优势，使得互联网成为家庭生活不可或缺的一部分。对于在信息时代组建的新家庭而言，没有网络，就无法“正常”生活。

【拓展阅读 12－1】
我国首个原创虚拟学生！“华智冰”入学清华

二、技术革命与家庭

作为最稳定的一类社会组织单元和初级社会群体，家庭也是一个嬗变、动态、历史的概念，家庭转变是一定条件下经济、社会、制度、文化和技术相互作用的产物。恩格斯认为，一夫一妻制家庭是私有制的产物。在人类文明发展史中，家庭持续经历着多方面的变化，但家庭功能和家庭关系并未发生本质改变。工业革命给文明社会以降的家庭带来第一次巨大震荡，生产力和生产方式的转变从根本上动摇了传统的家庭基础，家庭的外在形态和内在构成都发生了前所未有的变化。过去一个世纪，中国家庭也经历了几次重大冲击：从五四运动到新中国成立后的性别平等运动，从严格生育政策的推行到人口老龄化的快速进程，从乡土中国到工业化、城镇化、现代化的快速发展，这些要素的勾连，极大地改变了家庭观念，重塑了家庭形式，影响了家庭关系，改变了家庭功能。

（一）技术与家庭关系的历史流变

技术进步与社会变迁之间的博弈和互动，必然作用于人类社会最基础的单元——家庭。磨光石器与制陶技术的出现，为初民社会由狩猎转向农业、由游牧转向定居起到关键性推动作用，奠定了家庭的生产力与生产方式基础。在青铜时代，现代意义上的家庭形态出现，这种家庭形态在铁器时代走向成熟与稳定，形成了以人地关系为根本的绵延人类社会数千年的家庭模式。18 世纪后半叶，工业社会的

---

① 第 50 次《中国互联网络发展状况统计报告》.（2022－08－31）［2024－07－07］. https://www.cnnic.net.cn/n4/2022/0914/c88－10226.html.

机械化大生产，带来了生产要素的自由流动，极大地冲击了家庭所依赖的人地关系基础，小农经济时代家庭对土地的依附性与家庭的稳定性开始演化。20 世纪后期进入信息时代，生产力的更大飞跃与生产要素流动的更趋自由，使得家庭不断解构与重塑，在结构、功能、伦理关系方面形成了新的特征。图 12-2 以历史眼光描述了技术进步与家庭形成、变化之间的关系。

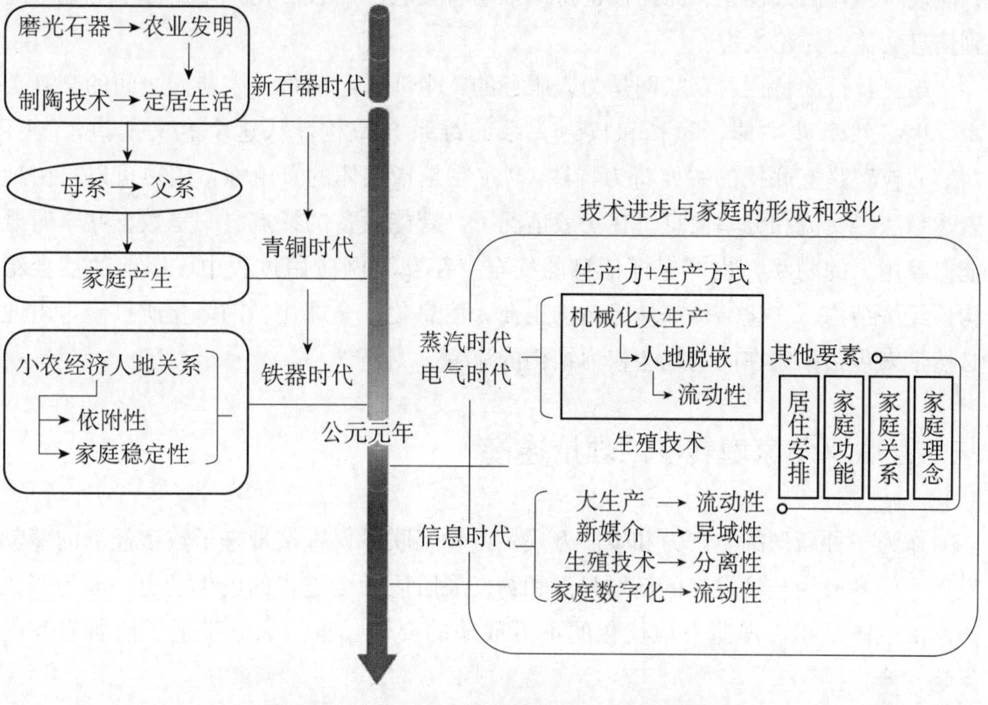

图 12-2　技术进步与家庭形成、变化的关系

（二）互联网技术之于家庭转变的主要特征

从与家庭的关联性出发，本部分将互联网特征归为三类，即联通与脱离、跨界与分界、中心化与去中心化的物理特征，互动与疏离、虚拟与在场、去阶层与强阶层的组织特征，以及自主与被动、私密与开放、赋权与夺权的行为特征。

第一，物理特征。“联”“跨”“平”是互联网最根本的物理特征。互联网的目的之一是，通过连接各种设备、系统、资源，形成一个庞大的网络。人们可以突破时间的限制、消弭空间的约束、跨越领域的局限，真正实现“时空压缩”① 和领域融通，降低信息传递的时滞，从而更便捷、快速地获取信息、资源和服务。在万物互联时代，借由赛博物理系统，可实现物理实体在数字空间中的精确映射，用户可在其中随时随地互联、互通、互操作，进行资源交换，最大限度地提高沟通交流的效率。

① 麦肯齐．大都市社区．上海：上海三联出版社，2017：126-130.

第二，组织特征。互联网之于家庭的组织特性包括“动”“虚”“普”三个方面。互联网是一个无国界、无地界的虚拟自由王国，用户在虚拟场域进行互动的边际成本随着互联网普及而大大降低，个体可更加自主、平等、高效地投入各种分享性和创造性的社会活动中。平民化和平等化也是互联网的重要组织特征，给经济社会地位较低的个体及其家庭打开了认识、了解、参与外面世界的机会窗口。同时，智能设备操作的人性化、简便性也持续推动着互联网的普泛化，用户可平等地参与到信息交流、讨论之中。

第三，行为特征。互联网是为人服务的，牵涉人与网络、人与人之间的交互关系，也必然牵涉主体、隐私和权力关系的维系与重构，从这个意义上讲，“主”“私”“权”是互联网的主要行为特性。“主”是指主体的自由性，用户可以自由地表达想法、交流和分享信息。在一般情况下，智能设备的特点之一是数据共享时既能保障用户的隐私，也能保证信息的安全。在互联网应用过程中，以前的社会结构、经济结构、文化结构和地缘结构正在为信息化、全球化、网络化所打破，由此必然带来包括家庭在内的社会权力结构的流变。

三、互联网与家庭转变的理论连接

作为一种新型的生产力和生产方式，万物互联不仅直接带来了数字经济的蓬勃发展，使其成为经济发展的新增长点和新发展阶段社会进步的内生动力，成为当代国家治理体系和治理能力现代化的不可或缺的要件，也给家庭带来了前所未有的影响。

（一）家庭网络化的三个阶段

家庭网络化包括电脑上网、网络家电和家庭互联网三个阶段。数据显示，中国家庭网络化的数量与质量不断提升①。2000 年后，电脑在家庭中快速普及，人们可以在家中通过电脑、手机、iPad 等通信终端访问互联网，实现不同住的家庭成员之间以及家庭与外部的连接，步入电脑上网阶段。自 1997 年 10 月中国首次开展互联网络发展状况统计以来，网民规模从主要依靠拨号上网的 62 万人增长到 2009 年 6 月的 3.38 亿人，普及率达到 25.5%，代表家庭上网的宽带网民达 3.2 亿人，占网民总体的 94.3%，家庭网络化在此期间得到长足发展。

2010 年前后，随着互联网技术和宽带技术的持续发展，中国进入网络家电阶段，实现家电智能化和远程控制。比如，网络电视融传统电视和网络于一身，其共享性、智能性和可控性愈发迎合现代家庭的娱乐需求，逐渐成为一种新兴的家庭娱乐模式，以网络电视为代表的家电，成为家庭成员参与网络的重要媒介。

---

① 中央网信办网站．成员更独立 家庭更自主 家居更智能：家庭互联网化的三大趋势．(2015-05-14)[2022-10-08]. http://www.sc1001d.com/News_Show.php?NewsID=650.

2020年后，中国进入家庭互联网阶段，家庭互联网使用进入更高层次。得益于国家加快高速宽带网络建设与推进网络提速降费[①]，家庭的固定宽带网络接入环境明显改善，宽带接入速度已由2007年下行速率不过4兆变为2022年高达93.7%的固定宽带用户普及了100兆及以上的接入速率、10.9%的固定宽带用户接入了1 000兆及以上的接入速率、94.9%的家庭以光纤宽带方式接入了互联网[②]。

同时，伴随智能家庭技术的革新，大量的家用传感器接入互联网，通信终端及家用设备组成家庭网络，实现集中控制和协同运转，面向整个家庭的互联网应用大量出现，家庭网络化进程后劲十足。2022年6月，推动非网民上网的首要因素是方便与家人亲属沟通联系，占比达到26.7%，家庭网络化的旺盛需求可见一斑；30～49岁网民依旧占到全体网民的20.3%，他们是家庭的经济支柱，其持续参与将有利于未来继续推动家庭基础设施的网络化进程[③]。

2022年，中国互联网的普及率已达到74.4%。目前，尚未被互联网覆盖之人也难以抵抗互联网的冲击；可以说，当前社会几乎不存在未受到互联网影响的家庭。家庭网络化程度的不断提升，进一步促使家庭出现了多方面的变化。

首先，家庭成员将更具发展潜力，独立性增强。其中，互联网学习和谋生工具的作用不断凸显，家庭成员可借此获得更多的技能和发展机会。随着微博、微信等社交网络的兴起，家庭成员有了各自的社交圈，个人拥有了成百上千的好友或粉丝，社交从基于家人、亲戚、朋友、同事的熟人社交转向基于位置、兴趣的陌生人社交，家庭成员的关系进一步解耦。此外，丰富的网络沟通方式更便于表达情感，可能会拉近家庭成员在心理上的距离，但也可能冲击传统家庭秩序，引发家庭关系冲突。

其次，家庭行为将更加节省时间、开放和自主。在互联网的影响下，更多的家庭行为从线下转向线上，传统的家庭生活场景正在改变。交互式影视服务、联机消费、多媒体交互式教育、家庭图书馆、娱乐游戏、智能电器等或先或后进入家庭。网上买菜、订餐、购物等成为当前生活的日常；扫地机器人、智能陪伴机器人也屡见不鲜；以数字电视为代表的客厅娱乐功能更具多样化、自主性、个性化；线上休闲娱乐活动丰富，人们足不出户就能享受丰富多彩的娱乐活动。

最后，家庭基础设施的数字化、智能化和网络化将继续发展，为家庭未来发展提供更多可能[④]。家庭办公系统、更高集成的家庭自动化系统、数字化和无线化的家居监控与安防设备等，正处在数字化革命的旋涡中心，家庭的梦幻硬件正在替代传统的电视、冰箱、电话，并终将成为主导信息时代的崭新内容。

---

① 国办印发《关于加快高速宽带网络建设推进网络提速降费的指导意见》.（2015-05-20）[2022-09-17]. http://www.gov.cn/xinwen/2015-05/20/content_2865228.htm.

② 同①.

③ 同①.

④ 中央网信办网站．成员更独立 家庭更自主 家居更智能：家庭互联网化的三大趋势．（2015-05-14）[2022-10-08]. http://www.sc1001dcom/News_Show.php?NewsID=650.

(二) 数字技术与家庭转变的理论关联

毋庸置疑，在科学技术进步的每一个阶段，家庭都在不断进行调适。互联网时代与以往任何时代都不同——相较于传统媒介，互联网打开了一扇通往更广阔、更深邃世界的门，推动个体更加自主、平等、高效地参与各种创造性的社会活动。尽管家庭互联网化还处于起步阶段，尚未摆脱个人应用家庭版的局限，但随着家庭互联网的成熟，家庭基础设施的连接、开放、共享和智能化的互联网应用将更加普及，家庭成员之间的连接、共享将更为便捷。以网络为骨骼，以数码为血肉，集合电子技术灵气的数字技术，将对家庭生活的方方面面产生难以预料的深远影响，引发更深层次的新旧伦理观的交锋。新观念、新思想、新技术、新生活模式纷纷呈现，"新"成为家庭的日常与坐标，传统意义上的家庭在工业文明的基础上进一步"异化"。

图 12-3 描述了互联网技术与家庭转变之间的理论关联。如其所示，互联网通过物理特征、组织特征、行为特征与家庭发生着密切的联系。

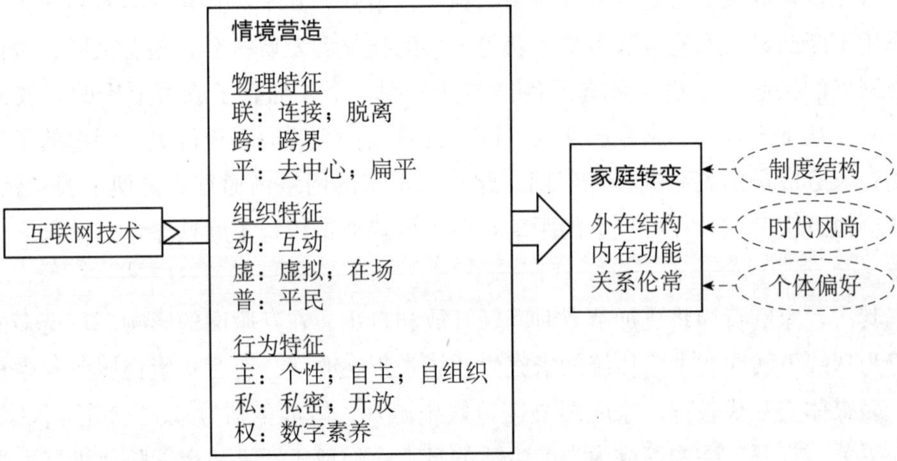

图 12-3　互联网与家庭转变的理论关联

注：本章未关注图中由虚线所示的关系。

第一，互联网的物理与组织特征持续破除家庭边界，重新定义"家庭"的物理空间。互联网技术将外部世界全面带入家庭，打破了"家"这一空间场域固有的情境定义，家庭空间这一社会场景被重新诠释。在互联网时代，"家"不再是共同生活在同一屋檐下的组织单元，而是散布于不同地点、由互联网捆绑连接在一起的网络家庭。过去所说的网络家庭，主要是指家庭成员因地域流动而产生空间分散性，由一地散布到多地的家庭；信息时代的网络家庭则具有双重属性——物理空间的网状分布和虚拟空间的网络分布。在此情境中，家庭成员通过多种虚拟且独立的"微空间"环境，过着一种"微生活"，与其他家庭成员发生"微联系"。互联网发展已然且将带来更深刻的家庭居住安排革命，家庭不再由屋檐来定义，家人不再是居住于同一屋檐下之人。

第二，互联网的组织与行为特征持续蚕食着家庭功能，改变着家庭职能的履行方式与场域。家庭功能既是家庭赖以存续的基础，也是维持家庭团结、增强家庭凝聚力的前提。奈斯比特（John Naisbitt）认为，在互联网时代，社会的基本建筑构件正在从家庭转变为单独的个人；随着个人主义、享乐主义等思潮的不断演化，网络化、信息化、智能化正如同化其他社会组织一样改变着家庭。大规模的托儿所、幼儿园和学校在培育儿童方面比单个家庭更有效率且可能做得更为出色，故家庭的教育功能所剩无几；再加上现代生物技术——人工授精、试管婴儿、无性生殖、胚胎移植、克隆技术——对人类生殖能力的挑战，未来自然生殖可能被“技术生殖”取代，生育不再必须由家庭完成，故婚姻与家庭都可能随着家庭功能的不断削弱而自然走向消亡。此外，互联网时代的家庭生活场景会持续改变，网上就业与消费（买菜、订餐、购物）、多媒体交互式教育与学习、家庭图书馆与个体（再）社会化、线上娱乐等成为生活的日常，更多家庭行为从线下转向线上，社会交往从熟人社交转向陌生人社交，家庭成员关系进一步解耦。这些变化或会继续弱化传统的家庭功能，或会改变家庭功能的履行模式与实现空间。

第三，互联网的行为与物理特征持续重构家庭关系，牵引家庭伦理方向的流变。技术对人们既有性别、婚姻与家庭观念的冲击显而易见，对传统的家庭伦理提出了巨大挑战，引发了新旧伦理关系的交锋。首先是性别角色观念的变化。工业革命已然帮助女性打破了传统的“男主外”社会分工模式，女性走出家庭、投身社会生产，经济日渐独立；反过来，女性开始突破单一的家庭角色定位，追求职场发展、实现社会价值。互联网技术进一步提升了女性的家庭与社会地位——个体使用新型媒介越频繁、接触外界信息越多，越有助于消除传统的性别角色意识，推动更加平等的性别与婚姻观念发展。其次是生育观念的嬗变。技术革新改善了人们的生存环境和物质生活条件，人力不再是家庭幸福和发展的唯一决定力量；家庭从科技进步中获得更丰富的物质财富和更高质量的生活。同时，婴幼儿死亡率持续维持在极低水平，个体和家庭对子女数量的需求急速下降，“养儿防老”“多子多福”以及姓氏和财产“传儿不传女”等观念淡化甚至消失；便捷和有效的避孕技术，将女性从持续生育的沉重负担中解放出来，使其可将更多时间和精力投入自我发展活动中。这些因素不仅改善了女性的身心健康水平，而且有利于她们的终身全面发展，“以质量换数量”“底线生育”的生育观念深入人心。最后是家庭伦理观念的变迁。技术并非总是带来福音的万能之物，电子性爱与虚拟情人等冲击着传统的家庭伦理观念，进而可能改变家庭结构、家庭功能和家庭关系，甚至带来组成“家庭”的更多样式。生物遗传技术也是一柄“双刃剑”，比如，人工授精、试管婴儿、冻卵/精技术虽可帮助不孕不育家庭解决现实问题，但也可能对传统的家庭伦理形成严峻挑战，并暗含其他潜在的社会风险。

可见，随着互联网技术向家庭各领域的渗透，二者之间的联系还会持续增强。技术与家庭在本质上紧密相联，故技术进步在推动家庭变化的同时，也会受到家庭的反作用，如家用电器的更新换代，是技术因应家庭诉求的直接结果。不过，技术对家庭变化的影响更为直接、更为根本。当然，人类历史上家庭的起源、延续或变化与发展，总是多重因素综合作用的结果，政治制度、经济结构、宗教文化、思想观念等都是家庭延续或变化的要因。因此，在分析技术与家庭的关系、技术对家庭变化的影响时，既不能片面夸大技术的独立作用，也不应陷入技术决定论的泥潭。

下面将分别从家庭结构、家庭功能与家庭关系三个层面，对互联网时代的家庭之变进行简要分析。

第二节　信息技术与家庭结构

不同的经济结构和生产方式对应着有差异的家庭结构。家庭结构是指家庭的人口规模、代数、居住安排、生命周期等元素。电视普及并成为家庭生活的要件，打破了公共空间与私人空间的边界，成为改变家庭结构的主要媒介[①]。因此，尽管家庭结构的决定性因素不能简单地归结为技术进步，但技术进步的确引导着家庭结构的发展：适应先进技术或生产力发展速度、规模、水平的家庭形态可得到优先发展，适应先进生产关系的家庭结构最具生命力[②]。在这个意义上，技术进步可能给家庭结构带来影响。如前面章节所述，传统社会的家庭结构相对复杂，但随着工业革命的持续推进，人口的地域流动愈加频繁，家庭结构随之变化。互联网时代的家庭呈现出离散化、简单化与多元化并存的结构性特征。

一、家庭形式从点状转向网状（离散）

在漫长的人类旅程中，人们一直过着游牧生活。随着磨光石器、制陶技术、农业和畜牧业等的发展，人类才有可能修建房屋、定居下来，过真正的定居生活。再加上种植技术的发明，减轻了家庭的生计负担，为早期人类提供了比较稳定且更为丰富的食物来源，结束了人类此前逐草而居或游牧式的生活，使家庭生活由游牧进入种植时代，并逐步稳固。

在不同生态环境和社会制度下，家庭成员之间的空间关系并不相同。在男性控制技术的男权社会，尤其是在一定程度上依靠体力的小农社会中，从父居/从

---

① 西尔弗斯通．电视与日常生活．南京：江苏人民出版社，2004：34-75.

② 张雷．技术与家庭相互作用的机制初探．自然辩证法研究，1996（9）.

夫居制度是最重要的社会制度。从全球来看，进入文明时代的社会大多采取从夫居制度，而处于史前时期的社会则大多采取从母居制度。换言之，在以第一产业为主导的小农和小手工业经济社会中，科学技术较落后，生产力发展水平较低，体力就是生产力。因男性不受生儿育女这一家庭和社会功能的限制，他们往往占据就业优势；相反，多数女性被束缚在家庭中，形成了与此相应的从夫居的婚居模式。

同时，农村生产和日常生活在很大程度上必须依靠体力以及（大）家庭的集体协作。家庭或家族聚集而居，一是便于组织管理，能更好地实现土地、劳动力、财产等资源的共享，提高资源的利用效率，改善个体福祉，推动家庭或家族发展；二是有助于提高家庭或家族的生存概率——在死亡率极高以及自然灾害、战争频繁的情况下，聚集而居可增强家庭或家族的战斗力、提高家庭或家族的存续机会；三是有助于增强家庭或家族的凝聚力，使家庭或家族成员之间的联系更加紧密，从而更好地推动家庭或家族的发展。此时的家庭结构相对复杂，人口数量和代数均较多。

工业革命后，机械化、自动化大生产逐渐应用于重体力劳动行业和工种中，机械手逐渐替代了人手，这既弱化了性别之间的生理与体力差异，也为包括女性在内的劳动者创造了更多的非农就业机会。同时，与工业化相伴而生的城镇化，增强了家庭成员和家庭生活的空间流动性与社会流动性，多重因素的共同作用，缩小了家庭规模，简化了家庭形式与居住安排，调整了家庭生命周期，带来了适应新技术的新居制（即夫妻独立居住成为主导的婚居模式，“两头居”的新居制开始诞生，从夫居依旧存在，从妻居亦不少见），也改变了既有的家庭面貌以及家庭成员之间的空间关系模式。

在万物互联时代，各种行业和各类职业基本上都呈现出“去生理性别化”的态势，依托于互联网和数字技术的新经济业态、新就业群体不断涌现，家庭成为新的办公场所，居家办公日渐流行；传统的家庭服务业持续扩大，新的家庭服务业进一步拓展，第三产业快速发展，这些都为女性全面参与社会劳动提供了便利和机会，包括农村女性在内的女性在经济上更为独立自主。同时，人口的地域流动和社会流动更为普遍。流动带来了家庭成员的分离，他们之间的关系由过去聚集于某地的“点状”关系转向散布在多地的“网状”关系——这既表现为家庭成员空间安排的离散化与网络化，也表现为家庭成员交流互动模式的虚拟化。这种网络式家庭除继续保持了代际的密切关系外，还有三个明显优势：一是使两代个体家庭获得了独立性，自由空间扩大；二是更适应现代社会的生活方式和节奏，关系密切和凝聚力较强的网络式家庭“离而不分、分而不解”；三是更具有弹性，可有序分合①。家庭成

① “中国式”家庭：血脉中流淌孝道与亲情．（2014－04－14）［2024－07－07］．http：//news.sohu.com/20140514/n399571992.shtml.

员的离散化使得家庭规模进一步缩小、代数进一步减少、居住安排进一步简化：2020年，中国的平均家庭户规模仅为2.62人；在全部家庭中，一代户家庭约占一半，一人户家庭约占25.39％，且成为占比上升最快的家庭类型，而由夫妻与未婚子女组成的标准核心家庭占比持续降低，家庭空巢的时间大大提前，空巢家庭占比快速上升，家庭生命周期从正态分布转向右偏态分布①。

二、居住安排从复杂走向简单

家庭的人口再生产担负着社会再生产和人类社会繁衍生息之重任。在小农经济时代，科学技术较落后，生产力发展水平较低，家庭的农业生产和手工劳作主要依靠父辈的经验传递来维持，子女从父辈的言传身教中习得经验、精进技术。此时，子女的养育成本低，但子女对家庭的贡献大，故子女数量多给家庭带来正向效用。家庭人口较多也意味着居住安排较为复杂，反之亦然。

小农社会主要存在三种居住安排——核心家庭、主干家庭和联合家庭，这是由农业文明时期的生产技术水平决定的。一方面，自给自足的农耕经济需要劳动力，只有家庭成员足够多，才能提供相对充足的生产力资源；另一方面，父辈的劳动经验对子女的劳动经验具有重要的决定作用，从而使得同居共爨或比邻而居的主干家庭和联合大家族成为生产生活中的一种有效的、切合实际的安排。在某种程度上，宗法制度不仅是形而上的制度安排，也是经济结构的必然选择。同姓或血缘关系较近的家庭，在必要时便于结成更大的扩大式家庭，以应对生产技术较为落后带来的困境。②

在工业社会，社会生产组织模式由以一家一户为单位的个体生产发展为工厂＋企业的规模式生产。从生产组织者的角度来看，在人口大流动与交通极为便利的时代，社会生产活动已不再依赖于家庭。从性别角度来看，机械化与自动化的生产方式使工人与生产过程的距离不断缩小，危险性工种和有碍健康的工作环境大大消除，由此进一步弱化了两性的体力差异对其参与社会生产的影响。同时，机械化大生产部分地转移了家庭原本依附于土地的经济功能，人口可随职业自由流动，家庭成员开始脱离土地、离开原生家庭③；而家庭功能的外化，也会解构既有的家庭居住安排，形塑新的家庭形式。此外，机械化大生产提高了对人力资本的要求，使教育成为家庭发展必不可少的要件，子女进入劳动力市场的年龄推迟，养育成本提升，对家庭的贡献降低，由此驱动夫妻减少生育，进一步简化家庭的居住安排。因一代户等简化式的居住安排更契合互联网时代的制度安排，故得到优先发展，成为当前最主要的家庭形式。

---

① 杨菊华．生命周期视角下的中国家庭转变研究．社会科学，2022（6）.

② 郭胜伟．技术对家庭变化的影响初探．江汉论坛，1999（11）.

③ 张雷．技术与家庭相互作用的机制初探．自然辩证法研究，1996（9）.

三、家庭形态从主流走向多元

人类家庭形态的多元化由来已久，任何历史时期的家庭形式都不是整齐划一的，现实生活中的每一种家庭形态都有其适应社会环境的内在合理性。人与家庭均非孤立的社会实体，而是受到多种因素的制约，社会系统的存在和发展是不断有序化的过程，必须有与之相适应的主要家庭形态，前面所言的核心家庭、主干家庭和联合家庭曾经是主流的家庭形态。核心家庭古已有之。在工业化萌芽之前，这类家庭就已在一些国家普遍存在，表明它并非工业技术和信息技术进步的直接结果，但因其可能是最适合工业化社会的家庭结构模式，故得到了优先发展，成为工业化国家的主体家庭形式，也是当前中国最主要的家庭形式——虽然其形式出现了很多变种。

在互联网时代，家庭形态将不会如古德预测的那样，向美国中产阶级式的夫妻核心家庭趋同，而更可能是像贝克（Ulrich Beck）所言的“后家庭时代的家庭”①，即家庭从传统封闭的家庭形式向流动开放的家庭形式转变，呈现出更多样化的外在形式、关系模式和互动方式。在工业化、城镇化、现代化进程中累积起来的细微或深刻的家庭变化，在互联网时代被无限放大，婚姻与家庭的神圣性和稳定性深受冲击，家庭存在诸多中间、次级或流动的形态。

比如，从趋势上看，传统意义上的核心家庭、主干家庭、联合家庭会持续减少，单人家庭、单亲家庭、同居家庭、同性恋家庭等有别于传统模式的形式将更为普遍，这些复杂的组合形式就是“后家庭时代的家庭”，即我们正处于“后现代的家庭”阶段。换言之，家庭形态不是走向趋同，而是走向趋异。互联网的个体化特性，也使得家庭从小农时代的“经济共同体”“生育合作社”等“功能性家庭”，工业时代的“需求共同体”，渐变为可以选择的“亲密关系共同体”。家庭结构正在获得新的历史形式，并在适应复杂系统的过程中创造着新的复杂性。

第三节　信息技术与家庭功能

结构与功能内在勾连。结构是保证功能正常发挥的渠道，而功能是维持结构存在和发展的基础，既没有无结构的功能，也没有无功能的结构。小农和小手工业社会的技术限制，决定了社会生产的基本单位、人类谋生的基本单位、社会保障的基本单位都只能是家庭，故家庭既是独立的经济单位，也是人口再生产、子女教养、

---

①　贝克在个体化理论中提出“后家庭时代的家庭”之说，以解释现代西方家庭变迁的特征，预测西方家庭的发展趋势。

长者赡养、休闲娱乐和家庭成员彼此扶持的主要甚至唯一组织。随着工业化和信息化的发展，传统家庭功能呈现出社会化、弱化与强化、疏离与异化等多重特征。

一、经济功能的外化与拓展

在小农时代，家庭是最重要的社会生产、分配、消费、保障单元。家庭占有生产资料，组织社会生产，进行物质资料分配、产品交换和生活消费，但如前所述，工业社会以社会化大生产为特征，而社会化大生产弱化了家庭经济功能中的生产功能。除了部分农村地区和少量的家庭、家族企业外，家庭不再是唯一的社会生产组织者。而且，有产者家庭一般只是生产资料的占有单位，经营管理越来越成为家庭以外人员的职能。米特罗尔（Michael Mitterauer）、西德尔（Reinhard Sieder）曾这样描述西欧社会中家庭经济功能的变迁："工业革命时期……是家庭开始不再提供劳动组织基本形式的时期，这对于家庭逐步丧失其经济职能具有决定性意义。"[①]

在家庭的生产功能向社会转移之时，其消费职能得以强化。20 世纪初，第二次工业革命快速发展，资本主义制度在世界范围内基本确立，全球统一的资本主义商品市场基本形成。加之世界经济危机期间凯恩斯的"有效需求理论"出现以及在世界范围内广泛流行，家庭的消费能力进一步增强、消费功能进一步拓展。在信息时代，产业结构的转型升级进一步发展，第三产业超过第二产业成为产业的最重要支柱，消费品种类繁多，消费内容丰富，家庭消费行为受到更大的刺激[②]，消费欲望提升，消费层次提高。此外，生活用品的技术含量日益增强，成为技术引导家庭消费的明证，直接深化了家庭的经济功能[③]。截至 2023 年 12 月，网络购物用户规模达到 9.15 亿人，占网民整体的 83.8%[④]。网络对个体日常生活消费的影响可见一斑，但互联网技术带来的家庭消费功能的拓展、家庭消费品获得场域的外化（如普遍盛行的网上订餐等日常生活消费），进一步蚕食了自给自足的家庭消费功能。

二、性与生育功能的弱化与增强

人类自进入个体婚制以来，家庭一直是唯一的生育单位，是家族和种族延续的保障。将性生活限定在家庭界限之内，是保证家庭和家族繁衍的基础条件。性生活是家庭中婚姻关系的生物学基础，社会通过法律与道德对性生活予以规范，配偶双方成为满足彼此的性生活需求的基本单位。在缺乏避孕技术或缺乏有效的避孕技术的时代，性生活通常会带来怀孕生育。

---

① 米特罗尔，西德尔．欧洲家庭史．北京：华夏出版社，1987：7.

② 罗新．大众传播媒介对海南家庭的影响．新东方，1996（6）.

③ 郭胜伟．技术对家庭变化的影响初探．江汉论坛，1999（11）.

④ 第 53 次《中国互联网络发展状况统计报告》.（2024-03-22）[2024-04-17]. http://www.cnnic.net.cn/n4/2024/0322/c88-10964.html.

在小农社会，人口死亡率高，因人类继替与社会生产之需，家庭和社会对生育的需求都十分旺盛。家庭是生育的法定场所，生育功能十分发达。为保证财产继承的合法性，社会将性关系控制在夫妻之间，用道德观念加以束缚，形成了一夫一妻的婚姻制度、多子多福的生育文化——中国尤其如此。工业革命后，社会化大生产方式建立，工资、社会保障等制度的确立与完善，改变了家庭财产的传递方式；再加上避孕技术的普及，增强了人们对自身生育功能的控制能力，个体和家庭对子女数量的需求断崖式下降，生育意愿持续降低。这种低欲望与近代生物医药技术的发展、广泛传播的避孕技术联手，深刻改变了人类“性与情”的勾连方式，传统的“情—性—生—养”链条开始从源头脱钩，家庭作为生育单元的重要性相对减弱，家庭之外的繁衍形式日渐普遍。20 世纪 60 年代后，全球的生育率开始下降，同时，非婚生育的数量大幅上升，出现了家庭之外的繁衍形式，家庭生儿育女的功能随之削弱。

当下是信息文明与工业文明的交汇期，工业文明依旧是主要的文明形态，信息文明快速发展。一方面，信息技术的发展有效地促进了知识的普及，逐渐填平了地域和人群鸿沟，推动了消费主义文化的盛行，进一步降低了人们的婚育意愿。个体主义和消费主义文化对年轻人的婚恋观、生育观和家庭观影响深刻，驱动他们更加注重追求个人发展与物质享受，忽视婚育之于个体、家庭、国家的意义和价值，削弱了家庭的生育功能。由此，人类的自然生育发展史经历了“物竞天择、优胜劣汰”的自然选择规律主导下的高生育率期，与工业生产方式配套的“少生优生”的生育率下降期，以及消费文化盛行背景下的超低生育率期三个阶段。另一方面，信息技术的发展推动了人工生殖和辅助生殖技术的革命，打破了自然生殖的常规，加快了生育革命进程，“试管婴儿”“人工授精”“无性生殖”等技术可取代传统家庭的生育功能。1978 年 7 月 25 日，英国奥尔德姆市医院诞生了世界首例“试管婴儿”，开创了生殖医学领域的新纪元。可见，技术一方面弱化了生育功能（通过避孕），另一方面可帮助无法正常实现生育的家庭实现生育，解决丈夫不育与妻子不孕的问题，将家庭最核心的功能部分地移到家庭之外。仅从技术层面来讲，人口再生产功能可像社会再生产功能一样为技术所取代。当然，技术的目的总是服务于人、服务于人类社会，故而会受到人类社会的控制。

【拓展阅读 12-2】违法代孕为何屡禁不止

三、抚育与教化功能的外化与异化

抚育是上一代对下一代的抚养培育，是实现社会继替必不可少的保障。社会同样通过法律制度对家庭的抚育义务进行监督与约束，借助家庭的社会教化功能，为人类社会的良好继替营造平稳安定的初始化环境。迄今为止，子女的抚育与教化都是家庭的主要责任，不过，相比于小农社会，信息时代家庭的抚育与教化功能都发生了不同程度的变化。

社会教化或社会化，是指一个人获得自己的人格和学会参与群体或社会活动的方法的互动过程[①]。家庭的教化功能包括父母教育子女和家庭成员之间相互教育两个方面，且以前者为主。在小农社会中，知识与技能的涵育多依赖于父辈对子代面对面、手把手的经验传授，内容多是建立在经验基础上的技艺、“家庭技术”、“祖传秘方”、为人处世的规矩伦理等。进入工业社会后，随着公共托儿所、幼儿园和大中小学校的发展，抚育和教化的内容在拓展，技术也在更新，传统的家庭养育让位于程序化、规范化、普泛性的科学养育，过去的家庭教育让渡于以传授系统的科学知识、劳动技能等为主的学校教育，家庭的教化功能向学校等专业机构转移。

及至信息时代，在互联网等力量的冲击下，家庭的抚育与教化功能在场域上进一步外化，育儿行为、育儿知识、知识的传递方式、接受知识的方式、知识的共享模式等均被重新定义，对知识的创造、掌握与传播成为社会地位高低的判断标准，知识经济蓬勃发展。不过，在家庭的抚育与教化功能不断外化的同时，过度育儿、教育内卷等育儿行为进一步强化，凸显出家庭抚育与教化功能的异化。

在新冠病毒感染疫情期间，各级各类学校普遍采取线上方式教学，在线教育呈现爆发式发展。比如，2020年6月，虽然疫情防控已进入常态化阶段，大中小学校已逐步有序放开线下教学，在线教育用户较同年3月份减少了4 236万人，但规模仍然巨大，达到3.81亿人，比2018年年底高19.1个百分点，占网民整体的40.5%[②]。

相关数据显示，2020年，北京在线教育企业数量最多，达到79 945家；广东在线教育企业数量次之，达到13 542家；山东在线教育企业数量排名第三，达到12 144家[③]。除特殊时期的线上教育外，数字平台也开始融入日常教学的各个环节。2022年，北京市教育大数据平台和统一服务门户“京学通”开通上线，该平台汇聚了市、区、学校三级的4.3亿条教育数据，不仅为学生们提供了海量的数字化资源，也极大加强了教育的便利性[④]。同年，由于新冠病毒感染疫情，上海再次启动了线上教育，“上海微校”“空中课堂”栏目累计点播量3.4亿人次，“名师面对面”栏目累计点播量470万人次，在线教学实现了从无到有、从有到优的跨越[⑤]。

---

① 波普诺．社会学．北京：中国人民大学出版社，2007：154.

② 第46次《中国互联网络发展状况统计报告》.（2020-09-29）[2024-07-07]. https://www.cnnic.net.cn/n4/2022/0401/c88-1124.html.

③ 2020年北京在线教育机构数量达79 945家，线上学习已经成为一种常态！.（2020-09-11）[2022-09-27]. https://www.sohu.com/a/417760256_120753902.

④ 北京全市教育大数据平台“京学通”上线 教育政策、招生入学等在线可查.（2022-04-22）[2022-09-27]. https://baijiahao.baidu.com/s?id=1730769493489748291&wfr=spider&for=pc.

⑤ 冯永亮，康丽．从无到有，从有到优：上海大规模在线教学迭代升级纪实．中国教师报，2022-08-18.

四、赡养功能的弱化和强化

在小农社会，人活七十古来稀；而在信息时代，人类的平均预期寿命持续延长，人口老龄化进程加速。2023年，中国60岁及以上人口已达2.97亿人，占总人口的21.1%，65岁及以上人口达2.17亿人，超过总人口的15.4%。家庭一直都是老年人生活的主要场域和养老的责任主体，但随着家庭结构的转变和精细化育儿模式的盛行，家庭赡养功能被大大削弱，日常生活照护人手出现明显赤字，家庭养老资源供给力不从心。

此时，伴随互联网的快速发展，以数字技术为基础、以互联网为连接的智慧养老思路与实践应运而生，并逐渐融入居家养老服务体系中，弥补了居家养老服务的不足，由此可对已然弱化的传统家庭养老模式形成替补。而且，未来30年既是中国人口老龄化急速发展之时，也是智能技术加速成长之时，以信息技术为基础的智慧养老将发挥越来越重要的作用。

第一，情感交流与社会参与更加便捷。以智慧养老为代表的养老技术进步，便利了代际情感交流，填补了由家人不在场带来的心理和情感缺憾。同时，各种智能产品的应用，也提高了老年人的社会参与度，扩大了他们的社会交际圈，为他们表达需求提供了便利。

第二，养老服务替补与质量提升。智慧养老在养老技术、养老信息等方面的发展，能有效提升养老服务的技术水平，使老年人足不出户即可享受契合诉求的优质服务，在一定程度上可弥补传统养老服务产品的不足。智慧养老也可为家庭养老服务的生产者提供交流和沟通平台，他们可相互学习，取长补短，全面把握服务项目的种类和服务质量，促进原有服务的优化和新服务的开发，可进一步对子女亲力亲为的养老服务起到补充作用。

第三，健康管理与服务效能进一步改进。智慧养老通过信息采集与信息管理等，形成老年人数据网络，并将社会服务供给单位、服务内容、服务方式等信息接入信息中心，促进养老服务供给与老年人需求的有效对接，据此了解老年人的所需所盼，提供具有针对性的养老服务。可见，智慧养老借助网络互通、资源共享等手段，使家庭养老更加智能化、个性化、专业化与系统化，由此弱化了父母对子女在日常生活照料、情感慰藉等方面的过度依赖。不过，目前智慧养老只是对家庭养老模式的补充，不能取代家庭的赡养功能，更不能替代家庭成员的悉心照护。亲情联络与情感慰藉并不是技术所能完全替代的，对长辈和晚辈来说都是如此。

五、情感慰藉与休闲娱乐功能的外化

即时通信技术可使受地域阻隔的家庭成员实现文字、语音、视频交流，对家庭成员物理“不在场”形成一种有效的替补。换言之，互联网技术提供了家庭成员交流的新途径。

在信息时代，家庭的休闲娱乐功能得到明显增强。休闲娱乐是家庭闲暇时间的表现。对传统家庭而言，受制于严肃的家庭秩序以及单调的生产压力，家庭往往更多发挥了生产闲暇的休闲功能，主要体现为家庭成员之间的促膝长谈和游戏娱乐。而随着数字技术的发展、信息时代的来临，社会层面可供人们娱乐消遣的物质资料愈加丰富，加之多样化的智能终端的普及，以及家庭网络应用市场的成熟与发展，过去主要在家庭之外开展的娱乐活动，如看电影、K歌等走进寻常百姓之家；更为重要的是，各种电脑、手机游戏层出不穷。休闲娱乐逐渐从单一型向多向型发展，过去主要发生于家庭成员之间的休闲娱乐活动大大弱化，但家庭作为休闲娱乐的主要场域，其功能并未受到削弱。

小马里恩·J. 利维（Marion J. Levy，Jr.）认为，世界变化中的技术因素是所有事物现代化的根本原因，任何社会的充分现代化、物质资料的极大丰富和人类的一切巨大成就均仰赖工具的使用①。结构功能主义者斯梅尔塞（Neil Joseph Smelser）主张，技术、经济和生态环境的变化必然引发整个社会和文化结构的变化。他认为，利维的主张虽然是一种技术决定论，但是至少体现了在社会变迁过程中，家庭功能的兴衰与技术的进步或退步之间确实存在十分显著的相关性。正如斯梅尔塞所言，现代化催生了一种以情感吸引和爱情为基础的家庭；除家庭成员各自与外部的联系外，家庭不再作为重要的社会场域。② 不过，尽管作为20世纪后期最重要的发明之一，互联网在家庭成员的日常生活中发挥着越来越重要的作用，但从目前来看，斯梅尔塞的预言还为时尚早。无论是西方还是中国，家庭都仍是个体生活的最重要场域。

【拓展阅读 12－3】
《中老年人短视频使用情况调查报告》：抖音是老年人社会参与的新工具

第四节 信息技术与家庭关系

网络数字技术对家庭情感关系的影响格外重要。下面仅从三个方面来分析二者的关联：总体关系、代际关系、夫妻关系。对总体关系的论述也适用于代际关系、

① LEVY M J. Modernization and the structure of societies：a setting for international affairs. Princeton，New Jersey：Princeton University Press，1966：190.

② SMELSER N J. Processes of social change//SMELSER N J. Sociology：an introduction. New York：John Wiley & Sons，1973：748－752.

夫妻关系以及其他家庭成员之间的关系。关系牵涉权力。信息技术对家庭关系的冲击在很大程度上是在重构父权与夫权。迄今为止，公-私领域权力获取的核心均在于知识的生产和资源的掌控，信息技术作为一种新技术和新型生产力，无疑会对父权和夫权进行解构。互联网承载的信息技术，只是近年来快速发展的现代性的一个新表征，此前，父权和夫权已受到虽本书未谈及却与数字技术发展深度交织的结构与制度变革的持续挑战。可以说，解构父权和夫权的核心力量，不是信息技术本身，而是信息权力话语削弱了父权和夫权的赋权基础，以及附着于信息技术或以此为载体的现代社会知识和权力生产方式与传播模式的变化、通过技术表现出来的现代性。

一、总体关系的异域共情与在场疏离

在互联网产生之前，电话、广播、收音机尤其是电视已介入家庭关系中。传统媒体每天的内容播报都在确立个体在家庭之中的生活坐标，潜移默化地影响着家庭成员之间的关系。互联网对家庭关系的重构可从共享与分隔两个视角来考察，场景的共享在打破原先的社会角色模式之时，也形成了新的分隔①：一方面，互联网技术可促进家庭成员之间的亲和性，成为亲密关系的“黏合剂”；另一方面，它也可引发家庭成员之间的冲突，成为家庭不和谐的外在原因。

（一）异域共情

第一，在移动互联网中，“联”的属性将分隔于千里之外的人便利地联系在一起。人口的地域流动和社会流动是改革开放后的基本人口特征，已成为家庭日常生活的一部分。低龄人的负笈游学、成年人的外出打工、老年人的异地养老等，都改变了家庭的生活常态与外在结构，小家庭的成员分隔数地，“点状”家庭成为“网状”家庭。过去，一旦人外出，分隔两地的亲人就只能通过熟人带口信、家书、电报、电话等口头或字面形式传递信息、表达惦念、分享情感、商讨家事。“洛阳城里见秋风，欲作家书意万重。复恐匆匆说不尽，行人临发又开封。”（张籍《秋思》）“寒雨连江夜入吴，平明送客楚山孤。洛阳亲友如相问，一片冰心在玉壶。”（王昌龄《芙蓉楼送辛渐》）这些方式或缺乏互动，或受到诸多限制：除电话外，其他形式的信息传递常常需要数日、数月甚至经年。以智能终端（如电脑、手机）为载体的硬件借助数字技术，实现了人类无时空限制的交流。保罗·莱文森（Paul Levinson）认为，人类最基本的活动方式是说话和走路，手机完美地将这两个功能整合在一起，成为一个流动的家园——它不仅将人们从固定的网络中解放出来，而且给人们提供了即时的、超越空间制约的选择②。互联网时代的文字、语音与视频分享

---

① 张晨阳．互联网对现代家庭关系的影响：基于媒介情境论的思考．今传媒，2016，24（12）．

② 莱文森．手机：挡不住的呼唤．北京：中国人民大学出版社，2004：1-54．

技术，满足了人们寻求家庭成员的及时性支持的诉求，突破了时间限制，压缩了空间。当然，互联网虽可传递信息，但难以提供长途跋涉、久别重逢后亲人面对面促膝长谈的亲切、温暖，以及围炉而坐的天伦之乐。

第二，虚拟技术创造出“在场”的实体效果。电子媒介带来群体共享场景的融合①。在网络沟通中，除通过文字形式的编码传递信息外，音频、视频也成为主要的交流形式与交往媒介。一方面，这样的模式减少了编码过程中可能存在的阻隔②，简化了对数字素养的需求，通过简单的操作即可进行通信，极大地便利了受教育程度和数字素养较低之人尤其是年长者的使用。另一方面，视频交流方式将通话双方拉进一个共同的虚拟场景中，如同在家庭这个私密的空间场域中，进行“面对面”的“在场”联系，让参与者即时看到“在场”之人的样貌，观察到各自的喜怒哀乐，分享彼此的情感，由此赋予了异域亲人一种富于个性化但同样亲密且具有表现力的互动形式。换言之，互联网成为家庭成员的交流中介和家庭成员关系的“黏合剂”，突破了“必然在场”的物理支配，“在场”与“不在场”的界限被模糊，家庭成员的互动跨越了时空限制，保持了同步性。以手机为代表的移动智能终端，在传达信息之时，延伸、强化了家庭纽带，使家庭成员感受到家庭的温馨与温暖。无论是分享一顿丰盛的午餐，还是分享对生活的抱怨，即时性的沟通交流，都会增强家庭成员之间的认同感及其对家庭的归属感。

第三，网络交流还可在一定程度上避免“亲人见面分外尴尬”的场面或家庭成员之间的正面冲突。面对面的交流容易引起冲突，网络交流可给人提供缓冲的机会：一个有趣的动画表情包，可成为冲突的缓冲器；一段用情至深的文字，或许会成为打开心结、化解误解的良药。心理学研究表明，在面对面的交流中，35%的信息是通过言语传递的，其余65%的信息是通过面部表情、肢体动作等非言语形式表现出来的。不在场表达可以避免现场表达的尴尬；虚拟空间信息发达，无需传统纸媒的固定程式；语音等形式的表达准确，利于理解与接受，有助于共情与解决矛盾。换言之，网络的可视化功能、文字、符号等，在缓解家庭矛盾冲突方面可以起到重要作用，成为众多人应对特殊时刻的不二选择。

（二）在场疏离

然而，互联网技术并不总是带来融洽的关系，而是也会带来“在场疏离”。美国未来学家约翰·奈斯比特曾说：“科技的确已在使人疏离人、疏离自然、疏离自我。科技会造成实质与情感上的距离，把人剥离自己的生活。”③ 罗新提出，大众传播媒介正在引起一场静悄悄的“家庭革命”，成为家庭关系的“隐形杀手”④。

---

① 梅罗维茨．消失的地域：电子媒介对社会行为的影响．北京：清华大学出版社，2002：67-86.

② 张晨阳．互联网对现代家庭关系的影响：基于媒介情境论的思考．今传媒，2016，24（12）.

③ 奈斯比特，奈斯比特，菲利普．高科技·高思维：科技与人性意义的追寻．北京：新华出版社，2000：27.

④ 罗新．大众传播媒介对海南家庭的影响．新东方，1996（6）.

第一，网络使用占用了家庭成员共度的时光。网络是一种即时的交流工具，为整天忙于工作之人提供了一种放松方式。无论是大人还是小孩，都会为网络上适合各年龄群体的内容所吸引。在闲暇之时，稍有数字素养的家庭成员，可能都倾向于在物理空间中独自沉浸在虚拟世界里，搜寻感兴趣的信息，形成一个个既具象又与真实分离的社会情境。家庭成员虽然共处一室，但似乎相隔千里，彼此很少交流、很少沟通。"世界上最远的距离，就是我在你身边，你却在玩手机"的调侃，反映的就是这种社会现实。

第二，网络依赖带来家庭关系的松散化。小农社会的家庭多较封闭，生产、消费、休闲娱乐等活动均由家庭成员共同进行。而在网络社会中，网络占用了家庭成员大量的共度时光，甚至有很多人沉迷于虚拟的网络世界。很多人与手机"相处"的时间比与父母、配偶甚至子女真正相处的时间还长。因此，虽然家庭成员物理空间在场，但社会空间却不共享，两类空间的在场分离现象不仅弱化了家庭成员之间的亲密感，也弱化了在家里与在其他地方之间的区别，进而可能削弱家庭的凝聚力。同时，网络沉迷行为、家庭成员对网络内容看法的差异、"不在场"成为部分家庭成员逃避责任的借口等，可能引发家庭成员之间的矛盾与冲突，不利于家庭团结。

第三，传统的家庭仪式被取代。在互联网时代，过去一些家庭成员共同参与的在场仪式开始为网络仪式所取代。比如，清明祭祖、中秋团圆、春节团聚等公共家庭活动，都是增进家庭凝聚力的重要仪式，通过提供共同体验的瞬间，涵育、激发、增强或重塑成员的集体意识和认同，促成其在信仰、情感和意愿上的高度一致。正是通过定期和常态化的家庭仪式，小家庭和大家族赓续着家庭的家风、家教。在这些时刻，家庭成员共同解决问题、商讨重大的家庭事务，不仅增进了家庭成员之间的情感联系，也在很大程度上维系了家庭的稳定与和谐。但是，在互联网时代，很多在场仪式为网络仪式所取代，其背后所传递的信息、所体现的意义可能就截然不同了。

二、代际关系的削权父辈与增权子代[①]

父权是农业文明的符号，农业文明是父权的支撑。几乎在所有小农社会中，技术创新都主要源自农业技术和手工艺者的经验，技艺、技能等知识也是经验式的和完整的。血缘、宗法伦理制度与儒家文化规制、知识形态和传递方式的共同作用，形塑了"父亲"这一兼具文化符号和现实权威的形象，并且以自然经济为基础的经济结构、以家庭为初元单位的社会结构、以集体宗法文化为制度前提的政治体制，支撑并合法化父权，使之具有稳定性。然而，数字知识自其产生伊始，就作为一个

---

① 杨菊华．长老权力与时势权力的消长：数字时代的代际关系．学术月刊，2022（11）．

重要变量参与到知识的生产、更新与传播过程之中，成为一种重要的政治策略和技术，规定着数字时代知识体系的形成及发展道路。正如凯文·凯利（Kevin Kelly）所言："未来的科技生命将会是一系列无尽的升级，而迭代的速率正在加速……无尽的升级都会把你变成一个菜鸟——也就是说，你会变成笨手笨脚的新客户。"① 子代生于互联网时代，既是互联网时代的"原住民"，也是互联网时代的主人；父辈被裹胁于互联网的浪潮中，通常是互联网时代的"难民"或"移民"。此种差别规定着代际关系的新动向。

（一）削权父辈

代际数字鸿沟极大地挑战和冲击着传统社会的父权制。早在 1990 年，美国未来学家托夫勒（Alvin Toffler）就在《权力的转移》一书中，提出了信息富人、信息穷人、信息沟壑和数字鸿沟等概念，认为数字鸿沟是指信息和电子技术方面的鸿沟②。在信息时代，不同主体因经济社会发展水平之别，形成了信息不对称以及互联网技术拥有程度、应用程度及创新能力的差别，进而造成了信息技术落差，由此加剧了不同国家、地区、人群之间的差距。在任何社会中，总有人拥有最先进的知识与技能，也总有人因缺乏相关信息、技术与能力，在社会生活中被边缘化。

首先，数字鸿沟成为子代向父辈夺权的重要助力。代际隔阂甚至冲突是与年龄差别俱来的固有特性。在新技术和新媒介使用成为一项基本生存技能的情境下，数字鸿沟主要表现在三个层面：理念沟、介入沟和信息沟。目前的长辈多成长于"读报时代""电视时代"，对新技术的认知停留于早年的社会化时代。数字技术的传播冲击着长辈过往的生活经验和文化观念；而生活惯性和习性依旧将他们定格于"报纸人""电视人"。他们可能对新技术缺乏兴趣，接受意愿不高，甚至拒绝或排斥新技术，且害怕出错的心理恐惧亦会阻碍他们对新技术的获得和使用意愿，进而使他们成为数字难民。数字鸿沟也受制于长者的学习和掌握新知识的能力。其中，年龄越大，受教育程度越低，长者对新技术的接受能力或对数字知识的获得程度越低。被裹胁于数字时代的长者往往处于一种难以融入时代的尴尬处境中，部分人甚至被互联网世界"抛弃"，多是新技术的被动接受者、陪伴者、局外人和落伍者。在老龄化与数字化并行的时代，技术越来越新、年龄越来越老，新技术对长者而言较陌生甚至难以接受，他们所能接受的新信息也十分有限。由此，信息获取和使用的深度与广度的代际差异持续变大，形成了信息沟。理念沟、介入沟和信息沟都激化了代际信息的不对称和代际话语权的流变，子代往往成为家庭话语权的实际掌控者。

其次，互联网的去中心化逐渐消解了父辈的话语权与掌控力。新媒体的去中心

① 凯利．必然．北京：电子工业出版社，2016：5.

② 托夫勒．权力的转移．北京：中信出版社，2018.

化特征，为子代挑战父辈权威提供了可能[①]。过去知识的获取途径主要是长辈的言传身教；而在信息时代，使用搜索引擎便可能得到一切想要的答案。去中心化带来了社会交往的平等化，弱化了传统的“别上下、区尊卑”的教化模式；加之年轻人在知识、技能方面的优长，前喻文化丧失了优势。网络媒体的“流量”逻辑进一步放大了数字化的代际冲突，互联网的聚合属性令“流量”变成子代抵抗传统父辈权力的强大阵地，虚拟空间中甚至兴起对抗父辈权力的青年互联网社区，并通过网络话语权掌握、社交媒体动员，集结起反抗父辈的网络力量，对长老权力“群起而攻之”[②]。数字技术更丰富的媒介渠道、更利于隐藏和粉饰交流双方情绪的可编辑性、渗入用户生活的随身性等，都使得父辈难以洞察子代的观念与行为，其教化能力与权威遭到进一步削弱。

最后，数字技术直接带来对长老权力的“祛魅”。一是对父辈生活秘密的祛魅，二是对传统经验知识的祛魅。在数字时代，尽管代际知识互动依然十分重要，父辈依旧传喻子代生存技能、对生活的理解、公认的生活方式与基本的是非观等，但子代不用必须听、必须接受、必须践行，而是可基于心性自由选择。同时，数字技术持续挑战着家长制语境下父母为先的观念和父母对子女的绝对权威，社会权力结构由长老威权向技术霸权转移。基于数字能力，子代可借助网络，突破物理空间的制约，绕过家庭获取知识、传递信息，家庭不再是子代生命早期积累知识、习得社会性的唯一场域，甚至不是最主要场域；反过来，父辈若想跟紧时代步伐，就不得不以“乖小孩”的形象接受子代的技术反哺，由此解构了对父权制的认同，构成了削夺父辈权力的要因。

（二）增权子代

增权子代与削权父辈是一个问题的两面。数字技术作为社会转型过程中的新生力量，已然渗透到社会和家庭生活的方方面面；数字鸿沟正在解构和重构既有的代际关系，代际权力重心正在发生前所未有的流变。子代的增权主要是通过对数字技术的生产及对其使用规则的定义、知识反哺这两条路径来实现的。

首先，子代是数字时代的“原住民”，既是网络世界数字符号及其意义的生产者、创新者、践行者与传播者，也是数字技术规则的制定者。一方面，网络的互动性、虚拟性和个性化等特征，吸引着求新、求变的年轻人。年轻人是互联网的主人，互联网从一开始就是他们日常生活中不可或缺的一部分，是他们获取物质和精神食粮与财富的重要媒介。另一方面，数字技术作为一种新的知识力量和社会力量，主要被掌握在占据了信息高地的年轻人手中，对新知识尤其是数字知识的创新、生产与熟练使用，成为合理增权子代的凭依。在去中

① 周晓虹．文化反哺：变迁社会中的代际革命．北京：商务印书馆，2015：322－326.
② 王斌．数字化代际冲突：概念、特征及成因．当代青年研究，2019（1）.

心化的虚拟网络世界中，子代可借助各种手段不断自我赋能[①]。尽管在数字社会，长老对社会经验的掌握程度仍高于子代，但作为数字时代“原住民”的子代，拥有高超的信息获取能力和网络社会参与能力，故是信息高地的规则制定者、定义者、占有者和管理者，进而成为数字权威的掌控者，引领网络社会的发展走向。

其次，子代也是父辈数字技术的领路人，并通过对长老的数字知识的反哺削夺长老权力。现在，过去顺向教化的前喻文化独占支配地位的时代已结束；父辈必须依赖子代，方能更好地适应信息时代的家庭和社会生活，由此形成了米德在《代沟》中所言的“后喻文化”[②]。尽管在数字时代，父辈依旧向子代传授经验知识，但知识流向从过去那种主要由父辈到子代的单向流动模式演变为代际双向流动模式。而且，尽管自下而上的技术反哺对弥补代际数字鸿沟意义重大，但对新器物的使用和新潮流的波涛，使得子代在知识传递中占有绝对优势，拥有更大的话语权，可以改变甚至决定父辈的行为取向。因此，在信息时代，前喻、并喻、后喻三种文化类型并存，但就数字技术而言，后喻文化占主导地位；再加上其他制度（如经济体制、生育政策、文化观念）和结构要素（如人口转变及工业化、城镇化和现代化进程）的共同作用，子代的权力将进一步提升。

总之，代际数字鸿沟带来巨大的技术反哺需求，而试图填平鸿沟的技术反哺，已然成为当下新的文化传递方式。这是对延续了几千年前喻文化的颠覆，奠定了削弱父权的基础，成为削夺长老权力的手段。在此情此景下，养的目的、孝的意义、尊的逻辑和敬的基础都在发生变化，子代对父辈的情感依附与价值依赖大大减弱；相反，在数字时代成长起来的年青一代，通过创造并拥有最新的知识与技能，成为时势英雄，彰显出新的、与长老权力相抗衡的时势权力。在两类权力的博弈过程中，长老尊严和威权旁落，在历史舞台上逐渐隐退，时势权力则越发彰显。

【拓展阅读 12－4】
帮老年人迈过数字鸿沟：家庭“数字反哺”更有效

三、夫妻关系的分权与平权

夫妻是构成家庭的最基本元素，夫妻关系是家庭中最主要的横向关系。一般来说，影响夫妻在家庭中地位的因素主要有社会文化规范、伦理道德秩序、经济社会结构等。如今，技术进步正在从另一个侧面能动地影响夫妻关系。

---

① 王建磊．App：技术赋权的回归．新闻大学，2016（6）．

② 米德．代沟．北京：光明日报出版社，1988：20．

（一）技术与夫妻关系的演变

在文明社会之前，曾经有过女性被尊敬的时代。但随着以种植、饲养为主的农业经济的出现，男性逐渐取代女性成为主要的生产力。私有制的建立进一步巩固了男性的家庭和社会地位。但是，随着工业技术和各种新技术的不断进步，夫妻关系又开启了一个新的历史篇章。

第一，在原始社会早期，生产技术极度落后。在农业和家庭畜牧业出现之前，女性多承担采集工作，所得生活资料通常比男性更稳定，从而形成并巩固了女性在社会生活中的主导地位。

第二，随着农业技术的进步、金属冶炼技术的不断发展，男性逐渐成为农业劳动的主要承担者。他们使用石器与金属工具，生产出更多的剩余产品，形成了生活资料的原始积累，强化了他们在生活资料分配中的话语权，性别关系开始发生变化。随着生产工具的持续进步，社群中产生了建立男性继承制度的希冀，人类逐渐从母权社会过渡到父权社会，进而过渡到一夫一妻制家庭制度阶段。

在小农社会，夫妻主要是基于自然生理条件进行社会分工的。由于农业劳动的特殊性和父系继承制的确立，不受生理限制且体魄强健的丈夫成为田间地头的主要劳动力、手工业技艺的主要甚至是唯一继承者，妻子则主要从事家务劳动。为确保由亲生子女继承财产，社会制度对妻子施加诸多的强制性约束，将其主要职责规定为生儿育女、相夫教子，并要求其在家庭中必须绝对服从丈夫。传统儒家文化的“三从四德”等封建道德约束，便是小农社会夫妻关系不平等的深刻写照。此时的家庭多为主干家庭，家庭是基本的生产单位，夫妻在农活与家务上分工合作，彼此交换经济支持与家庭服务。

第三，在工业社会和后工业社会，机械化大生产和电子技术尤其是数字技术的普遍运用，大大降低了劳动强度，拓宽了劳动领域。如前所述，工业化发展早期需要大量的女工、童工等廉价劳动力，为女性提供了非农就业机会，妻子无须依靠丈夫而生存。以经济独立为武器，女性在夫妻关系中获得相应的话语权。数字技术的发展及其在生产生活中的广泛应用，大大增加了女性的就业人数。她们从事着各种工业、商业和服务业工作，这不仅继续改善着她们的经济地位，而且为其思想解放、脱离传统性别文化规制的束缚、实现人生价值提供了重要契机。男女两性的社会劳动参与反射到家庭领域，会给夫妻关系带来深刻影响。

（二）数字技术与日常家务

“男主外、女主内”是传统农业社会的基本性别分工模式。虽然在工业革命过程中，女性普遍的社会劳动参与所引发的“无声革命”形成了两性社会劳动参与的“外-外”格局，但未能突破“女主内”的分工传统，女性从过去的“主内”变为肩负家庭和社会劳动双重责任。家务劳动具有无偿性，是为维持家庭及其成员存续与发展而做的无偿工作。无论是哪一类家务，妻子投入的时间都远远多于丈夫。

家用电器如电饭煲、电冰箱、洗衣机、洗碗机、微波炉等的普及，可部分地将女性从日复一日、年复一年、单调重复、枯燥乏味的繁重日常家务劳动中解放出来。在家用电器不发达的时代，家务劳动是沉重的体力活。第二次工业革命带来的家用电器，便利了日常家务劳动的主要承担者。比如，19 世纪后，微波炉和烤箱等家用电器在西方的普及，使得做饭成为一件“按照说明书在适合的时候打开或者关闭开关”而无须思考的事情①。洗衣曾是一项繁重的家务活，但当洗衣机发明后，洗衣不再是消耗巨大体力的家务活了。可见，日常家用电器的发展在一定程度上减少了家务劳动时间，部分地将妻子从家务劳动中解放了出来。而且，随着更多节省劳动力的设备普遍进入家庭，家庭的平均家务劳动时间会继续下降。家务劳动时间的减少对女性劳动力供给的增加起到明显的提升作用，女性得以更多地参与正规劳动力市场，从事一些传统上由男性从事的工作。

家用电器的普及使得单调重复的家务劳动负担得到明显缓解。但是，家用电器的使用是否真的有效地削减了性别不平等，仍需进一步讨论。家用电器使用技术的发展既未帮助女性离开家庭，亦未将丈夫真正带入家庭。女性减少家务劳动时间的有效方法是，利用工资来实现家务劳动的向外转移。② 这正是家务革命的结果之一——家务劳动的外部化与社会化。衣食住行、子女教育、老年人赡养等方面的家务劳动都呈现出服务商品化和社会化的趋势。家务劳动负担的减轻也得益于流通技术革命带来的流通形态的重大变化，如送货上门等服务的出现。但是，家用电器技术的革新并不能自动带来日常家务分工的平等化；只有丈夫参与到家务劳动中，才能真正改变夫妻之间不平等的家务分工模式。

（三）数字技术与育儿责任

当前，城市家庭的过度、密集和精细的育儿模式，随数字技术和社交媒体对家庭的渗透而得到强化，家庭育儿也被烙上了鲜明的数字化烙印：网上育儿信息检索、线上教育与在线家校沟通、网购育儿产品等成为育儿的日常。然而，男性作为数字技术的主要创造者与领路人，在“互联网育儿”时代却并未平等地参与到育儿活动中来，“互联网育儿”主要是由母亲借助互联网这一媒介来进行的。

---

① Radiation cookery book：for use with the regulo new world gas cookers. Birmingham：Radiation House，1927：V.

② CARRASCO C，DOMINGUEZ M. Family strategies for meeting care and domestic work needs：evidence from spain. Feminist economics，2011，17（4）.

有学者[①]系统地探讨了数字技术背景下的夫妻育儿行为，描述了通过数字技术所进行的育儿活动，指出育儿过程中包含了大量隐性的、非物质化的劳动，涉及信息、知识、沟通、协调、规划与统筹等多个方面，要求父母具备数字化相关知识和能力来满足孩子的需求。她发现，在大多数家庭中，母亲是该数字化劳动的主要承担者，延续了传统的育儿性别分工机制。她提出，性别与技术的互相建构是其潜在原因。一方面，性别关系从三个方面影响数字技术使用：一是性别本质主义使不平等的性别分工成为自然而然的事情，且父母都内化了这种性别刻板印象，理解彼此在数字时代的育儿的角色分工；二是公-私领域的性别角色规范对数字时代的育儿分工依然具有深远影响；三是父母的日常育儿活动、夫妻间的互动和家校间的交流等，维系了数字时代传统的育儿分工并将其合理化。另一方面，数字技术也从三个方面反作用于性别关系：一是人们普遍认为，数字技术使育儿变得更简单便捷，母亲的育儿付出有所减少，而忽视了隐藏其中的难度和琐碎；二是数字技术的多功能性模糊了育儿与娱乐的边界，当母亲利用数字技术育儿时，却常被误认为是在娱乐；三是数字化劳动多与其他日常活动交织在一起，母亲常常见缝插针地利用碎片化时间完成“互联网育儿”任务。数字化劳动的隐秘性、边界模糊性、烦琐性和碎片化，使得母亲繁重的育儿工作被低估，也让父亲在育儿的数字化劳动中的缺失显得顺理成章。

可见，在数字时代，家庭育儿逐渐形成了一种新的性别分工不平等。如同日常家务一样，数字技术的应用并未将女性从繁重的育儿劳动中解放出来，反而强化了育儿分工的性别不平等。但是，在城市地区，少数父亲也开始承担更多育儿事务，如主动与学校联系、网购育儿产品，显现出性别与技术的互相建构的可变性。这些发现不仅为夫妻育儿分工提供了新方向，亦展现出数字技术挑战父权的可能性。

【拓展阅读 12－5】
育儿中的数字化劳动：隐形的夫妻分工不平等

（四）数字时代婚姻关系更不稳定

首先，夫妻之间的沟通交流可能减少。现在，手机等移动电子设备已成为人们日常生活中不可或缺的一部分。缤纷的虚拟世界极具诱惑性，人们一旦沉湎便难以抗拒，不知不觉中便忽视了现实中的家庭与亲人。长时间使用手机意味着夫妻面对面沟通的时间减少——既可能是一方冷落另一方，也可能是彼此冷落，由此可能增加夫妻间的误解与争论。美国皮尤研究中心的调查结果显示，25%的已婚或有伴侣之人在家中用短信与另一方交流，另有同比例的人认为另一方经常因手机而分心[②]。只要夫妻中的一方沉湎于数字设备，就可能导致被忽视的另一方感到焦虑和抑郁，

---

① PENG Y. Gendered division of digital labor in parenting: a qualitative study in urban China. Sex roles, 2022, 86 (5－6).

② 成也数字化，败也数字化．(2023－12－17) [2024－07－07]. https: //36kr. com/p/2564088788428163.

影响婚姻质量。

其次，不忠行为增多。虚拟世界给人提供了无限的幻想空间，好奇心、游戏心态、柏拉图式的精神恋爱、补偿心理等因素容易导致“数字化出轨”。数字技术增加了利用互联网与其他异性进行交往等行为的便利性。通过智能终端设备，与配偶以外之人“谈情说爱”，既不用面对真实世界，也不用像传统幽会那样为找一个约会空间而劳神费力，如同吞下“精神鸦片”。“数字化出轨”不是丈夫的专利，妻子也可能“数字化出轨”。实际上，数字时代为女性出轨提供了方便的途径。因为在现实社会中，更多公共场所主要是为男性服务的，但虚拟世界没有性别限制。

最后，私密关系公开化。被誉为互联网之父的温顿·瑟夫（Vinton G. Cerf）曾说：“互联网成了人类发明的最强大的扩音器。它给人微言轻、无人理睬的小人物提供了可以向全球发声的话筒，它用以鼓励和推动多种观点交流和对话的方法是传统的单向大众媒体无法做到的。”① 反过来看，原本仅存在于亲密关系中的共享信息，可能通过数字媒介，在更大范围内被观看、被放大、被消费。社交媒体的存在不仅让婚外情更容易发生，也增加了被配偶发现的可能性。这无疑会增加夫妻之间的摩擦、矛盾与冲突。如瑟夫所言，数字技术对婚姻关系来说，“的确非常具有破坏性”。

夫妻冲突在任何时代都普遍存在，其在信息时代的独特性在于，虚拟空间的关切成为现实交往的另一种方式。新技术的出现与持续存在无法改变，人类作为新技术的创造者，总在不断更新迭代、最大化利用新技术。但是，虚拟交往行为本质上是现实交往行为的投射。若现实世界中的夫妻关系亲密，则虚拟空间或仅给夫妻提供了另一个平台来呈现夫妻之情；若现实世界中的夫妻关系冷漠，则虚拟空间也不可能使夫妻关系得到改善。技术终究只是工具，亲身参与和感官接触仍然是人类最基本的经验形式。也就是说，尽管技术进步可能给婚姻关系带来新问题，但婚姻关系的稳定性依然取决于夫妻沟通质量和婚姻质量本身。

综上所述，数字技术并非直接决定性别关系的核心要素。性别关系的变化，亦非一种独立或孤立的转化，而是建立在与许多其他因素——特别是女性资本禀赋的改善和生育数量的减少——勾连的基础之上。科学技术的不断进步无疑会持续、全面、深刻地重塑性别关系和夫妻关系，但是，正如经济增长不会自动带来性别平等一样，技术进步也不代表性别关系和夫妻关系更加平等。在信息时代，女性面临的问题与此前任何一个时代都不相同，物质基础的变化并不必然带来两性社会评价体系的嬗变。在未来一段时间内，性别关系可能很难像一些学者预言的那样乐观，即性别关系发生逆转，成为“她世纪”；在“母职惩罚”非但尚未消减，反而在市场化和育儿焦虑的作用下进一步强化的情境下更是如此。

---

① The internet is for everyone. [2024 - 07 - 07]. https://www.internetsociety.org/news/speeches/2011/the-internet-is-for-everyone/.

技术进步与家庭变迁之间的确存在着十分密切的联系。技术进步的速度、规模和水平都从侧面制约着家庭社会变迁的态势与方向。但是，如果就此认为技术彻底决定家庭变迁，就片面地夸大了技术的相对独立性，陷入了技术决定论。实际上，技术与家庭变迁之间并不是简单的决定与被决定关系，而是相互适应关系。技术与家庭变迁之间也存在如何才能协调发展的问题：一方面，家庭变迁要顺应技术发展的趋势；另一方面，人类在提高技术水平、应用技术成果之时，也须充分考虑技术应用对家庭整合可能产生的负面影响，从而达到相互促进、相互发展的目的。因为对人类来说，技术进步和家庭的稳定性一样重要。

本章要点

1. 家庭与技术之间密切关联。农业技术的发展形成了一夫一妻制家庭，工业革命给稳固的家庭带来千年未有的巨大冲击，互联网数字技术给家庭带来新一轮且难以预料的冲击。

2. 互联网技术打开了一扇通往更广阔、更深邃世界的窗户，新的观念、新的思想、新的技术、新的生活模式纷纷出现。

3. 互联网技术发展对家庭的影响具有两面性，因家庭结构、家庭功能和家庭关系的不同而有所不同。同时，数字技术对家庭的影响也具有不确定性。

4. 技术的发展外化了家庭的生产功能，异化了家庭的生育和养育功能，延展了家庭的赡养功能，弱化了家庭的休闲娱乐功能。

5. 数字技术可促进家庭成员的亲和性，成为亲密关系的“黏合剂”，但也会引发家庭成员之间的冲突，成为家庭不和谐的外在原因。

基本概念

技术　技术进步　数字技术　信息技术　互联网技术　数字时代　互联网时代　前喻文化　后喻文化

复习思考题

1. 从历史来看，技术进步给人类家庭带来怎样的影响？

2. 数字技术具有哪些基本特征？从理论上看，这些特征如何与家庭发生关联？

3. 数字技术如何影响家庭结构？请举一个例子加以说明。

4. 技术如何影响家庭的社会再生产功能？技术如何影响家庭的人口再生产功能？

5. 你如何看待辅助生殖技术？

6. 请简述互联网技术与婚姻家庭观念变迁之间的关系。

7. 在人口老龄化背景下，家庭的年龄结构不断老化，家庭的养老功能受到很大冲击。请结合前面章节的内容，分析互联网技术对智慧养老的影响。

8. 请简述互联网技术对代际关系、性别关系的影响。

阅读文献

1. 莱文森．手机：挡不住的呼唤．北京：中国人民大学出版社，2004.

2. 西尔弗斯通．电视与日常生活．南京：江苏人民出版社，2004.

3. 梅罗维茨．消失的地域：电子媒介对社会行为的影响．北京：清华大学出版社，2002.

4. 奈斯比特，奈斯比特，菲利普．高科技·高思维：科技与人性意义的追寻．北京：新华出版社，2000.

跋

万物互联时代的家庭走向

网络之于个人，是自我的解放，但网络之于家庭，却是分崩离析的前奏，网络之于社会，更是离群索居的信号。

——邹英、高杉①

今天我们对未来充满无限期待，用天马行空的想象力描述它，但真正伟大的东西远远超出我们的想象。未来是令人难以置信的，但是，我们须相信那些不可能之事，我们尚处在开始的开始。在不远的将来，我们会向那些方向前行，自然而然。

——凯文·凯利（美）②

家庭一直是认识社会的关键，家庭嬗变是社会变迁的镜像。从历史观之，经济结构、生产方式、知识形态和传递方式等诸多方面的流变，共同引发了家庭结构、功能与权力秩序的变迁。当下，虚拟的数字技术和信息化浪潮的席卷，正在对现实世界产生全方位影响，与金属工具使用、机械化大生产等新技术发明一样，数字技术引发了一场“指尖上的无声革命”。作为信息时代或信息社会的主要标志，计算机网络和互联网技术的广泛应用，已然给人类社会带来了千年未有之大变局。当然，互联网只是人类社会诸多技术进步中的一环，既不能夸大它的作用——历史上，农业革命和工业革命都是技术进步的质变，一个形成了家庭，一个离散了家庭——也不应忽视它将从根本上改变家庭形态、功能与关系的可能性。那么，当互联网数字技术发展到更高阶段后，家庭将何去何从？家庭是否会随之消失？对这些问题的回答，既有待时间的检验，也需要实证研究的检视，还取决于当下和未来新技术的发展走向。

一、数字技术给家庭带来新一轮冲击

自进入文明社会以来，没有任何事物对家庭的影响超过工业革命、避孕技术和

① 邹英，高杉．孤独围城的制造：电子媒介对现代家庭的影响．长春市委党校学报，2009（1）．

② 凯利．必然．北京：电子工业出版社，2016．

互联网技术的发展。家庭是一个动态的社会组织，并在工业革命中首次遭到来自蒸汽和电力技术的最猛烈冲击。工业革命动摇了传统的生产方式和生活方式，动摇了几千年来与农业社会生产方式和生活方式相适应的家庭根基，也动摇了家庭（和家族）聚集而居的自然形态。这种千年未有之大变局得到避孕技术的强力支持——便捷和有效的避孕技术增强了个人对自身生殖特性的控制与掌控自己身体的能力。家庭变迁发生在工业革命的全过程中，并且变迁速度持续加快。

在万物互联时代，互联网技术波涛汹涌、日新月异，且以更猛烈的势头冲击当下、涌向未来。尽管未来的发展态势并不可知，但近年来信息技术的快速发展，真正印证了"没有做不到、只有想不到"的判断。互联网技术以指数模式发展，目前和未来各种可以想象和难以想象的技术会向各组织单元、各社会场域渗透。作为新型生产力和生产方式载体的互联网，以及与此相伴的生产力跃升和生产要素更自由的流动，直接带来了数字经济的蓬勃发展。在这一发展过程中，技术与家庭的联系不断增强，传统意义上的家庭在互联网等新技术面前进一步异化。这种异化表现在家庭婚育观念、结构、功能、关系等各个方面。

数字技术对家庭的改变是在前三次工业革命的家庭效应基础上展开的，并不独立于前三次工业革命，但也以仅属于数字技术的独特模式作用于家庭。简言之，快速更新迭代的数字技术和信息化浪潮冲击着社会和家庭的生产方式与生活方式，进一步改变着家庭结构，重新安排着家庭功能，并通过知识与权力的勾连逻辑，冲击着家庭内部的权力关系，构成削权父辈、增权子代和夫妻平等的话语资源和知识体系，重塑着家庭伦理与家庭关系。为此，我们必须保持开放性思维。新的技术可能使家庭步入一个不同于文明社会之后任何一个时期的全新时代。[①]

但是，所谓的"新"，究竟"新"在哪里？或者说，尽管以互联网为基础的信息技术带给家庭的影响可能是前所未有的，但它究竟在多大程度上推动了家庭转变？它给家庭的不同层面带来了怎样有差异的变化？尽管第十二章试图通过历史回顾、当下把握和未来憧憬，解开这些谜团，但目前看来，尚难以对这些问题形成精准的研判。不过，可以回答的是，数字技术究竟冲击了什么、成就了什么。

毫无疑问，家庭将不再由"同一个屋檐"来定义。无论我们怎么看待信息时代的家庭，有一点都是肯定的：工业革命以来的技术发展已然使家庭居住安排发生了变迁，且将带来更深刻的家庭居住安排革命，家人已不再是居住于同一屋檐下之人。互联网技术和电视媒介一样，将外部世界带入家庭中，打破了"家"这一空间场域所固有的情境定义，家庭空间这一社会场景被重新诠释。在信息时代，家庭不再是如古代中国的甲骨文、金文、篆文中的象形文字那样——一个屋檐之下一头肥猪安睡的形象，而是分散于不同地点、由互联网技术连接在一起的真正的网络式家庭，是一种异域共情但可能同域有间的家庭。过去所说的网络家庭，主要是指家庭成员因地域流动而产生的空间分散性；而信息时代的网络家庭，具有空间的网络性

① 郭胜伟．技术对家庭变化的影响初探．江汉论坛，1999（11）．

和虚拟的连接性双重属性。在这样的情境中，家庭成员在各种虚拟且独立的“微空间”环境中，过着一种“微生活”，与其他家庭成员发生“微联系”。

当然，数字技术对不同家庭要素的影响并不一致，家庭形式的变化甚于家庭内在本质的变动。家庭规模、形态与居住安排等变化甚大，能更好地适应外在环境的时代之变。不过，虽然在短期内有更多的人可能独自生活，但真正意义上的单人家庭（终身不婚/不同居）不会成为一种主流的家庭形态与生活模式，且对个体而言，它主要是一种过渡性的居住形式（或因尚未成婚，或因空间流动所致的家庭成员分居）。同理，虽然部分家庭功能完全外化或发生异化，但家庭的生育、抚育、赡养、陪伴等核心功能并未发生颠覆性改变。家庭伦理关系由尊老爱幼“两头重”向爱幼“单向偏重”流变，由父系集权向代际和代内平权演化，但上行的代际关系依旧十分重要。就性别关系而言，尽管其变化还不彻底，但某些方面（如“男主外”）发生了本质改变。基于血缘的“生”“养”而形成的亲密关系（“亲亲”“尊尊”以及家庭成员之间的互惠）依旧坚韧，家庭内部后喻文化的出现与发展，并未颠覆前喻文化的基础地位，长辈的权威依旧是亲子关系的主色调。不同的是，传统的家庭理念、家庭形态、居住安排和代际关系等，失去了其占据已久的垄断地位。

二、辩证看待技术进步的家庭结果

长远来看，互联网技术是否对家庭构成一种根本性的改变或颠覆力量？从更大范围来讲，作为社会细胞的家庭的转变，是否也会带来社会各领域的变化？这些都需要继续求知。就中国而言，一方面，城镇化依旧快速推进，经济形态与业态持续更新，知识形态与体系不断迭代，必然还会给家庭带来进一步的洗礼。互联网技术对家庭的影响既不独立亦非唯一，而是建立在前三次工业革命和现代化的基础之上，并与同期的政治、经济、制度、文化等因素相互纠缠与交织。作为数字技术的载体，互联网的社会功能在于人的选择与应用①，亦具有相对性和与其他因素的联动性。作为最稳定的社会组织单元，家庭具有很强的惰性与韧性，故互联网技术引致的一系列制度性、结构性和文化性变革对家庭的影响必然也是缓慢、复杂、渐进的。也就是说，即便数字技术对经济社会的影响具有即时性，当这些影响直接或间接地传递到家庭时，也会出现延时性与滞后性。社会记忆学者哈布瓦赫（Maurice Halbwachs）认为，新与旧的交替或变迁是一个渐变的过程，旧的事物是慢慢消亡的，而新的事物是慢慢孕育长大的，其成长过程必然需要旧的事物的庇护。历史上，农业革命引发的文明社会的起源、工业革命引发的近代社会的出现，也都是缓慢的，虽然今日之“慢”与昔时之“慢”不可同日而语。

另一方面，婚姻家庭并非与人类产生俱来，而是生产力与生产关系发展到一定阶段的产物，说明其无论是对个体还是对群体与社会来说，都并非必然或必需的，

① 琼斯．醒来吧，沉睡的人们!：展望技术与就业的未来．上海：上海译文出版社，1987：344.

而是可以选择的。同时，家庭转变也不仅仅是对互联网等新技术、生产关系与生活方式、社会制度与精神文化的回应与顺从，它本身便具备构成整体社会变迁这一宏大图景的基础和元素，与外部环境的变化相辅相成。当信息技术（或其他今天无法预料的新技术）发展到更高阶段后，当前的家庭形态是否会被颠覆？依然存在的家庭功能是否会以新的形式出现？代际关系与代内关系是否会更趋于平等？家庭是否会随之消失？互联网本质上是技术，而技术如何可以作为文化的意涵存在并对旧文化进行反动？如何于细微或线性的变化中发掘常性、于惰性的稳态延续中对变化端倪明察秋毫？如此等等，都是家庭社会学必须认真观照的问题。互联网技术作为第一生产力，对家庭的影响不言而喻，但同时，人类在提高技术水平和应用技术成果时，也会考虑技术应用给家庭整合带来的潜在负面影响。更重要的是，家庭有其自身的能动性：家庭成员在面对风险时，总会退回家庭这个“避风港”；家庭总是家庭成员获得最深层次的心理慰藉、规避风险、应对危机、战胜困难的坚强后盾；同样，面对家庭危机，家庭成员也会主动、自觉地采取维护家庭的行为。

因此，在讨论技术与家庭的关系时，既不应夸大包括互联网技术在内的技术发展与进步给家庭带来的冲击，也不应忽视技术作用的相对性及其与其他因素相关联的互动性，从而避免陷入技术决定论的泥沼。事实上，互联网技术与家庭变迁的关系，并非一种孤立或独立的关系，互联网技术是社会转型与变迁过程中家庭嬗变的众多影响因素之一，且技术发展总是对社会变迁需求的具体因应，是社会变迁的诉求结果，反过来也会进一步推动社会变迁。换言之，互联网技术与家庭变迁的关系嵌入整体社会变迁的宏大图景之中。

同时，还应认识到，以互联网技术为特征的高科技是把“双刃剑”，技术并不是永远给个体、家庭和社会带来福音的万能之物。互联网在给个体和家庭生活带来巨大便利的同时，也在对个体进行有意或无意、更强、更有效、随时随地的新控制和新限制。有时，它以一种“自愿”的形式，通过对时空获得更强的占有性或“祛时空性”对个体形成强迫。个体和家庭被缠结在一个由规则、条件和条款组成的网络中。所谓的自主性和个性化，实际上是解构传统化情境之时的再制度化过程。

三、未来家庭是消亡、趋同还是振兴、趋异

围绕数字时代家庭的变与不变以及如何变化等问题，学界形成了多种不同观点，但概而言之，可分为家庭消亡论、家庭振兴论、家庭趋同论和家庭趋异论四种。

（一）家庭消亡论

随着第二次人口转变时代的到来，晚婚晚育、不婚不育、同居离婚等新的关系模式在西方盛行、在东方兴起，故社会上普遍流行婚姻将死、家庭将亡的思潮。相

关学理研究表明，虽然婚姻家庭发生了重大变化，但中国人依旧普婚普育。但是，也有研究认为，“网络之于个人，是自我的解放，但网络之于家庭，却是分崩离析的前奏，网络之于社会，更是离群索居的信号”①。

关于家庭消亡之说，早在100多年前就已出现。摩尔根在《古代社会》一书中指出：

> 当我们承认家庭已经度过了四个顺序相承的形态，而现在正处在其第五种形态这样一个事实时，就立即出现了这样一个问题：现在这种形态在将来是否能永远存在下去？能够对此做出的唯一回答是：它必须随着社会的前进而前进，随着社会的改变而改变，一如它以前的经历一样。家族是社会制度的产物，自然要反映其文明。由于专偶制家族自文明社会开始以来已经取得了巨大的进步，而且其进步在近代尤为显著，因此，我们至少可以推测它可以得到进一步的改善，直到两性达到完全的平等为止。假定文明社会继续进步，而专偶制家族在遥远的将来不能满足社会的要求，那么，我们是无法预言其后继者的性质的。②

恩格斯也认为：

> 行将到来的社会变革至少将把绝大部分耐久的、可继承的财富——生产资料——变为社会所有，从而把这一切对于传授遗产的关切减少到最低限度。可是，既然专偶制是由于经济的原因而产生的，那么当这种原因消失的时候，它是不是也要消失呢？③

恩格斯的回答是肯定的，即一夫一妻制的家庭形态会随着私有制的灭亡而消失。

社会学家费勒克在《家族进化论》一书中说，在未来社会，“家族之存在就成为不必要的了……在空间里缩减家族到母亲和小孩的地位，在时间里缩减家族到哺乳的时代；建筑在爱情上面的男女两性关系，也可以变得与两同性或是两异性之间之道德关系或是精神关系那样自由、那样变异、那样复杂”④。

齐默尔曼（Carle C. Zimmerman）提出家庭变迁的周期理论。在1947年出版的《家庭的未来：文化危机及其出路》一书中，他将家庭划分为三大类——委托式家庭、分户式家庭、原子式家庭，并指出传统的家庭制度抹杀了个人的权利和自由⑤。对于家庭的未来，他赞同索罗金（Pitirim A. Sorokin）的观点，认为家庭的主要社会文化功能会被进一步削弱，直到家庭变成一个纯粹的男女同居之所。他在《家庭

① 邹英，高杉．孤独围城的制造：电子媒介对现代家庭的影响．长春市委党校学报，2009（1）．

② 摩尔根．古代社会．北京：中央编译出版社，2007：352．

③ 马克思，恩格斯．马克思恩格斯文集：第4卷．北京：人民出版社，2009：89．

④ 费勒克．家族进化论．上海：上海大东书局，1930：315－316．

⑤ 赫特尔．变动中的家庭：跨文化的透视．杭州：浙江人民出版社，1988：24－26．

与文明》一书中提出，家庭制度正朝个人主义、平均主义和世俗化的方向发展，现代核心家庭是垂死文明的附属物①。

穆尔（Barrington Moore）认为，家庭的社会作用正在消失：机械化、工业化和科层化将同化家庭，使其形成与新型的后工业社会相适应的家庭形态；如同其他社会机构一样，大规模的托儿所、幼儿园、技术学校等机构培养和教育儿童的效率会高于且优于单个家庭，家庭将成为一对可自由解除婚约的夫妻进行再生产和维持感情之所②。

进入信息时代后，更多学者认为，家庭行将走向解体与消亡。20 世纪六七十年代，伴随种种反传统的激进社会思潮和女权运动的兴起，出现了反家庭运动，家庭被抨击为一个令人烦闷的和行将崩溃的组织单位，它的消亡不仅即将到来，而且深受欢迎。美国未来学家约翰·奈斯比特在《大趋势》一书中写道，社会的基本建筑构件正在从家庭转变为单独的个人。

家庭消亡论者的主要依据如下：（1）社会文化价值观已发生嬗变。（2）科学技术的进步有可能催生新的文化行为模式。（3）从目前的人口状况来看，生育率下降、人口老龄化、结婚人数减少等因素会对家庭产生消极影响。（4）新的经济秩序和全球格局使家庭的存续越来越困难。（5）现代家庭功能外移以及未来社会发展（除生儿育女外，家庭功能已经所剩无几了，夫妻可自由解除婚姻而解散家庭，加上现代科技在人类生殖方面的应用，如人工授精、试管婴儿、胚胎移植、精子库等，人的生育将为生殖技术所取代，生育也不再需要家庭，婚姻与家庭会随着家庭功能的不断削弱而自然走向消亡）。

（二）家庭振兴论

针对“家庭危机”这一社会现象以及家庭消亡论的观点，以美国未来学家阿尔文·托夫勒为代表的部分西方学者秉持“家庭振兴论”的观点。托夫勒在对未来的家庭进行预测与描述后认为，在未来社会，人们将重归家庭，家庭危机与挑战促使人们重新思考家庭的意义，调整自身对社会变迁的适应能力，且社会进步给家庭提供了进一步发展的契机，由此带来家庭的振兴。

按照托夫勒的观点，在第一次浪潮时期，人们与农业生产劳动相联系，生活在极其稳定的自给自足的大家庭中；在第二次浪潮时期，由于人们的社会工作转向了工厂和办公室，小家庭成为社会的主要成员——它适用于工业社会的变动性；在第三次浪潮时期，各种自动化的电子仪器和信息技术进入家庭，人们不必再去工厂和办公室工作，仅仅待在家里就能上班，并通过电子仪器与社会进行广泛联系和交流，夫妻在家里邀请一两个外人共同工作、生产和生活，组成电子大家庭。

托夫勒把电子住宅的出现列为第三次浪潮的重要内容之一，指出在新经济制度

---

① 魏章玲．家庭社会学与现代化．社会科学战线，1981（1）.

② MOORE B. Political power and social theory：six studies. Cambridge：Harvard University Press，1958.

下，“成千上万的工作将从饱受蹂躏的第二次浪潮的工厂和办公室转向家庭”，新生产形态将“回到以先进的电子业为基础的电子住宅，使家庭重新作为社会的中心”①。电子大家庭的大规模发展不仅会影响家庭结构，而且会改变家庭的内部关系，给夫妻提供共同的体验，使他们在工作和家庭中再一次彼此对话，从而给爱情赋予新的内涵，使家庭振兴。托夫勒认为，工作又回到家庭中去做，意味着很多：现在每天只能见面几个小时的夫妻将有更多的时间亲近，从而使夫妻关系更加密切，夫妻生活因共同体验而大大丰富，婚姻更有保障。也就是说，从家庭发展的序列来看，家庭变迁在经历了“去家庭化”后，会进入一个“再家庭化”的历史时期，由此形成一个“家庭化—去家庭化—再家庭化”的链条。

托夫勒认为，未来家庭可能振兴的主要依据如下：(1) 技术革命使社会通向新的生产体制，新的生产方式将把人们带回家庭工业时代。(2) 社会因素支持向电子大家庭转移。(3) 价值观念的变化促使人们回归家庭。(4) 以家庭为中心，将开辟新的社会前景。若电子大家庭得以发展，则一系列意义重大的事件将会发生，比如：减少强迫性的人口迁移流动，降低对能源的需求或使需求分散化，某些行业将出现萎缩，而另一些行业将会受益，个体将变成独立的企业主而非传统的职工，工人占有的“生产资料”的范围扩大；未来的劳动世界更依赖于抽象的符号，非人性化程度更甚，但同时，家庭成员之间、邻里之间将会有更深刻、更富于感情的面对面交流。②

与家庭振兴论类似的一种观点是家庭回归论。该理论认为，现代社会家庭的变迁，使得一些人无限留恋过去稳定的传统家庭的美好时光，认为现代化造成的家庭危机是对人类生活失范的严厉惩罚，人们必须改变目前消费主义的家庭生活方式，回归传统的家庭生活方式。美国《未来学》杂志就曾大力宣传：“家庭最终还是要倒过来，生活方式也将回到以前的状态。”目前，美国有许多人致力于开展恢复传统家庭制度的活动，与环保相结合，提倡回归自然、回归原始，并开始像人类祖先那样过风餐露宿、茹毛饮血的野外生活③。

(三) 家庭趋同论

对于未来家庭的发展趋势，威廉·古德持乐观态度。他在《世界革命与家庭模式》一书中提出，不论社会制度如何，世界范围内的婚姻家庭都朝着某种类型的婚姻家庭制度发展，在初婚年龄提高、离婚率上升、家庭核心化、家庭功能减少等方面都随着工业化的发展而趋向一致，并且这种趋同现象也符合工业化发展需要；而且，当前的家庭形式在未来将会继续存在，继续承担不可替代的社会职能。他做出这种判断的主要原因在于：

---

① 托夫勒．第三次浪潮．北京：中信出版社，2018：195.

② 同①213-228.

③ 邓伟志．家庭的明天．贵阳：贵州人民出版社，1986：133.

(1) 工业化进程对家庭改变的影响普遍存在，尽管出发点不同，发展速度和道路有异，但不同的婚姻家庭却都朝着某种类型的婚姻家庭制度发展，在初婚年龄、权力关系、劳动分工和家庭功能上，世界会趋向一致。

(2) 这种趋同合乎时代需要，因为婚姻家庭能更好地适应工业社会，提供更好和更具创造性的劳动力。

(3) 独立的核心家庭在道德伦理上也合乎需要，因为这意味着家庭成员能拥有更多的自由，青年人受老一辈专制统治的程度减轻。严格的阶层界线将会被打破，结婚和离婚也较过去自由。①

(四) 家庭趋异论

如果家庭再次成为社会的中心，那么互联网背景下的家庭究竟是怎样的形式呢？有研究认为，未来家庭将不是趋同而是趋异，从而出现如贝克所言的"后家庭时代的家庭"。在工业化、城镇化、现代化进程中累积起来的细微或深刻的家庭变化，在信息时代被无限放大。信息时代的家庭，存在诸多中间、次级或流动的家庭形态，如同居家庭、丁克家庭、单亲家庭、离异家庭、再婚家庭、同性恋家庭等。由此，家庭形态从趋同走向趋异，家庭关系从威权走向平等。互联网的个体化特性，也使家庭从必须经历的经济共同体和生育合作社，逐渐变为一种可选择的关系。

总体而言，关于家庭未来发展和变迁的理论远不止这些，各种预测理论都有自己的现实基础和一定的合理性。首先，西方学者面对西方家庭的剧烈动荡，以及家庭面临的种种新现象、新问题甚至危机，提出了典型的悲观主义的家庭消亡论。在未来，家庭也许会随着社会的发展而消亡，从而呈现出有别于原始社会的另一种形态的无家庭状态，但目前，社会还远未达到家庭消亡的物质与精神条件。其次，家庭振兴论是从人类社会不断发展进步的角度来预测家庭的未来的，其中有较多的合理性，然而把家庭看作对科技的反应，却有技术决定论的味道，因为任何社会的家庭形态，都不仅取决于科技进步所带来的社会生产力的发展程度，还取决于生产关系和社会制度的性质，以及人们的社会关系、生活方式、精神和道德面貌等多种社会因素。在不同的生产关系和社会制度下，人们对家庭的态度、理解和维护家庭的行为各具特色。人类家庭形态的多元化由来已久，任何历史时期的家庭都不可能整齐划一，现实生活方式都具有其适应社会的内在合理性。社会系统的存在和发展是不断有序化的过程，必须有与之相适应的主要家庭形态。此外，传统家庭的复归也是一种一厢情愿的说法。社会发展实践告诉我们，历史上任何有意义的复归现象，都不是一种简单的重复；即便是同一现象在不同阶级群体中出现，它所表达的社会内涵和意义也很不相同。再次，家庭趋同论看到了工业化进程中各国家庭发展的共性特征，这是生产力决定生产关系的充分表现，从历史的角度来看，人类社会的发

① 魏章玲．家庭社会学与现代化．社会科学战线，1981 (1).

展确实存在趋同的情况，原始社会、奴隶社会、封建社会、资本主义社会和社会主义社会（共产主义社会的低级阶段）五个阶段的划分就是人类社会发展的共同规律，家庭也不例外。但由于各国和各民族的政治、经济、文化和社会制度不同，故即便是同一家庭形态，也会具有不同的性质和特点，如不同的社会制度、宗教信仰可能使得解决家庭问题的方式大相径庭。最后，家庭趋异论观察到了当前家庭形态的多样性、家庭功能的外化与公私联合性、家庭关系的复杂性等，以目前的情况来看，具有更大的合理性。

尽管出发点和观察角度不同，但这些理论也存在共性，那就是都注意到了家庭之变——虽然对于家庭向何处变莫衷一是。技术悲观主义者清醒地看到了技术进步给家庭整合所带来的负面影响，这是有积极意义的；但是，若以此为依据而拒绝技术进入人类社会则带有明显的片面性。因此，技术对于人类社会、对于婚姻家庭到底是天使还是魔鬼，要看人类怎样应用技术——在AI智能技术持续、快速更新迭代的情境下尤其如此。

四、万物互联时代我们为何还需要家庭

从前面的章节可知，部分婚姻家庭特征在量变之中展现出质变（不可逆）迹象，但同时，家庭在具象之“变”中也显露出恒“常”特征。因此，笔者认为，导致家庭消亡的物质基础与心理条件尚未成熟，故虽然互联网时代的家庭会继续千变万化，但目前，家庭之“常”大于家庭之“变”，且在可见的未来，家庭这个初级社会组织不会消亡。

与其他社会组织相比，家庭因血缘关系和长久的亲情而具有很强的凝聚力和抗逆力。即便存在亲子、代际张力，家庭也总会进行自我调适。换言之，无论信息时代的家庭如何变化，传统家庭的本质形式和高效、经济、适用、灵活等本质属性都没有也不会很快消失。尽管家庭外在呈现的变化甚于内在逻辑和底色的摇动，但主要也是工业革命后家庭变迁的持续，且从对家庭的重塑角度看，当下家庭的变迁可能尚不及工业2.0时代的家庭变迁猛烈。

家庭的“变”中之“常”植根于代际互惠、夫妻互补的工具理性，以及血缘与家庭伦理的情感连接。海德格尔的“家”，只是诗意栖居的家园，其中没有真正的家人及家庭伦理①，但唯有家人与家庭伦理，才支撑着家庭在社会变迁中的存续与发展。家庭拥有韧性，在面对种种张力时能进行从被动到自知、从自发到自觉的调适与应对。“大体上说来，血缘社会是稳定的，缺乏变动；……生，也就是血，决定了他的地。”②

---

① “诗意地栖居”源于荷尔德林的诗作，后被海德格尔用于阐释其存在主义思想。具体请参见：包庆德，陈艺文．回顾与展望：海德格尔环境哲学思想研究．南京工业大学学报（社会科学版），2018，17（2）．

② 费孝通．乡土中国．上海：上海人民出版社，2007：57－58．

"家之本在身"，身与家的本源一体性决定了家庭的韧性。中国自古就有"身家性命"之说，而"身"是"家身"，是"亲亲"关系的"身"；自己之身源自父母，父母之身源自祖先，子女之身源自自己，家族、父母是人之所从出之处，故当下之"身"连着过去和未来①。人在家孕诞、生而有家，由是有所凭依、有所安顿，家"是其所是"。"天地者，生之本也；先祖者，类之本也；君师者，治之本也。""万物本乎天，而人本乎祖。"家是人由之"离开"并要"回去"的地方；人能"离开"出生地而成为独立的自我，本身就赋予了己所从出之地"家"的意义②。子女长大成人、渐次离家并建立属于自己的家，但这并非家庭关系的断裂，而是原生家庭开枝散叶、发扬光大的体现。原生家庭总在那里，家的原初意象也总在记忆深处，对家的眷恋构成家庭文化认同之基。人的反身性的自爱，也具有一种超越自身达及他者的普遍性："家"和"亲亲"构成人各"爱其身"与爱人爱物的普遍性实现之中介或桥梁③。因此，家是一种本体化的存在，包括个体与"亲亲"的双重视野与双重本体④，具有作为人的自然生命与社会生命之根、满足家庭成员普遍且稳定的情感诉求的功能，也是一种存在的意象和精神性的象征，这一功能是互联网等新技术所难以替代的。

孝道是人类本性的表达，构成维护家庭的重要纽带。文明社会以降，家庭总处于不断变化之中，但其深刻转变始于工业革命，至今不过二三百年时间，尚不足以改变家庭的本质。在可见的未来，人类得以延续和发展的子宫和摇篮还会是家庭，人类几乎所有最真挚与最强烈的情感与体验、最幸福与最痛苦的事情都与家庭、亲人相关⑤。如果父母不用亲自养育孩子，甚至不用亲自生育孩子，家庭就失去了存在的意义，但彼时的人类可能亦非我们所熟知的人类了；人类不进入家庭，就得不到最根本的人生价值的最核心部分⑥。家是人类的原社团、元结构、元位置，不仅仅让人拥有容身之所，更是人性生成和栖居的地方。家人之爱是人爱之端，是被直觉体验的、天然自发的真爱，从这里开始才能产生其他的爱心⑦。凡此种种，都是在可见的未来，以及在家庭功能似乎多可被外在社会组织替代之时，人类尚需要家庭之因。古老的家庭依旧具有深厚的时代意义与现实价值，传统优秀家文化可对技术进行策略性反动，进而于家庭系统、全面甚至深刻的变化之中维护家庭之常性。

放眼全球、俯仰古今可知，两股力量构成家庭转变的主因：一是技术革命带来的人口、经济与社会结构的转型，二是与此相互支持的婚姻家庭观念、时代风潮与个体偏好的嬗变。但是，家庭转变并不意味着家庭的消亡。家庭的确在量变之中呈

---

① 张祥龙，张恒．家的本质与中国家庭生活的重建：张祥龙教授访谈录．河北学刊，2018，38（3）．
② 李景林．"家"与哲学：中国哲学"家"的意象及其形上学义蕴．天津社会科学，2023（2）．
③ 同②．
④ 孙向晨．论家：个体与亲亲．上海：华东师范大学出版社，2019：4－15．
⑤ 张祥龙．家与孝：从中西间视野看．北京：生活·读书·新知三联书店，2017：2．
⑥ 同①．
⑦ 张祥龙．家的元居间性：人类应该如何造就自己的后代．哲学动态，2021（3）．

现出质变的趋势，如复杂家庭与点状家庭向简单家庭与网状家庭转变、经济功能与部分生育功能的社会化转向、代际关系与夫妻关系由父系集权向分权平权的流动等都具有不可逆性。但是，家庭不仅仅是一个物理空间，更是家庭成员身之所处、心之所依、情之所归之处；有些事情须由家庭成员亲力亲为，有些功能（如生育、抚育）须由家庭通力承担。这是由家庭的本质属性决定的，而这样的属性决定了万物互联时代的家庭将会在转变之中存续与发展，而非瓦解与消亡。[①]

能经历从小农社会向工业社会、从工业社会向信息社会的跨越，经历从传统家庭向现代家庭、从现代家庭向后现代家庭的转变，何其幸哉！

① 杨菊华．互联网技术下的家庭转变．北京行政学院学报，2024（1）．

图书在版编目（CIP）数据

婚姻家庭社会学 / 杨菊华著．--北京：中国人民大学出版社，2024.9．--（新编 21 世纪社会学系列教材）．-- ISBN 978-7-300-33214-7

Ⅰ．C913.11

中国国家版本馆 CIP 数据核字第 2024NB3050 号

新编 21 世纪社会学系列教材
婚姻家庭社会学
杨菊华 著
Hunyin Jiating Shehuixue

出版发行 中国人民大学出版社
社　　址 北京中关村大街 31 号　　　邮政编码 100080
电　　话 010－62511242（总编室）　010－62511770（质管部）
　　　　 010－82501766（邮购部）　010－62514148（门市部）
　　　　 010－62515195（发行公司）　010－62515275（盗版举报）
网　　址 http://www.crup.com.cn
经　　销 新华书店
印　　刷 北京七色印务有限公司
开　　本 787 mm×1092 mm　1/16　　版　　次 2024 年 9 月第 1 版
印　　张 23.5 插页 1　　　　　　　印　　次 2024 年 9 月第 1 次印刷
字　　数 491 000　　　　　　　　　定　　价 59.00 元

关联图书推荐

书号	书名	作者	定价
978-7-300-27998-5	家庭社会工作（第二版）	张翠娥	39.80 元
978-7-300-16824-1	妇女儿童家庭社会工作实务案例	江苏省妇女联合会	49.90 元
978-7-300-28789-8	婚姻家庭社会学（第 8 版）	[美] 尼霍尔·本诺克拉蒂斯	89.00 元
978-7-300-31156-2	传承与变迁：当代中国家庭结构与家庭养老	许　琪	59.00 元
978-7-300-30605-6	助人技巧：个人、家庭、小组和社区工作方法（第八版）	[美] 劳伦斯·舒尔曼	198.00 元
978-7-300-24170-8	家庭社会工作（第四版）	[加] 唐纳德·柯林斯 等	108.00 元

配套教学资源支持

尊敬的老师：

衷心感谢您选择人大版教材！相关的配套教学资源，请到中国人民大学出版社官网（www.crup.com.cn）下载。部分教学资源需要验证您的教师身份后，才可以下载，请您登录出版社官网后，点右上角“注册”，填写“会员中心”的“我的教师认证”项目，等待后台审核。我们将尽快为您开通下载权限。

如您急需教学资源或教材样书，也可以直接与我们的编辑联系：

龚洪训　　电话：010-62515637　　电子邮箱：6130616@qq.com

专业教师 QQ 群：

195761402（全国社会学教师 QQ 群）

欢迎您登录浏览人大社网站，了解图书信息，共享教学资源

期待您加入专业教师 QQ 群，开展学术讨论，交流教学心得